Alexander Puschkin

Die besten Geschichten

Alexander Puschkin

Die besten Geschichten

Aus dem Russischen von Michael Pfeiffer
und Lieselotte Remané

Mit einem Nachwort
von Eva Strittmatter

Anaconda

Die Übersetzungen erschienen erstmals in Alexander Puschkin, »Meisterwerke«, Bibliothek der Weltliteratur, Aufbau-Verlag Berlin und Weimar.
Aus dem Russischen von Lieselotte Remané (»Die Hauptmannstochter«) und Michael Pfeiffer (alle übrigen Geschichten). Das Nachwort von Eva Strittmatter erschien erstmals in Alexander Puschkin, »Pique Dame. Prosawerke«, Taschenbuch der Weltliteratur, Aufbau-Verlag Berlin und Weimar, 1981

Penguin Random House Verlagsgruppe FSC® N001967

4. Auflage
Lizenzausgabe mit freundlicher Genehmigung

Neumarkter Straße 28, 81673 München
produktsicherheit@penguinrandomhouse.de
(Vorstehende Angaben sind zugleich Pflichtinformationen nach GPSR)

Umschlagmotiv: Ilja Jefimowitsch Repin (1844–1930), »Duell« (1899), Institut für russische Literatur IRLI (Puschkin-Haus), St. Petersburg; INTERFOTO/SuperStock/Fine Art Images
Umschlaggestaltung: www.katjaholst.de
Satz und Layout: Achim Münster, Overath
Druck und Bindung: CPI books GmbH, Leck
Printed in the EU
ISBN 978-3-7306-0717-6
www.anacondaverlag.de

Inhalt

Die Erzählungen des verstorbenen Iwan Petrowitsch Belkin

Frau Prostakowa:
Schon von klein auf, Väterchen, hört er Geschichten gern.
Skotinin:
Mitrofan ist mir ähnlich.

Der Landjunker

Vom Herausgeber

Als wir uns um die Herausgabe der Erzählungen I. P. Belkins bemühten, die nun dem Publikum vorliegen, wünschten wir, denselben wenigstens eine kurze Lebensbeschreibung des verstorbenen Autors beizugeben und dadurch zu einem Teil die berechtigte Neugier der Liebhaber vaterländischer Literatur zu befriedigen. Zu diesem Zweck wollten wir uns an Marja Alexejewna Trafilina wenden, die nächste Verwandte und Erbin Iwan Petrowitsch Belkins; doch bedauerlicherweise war sie nicht in der Lage, uns etwas über ihn mitzuteilen, da sie den Verstorbenen überhaupt nicht gekannt hatte. Sie empfahl uns jedoch, in dieser Angelegenheit an einen ehrbaren Mann heranzutreten, der früher mit Iwan Petrowitsch befreundet war. Wir folgten diesem Rat und erhielten auf unseren Brief die nachstehende gewünschte Antwort. Wir veröffentlichen sie ohne jede Änderung oder Bemerkung, als einen wertvollen Beweis edler Gesinnungsart und rührender Freundschaft, zugleich aber als ein durchaus zureichendes biografisches Zeugnis.

Hochgeehrter Herr***!
Ihr geschätztes Schreiben vom 15. des Monats hatte ich die Ehre zum 23. desselben Monats zu erhalten; Sie äußern darin den Wunsch, ausführlich über den Zeitpunkt der Geburt und des Todes, über die Dienstzeit, die häuslichen Verhältnisse und auch über die Interessen und den Charakter des verstorbenen Iwan Petrowitsch Belkin, meines ehemaligen aufrichtigen Freundes und Gutsnachbarn, unterrichtet zu werden. Mit dem allergrößten Vergnügen erfülle ich Ihren Wunsch und sende Ihnen, hochgeehrter Herr, alles, was mir aus Gesprächen

mit ihm und auch aus meinen eigenen Beobachtungen in Erinnerung geblieben ist.

Iwan Petrowitsch Belkin wurde 1798 als Sohn ehrlicher und adliger Eltern auf dem Gut Gorjuchino geboren. Sein verstorbener Vater, der Sekundmajor Pjotr Iwanowitsch Belkin, hatte die Jungfrau Pelageja Gawrilowna aus dem Hause der Trafilins geheiratet. Er war kein reicher Mann, aber maßvoll und in wirtschaftlichen Dingen sehr beschlagen. Ihr Sohn empfing den ersten Unterricht vom Dorfküster. Diesem ehrwürdigen Manne verdankte er, so scheint es, die Lust am Lesen und die Liebe zur russischen Literatur. Im Jahre 1815 trat er den Dienst in einem Infanteriejägerregiment an (seine Nummer ist mir entfallen), in dem er bis zum Jahre 1823 blieb. Der Tod seiner Eltern, die beide fast zur gleichen Zeit starben, zwang ihn, den Abschied zu nehmen und auf das Dorf Gorjuchino, sein Stammgut, zu ziehen.

Iwan Petrowitsch nahm die Verwaltung des Gutes in seine Hand, vernachlässigte innerhalb kurzer Zeit aufgrund seiner Unerfahrenheit und Weichherzigkeit die Wirtschaft und lockerte die strenge Ordnung, die sein verstorbener Vater eingeführt hatte. Er setzte den verlässlichen und geschickten Dorfältesten ab, mit dem seine Bauern (wie das bei ihnen so üblich ist) unzufrieden waren, und beauftragte mit der Verwaltung des Dorfes seine alte Haushälterin, die sein Vertrauen durch die Kunst, Geschichten zu erzählen, erworben hatte. Diese dumme Alte wusste niemals einen Fünfundzwanzigrubelschein von einem Fünfzigrubelschein zu unterscheiden; die Bauern, die sie alle zur Gevatterin hatten, fürchteten sich nicht im Geringsten vor ihr; der von ihnen gewählte Dorfälteste war derart nachsichtig – zudem betrog er auch –, dass Iwan Petrowitsch sich gezwungen sah, den Frondienst aufzuheben und einen sehr gemäßigten Zins einzuführen; aber auch hier nutzten die Bauern seine Schwäche aus und erbaten sich für das erste Jahr eine erhebliche Erleichterung, und in den nächsten Jahren zahlten sie mehr als zwei Drittel des Zinses in Nüssen, Preiselbeeren und Ähnlichem; doch auch hier gab es Rückstände.

Da ich mit Iwan Petrowitschs verstorbenem Vater befreundet war, hielt ich es für meine Pflicht, auch dem Sohn meinen Rat anzutragen, und erklärte mich mehrmals bereit, die frühere, von ihm vernachlässigte Ordnung wieder einzuführen. Mit dieser Absicht kam ich eines Tages zu ihm gefahren, verlangte die Wirtschaftsbücher, rief den betrügerischen Dorfältesten herbei und ging in Iwan Petrowitschs Gegenwart daran, sie durchzusehen.

Der junge Herr folgte mir zunächst mit allergrößter Aufmerksamkeit und voller Eifer; doch als sich aufgrund der Rechnungen herausstellte, dass die Zahl der Bauern in den letzten zwei Jahren gestiegen war, die des Hausgeflügels und des Viehs sich jedoch beträchtlich verringert hatte, genügte diese erste Mitteilung Iwan Petrowitsch; er hörte mir nicht mehr zu, und in dem Augenblick, da ich den betrügerischen Dorfältesten durch meine Nachforschungen und mein strenges Verhör in äußerste Verlegenheit und zu völligem Schweigen gebracht hatte, vernahm ich zu meinem größten Ärger, wie Iwan Petrowitsch laut auf seinem Stuhle schnarchte. Seit jener Zeit hörte ich auf, mich in seine wirtschaftlichen Weisungen einzumischen, und überließ die Dinge (ganz wie er) den Weisungen des Allerhöchsten.

Dies störte übrigens nicht im Mindesten unser freundschaftliches Verhältnis, denn ich hatte Iwan Petrowitsch aufrichtig gern, obwohl ich seine Schwäche und seine unglückselige Nachlässigkeit, die allen unseren jungen Adligen eigen ist, bedauerte; es war ja auch ganz unmöglich, so einen sanftmütigen und ehrlichen jungen Menschen nicht liebzugewinnen. Iwan Petrowitsch seinerseits erwies meinen Jahren Achtung und war mir von ganzem Herzen zugetan. Bis zu seinem Ende sahen wir uns fast täglich, denn er legte auf meine einfache Unterhaltung Wert, wenn wir auch in Gewohnheit, Denkweise und Charakter im Großen und Ganzen einander nicht ähnelten.

Iwan Petrowitsch führte ein äußerst genügsames Leben und vermied jeglichen Aufwand; niemals hatte ich ihn in angetrunkenem Zustand gesehen (was in unserer Gegend als ein unerhörtes Wunder gelten kann); zum weiblichen Geschlecht hingegen verspürte er eine große Neigung, doch war er von einer wahrhaft mädchenhaften Schamhaftigkeit.*

Außer den Erzählungen, die Sie in Ihrem Brief zu erwähnen belieben, hinterließ Iwan Petrowitsch eine große Anzahl Handschriften, die sich teils bei mir befinden und teils von seiner Haushälterin für verschiedene häusliche Zwecke verwendet worden sind. So waren vorigen Winter alle Fenster des Seitengebäudes mit dem ersten Teil eines Romans verklebt, den er nicht beendet hatte.

Die oben genannten Erzählungen waren, so scheint es, sein erster Versuch. Sie sind, wie mir Iwan Petrowitsch berichtete, zum größten Teil wahr und ihm von verschiedenen Personen erzählt worden.** Allerdings sind fast alle Personennamen, die darin vorkommen, von ihm selbst erdacht und die Namen der Dörfer und Flecken unserer Gegend entnommen, sodass auch mein Dorf an einer Stelle erwähnt wird. Dies ist nicht auf irgendeine böse Absicht zurückzuführen, sondern allein auf den Mangel an Fantasie.

Iwan Petrowitsch erkrankte im Herbst 1828 an einer fieberhaften Erkältung, die sich in ein Delirium steigerte, und starb, trotz der unermüdlichen Anstrengungen unseres Kreisarztes, eines sehr beschlagenen Mannes, besonders was die Heilung tief sitzender Leiden betraf, wie Hühneraugen und Ähnliches. Er verschied in meinen Armen im dreißigsten Lebensjahr und wurde in der Dorfkirche von Gorjuchino neben seinen Eltern begraben.

Iwan Petrowitsch war von mittlerem Wuchs, hatte graue Augen, hellblondes Haar und eine gerade Nase; sein Gesicht war bleich und hager.

* Es folgt eine Anekdote, die wir nicht veröffentlichen, da wir sie für überflüssig halten; übrigens versichern wir dem Leser, dass sie nichts enthält, was dem Andenken Iwan Petrowitsch Belkins schaden könnte.

** Tatsächlich ist im Manuskript des Herrn Belkin von der Hand des Autors über jeder Erzählung vermerkt: Erfahren von der und der Person (Rang oder Stand und die Anfangsbuchstaben des Vor- und Familiennamens). Wir führen sie für neugierige Forscher an: Den »Postmeister« erzählte ihm der Titularrat A. G. N., den »Schuss« der Oberstleutnant I. L. P., den »Sargmacher« der Verwalter B. W., den »Schneesturm« und das »Adelsfräulein als Bäuerin« das Fräulein K. I. T.

Das, hochgeehrter Herr, ist alles, woran ich mich, was Lebensweise, Interessen, Charakter und Äußeres meines verstorbenen Nachbarn und Freundes betrifft, erinnern kann. Doch falls es Ihnen beliebt, diesen meinen Brief auf irgendeine Weise zu verwenden, so bitte ich untertänigst, auf keinen Fall meinen Namen zu erwähnen; denn ich halte es, obgleich ich die Dichter durchaus achte und liebe, für überflüssig und meinen Jahren nicht angemessen, diesem Stand beizutreten.

Mit aufrichtiger Hochachtung etc.

16. November 1830
Gut Nenaradowo

Wir halten es für unsere Pflicht, den Willen des ehrbaren Freundes unseres Autors zu achten, sprechen ihm den tiefsten Dank aus für die Nachricht, die er uns zukommen ließ, und hoffen, dass das Publikum ihre Aufrichtigkeit und Güte schätzen wird.

A. P.

Der Schuss

> Wir schossen uns.
>
> *Baratynski*
>
> Ich schwor,
> Ihn nach dem Recht des Duells zu erschießen
> (ich hatte noch einen Schuss gut).
>
> *Abend im Biwak*

1

Wir standen in der Ortschaft***. Das Leben eines Armeeoffiziers ist jedem bekannt: morgens – Exerzieren und Reitbahn; mittags – beim Regimentskommandeur oder in einer jüdischen Schenke; abends – Punsch und Karten. In *** gab es nicht ein einziges gastliches Haus, kein Mädchen in heiratsfähigem Alter; wir versammelten uns mal bei dem einen, mal bei dem anderen, wo wir nichts außer unseren Uniformen zu sehen bekamen.

Nur ein einziger Mensch, der kein Militär war, gehörte zu unserer Gesellschaft. Er war ungefähr fünfunddreißig Jahre alt und deshalb in unseren Augen ein alter Mann. Seine Erfahrung verschaffte ihm uns gegenüber viele Vorteile; zudem machten sein gewöhnlich finsteres Wesen, seine kurz angebundene Art und seine scharfe Zunge einen starken Eindruck auf unsere jugendlichen Gemüter. Etwas Geheimnisvolles haftete seinem Schicksal an; er schien Russe zu sein, doch trug er einen ausländischen Namen. Einst diente er bei den Husaren, und sogar mit Erfolg; niemand wusste, warum er den Abschied genommen und sich in einer elenden Ortschaft niedergelassen hatte, wo er ärmlich und verschwenderisch zugleich lebte: Er ging immer zu Fuß, in einem abgetragenen schwarzen Gehrock, doch hielt er offene Tafel für alle Offiziere des Regiments. Das Essen bestand allerdings nur aus zwei oder drei Gängen, die ein abgedankter Soldat zubereitete, aber der Champagner floss dabei in Strömen. Niemand kannte sein Vermögen oder seine Einkünfte, und niemand wagte es, ihn danach zu fragen. Er besaß Bücher, zum größten Teil militärischen Inhalts, und Romane. Er überließ sie einem gern zum Lesen und forderte sie nie zurück; dafür gab er auch die Bücher, die er sich lieh, nie wieder. Seine Hauptbeschäftigung war das Pistolenschießen. Die Wände seines Zimmers waren von Kugeln durchlöchert und sahen aus wie Bienenwaben. Eine reichhaltige Pistolensammlung war der einzige Luxus in der ärmlichen Lehmhütte, die er bewohnte. Die Kunstfertigkeit, zu der er es gebracht hatte, war unglaublich, wenn er sich anheischig gemacht hätte, jemandem, wer es auch immer sei, eine Birne von der Mütze herabzuschießen, so hätte keiner aus unserem Regiment gezögert, seinen Kopf hinzuhalten. Untereinander sprachen wir oft von Zweikämpfen; Silvio (so will ich ihn nennen) mischte sich nie in diese Gespräche ein. Auf die Frage, ob er sich schon einmal geschlagen habe, antwortete er trocken, dass dies der Fall gewesen sei, ließ sich aber auf keinerlei Einzelheiten ein, und es war zu spüren, dass ihm solche Fragen unangenehm waren. Wir nahmen an, dass irgendein unglückliches Opfer seiner schrecklichen Kunst auf seiner Seele lastete. Übrigens kam es uns überhaupt nicht in den Sinn, zu vermuten, dass irgendetwas in ihm an Furchtsamkeit erinnern könne. Es gibt Menschen, deren Äußeres allein schon solchen Verdacht ausschließt. Eine unvorhergesehene Begebenheit setzte uns alle in äußerstes Erstaunen.

Eines Tages speisten ungefähr zehn unserer Offiziere bei Silvio. Getrunken wurde wie üblich, das heißt sehr viel; nach dem Essen redeten wir unserem Gastgeber zu, die Bank zu halten. Lange lehnte er ab, da er fast nie spielte; schließlich ließ er sich die Karten geben, schüttete ein halbes Hundert Goldstücke auf den Tisch, setzte sich und begann auszugeben. Wir umringten ihn, und das Spiel nahm seinen Lauf. Silvio hatte die Gewohnheit, während des Spiels völliges Schweigen zu bewahren, nie stritt er oder ließ sich in Erklärungen ein. Kam es einmal vor, dass sich der Pointeur verrechnete, so bezahlte er entweder sofort den Fehlbetrag oder schrieb den Überschuss auf. Wir kannten das schon und ließen ihn gewähren; indessen befand sich in unserer Mitte ein Offizier, der erst vor Kurzem zu uns versetzt worden war. Er spielte auch, und in seiner Zerstreutheit bog er eine Karte zu viel um. Silvio nahm die Kreide und glich nach seiner Gewohnheit die Rechnung aus. In der Annahme, Silvio hätte sich geirrt, fing der Offizier an, sich in Erklärungen zu ergehen. Silvio gab weiter aus, ohne ein Wort zu verlieren. Der Offizier verlor die Geduld, nahm die Bürste und wischte ab, was ihm zu Unrecht aufgeschrieben zu sein schien. Silvio nahm die Kreide und schrieb es von Neuem auf. Der Offizier, erregt durch den Wein, das Spiel und das Gelächter der Kameraden, hielt sich für zutiefst beleidigt, ergriff in rasender Wut einen auf dem Tisch stehenden schweren kupfernen Leuchter und schleuderte ihn nach Silvio, der kaum dem Wurf ausweichen konnte. Wir waren bestürzt. Silvio erhob sich, bleich vor Zorn, und sagte mit funkelnden Augen: »Werter Herr, wollen Sie bitte hinausgehen, und danken Sie Gott, dass dies in meinem Hause geschah.«

Wir zweifelten nicht an den Folgen und hielten den neuen Kameraden schon für so gut wie tot. Der Offizier ging hinaus, wobei er sagte, dass er für die Beleidigung dem Herrn Bankhalter zur Verfügung stehe, in welcher Form es dieser auch wünsche. Das Spiel nahm noch für einige Minuten seinen Fortgang, da wir aber fühlten, dass unserem Gastgeber der Sinn nicht nach dem Spiel stand, hörten wir einer nach dem anderen auf und gingen in unsere Quartiere, dabei sprachen wir von der Stelle, die bald frei sein würde.

Am nächsten Tag auf der Reitbahn fragten wir uns bereits, ob der arme Fähnrich noch lebe, als er selber unter uns auftauchte; wir stellten an ihn die gleiche Frage. Er sagte, dass er von Silvio noch keinerlei Nachricht hätte. Das verwunderte uns. Wir gingen zu Silvio und trafen ihn auf dem Hof an, wie er Schuss auf Schuss in ein As setzte, das an das Tor geklebt war. Er empfing uns wie üblich und verlor kein Wort über den gestrigen Vorfall. Es vergingen drei Tage, und der Fähnrich lebte noch. Voller Verwunderung fragten wir uns: Wird sich Silvio etwa nicht schlagen? Silvio schlug sich nicht. Er gab sich mit einer oberflächlichen Erklärung zufrieden und söhnte sich aus.

Zu Anfang schadete ihm das sehr in den Augen der Jugend. Mangel an Kühnheit findet am wenigsten Gnade vor jungen Leuten, die in der Tapferkeit gewöhnlich die Krone der menschlichen Tugenden sehen und mit ihr sämtliche Laster entschuldigen. Allmählich jedoch fiel alles der Vergessenheit anheim, und Silvio erwarb sich seinen früheren Einfluss.

Nur ich vermochte mich ihm nicht mehr zu nähern. Da ich von Natur aus eine romantische Einbildungskraft besaß, fühlte ich mich mehr als alle anderen zu dem Menschen hingezogen, dessen Leben ein Rätsel war und der mich wie ein Held aus irgendeiner geheimnisvollen Erzählung anmutete. Er hatte mich gern, jedenfalls unterdrückte er, wenn er mit mir allein war, seinen gewöhnlich beißenden Spott und sprach über verschiedene Dinge vertrauensvoll und außerordentlich liebenswürdig. Doch nach dem unglückseligen Abend verließ mich nicht der Gedanke, dass seine Ehre befleckt und durch sein eigenes Verschulden nicht wiederhergestellt worden sei – dieser Gedanke hinderte mich, auf frühere Weise mit ihm zu verkehren; es war mir peinlich, ihn anzusehen. Silvio war zu klug und zu erfahren, um dies nicht zu bemerken und den Grund dafür nicht zu erraten. Er schien betrübt, jedenfalls bemerkte ich zweimal, dass er den Wunsch hatte, sich mit mir auszusprechen; doch ich ging solchen Aussprachen aus dem Wege, und Silvio ließ von mir ab. Von dieser Zeit an sahen wir uns nur noch in Gegenwart anderer, und unsere früheren aufrichtigen Gespräche fanden ein Ende.

Die an Zerstreuungen gewohnten Bewohner der Hauptstadt haben keine Vorstellung von den vielfältigen Eindrücken, die den Bewohnern der Dörfer und kleineren Städte so bekannt sind wie zum

Beispiel das Warten auf den Posttag: Dienstags und freitags war unsere Regimentskanzlei immer voller Offiziere – der eine erwartete Geld, der andere Briefe, der dritte Zeitungen. Die Sendungen wurden meist auf der Stelle geöffnet und die Neuigkeiten einander mitgeteilt, sodass die Kanzlei ein äußerst lebhaftes Bild bot. Silvio erhielt Briefe, die an unser Regiment adressiert waren, und fand sich gewöhnlich hier ein. Eines Tages erhielt er eine Sendung, die er mit den Zeichen größter Ungeduld erbrach. Als er den Brief überflog, funkelten seine Augen dabei. Die Offiziere, von denen jeder mit seinen Briefen beschäftigt war, bemerkten nichts. »Meine Herren«, sagte Silvio zu ihnen, »die Umstände fordern meine sofortige Abreise; noch heute Nacht fahre ich; ich hoffe, Sie schlagen mir nicht ab, ein letztes Mal bei mir zu speisen. Ich erwarte auch Sie«, fuhr er, an mich gewandt, fort, »ich erwarte Sie unbedingt.« Nach diesen Worten ging er eilig hinaus; wir waren einverstanden, uns bei Silvio zu treffen, und jeder ging seines Weges.

Zur festgesetzten Zeit kam ich zu Silvio und fand bei ihm fast das ganze Regiment vor. All sein Hab und Gut war schon verpackt, nur die nackten durchschossenen Wände waren zu sehen. Wir setzten uns an den Tisch; unser Gastgeber befand sich in ausgezeichneter Stimmung, und bald wurden alle von seiner Fröhlichkeit ergriffen; alle Augenblicke knallten Korken, ohne Unterlass schäumte und zischte der Sekt in den Gläsern, und wir wünschten dem Scheidenden mit dem größten Eifer eine gute Reise und alles erdenkliche Wohlergehen. Es war schon spät am Abend, da wir uns von der Tafel erhoben. Als wir unsere Mützen nahmen und Silvio sich von allen verabschiedete, ergriff er gerade in dem Augenblick, da ich fortgehen wollte, meine Hand und hielt mich auf. »Ich muss mit Ihnen sprechen«, sagte er leise. Ich blieb.

Die Gäste gingen: Wir waren zu zweit, setzten uns einander gegenüber und rauchten schweigend unsere Pfeifen an. Silvio war bekümmert; nicht eine Spur seiner früheren hektischen Fröhlichkeit war zu bemerken. Die düstere Blässe, die funkelnden Augen und der dichte

Rauch, der seinem Munde entquoll, gaben ihm ein wahrhaft diabolisches Aussehen. Es vergingen einige Minuten, und Silvio brach das Schweigen. »Es ist möglich, dass wir uns nicht mehr wiedersehen«, sagte er zu mir. »Vor dem Abschied möchte ich Ihnen einiges erklären. Wie Sie bemerken konnten, gebe ich wenig auf fremde Meinungen; doch Sie habe ich liebgewonnen, und ich fühle, dass es mich bedrücken würde, wenn Sie einen falschen Eindruck von mir zurückbehielten.«

Er hielt inne und stopfte seine Pfeife von Neuem; ich schwieg und senkte den Blick.

»Es kam Ihnen seltsam vor«, fuhr er fort, »dass ich von diesem betrunkenen Narren R*** keine Genugtuung gefordert habe. Sie werden zugeben, dass sein Leben in meiner Hand war, meines aber fast ungefährdet, da ich das Recht hatte, die Waffe zu wählen; ich könnte meine Zurückhaltung einzig und allein meiner Großmut zuschreiben, doch ich will nicht lügen. Wenn ich in der Lage gewesen wäre, R*** zu strafen, ohne mein Leben einer Gefahr auszusetzen, hätte ich ihm auf keinen Fall verziehen.«

Ich sah Silvio äußerst verwundert an. Solch ein Bekenntnis verwirrte mich gänzlich. Silvio fuhr fort. »Genauso ist es: Ich habe nicht das Recht, mich der Gefahr des Todes auszusetzen. Vor sechs Jahren erhielt ich eine Ohrfeige, und mein Feind lebt noch.«

Meine Neugier war bis zum Äußersten erregt. »Sie haben sich mit ihm nicht geschlagen?«, fragte ich. »Sicherlich haben Sie die Umstände getrennt?«

»Ich habe mich mit ihm geschlagen«, antwortete Silvio, »und hier ist das Andenken an unseren Zweikampf.«

Silvio erhob sich und holte aus einer Schachtel eine rote Mütze mit goldener Troddel und einer Tresse hervor (die Franzosen nennen so etwas bonnet de police); er setzte sie auf, sie war einen Zoll über der Stirn durchschossen.

»Sie wissen«, fuhr Silvio fort, »dass ich in dem *** Husarenregiment gedient habe. Sie kennen meinen Charakter: Ich bin gewohnt, der Erste zu sein, von Jugend an war das meine Leidenschaft. Tolle Streiche waren zu unserer Zeit Mode, ich war der erste Händelsucher der ganzen Armee. Wir prahlten mit unserer Trinkfestigkeit. Ich habe den berühmten Burzow, den Denis Dawydow besungen hat, unter den Tisch getrunken. Duelle gab es in unserer Armee alle Augenblicke, bei allen war ich entweder Sekundant oder selbst Duellant. Die Kameraden vergötterten mich, und die Regimentskommandeure, die ständig wechselten, betrachteten mich als ein notwendiges Übel. Ich genoss ruhig (oder unruhig) meinen Ruhm, als ein junger Mann aus reicher und adliger Familie zu uns versetzt wurde (ich will seinen Namen nicht nennen). Noch nie war mir solch ein glänzender Günstling des Schicksals begegnet! Vergegenwärtigen Sie sich: Jugend, Verstand, Schönheit, ausgelassene Fröhlichkeit, verwegene Kühnheit, einen klangvollen Namen, Geld, das nicht zu zählen war und nie versiegte, und stellen Sie sich vor, was für einen Eindruck er auf uns machen musste. Meine Vorherrschaft war erschüttert. Von meinem Ruhm verlockt, suchte er anfangs meine Freundschaft, doch ich begegnete ihm kühl, und ohne Bedauern ließ er von mir ab. Ich begann ihn zu hassen. Seine Erfolge im Regiment und in Gesellschaft von Damen brachten mich zur völligen Verzweiflung. Ich suchte Streit mit ihm; auf meine Epigramme antwortete er jedoch mit Epigrammen, die mir immer überraschender und geistreicher schienen als die meinen und die natürlich weitaus lustiger waren: denn er scherzte, und ich wütete. Schließlich, als ich ihn auf einem Ball, den ein polnischer Gutsherr gab, im Mittelpunkt der Aufmerksamkeit aller Damen und besonders der Gastgeberin sah, mit der ich in Verbindung stand, flüsterte ich ihm eine geschmacklose Grobheit ins Ohr. Er brauste auf und gab mir eine Ohrfeige. Wir stürzten zu den Säbeln; die Damen fielen in Ohnmacht, man brachte uns auseinander, und noch in derselben Nacht brachen wir auf, um uns zu schlagen.

Dies geschah im Morgengrauen. Ich stand mit meinen drei Sekundanten am verabredeten Ort. Mit unbeschreiblicher Ungeduld erwartete ich meinen Gegner. Die Frühlingssonne war aufgegangen, und es wurde schon heiß. Ich sah ihn von ferne. Er ging zu Fuß, sein Uniformrock hing am Säbelgriff, und ein Sekundant begleitete ihn. Wir gingen ihm entgegen. Er kam näher, in der Hand hielt er seine Mütze, die voller Kirschen war. Die Sekundanten maßen uns zwölf Schritte ab. Ich hatte als Erster zu schießen, aber die Wut schüttelte mich so sehr, dass ich der Zuverlässigkeit meiner Hand misstraute und ihm den ersten Schuss überließ, um mich in der Zwischenzeit zu beruhigen; doch mein Gegner war damit nicht einverstanden. Wir beschlossen, das Los sprechen zu lassen: Die erste Nummer erhielt er, der ewige Liebling des Glückes. Er zielte und durchschoss meine Mütze. Jetzt war ich an der Reihe. Endlich hatte ich sein Leben in meiner Hand, ich sah ihn an, begierig, wenigstens den Schatten einer Unruhe zu bemerken ... Er stand vor meiner Pistole, suchte sich aus seiner Mütze die reifsten Kirschen hervor und spuckte die Kerne aus, sie flogen bis zu mir. Sein Gleichmut brachte mich zur Raserei. Was habe ich davon, dachte ich, wenn ich ihn töte, er aber seinem Leben überhaupt keinen Wert beimisst? Ein böser Gedanke schoss mir durch den Kopf. Ich senkte die Pistole. ›Sie scheinen nicht auf das Sterben eingestellt zu sein‹, sagte ich zu ihm. ›Sie belieben zu frühstücken; ich möchte Sie dabei nicht stören ...‹ – ›Sie stören mich nicht im Geringsten‹, widersprach er. ›Bitte schießen Sie nur, im Übrigen, ganz wie Sie wünschen: Sie haben einen Schuss gut; ich stehe immer zu Ihrer Verfügung.‹ Ich wandte mich an die Sekundanten und erklärte, dass ich nicht die Absicht habe, heute zu schießen, und damit war der Zweikampf beendet.

Ich nahm meinen Abschied und siedelte in diese Ortschaft über. Seit jener Zeit verging kein einziger Tag, an dem ich nicht an Rache gedacht hätte. Jetzt ist meine Stunde gekommen ...

Silvio zog aus seiner Tasche den Brief, den er am Morgen erhalten hatte, und gab ihn mir zum Lesen. Jemand (anscheinend sein Beauftragter in dieser Angelegenheit) schrieb aus Moskau, dass die *bewusste Person* nächstens ein schönes und junges Mädchen ehelichen würde.

»Sie erraten«, sagte Silvio, »wer diese *bewusste Person* ist. Ich reise nach Moskau. Wir wollen sehen, ob er vor seiner Hochzeit den Tod ebenso gleichmütig entgegennimmt, wie er ihn einst beim Kirschenessen erwartet hat!«

Mit diesen Worten erhob sich Silvio, warf seine Mütze auf den Boden und begann, wie ein Tiger im Käfig, im Zimmer hin und her zu gehen. Ich hatte ihm zugehört, ohne mich zu rühren; seltsame widersprechende Gefühle bewegten mich.

Der Diener trat ein und verkündete, die Pferde stünden bereit. Silvio drückte mir kräftig die Hand. Wir umarmten uns. Er nahm im Wagen Platz, in dem zwei Koffer standen – der eine mit den Pistolen, der ändere mit seinen Habseligkeiten. Wir verabschiedeten uns noch einmal, und die Pferde galoppierten davon.

2

Einige Jahre vergingen, und die häuslichen Umstände zwangen mich, in ein armes Dörfchen des Kreises N. überzusiedeln. Ich beschäftigte mich mit der Wirtschaft, doch insgeheim trauerte ich meinem früheren aufregenden und sorglosen Leben nach. Am schwersten gewöhnte ich mich daran, die Herbst- und Winterabende in völliger Einsamkeit zu verbringen. Bis zum Mittagessen schlug ich noch irgendwie die Zeit tot, indem ich mich mit dem Dorfältesten unterhielt, auf das Feld fuhr oder neue Gebäude besichtigte, doch sowie es anfing dunkel zu werden, wusste ich einfach nicht, wohin mit mir. Die geringe Anzahl von Büchern, die ich unter den Schränken und in der Abstellkammer gefunden hatte, kannte ich bald auswendig. Sämtliche Märchen, an die sich die Haushälterin Kirilowna nur erinnern konnte, hatte ich mir erzählen lassen; die Lieder der Bauernweiber stimmten mich noch trauriger. Ich hätte mich auf den ungesüßten Fruchtschnaps verlegt, doch davon bekam ich Kopfschmerzen, auch gebe ich zu, dass ich fürchtete, ein Trinker aus *unheilbarem Kummer* zu werden, das heißt ein *unheilbarer* Trinker, für die es sehr viele Beispiele in unserem Kreis gab. Nachbarn hatte ich nicht in meiner Umgebung, bis auf zwei oder drei jener *Unheilbaren,* deren Gespräch hauptsächlich aus Aufstoßen und Seufzern bestand. Die Einsamkeit war erträglicher.

In einer Entfernung von ungefähr vier Werst befand sich ein reiches Gut, das der Gräfin B. gehörte; doch wohnte auf ihm nur der Verwalter; die Gräfin hatte es ein einziges Mal, im ersten Jahr ihrer Ehe, besucht und auch dann nicht länger als einen Monat dort zugebracht. Jedoch im zweiten Frühjahr meines Einsiedlerlebens verbreitete sich das Gerücht, dass die Gräfin und ihr Ehegemahl diesen Sommer ihr Dorf aufsuchen würden. Sie trafen tatsächlich auch Anfang Juni ein.

Die Ankunft eines reichen Nachbarn ist ein wichtiges Ereignis im Leben der Landbewohner. Die Gutsherren und ihr Gesinde sprechen schon zwei Monate vorher und noch drei Jahre danach von dieser Begebenheit. Was mich anbelangt, so, ich gestehe es, machte die Nachricht von der Ankunft der jungen und schönen Nachbarin einen starken Eindruck auf mich; ich brannte vor Ungeduld, sie zu sehen, und begab mich deshalb am ersten Sonntag nach ihrer Ankunft nachmittags in das Dorf***, um mich Seiner Erlaucht als nächster Nachbar und allerergebenster Diener vorzustellen.

Der Diener führte mich in das Arbeitszimmer des Grafen und entfernte sich, um meine Ankunft zu melden. Das geräumige Zimmer war mit dem größten Luxus ausgestattet; an den Wänden standen Bücherschränke und auf jedem von ihnen eine Bronzebüste, über dem Kamin aus Marmor hing ein breiter Spiegel, der Boden war mit grünem Tuch beschlagen und mit Teppichen bedeckt. Da ich in meiner armseligen Behausung keinen Luxus gewohnt war und schon lange keinen fremden Reichtum gesehen hatte, wurde ich ganz schüchtern und wartete auf den Grafen voller Bangen wie ein Bittsteller aus der Provinz auf das Erscheinen des Ministers. Die Tür ging auf, und herein trat ein Mann von etwa zweiunddreißig Jahren und schönem Äußeren. Der Graf näherte sich mir mit offener und freundlicher Miene, ich fasste Mut und wollte mich vorstellen, doch er kam mir zuvor. Wir setzten uns. Seine ungezwungene und liebenswürdige Art der Unterhaltung zerstreute meine hinterwäldlerische Schüchternheit, ich gewann allmählich meine Fassung wieder, als plötzlich die Gräfin eintrat und mich eine noch größere Verlegenheit als vorher überkam. Sie war in der Tat eine Schönheit. Der Graf stellte mich vor, ich wollte nonchalant erscheinen, doch je ungezwungener ich mich gab, desto gehemmter fühlte ich mich. Um mir Zeit zu geben, zu mir zu kommen und mich an die neue Bekanntschaft zu gewöhnen, unterhielten sie sich miteinander und behandelten mich wie einen guten Nachbarn und ohne jegliche Zeremonie. Ich ging unterdessen auf und ab und betrachtete die Bücher und Bilder. Ich bin kein Kenner von Gemälden, doch eines von ihnen zog meine Aufmerksamkeit auf sich. Es stellte eine Schweizer Landschaft dar, doch nicht die Malerei interessierte mich, sondern der Umstand, dass das Bild von zwei Kugeln durchschossen war, und zwar an ein und derselben Stelle. »Das ist ein guter Schuss«, sagte ich, an den Grafen gewandt. »Ja«, bestätigte er, »ein außerordentlich bemerkenswerter Schuss. Schießen Sie denn gut?«, fuhr er fort. »Ausgezeichnet«, antwortete ich und freute mich, dass das Gespräch einen mir nahen Gegenstand berührte. »Auf dreißig Schritt verfehle ich keine Karte, selbstverständlich mit Pistolen, die ich kenne.« – »Wahrhaftig?«, sagte die Gräfin mit allen Zeichen großer Aufmerksamkeit. »Und du, mein Freund, triffst du eine Karte auf dreißig Schritt?« – »Irgendwann einmal müssen wir es versuchen«, erwiderte der Graf. »Ich habe seinerzeit nicht schlecht geschossen, aber es sind schon vier Jahre her, dass ich eine Pistole in der Hand gehalten habe.« – »Oh«, sagte ich, »in diesem Falle wette ich, dass Euer Erlaucht eine Karte auch auf zwanzig Schritt nicht treffen: Die Pistole erfordert tägliche Übung. Das weiß ich aus Erfahrung. Bei uns im Regiment galt ich als einer der besten Schützen. Ich hatte einmal einen ganzen Monat lang nicht geschossen: Meine Pistolen wurden repariert; und was meinen Sie, Euer Erlaucht? Als ich dann das erste Mal wieder schoss, verfehlte ich viermal hintereinander eine Flasche auf fünfundzwanzig Schritt. Wir hatten einen Rittmeister, einen Spötter und Spaßvogel, er stand dabei und sagte zu mir: ›Wie es scheint, Bruder, kannst du einer Flasche nichts zuleide tun.‹ Nein, Euer Erlaucht dürfen das Schießen nicht vernachlässigen, sonst verlernt man es sehr schnell. Der beste Schütze, den ich je gekannt habe, schoss jeden Tag, und zwar mindestens dreimal vor dem Mittagessen. Das war ihm genauso zur Gewohnheit geworden wie das Glas Wodka.«

Der Graf und die Gräfin waren froh, dass ich meine Sprache wiedergefunden hatte.

»Und wie schoss er?«, fragte mich der Graf. »Folgendermaßen, Euer Erlaucht: Wenn er sah, dass sich eine Fliege auf der Wand niedergelassen hatte – Sie lachen, Gräfin? Bei Gott, es ist wahr. Er sieht die Fliege und schreit: ›Kuska, die Pistole!‹ Kuska bringt ihm die gespannte Pistole. Er, bums, schießt die Fliege in die Wand hinein!« – »Das ist erstaunlich!«, sagte der Graf. »Und wie hieß er?« – »Silvio, Euer Erlaucht.« – »Silvio!«, rief der Graf und sprang auf. »Sie kannten Silvio?« – »Wie sollte ich ihn nicht kennen, Euer Erlaucht; wir waren miteinander befreundet, in unserem Regiment betrachteten wir ihn als einen der Unseren, als Kameraden; jetzt ist es aber schon ungefähr fünf Jahre her, dass ich von ihm keine Nachricht bekommen habe. So haben Euer Erlaucht ihn also auch gekannt?« – »Ich kannte ihn gut, kannte ihn sehr gut. Hat er Ihnen nicht erzählt ... Doch nein, ich glaube kaum; hat er Ihnen vielleicht einmal von einem seltsamen Zwischenfall erzählt?« – »Meinen Sie etwa die Ohrfeige, Euer Erlaucht, die ihm auf einem Ball ein Tunichtgut gegeben hat?« – »Und hat er Ihnen nicht den Namen dieses Tunichtgut genannt?« – »Nein, Euer Erlaucht, den hat er mir nicht genannt ... Ach! Euer Erlaucht«, fuhr ich fort, denn ich erriet die Wahrheit, »entschuldigen Sie ... ich wusste nicht ... Sind Sie das etwa?« – »Ich bin es«, sagte der Graf mit außerordentlich verstimmtem Gesichtsausdruck. »Und das durchschossene Bild ist ein Andenken an unser letztes Zusammentreffen ...« – »Ach, mein Lieber«, sagte die Gräfin, »um Gottes willen, erzähle das nicht, es ist zu entsetzlich, ich kann das nicht hören.« – »Nein«, entgegnete der Graf, »ich werde alles erzählen; er weiß, wie ich seinen Freund beleidigt habe, und so soll er auch wissen, wie sich Silvio an mir gerächt hat.« Der Graf rückte mir einen Sessel heran, und ich hörte mit dem lebhaftesten Interesse folgende Geschichte.

»Vor fünf Jahren heiratete ich. – Den ersten Monat, the honeymoon, verbrachte ich hier auf dem Dorf. Diesem Hause verdanke ich die schönsten Minuten meines Lebens und eine der schlimmsten Erinnerungen.

Eines Abends ritten wir gemeinsam aus; das Pferd meiner Frau scheute, sie erschrak, gab mir die Zügel und ging zu Fuß nach Hause, während ich schon vorausritt. Auf dem Hof sah ich einen Reisewagen; man sagte mir, in meinem Arbeitszimmer sitze ein Mann, der zwar seinen Namen nicht nennen wolle, doch gesagt habe, er komme zu mir in einer bestimmten Angelegenheit. Ich ging in dieses Zimmer und gewahrte in der Dunkelheit einen mit Staub bedeckten bärtigen Mann, er stand hier am Kamin. Ich trat auf ihn zu und versuchte, mich seiner Züge zu erinnern. ›Du hast mich nicht erkannt, Graf?‹, fragte er mit bebender Stimme. ›Silvio!‹, schrie ich, und – ich gebe es zu – ich fühlte, wie mir plötzlich die Haare zu Berge standen. ›Ich bin es‹, fuhr er fort. ›Einen Schuss habe ich gut, ich bin gekommen, um diesen Schuss abzugeben; bist du bereit?‹ Die Pistole sah ihm aus einer Seitentasche heraus. Ich maß zwölf Schritte ab, stellte mich dort in die Ecke und bat ihn, möglichst schnell zu schießen, ehe meine Frau zurückkäme. Er zögerte – und verlangte nach Licht. Man brachte Kerzen. Ich verschloss die Tür, ordnete an, niemanden hereinzulassen, und bat ihn aufs Neue, zu schießen. Er zog die Pistole hervor und legte auf mich an … Ich zählte die Sekunden … Ich dachte an sie … Das war eine entsetzliche Minute! Silvio ließ die Hand sinken. ›Ich bedaure‹, sagte er, ›dass die Pistole nicht mit Kirschkernen geladen ist … Eine Kugel wiegt schwer. Es kommt mir so vor, als wäre dies kein Duell, sondern Mord: Ich bin es nicht gewohnt, auf einen Unbewaffneten zu zielen. Beginnen wir von Neuem, losen wir aus, wer zuerst schießen soll.‹ Mir drehte sich der Kopf … Ich glaube, ich widersprach … Schließlich luden wir noch eine Pistole, falteten zwei Kärtchen zusammen und legten sie in die Mütze, die ich seinerzeit durchschossen hatte, und wieder zog ich die erste Nummer. ›Du hast teuflisches Glück, Graf‹, sagte er mit einem Lächeln, das ich nie vergessen werde. Ich begreife nicht, was in mir vorging und wie es ihm gelang, mich dazu zu zwingen – doch ich drückte ab und traf dieses Bild.« (Der Graf zeigte auf das durchschossene Bild; sein Gesicht brannte wie Feuer; die Gräfin war bleicher als ihr Taschentuch; ich konnte einen Ausruf nicht unterdrücken.)

»Ich drückte ab«, fuhr der Graf fort, »und schoss Gott sei Dank – daneben; nun begann Silvio … – In dieser Minute war er wahrhaftig furchtbar – Silvio begann nun nach mir zu zielen. Plötzlich öffnet sich die Tür, Mascha kommt hereingelaufen und wirft sich mir mit einem Aufschrei an den Hals. Ihre Anwesenheit gab mir mein Gleichgewicht wieder. ›Aber Liebste‹, sagte ich, ›siehst du denn nicht, dass wir scherzen? Wie konntest du dich so erschrecken! Geh, trink ein Glas Wasser und komme wieder; ich werde dir dann einen alten Freund und Kameraden vorstellen.‹ Mascha wollte es immer noch nicht glauben. ›Sagen Sie, spricht mein Mann die Wahrheit?‹, fragte sie, an den furchterregenden Silvio gewendet. ›Ist es wahr, dass Sie beide scherzen?‹ – ›Er scherzt immer, Gräfin‹, antwortete ihr Silvio, ›aus Scherz hat er mir einmal eine Ohrfeige gegeben, aus Scherz hat er mir diese Mütze hier durchschossen, aus Scherz hat er mich eben verfehlt, jetzt habe auch ich Lust bekommen zu scherzen …‹ Mit diesen Worten wollte er auf mich anlegen … in ihrer Gegenwart! Mascha warf sich ihm zu Füßen. ›Steh auf, Mascha, schämst du dich nicht!‹, schrie ich wie ein Rasender. ›Und Sie, Herr, wollen Sie endlich aufhören, eine arme Frau zu verhöhnen? Werden Sie endlich schießen oder nicht?‹ – ›Ich werde es nicht tun‹, sagte Silvio, ›ich bin zufrieden: Ich habe deine Bestürzung, deine Furchtsamkeit gesehen; ich habe dich gezwungen, auf mich zu schießen, ich bin zufriedengestellt. Du wirst an mich denken. Ich überlasse dich deinem Gewissen.‹ Hier wollte er hinausgehen, doch blieb er in der Tür stehen, sah sich nach dem Bild um, das ich getroffen hatte, schoss nach ihm, fast ohne zu zielen, und verschwand. Meine Frau war in Ohnmacht gefallen, die Dienerschaft wagte nicht, ihn aufzuhalten, und betrachtete ihn voller Entsetzen, er trat auf die Vortreppe hinaus, rief den Kutscher und fuhr fort, ehe ich zu mir gekommen war.«

Der Graf verstummte. Auf diese Weise erfuhr ich das Ende der Geschichte, deren Anfang mich einst so erstaunt hatte. Ihren Helden habe ich nicht mehr gesehen. Es wird erzählt, dass Silvio während des Aufstandes Alexander Ypsilantis eine Abteilung Hetäristen angeführt habe und in der Schlacht bei Sculeni gefallen sei.

Der Schneesturm

Eilig geht der Pferde Lauf
durch die hohen Wehen …
Seitwärts ist ein Gotteshaus
Ganz allein zu sehen.

Plötzlich Schneesturm überall,
Mit den Flügeln pfeifend,
Fliegt durch weißen Flockenfall,
Fast den Schlitten streifend,
Schwarzer Rabe. Leid'ger Ton!
In die Ferne spähen
Unruhvoll die Pferde schon,
Ihre Mähnen wehen …
Shukowski

Gegen Ende des Jahres 1811, in einer für uns denkwürdigen Zeit, lebte auf seinem Gut Nenaradowo der gutherzige Gawrila Gawrilowitsch R. Er war im ganzen Kreis für seine Gastfreundlichkeit und sein Entgegenkommen bekannt; alle Augenblicke kamen Gäste angefahren, um zu essen, zu trinken und mit seiner Frau um fünf Kopeken Boston zu spielen; einige kamen auch, um sich die Tochter, Marja Gawrilowna, anzusehen, ein schlankes, blasses, siebzehnjähriges Mädchen. Sie galt für eine reiche Braut, und viele sahen sie schon in Gedanken als eigene Frau oder als die ihrer Söhne.

Marja Gawrilowna verdankte ihre Erziehung französischen Romanen, und infolgedessen war sie verliebt. Der Gegenstand, den sie sich auserwählt hatte, war ein armer Fähnrich, der den Urlaub in seinem Dorf verbrachte. Es versteht sich von selbst, dass der junge Mann von der gleichen Leidenschaft ergriffen war und dass die Eltern seiner Angebeteten, sowie sie die gegenseitige Zuneigung bemerkten, der Tochter verboten, auch nur an ihn zu denken, und ihn schlechter empfingen als einen Gerichtsbeisitzer im Ruhestand.

Unsere Liebenden standen im Briefwechsel und trafen sich jeden Tag heimlich im Kiefernwäldchen oder bei der alten Kapelle. Dort schworen sie sich ewige Liebe, beklagten ihr Schicksal und schmiedeten die verschiedensten Pläne. Auf diese Weise schrieben und unterhielten sie sich und gelangten (was durchaus natürlich ist) zu folgender Überlegung: Wenn einer ohne den anderen nicht atmen kann und der Wille der grausamen Eltern unserem Glück im Wege steht, wäre es dann nicht möglich, ohne diesen Willen auszukommen? Es versteht sich, dass dieser glückliche Gedanke zuerst dem jungen Mann gekommen war und dass er der romanhaften Einbildungskraft Marja Gawrilownas überaus gefiel.

Der Winter zog ein und bereitete ihren Zusammenkünften ein Ende; doch wurde der Briefwechsel dafür umso reger. Wladimir Nikolajewitsch flehte sie in jedem Brief an, die Seine zu werden, sich heimlich trauen zu lassen, sich für einige Zeit versteckt zu halten und sich danach den Eltern zu Füßen zu werfen, die, zu guter Letzt natürlich von der heroischen Standhaftigkeit und dem Unglück der Liebenden gerührt, unbedingt sagen werden: »Kinder, lasst euch umarmen!«

Marja Gawrilowna schwankte lange, und viele Fluchtpläne wurden verworfen. Schließlich war sie mit Folgendem einverstanden: Am festgesetzten Tag sollte sie nicht zu Abend essen und sich unter dem Vorwand von Kopfschmerzen auf ihr Zimmer zurückziehen. Ihre Zofe war in die Verschwörung eingeweiht; beide sollten durch die Hintertür in den Garten hinausgehen, hinter dem Garten einen reisefertigen Schlitten vorfinden, sich hineinsetzen und in das fünf Werst von Nenaradowo entfernte Shadrino fahren, direkt vor die Kirche, wo sie Wladimir schon erwarten sollte.

Am Vorabend des entscheidenden Tages schlief Marja Gawrilowna die ganze Nacht nicht; sie packte ihre Sachen, bündelte Wäsche und

Kleider, schrieb einen langen Brief an ein empfindsames Fräulein, ihre Freundin, und einen anderen an ihre Eltern. Sie nahm von ihnen in den rührendsten Ausdrücken Abschied, entschuldigte ihren Schritt mit der unüberwindlichen Macht der Leidenschaft und schloss mit den Worten, dass die glücklichste Minute ihres Lebens jene sein werde, in der es ihr erlaubt werde, sich den teuren Eltern zu Füßen zu werfen. Sie verschloss beide Briefe mit einem Tulaer Siegel, auf dem zwei flammende Herzen mit entsprechender Inschrift dargestellt waren, warf sich kurz vor Morgengrauen auf das Bett und fiel in einen leichten Schlaf: Doch auch hier weckten sie alle Augenblicke entsetzliche Träume. Einmal schien es ihr, dass der Vater sie im Augenblick, da sie den Schlitten bestieg, um zur Trauung zu fahren, anhielt, mit beängstigender Schnelligkeit über den Schnee schleifte und sie in ein dunkles, abgrundtiefes unterirdisches Verlies warf ... und sie flog mit einem unbeschreiblichen Gefühl des Schreckens kopfüber in die Tiefe; ein anderes Mal sah sie Wladimir blass und blutig auf dem Rasen liegen. Sterbend bat er sie mit durchdringender Stimme, sich schnell mit ihm trauen zu lassen ... Andere abscheuliche und unsinnige Träume lösten einander ab. Schließlich erhob sie sich, bleicher denn je und mit wirklichen Kopfschmerzen. Der Vater und die Mutter bemerkten ihre Unruhe. Ihre zärtliche Besorgtheit und ihre ununterbrochenen Fragen: »Was fehlt dir, Mascha? Du bist doch nicht etwa krank, Mascha?«, schnitten ihr ins Herz. Sie suchte sie zu beruhigen, fröhlich zu scheinen – und konnte es nicht. Der Abend kam heran. Der Gedanke, dass dies der letzte Tag sei, den sie mit ihrer Familie verbringe, drückte ihr schier das Herz ab. Sie hielt sich kaum aufrecht, in Gedanken nahm sie Abschied von allen Personen und Gegenständen, die sie umgaben.

Das Abendbrot wurde aufgetragen; ihr Herz begann heftig zu schlagen. Mit bebender Stimme erklärte sie, dass sie nicht zu Abend essen wolle, und verabschiedete sich von dem Vater und der Mutter. Sie küssten und segneten sie wie gewöhnlich – beinah wäre Mascha in Tränen ausgebrochen. In ihrem Zimmer angelangt, warf sie sich in einen Sessel und ließ den Tränen freien Lauf. Die Zofe redete ihr zu, sich zu beruhigen und Mut zu fassen, Alles war bereit. In einer halben Stunde sollte Mascha für immer ihr Elternhaus, ihr Zimmer, ihr stilles Mädchenleben hinter sich lassen ... Draußen tobte ein Schneesturm: Der Wind heulte, die Fensterläden klapperten und klopften laut; alles schien ihr voller Drohung und schlimmer Vorbedeutung. Bald wurde es im Hause still, und alle gingen zur Ruhe. Mascha wickelte sich einen Schal um, zog einen warmen Mantel über, nahm ihre Schatulle in die Hand und ging zum hinteren Ausgang. Das Dienstmädchen folgte ihr mit zwei Bündeln. Sie begaben sich in den Garten. Der Schneesturm hatte nicht nachgelassen; der Wind blies ihr entgegen, als wollte er die jugendliche Missetäterin aufhalten. Mit Mühe gelangten sie bis an das Ende des Gartens. Auf dem Weg wartete schon der Schlitten auf sie. Die frierenden Pferde hielten nicht still; Wladimirs Kutscher ging vor den Deichseln auf und ab und hielt die Ungeduldigen zurück. Er half dem Fräulein und ihrem Mädchen beim Einsteigen und beim Verstauen der Bündel und der Schatulle, nahm die Zügel, und die Pferde galoppierten davon. Überlassen wir das Fräulein dem Schutze des Schicksals und der Kunst des Kutschers Tereschka, und wenden wir uns unserem jungen Liebhaber zu. Den ganzen Tag war Wladimir unterwegs gewesen. Am Morgen hatte er den Geistlichen von Shadrino aufgesucht und war mit Müh und Not mit ihm einig geworden; dann machte er sich auf den Weg, um unter den Gutsbesitzern der Nachbarschaft Trauzeugen zu suchen. Der Erste, bei dem er erschien, der verabschiedete vierzigjährige Kornett Drawin, war gern dazu bereit. Dieses Abenteuer, versicherte er, erinnere ihn an die frühere Zeit und die Husarenstreiche. Er überredete Wladimir, zum Mittagessen dazubleiben, und behauptete, dass es an den übrigen zwei Zeugen nicht fehlen werde. In der Tat erschienen gleich nach dem Essen der Feldmesser Schmitt mit Schnurrbart und Sporen und der Sohn des Kreishauptmanns, ein Knabe von sechzehn Jahren, der seit kurzer Zeit bei den Ulanen war. Sie nahmen nicht nur den Vorschlag Wladimirs an, sondern schworen ihm, dass sie bereit seien, für ihn ihr

Leben hinzugeben. Wladimir umarmte sie voller Begeisterung und fuhr nach Hause, um seine Vorbereitungen zu treffen. Die Dämmerung war schon lange hereingebrochen. Er schickte seinen zuverlässigen Tereschka mit der Troika und genauen und weitläufigen Anweisungen nach Nenaradowo, für sich selbst aber ließ er vor den kleinen Schlitten nur ein Pferd spannen und machte sich allein, ohne Kutscher, auf den Weg nach Shadrino, wohin in ungefähr zwei Stunden auch Marja Gawrilowna kommen sollte. Der Weg war ihm bekannt, und zu fahren hatte er ungefähr zwanzig Minuten.

Doch kaum war Wladimir aus der Ortschaft auf das freie Feld hinausgefahren, als sich ein Wind aufmachte und ein solcher Schneesturm einsetzte, dass er nichts mehr erkennen konnte. Im Nu war der Weg zugeweht; die Umgebung verschwand hinter einem undurchsichtigen und gelblichen Schleier, durch den weiße Schneeflocken flogen; der Himmel verschmolz mit der Erde. Wladimir merkte, dass er sich auf den Feldern befand, und suchte vergebens, wieder auf den Weg zu gelangen; das Pferd lief aufs Geratewohl und fuhr alle Augenblicke in eine Schneewehe oder brach in eine Grube ein; der Schlitten schlug fortwährend um. – Wladimir bemühte sich, wenigstens die Richtung einzuhalten. Allein, es schien ihm, dass schon mehr als eine halbe Stunde vergangen sei, und das Wäldchen von Shadrino hatte er noch nicht erreicht. Es vergingen ungefähr weitere zehn Minuten; das Wäldchen war immer noch nicht zu sehen. Wladimir fuhr über ein von tiefen Schluchten durchzogenes Feld. Der Schneesturm ließ nicht nach, und der Himmel wurde nicht klarer. Das Pferd begann müde zu werden, und von ihm selbst floss der Schweiß in Strömen, obwohl er jeden Augenblick bis zum Gürtel im Schnee saß. Schließlich sah er, dass er in die falsche Richtung fuhr. Wladimir hielt an: Er begann nachzudenken, sich zu erinnern, zu überlegen und kam zu dem Schluss, dass er sich nach rechts halten müsse. Er fuhr nach rechts. Sein Pferd lief kaum noch. Länger als eine Stunde war er schon unterwegs. Shadrino musste nicht mehr weit sein. Doch er fuhr und fuhr, und das Feld nahm kein Ende. Nur Schneewehen und Schluchten;

alle Augenblicke schlug der Schlitten um, alle Augenblicke richtete er ihn wieder auf. Die Zeit verging; Wladimir erfasste eine große Unruhe.

Schließlich sah er seitwärts etwas Schwarzes. Wladimir lenkte dorthin. Als er näher kam, erkannte er das Wäldchen. Gott sei Dank, dachte er, jetzt ist es nicht mehr weit. Er fuhr am Rande des Wäldchens entlang, in der Hoffnung, jeden Augenblick auf den bekannten Weg zu stoßen oder um das Wäldchen herumfahren zu können: Shadrino lag gleich dahinter. Bald hatte er einen Weg gefunden und fuhr in das Dunkel der vom Winter entblößten Bäume hinein. Der Wind konnte hier nicht toben, der Weg war glatt, das Pferd wurde munterer, und Wladimir beruhigte sich.

Doch er fuhr und fuhr, und von Shadrino war nichts zu sehen; das Wäldchen nahm kein Ende. Wladimir bemerkte voller Entsetzen, dass er in einen unbekannten Wald hineingefahren war. Verzweiflung überkam ihn. Er schlug auf das Pferd ein, das arme Tier begann im Trab zu laufen, doch bald hörte es auf, und nach einer Viertelstunde ging es wieder im Schritt, trotz aller Anstrengungen des unglücklichen Wladimir. Allmählich wurde der Wald lichter, und Wladimir fuhr aus ihm heraus; Shadrino war nicht zu sehen. Es musste gegen Mitternacht sein. Tränen schossen ihm aus den Augen; auf gut Glück fuhr er weiter. Der Sturm legte sich, und die Wolken verzogen sich; vor ihm breitete sich eine weite, gleichsam mit einem weißen welligen Teppich bedeckte Ebene aus. Die Nacht war ziemlich klar. In der Nähe erblickte er ein kleines Dörfchen, das aus vier oder fünf Höfen bestand. Wladimir fuhr zu ihm hin. Bei der ersten Hütte sprang er aus dem Schlitten, lief zum Fenster und begann zu klopfen. Nach einigen Minuten wurde der Laden hochgehoben, und ein alter Mann steckte seinen grauen Bart hervor. »Was willst du?« – »Ist es noch weit bis Shadrino?« – »Ob's bis Shadrino weit ist?« – »Ja, ja! Ist es weit?« – »Nicht weit, ungefähr ein Dutzend Werst.« Bei dieser Antwort fasste sich Wladimir an den Kopf und stand, ohne sich zu rühren, wie ein zum Tode Verurteilter.

»Wo kommst du denn her?«, fuhr der Alte fort. Wladimir hatte nicht den Mut, auf seine Fragen zu antworten. »Kannst du mir, Alter«, fragte er, »Pferde nach Shadrino beschaffen?« – »Was gibt's schon für Pferde bei uns«, antwortete der Bauer. »Kann ich nicht wenigstens einen Führer haben? Ich bezahle, was er verlangt.« – »Warte«, sagte der Alte und ließ wieder den Laden herunter, »ich schicke dir meinen Sohn, der führt dich.« Wladimir begann zu warten. Keine Minute war vergangen, als er wieder zu klopfen anfing. Der Laden wurde hochgehoben, der Bart zeigte sich. »Was willst du?« – »Wo bleibt denn dein Sohn?« – »Er kommt gleich, er zieht sich nur die Stiefel an. Oder frierst du? Komm rein und wärm dich.« – »Nein, danke, schicke nur schnell den Sohn.«

Das Tor quietschte in den Angeln; ein Bursche mit einem Knotenstock trat heraus und ging voran; bald zeigte er den von Schneewehen verdeckten Weg, bald suchte er ihn. »Wie spät ist es?«, fragte ihn Wladimir. »Bald wird's hell«, antwortete der junge Bauer. Wladimir sagte kein Wort mehr. Die Hähne krähten, und es war schon hell, als sie Shadrino erreichten. Die Kirche war verschlossen. Wladimir entlohnte den Führer und fuhr zum Hof des Geistlichen. Auf dem Hof war seine Troika nicht zu sehen. Was für eine Nachricht erwartete ihn!

Doch kehren wir zu den freundlichen Gutsherren nach Nenaradowo zurück, und sehen wir, was sich bei ihnen tut. Nichts tut sich bei ihnen.

Die Alten waren aufgewacht und hatten sich in das Gastzimmer begeben, Gawrila Gawrilowitsch in Schlafmütze und weicher haariger Hausjacke, Praskowja Petrowna in wattiertem Schlafrock. Der Samowar wurde hereingebracht, und Gawrila Gawrilowitsch schickte das Mädchen zu Marja Gawrilowna, um zu erfahren, wie es um ihre Gesundheit stehe und wie sie geruht habe. Das Mädchen kehrte zurück und verkündete, dass das Fräulein schlecht geschlafen habe, doch dass es ihr jetzt besser ginge und sie gleich in das Gastzimmer käme. In der Tat öffnete sich die Tür, und Marja Gawrilowna trat herein, um Papa und Mama zu begrüßen.

»Hast du noch Kopfschmerzen, Mascha?«, fragte Gawrila Gawrilowitsch. »Es geht mir besser, Väterchen«, antwortete Mascha. »Du hast bestimmt gestern zu viel Kohlengas eingeatmet, Mascha«, sagte Praskowja Petrowna. »Kann sein, Mütterchen«, antwortete Mascha.

Der Tag verlief ohne Zwischenfälle, doch zur Nacht wurde Mascha krank. Man schickte in die Stadt nach einem Arzt. Er kam gegen Abend und fand die Kranke fantasierend vor. Ein heftiges Fieber stellte sich ein, und die arme Kranke befand sich zwei Wochen am Rande des Grabes.

Niemand im Hause wusste von der beabsichtigten Flucht. Die Briefe, die sie am Vorabend geschrieben hatte, waren verbrannt; ihre Zofe erzählte niemandem etwas aus Angst vor dem Zorn der Herrschaft. Der Geistliche, der verabschiedete Kornett, der schnurrbärtige Feldmesser und der kleine Ulan hielten sich zurück, und das mit Recht. Der Kutscher Tereschka sagte niemals etwas Überflüssiges, nicht einmal im Rausch. Auf diese Weise wurde das Geheimnis von mehr als einem halben Dutzend Verschwörern gehütet. Allein, Marja Gawrilowna gab im pausenlosen Fieberwahn selbst ihr Geheimnis preis. Ihre Worte klangen jedoch derart unwahrscheinlich, dass die Mutter, die nicht von ihrem Bett wich, ihnen nur zu entnehmen vermochte, ihre Tochter sei sterblich in Wladimir Nikolajewitsch verliebt und diese Liebe vermutlich auch der Grund ihrer Krankheit. Sie beriet sich mit ihrem Mann, mit einigen Nachbarn, und hierauf beschlossen alle einstimmig, dass dies anscheinend Marja Gawrilownas Schicksal sei, dass man dem Manne, der einem vorbestimmt ist, nicht einmal zu Pferde entgehen könne, dass Armut keine Sünde sei, dass es nicht auf Reichtum, sondern auf den Menschen ankäme, und was dergleichen mehr ist. Sprichwörter moralischen Inhalts sind erstaunlich nützlich in jenen Fällen, in denen uns selbst wenig zu unserer Rechtfertigung einfällt.

Unterdessen erholte sich das Fräulein nach und nach wieder. Wladimir hatte sich lange Zeit nicht im Hause Gawrila Gawrilowitschs sehen lassen. Er fürchtete den üblichen Empfang. Es wurde beschlossen, nach ihm zu schicken und ihm das unerwartete Glück mitzuteilen – die Einwilligung zur Ehe. Doch wie groß war das Erstaunen der Gutsherren von Nenaradowo, als sie auf ihre Einladung hin einen halb verrückten Brief von ihm erhielten! Er erklärte ihnen, dass sein Fuß nie wieder die Schwelle ihres Hauses betreten werde, und bat, einen Unglücklichen zu vergessen, für den der Tod die einzige Hoffnung geblieben sei. Einige Tage später erfuhren sie, Wladimir sei zur Armee abgereist. Das war im Jahre 1812.

Lange wagte niemand, dies der genesenden Mascha zu erzählen. Sie erwähnte Wladimir mit keinem Wort. Als sie dann nach einigen Monaten seinen Namen unter denjenigen fand, die sich bei Borodino ausgezeichnet hatten oder schwer verwundet wurden, fiel sie in Ohnmacht, und man fürchtete einen Rückfall des Fiebers. Jedoch hatte der Ohnmachtsanfall Gott sei Dank keine Folgen.

Ein neuer Kummer suchte sie heim: Gawrila Gawrilowitsch starb und hinterließ ihr als Erbin das ganze Gut. Doch das Erbe tröstete sie nicht; sie teilte aufrichtig den Schmerz der armen Praskowja Petrowna und schwor, sich niemals von ihr zu trennen; beide verließen Nenaradowo, den Ort trauriger Erinnerungen, und fuhren zum ***en Gut, um dort zu leben. Die Freier umschwärmten auch hier die anmutige und reiche Braut; doch sie machte keinem auch nur die geringste Hoffnung.

Die Mutter versuchte sie manchmal zu überreden, sich einen Freund zu erwählen; Marja Gawrilowna wiegte jedoch den Kopf und versank in Nachdenken. Wladimir lebte schon nicht mehr: Er war in Moskau gestorben, am Vorabend der Einnahme durch die Franzosen. Sein Andenken schien Mascha heilig zu sein; jedenfalls hütete sie alles sorgsam, was an ihn erinnern konnte: Bücher, die er einstmals gelesen, seine Zeichnungen und die Noten und Gedichte, die er für sie abgeschrieben hatte. Die Nachbarn, die von allem erfuhren, wunderten sich über ihre Hartnäckigkeit und warteten voller Neugier auf den Helden, der schließlich über die bedauernswerte Treue der jungfräulichen Artemisia triumphieren musste.

Unterdessen war der Krieg ruhmvoll beendet worden. Unsere Regimenter kamen aus der Fremde zurück. Das Volk lief, um sie zu begrüßen. Die Kapellen spielten Lieder, die sie während des Feldzuges erbeutet hatten: Vive Henri-Quatre, Tiroler Walzer und Arien aus der »Joconde«. Die Offiziere, die in den Krieg fast als Halbwüchsige gezogen waren, kehrten heim, im Kampf zu Männern herangereift und die Brust voller Orden. Die Soldaten unterhielten sich fröhlich und mengten alle Augenblicke deutsche und französische Wörter in ihre Rede. Unvergessliche Zeit! Zeit des Ruhms und der Begeisterung! Wie heftig schlug jedes russische Herz bei dem Worte *Vaterland*! Wie süß waren die Tränen des Wiedersehens! Mit welcher Einmütigkeit floss das Gefühl des nationalen Stolzes mit dem der Liebe zum Herrscher zusammen! Und für ihn, was für ein Augenblick!

Die Frauen, die russischen Frauen, waren damals unvergleichlich! Ihre gewöhnliche Kälte verschwand. Ihre Begeisterung war wahrhaft berauschend, als sie die Sieger begrüßten, hurra riefen

Und in die Luft die Hauben warfen.

Wer von den damaligen Offizieren gesteht nicht ein, dass er der russischen Frau die beste und wertvollste aller Belohnungen verdankt?

In dieser glanzvollen Zeit lebte Marja Gawrilowna mit ihrer Mutter im ***en Gouvernement und sah nicht, wie beide Hauptstädte die Heimkehr der Truppen feierten. Doch in den Kreisen und Dörfern war die allgemeine Begeisterung vielleicht noch größer. Wenn dort ein Offizier erschien, so war dies für ihn ein wahrer Triumph, und dem Verehrer im Frack erging es nicht gut in seiner Nähe.

Wir sagten bereits, dass Marja Gawrilowna trotz ihrer Kälte auch weiterhin von Freiern umgeben war. Doch alle traten in den Hintergrund, als in ihrem Schloss der verwundete Husarenoberst Burmin erschien, mit dem Georgskreuz im Knopfloch und einer *interessanten Blässe,* wie es die dortigen Fräulein nannten. Er war ungefähr sechsundzwanzig Jahre alt. Er war gekommen, um den Urlaub auf seinen

Besitzungen zu verbringen, die nicht weit von dem Dorfe Marja Gawrilownas lagen. Marja Gawrilowna zeichnete ihn vor den anderen sehr aus. In seiner Gegenwart machte ihre gewöhnliche Nachdenklichkeit einer gewissen Lebhaftigkeit Platz. Man konnte nicht behaupten, dass sie mit ihm kokettierte, doch der Dichter hätte zu ihrem Benehmen gesagt:

Se amor non è che dunque? …

Burmin war in der Tat ein sehr liebenswürdiger junger Mann. Er besaß gerade jene Fähigkeiten, die den Frauen gefallen: Anstand und Beobachtungsgabe, keinerlei Anmaßung und eine unbekümmerte Spottlust. Marja Gawrilowna gegenüber benahm er sich schlicht und zwanglos; doch was sie auch sagte oder tat, seine Augen, sein ganzes Wesen waren nur auf sie gerichtet. Er schien von stiller und bescheidener Art zu sein, allerdings wollte das Gerücht wissen, dass er seinerzeit ein entsetzlicher Tunichtgut gewesen war, doch schadete ihm das nicht in den Augen Marja Gawrilownas, die, übrigens wie alle jungen Damen, mit Vergnügen Streiche verzieh, welche Kühnheit und Feurigkeit des Charakters verrieten.

Doch mehr als alles … (mehr als seine Zärtlichkeit, mehr als seine angenehme Unterhaltung, mehr als seine interessante Blässe, mehr als seine verbundene Hand) reizte sein Schweigen ihre Neugier und ihre Fantasie. Sie konnte sich nicht verhehlen, dass sie ihm sehr gefiel; wahrscheinlich hatte auch er mit seinem Verstand und seiner Erfahrung schon bemerkt, dass sie ihn auszeichnete: Aber warum hatte er sich ihr bis jetzt noch nicht zu Füßen geworfen und seine Liebe gestanden? Was hielt ihn zurück? Schüchternheit, ohne die es keine wahre Liebe gibt, Stolz oder die Koketterie eines durchtriebenen Schürzenjägers? Dies war für sie ein Rätsel. Sie dachte ordentlich darüber nach und kam zu dem Schluss, dass Schüchternheit der einzige Grund dafür sei, und nahm sich vor, ihm durch noch größere Aufmerksamkeit Mut zu machen und, falls es die Umstände erlauben sollten, sogar durch Zärtlichkeit. Sie bereitete eine gänzlich unerwartete Lösung vor und erwartete voller Ungeduld den Augenblick einer romantischen Liebeserklärung. Ein Geheimnis, welcher Art es auch sei, ist für ein Frauenherz immer eine Last. Ihre Kriegslist hatte den gewünschten Erfolg; wenigstens verfiel Burmin in eine solche Nachdenklichkeit und seine Augen ruhten mit solch einem Feuer auf Marja Gawrilowna, dass der entscheidende Augenblick nicht mehr fern zu sein schien. Die Nachbarn sprachen von der Hochzeit wie von einer ausgemachten Sache, und die gute Praskowja Petrowna freute sich, dass ihre Tochter endlich einen würdigen Freier gefunden hatte.

Die alte Frau saß eines Tages allein im Empfangszimmer und legte eine Grande-Patience, als Burmin in das Zimmer trat und sich sofort nach Marja Gawrilowna erkundigte. »Sie ist im Garten«, antwortete die Alte. »Gehen Sie zu ihr, ich werde hier auf euch warten.« Burmin ging, und die Alte bekreuzigte sich und dachte: Vielleicht findet die Sache heute noch ihren Abschluss!

Burmin traf Marja Gawrilowna am Teich unter einer Weide an, sie hielt ein Buch in der Hand, trug ein weißes Kleid und sah wie eine echte Romanheldin aus. Nach den ersten Fragen vermied es Marja Gawrilowna, das Gespräch fortzusetzen, um auf diese Weise die gegenseitige Verwirrung zu vergrößern, aus der man sich nur durch ein überraschendes und entschlossenes Liebesbekenntnis befreien konnte. Und so geschah es dann auch: Burmin, der die Schwierigkeit seiner Lage empfand, erklärte, er habe schon lange nach einer Möglichkeit gesucht, ihr sein Herz zu eröffnen, und bat für einen Augenblick um ihre Aufmerksamkeit. Marja Gawrilowna schloss ihr Buch und senkte die Augen zum Zeichen des Einverständnisses.

»Ich liebe Sie«, sagte Burmin, »ich liebe Sie leidenschaftlich …« Marja Gawrilowna errötete und ließ den Kopf noch tiefer sinken. »Es war eine Unvorsichtigkeit von mir, mich der liebgewordenen Gewohnheit zu überlassen, Sie tagtäglich zu sehen und zu hören …« Marja Gawrilowna erinnerte sich an den ersten Brief des Saint-Preux. »Jetzt ist es schon zu spät, meinem Schicksal widerstehen zu wollen, die Erinnerung an Sie, Ihr liebes unvergleichliches Bild wird von nun an zugleich Schmerz und Freude meines Lebens sein; doch es bleibt mir noch, einer schweren Pflicht nachzukommen: Ich muss Ihnen ein furchtbares Geheimnis mitteilen: Ein unüberwindliches Hindernis liegt zwischen uns …« – »Es hat immer bestanden«, unterbrach ihn Marja Gawrilowna voller Lebhaftigkeit, »ich hätte nie Ihre Frau werden können …« – »Ich weiß«, antwortete er still. »Ich weiß, dass Sie einst liebten, doch der Tod und drei Jahre der Trauer … Liebe, gute Marja Gawrilowna, nehmen Sie mir nicht den letzten Trost – die Vorstellung, dass Sie einverstanden wären, mich glücklich zu machen, wenn nicht … schweigen Sie, um Himmels willen, schweigen Sie, Sie quälen mich. Ja, ich weiß es, ich fühle es, Sie würden die Meinige sein, doch – ich bin das unglücklichste Geschöpf … Ich bin verheiratet!«

Marja Gawrilowna sah ihn voller Befremden an.

»Ich bin verheiratet«, fuhr Burmin fort. »Ich bin schon das vierte Jahr verheiratet, und ich weiß nicht, wer meine Frau ist, wo sie ist und ob ich sie je treffen werde!«

»Was sagen Sie da?«, rief Marja Gawrilowna aus. »Wie seltsam das ist! Fahren Sie fort, ich erzähle Ihnen nachher … doch fahren Sie fort, ich bitte Sie!«

»Zu Beginn des Jahres 1812«, sagte Burmin, »eilte ich nach Wilna, wo unser Regiment lag. Eines Tages kam ich spätabends zu einer Poststation; ich hatte schon befohlen, schnellstens die Pferde anzuspannen, als ein entsetzlicher Schneesturm losbrach, sodass der Postmeister und die Fuhrleute mir rieten, abzuwarten. Ich hörte auf sie, doch eine unbegreifliche Unruhe hatte mich erfasst, es schien, als triebe mich jemand nur so voran. Der Schneesturm hatte unterdessen nicht nachgelassen; ich hielt es nicht mehr aus, wiederholte meinen Befehl und fuhr während des stärksten Sturmes ab. Meinem Kutscher fiel es ein, auf dem Fluss entlangzufahren, was uns den Weg um drei Werst verkürzen sollte. Aber die Ufer waren verweht, und der Kutscher fuhr an der Ausfahrt zum Weg vorbei, und auf diese Weise befanden wir uns plötzlich in einer unbekannten Gegend. Der Sturm tobte nach wie vor. Ich erspähte ein Licht und befahl, dorthin zu fahren. Wir gelangten in ein Dorf. Das Licht kam aus einer Holzkirche. Ihre Tür stand offen, hinter dem Zaun hielten mehrere Schlitten, und auf dem Vorplatz bewegten sich Menschen. ›Hierher! Hierher!‹, riefen mehrere Stimmen. Ich befahl dem Kutscher heranzufahren. ›Ich bitte dich, wo bist du die ganze Zeit geblieben?‹, sagte jemand zu mir. ›Die Braut ist ohnmächtig, der Pope weiß nicht, was er machen soll; wir wollten schon wieder zurückfahren. Steig schnell aus.‹ Ohne ein Wort zu sagen, sprang ich aus dem Schlitten und trat in die Kirche, die schwach von zwei oder drei Kerzen erleuchtet war. Ein Mädchen saß auf einer Bank in einer dunklen Ecke; ein anderes Mädchen rieb ihr die Schläfen. ›Gott sei Dank‹, sagte dieses, ›endlich sind Sie gekommen. Sie haben das Fräulein beinahe zu Tode gequält.‹ Ein alter Geistlicher trat an mich heran und fragte: ›Befehlen Sie zu beginnen?‹ – ›Beginnen Sie, beginnen Sie, Väterchen‹, antwortete ich zerstreut. Sie stellten das Mädchen auf die Beine und stützten es. Sie schien nicht übel zu sein … Welch ein unverständlicher, unverzeihlicher Leichtsinn … Ich stellte mich neben sie vor den Altar; der Geistliche beeilte sich; drei Männer und die Zofe hielten die Braut und waren nur mit ihr beschäftigt. Wir wurden getraut. ›Küsst euch‹, sagte man uns. Meine Frau wandte mir ihr bleiches Gesicht zu. Ich wollte sie gerade küssen … Da rief sie: ›Ach, er ist es nicht! Er ist es nicht!‹ und fiel bewusstlos zu Boden. Die Zeugen richteten ihre erschrockenen Blicke auf mich. Ich drehte mich um, ging aus der Kirche, ohne von jemandem daran gehindert zu werden, warf mich in den Schlitten und schrie: ›Vorwärts!‹«

»Du lieber Gott!«, rief Marja Gawrilowna. »Und Sie wissen nicht, was aus Ihrer armen Frau geworden ist?«

»Ich weiß es nicht«, antwortete Burmin. »Ich weiß nicht, wie das Dorf heißt, wo ich getraut wurde, ich erinnere mich nicht, von welcher Poststation ich abgefahren bin. Damals maß ich meinem verbrecherischen Streich so wenig Bedeutung bei, dass ich sogleich einschlief, als ich von der Kirche abgefahren war, und erst am Morgen des folgenden Tages, auf der dritten Station, aufwachte. Der Diener, der mich damals begleitete, ist während des Feldzuges gestorben, sodass ich nicht einmal die Hoffnung habe, jene zu finden, mit der ich solch grausamen Scherz getrieben und die nun so grausam gerächt ist.«

»Du lieber Gott, du lieber Gott!«, sagte Marja Gawrilowna und ergriff seine Hand. »Sie waren das also! Und Sie erkennen mich nicht wieder?«

Burmin erblasste – und warf sich ihr zu Füßen …

Der Sargmacher

> Sehn wir nicht Särge jeden Tag,
> Alternden Weltalls graue Haare?
>
> *Dershawin*

Die letzten Habseligkeiten des Sargmachers Adrian Prochorow wurden auf den Leichenwagen geladen, und das magere Pferdepaar schleppte sich zum vierten Male von der Basmannaja zur Nikitskaja, wohin der Sargmacher mit seiner ganzen Familie umgezogen war. Er verriegelte den Laden, schlug eine Bekanntmachung an das Tor, dass das Haus zu verkaufen oder zu vermieten sei, und machte sich zu Fuß auf den Weg zu seiner neuen Wohnung. Als er sich dem gelben Häuschen näherte, das so lange seine Fantasie beschäftigt hatte und von ihm für eine stattliche Summe gekauft worden war, merkte der alte Sargmacher voller Verwunderung, dass er sich gar nicht freute. Als er die fremde Schwelle überschritten und in seiner neuen Wohnung nur Durcheinander vorgefunden hatte, seufzte er auf und dachte an seine armselige baufällige Hütte, in der achtzehn Jahre lang die allerstrengste Ordnung geherrscht hatte, schimpfte seine beiden Töchter und die Dienstmagd wegen ihrer Saumseligkeit aus und begann selbst Hand anzulegen. Bald darauf hatte alles seinen Platz gefunden; Heiligenschrein, Geschirrschrank, Tisch, Sofa und Bett standen in den für sie bestimmten Ecken des hinteren Zimmers, und in der Küche und im Wohnzimmer waren die Erzeugnisse des Hausherrn untergebracht worden: Särge in allen Farben und Größen sowie Schränke mit Trauerhüten, langen Umhängen und Fackeln. Über dem Tor ragte ein Schild, auf dem ein wohlgenährter Amor mit einer gesenkten Fackel in der Hand dargestellt war, und darunter stand: »Hier werden einfache und farbige Särge verkauft und ausgeschmückt sowie alte Särge verliehen und ausgebessert.« Die Mädchen gingen in ihre Stube. Adrian besah seine Wohnung, setzte sich ans Fenster und ließ den Samowar fertig machen.

Der gebildete Leser weiß, dass sowohl Shakespeare als auch Walter Scott ihre Totengräber als fröhliche und lustige Menschen dargestellt haben, um durch diesen Gegensatz unsere Einbildungskraft stärker zu beeindrucken. Aus Achtung vor der Wahrheit können wir ihrem Beispiel nicht folgen und sehen uns gezwungen, zuzugeben, dass die Gemütsart unseres Sargmachers vollkommen seinem düsteren Handwerk entsprach. Adrian Prochorow war gewöhnlich finster und nachdenklich. Sein Schweigen unterbrach er höchstens, um seine Töchter zurechtzuweisen, wenn er sie ohne Arbeit am Fenster ertappte, wie sie ihre Blicke nicht von den Vorübergehenden wenden konnten, oder um für seine Erzeugnisse einen erhöhten Preis von denen zu fordern, die das Unglück hatten (manchmal aber auch das Vergnügen), sie zu benötigen. Adrian also saß am Fenster, trank die siebente Tasse Tee und gab sich nach seiner Gewohnheit traurigen Überlegungen hin. Er dachte an den Platzregen, der ihn vor einer Woche beim Begräbnis des Brigadegenerals a. D. direkt am Stadttor überrascht hatte. Viele Umhänge waren davon eingelaufen, und viele Hüte hatten sich gewellt. Er sah unvermeidliche Ausgaben voraus, da sein alter Vorrat an Trauergewändern in einen bedauernswerten Zustand geraten war. Er hatte gehofft, den Verlust an der alten Kaufmannsfrau Trjuchina wettzumachen, die schon ungefähr ein Jahr lang todkrank war. Doch die Trjuchina siechte am Rasguljai dahin, und Prochorow fürchtete, dass die Erben, trotz ihres Versprechens, sich nicht auf den weiten Weg zu ihm bequemen und mit dem nächstgelegenen Unternehmer handelseinig werden könnten. Diese Überlegungen wurden unverhofft durch ein dreimaliges Klopfen in der Art der Freimaurer unterbrochen. »Wer da?«, fragte der Sargmacher. Die Tür öffnete sich, und ein Mann, dem man auf den ersten Blick den deutschen Handwerker ansah, trat in das Zimmer und näherte sich mit fröhlichem Gesicht dem Sargmacher. »Entschuldigen Sie, lieber Nachbar«, sagte er in jener russischen Aussprache, die wir bis auf den heutigen Tag nicht ohne Lachen hören können, »entschuldigen Sie, dass ich Sie gestört habe … Ich wollte möglichst schnell Ihre Bekanntschaft machen. Ich bin Schuster, mein Name ist Gottlieb Schulz, ich wohne auf der anderen Seite der Straße, in diesem Häuschen dort, gegenüber von Ihren Fenstern. Morgen feiere ich meine silberne Hochzeit, und ich bitte Sie und Ihre Töchter, nach Freundesart bei mir zu speisen.« Die Einladung wurde wohlwollend angenommen. Der Sargmacher bat den Schuster, sich zu setzen und eine Tasse Tee zu trinken, und dank der Offenherzigkeit des Gottlieb Schulz entwickelte sich bald ein freundschaftliches Gespräch. »Wie geht das Geschäft des Herrn?«, fragte Adrian. »E-he-he«, antwortete Schulz, »mal so, mal so. Ich kann nicht klagen. Obwohl natürlich meine Ware Ihrer nicht gleichkommt: Ein Lebender kommt ohne Stiefel aus, doch ein Toter kann ohne Sarg nicht leben.« – »Die reine Wahrheit«, bemerkte Adrian, »doch wenn der Lebende nichts hat, wovon er sich Stiefel kaufen könnte, so – nichts für ungut – geht er barfuß, aber eine arme Leiche nimmt sich ihren Sarg umsonst.« In dieser Art ging das Gespräch noch eine Weile, schließlich stand der Schuster auf, verabschiedete sich von dem Sargmacher und wiederholte dabei seine Einladung.

Am nächsten Tage, Punkt zwölf Uhr, traten der Sargmacher und seine Töchter aus der Pforte des neu erworbenen Hauses und gingen zu dem Nachbarn. Ich will weder den langschößigen russischen Rock Adrian Prochorows noch die europäische Aufmachung Akulinas und Darjas beschreiben und weiche in diesem Fall von der Gewohnheit ab, der unsere Romanciers von heute huldigen. Allerdings halte ich es nicht für überflüssig, zu bemerken, dass sich beide Mädchen gelbe Hüte aufgesetzt und rote Schuhe angezogen hatten, was bei ihnen nur zu feierlichen Gelegenheiten geschah.

Die enge Behausung des Schusters war voller Gäste, vorwiegend deutscher Handwerker mit ihren Frauen und Gesellen. Von den russischen Beamten war nur ein Polizeiwächter anwesend, der Finne

Jurko, der es trotz seines geringen Standes verstanden hatte, das besondere Wohlwollen des Hausherrn zu erringen. Etwa fünfundzwanzig Jahre diente er in diesem Beruf nach bestem Wissen und Gewissen wie Pogorelskis Postillion. Der Brand vom Jahre 1812, der die alte Hauptstadt vernichtete, zerstörte auch sein gelbes Wächterhäuschen. Doch sowie der Feind verjagt war, erschien an der Stelle des alten ein neues Häuschen von grauer Farbe und mit weißen dorischen Säulchen, und Jurko spazierte wieder »mit Streitaxt und einer Rüstung aus grobem Tuch« vor ihm auf und ab. Die meisten Deutschen, die am Nikitski-Tor wohnten, kannten ihn. Manche von ihnen hatten sogar vom Sonntag zum Montag bei Jurko übernachten müssen. Adrian machte sich sogleich bekannt mit ihm, weil der Wächter ein Mensch war, den man früher oder später brauchen konnte, und als die Gäste zu Tisch gingen, setzten sie sich nebeneinander. Herr und Frau Schulz und ihre Tochter, das siebzehnjährige Lottchen, aßen mit den Gästen, bewirteten sie vereint und halfen der Köchin beim Bedienen. Das Bier floss in Strömen. Jurko aß für vier; Adrian stand ihm nicht nach; seine Töchter zierten sich; die Unterhaltung in deutscher Sprache wurde von Stunde zu Stunde lebhafter. Plötzlich bat der Hausherr um Aufmerksamkeit, öffnete eine mit Pech versiegelte Flasche und sagte laut auf Russisch: »Auf das Wohl meiner guten Luise!« Der Halbchampagner schäumte. Der Hausherr küsste zärtlich das frische Gesicht seiner vierzigjährigen Lebensgefährtin, und lärmend tranken die Gäste auf das Wohl der guten Luise. »Auf das Wohl meiner liebenswürdigen Gäste!«, rief der Hausherr und entkorkte eine zweite Flasche – und die Gäste bedankten sich und leerten von Neuem ihre Gläser. Nun folgte ein Trinkspruch dem anderen: Es wurde auf das Wohl jedes einzelnen Gastes getrunken, ein Hoch auf Moskau und ein ganzes Dutzend deutscher Städte ausgebracht, auf sämtliche Zünfte im Allgemeinen und jede Zunft im Besonderen, auf das Wohl der Meister und auf das der Gesellen ein Glas geleert. Adrian trank eifrig und wurde so lustig, dass er selbst irgendeinen spaßigen Trinkspruch ausbrachte. Plötzlich erhob einer der Gäste, ein dicker Bäcker, sein Glas und rief aus: »Auf das Wohl derjenigen, für die wir arbeiten, auf das Wohl *unserer Kundleute**!« Dieser Vorschlag wurde, wie alle anderen, freudig und einstimmig angenommen. Die Gäste begannen sich voreinander zu verbeugen, der Schneider vor dem Schuster, der Schuster vor dem Schneider, der Bäcker vor beiden, alle vor dem Bäcker und so fort. Jurko wandte sich inmitten all dieser gegenseitigen Verbeugungen seinem Nachbarn zu und schrie: »Was denn? Trinke doch, mein Lieber, auf das Wohl deiner Leichen.« Alle lachten, doch der Sargmacher fühlte sich beleidigt und machte ein finsteres Gesicht. Niemand bemerkte es, die Gäste tranken weiter, und es läutete schon zum Abendgottesdienst, als sie sich vom Tisch erhoben.

Die Gäste gingen spät fort, die meisten von ihnen waren angeheitert. Der dicke Bäcker und ein Buchbinder, dessen Gesicht

In rotes Saffianleder gebunden schien,

griffen Jurko unter die Arme und führten ihn zu seinem Wächterhäuschen, in diesem Falle dem russischen Sprichwort folgend: »Ein Dienst ist des anderen wert.« Der Sargmacher kam betrunken und wütend nach Hause. »Wahrhaftig, was soll das heißen«, überlegte er laut, »warum soll mein Beruf weniger ehrenhaft sein als die anderen? Hat denn ein Sargmacher etwas mit dem Henker zu tun? Worüber lachen diese Heiden? Ist der Sargmacher etwa ein Hanswurst? Ich wollte sie einladen, um meinen Einzug zu feiern, und ihnen ein großes Festmahl geben – doch daraus wird nichts! Und einladen werde ich diejenigen, für die ich arbeite: die rechtgläubigen Toten.« – »Was fällt dir ein, Väterchen?«, sagte die Dienstmagd, die ihm gerade die Schuhe auszog. »Was redest du da? Bekreuzige dich! Die Toten zur Einzugsfeier einzuladen! Ach, du lieber Schreck!« – »Bei Gott, ich lade sie ein«, fuhr Adrian fort, »und schon für morgen. Herzlich willkommen, meine Wohltäter, morgen Abend zum Festmahl, mit allem, was Gott uns

* Bei Puschkin deutsch. (Anm. des Verlags)

beschert, werde ich euch bewirten.« Mit diesen Worten ging der Sargmacher zu Bett, und bald hörte man ihn schnarchen.

Auf dem Hof war es noch dunkel, als man Adrian weckte. Die Kaufmannsfrau Trjuchina war in dieser Nacht verschieden, und ein Eilbote von ihrem Verwalter war mit dieser Nachricht zu Adrian galoppiert. Der Sargmacher gab ihm zehn Kopeken Trinkgeld, zog sich schnell an, nahm eine Droschke und fuhr nach dem Rasguljai hinaus. Am Tor der Verstorbenen stand schon die Polizei, und Kaufleute gingen davor auf und ab wie Krähen, die einen Kadaver wittern. Die Tote lag auf dem Tisch, sie war gelb wie Wachs, aber noch nicht von der Verwesung entstellt. Rings um sie drängten sich die Verwandten, Nachbarn und das Gesinde. Alle Fenster waren geöffnet; die Kerzen brannten; die Geistlichen lasen ihre Gebete. Adrian trat an den Neffen der Trjuchina heran, einen jungen Kaufmann in modischem Rock, und teilte ihm mit, dass Sarg, Kerzen, Leichentuch und andere für das Begräbnis notwendige Dinge sofort in bestem Zustand geliefert würden. Der Erbe dankte zerstreut und sagte, um den Preis werde er nicht feilschen und sich in allem auf seine Ehrlichkeit verlassen. Der Sargmacher rief gewohnheitsmäßig Gott zum Zeugen an, dass er nicht mehr nähme, als ihm zustände, wechselte einen bedeutsamen Blick mit dem Verwalter und machte sich auf, um alles in die Wege zu leiten. Den ganzen Tag fuhr er zwischen dem Rasguljai und dem Nikitski-Tor hin und her; gegen Abend hatte er alles erledigt, entließ den Kutscher und ging zu Fuß nach Hause. Es war eine mondhelle Nacht. Der Sargmacher kam wohlbehalten bis zum Nikitski-Tor. Am Wossenje rief ihn Jurko, unser alter Bekannter, an, und als er den Sargmacher erkannte, wünschte er ihm eine gute Nacht. Es war spät. Der Sargmacher näherte sich bereits seinem Hause, da schien es ihm plötzlich, als sei jemand an seiner Gartenpforte angelangt, habe sie geöffnet und sei darin verschwunden. Was hat das zu bedeuten?, dachte Adrian. Wer braucht mich schon wieder? Es wird doch nicht ein Dieb gewesen sein? Oder kommen vielleicht Liebhaber zu meinen dummen Gänsen? Das hätte noch gefehlt! Und der Sargmacher wollte schon seinen Freund Jurko zu Hilfe rufen. In diesem Augenblick nahte noch jemand und wollte hineingehen, als er aber den herbeieilenden Hausherrn sah, blieb er stehen und zog seinen Dreispitz. Sein Gesicht kam Adrian bekannt vor, in der Eile jedoch konnte er es nicht ordentlich betrachten. »Sie wollen zu mir«, sagte der keuchende Adrian, »treten Sie ein, seien Sie so freundlich.« – »Mach nicht so viel Umstände, mein Lieber«, sagte jener dumpf. »Geh schön voraus, weis den Gästen den Weg!« Adrian hatte auch keine Zeit, viele Umstände zu machen. Die Pforte stand offen, er ging zur Treppe, und jener folgte ihm. Adrian wollte es scheinen, als ob in seinen Zimmern Leute umhergingen. Was ist das für ein Teufelsspuk, dachte er, trat eilig ein – und konnte sich nur mit Mühe auf den Beinen halten. Das Zimmer war voller Leichen. Der Mond schien durch das Fenster auf ihre gelben und blauen Gesichter, auf die eingefallenen Münder, auf die trüben, halb geschlossenen Augen und hervorstehenden Nasen … Adrian erkannte zu seinem Schrecken in ihnen diejenigen Leute, die alle durch seine Bemühungen begraben worden waren, und in dem Gast, der zusammen mit ihm eingetreten war, den während des Platzregens beerdigten Brigadegeneral. Die Damen und die Männer umringten alle den Sargmacher unter Verbeugungen und Begrüßungen, nur ein armer Mann, den man vor Kurzem umsonst begraben hatte und der sich genierte und seiner abgerissenen Kleidung schämte, näherte sich nicht und stand demütig in der Ecke. Die Übrigen waren alle anständig gekleidet: Die toten Damen trugen Hauben und Bänder, die toten Herren von Rang ihre Uniform, nur ihre Bärte waren nicht rasiert, und die Kaufleute hatten ihre Feiertagsröcke an. »Siehst du, Prochorow«, sprach der Brigadegeneral im Namen der ganzen ehrbaren Gesellschaft, »wir alle sind auf deine Einladung hin aufgebrochen; zu Hause geblieben sind nur diejenigen, die dazu bereits nicht mehr in der Lage sind, die vollständig auseinandergefallen und von denen nur Knochen ohne Haut übrig geblieben sind; doch auch von ihnen hat es einer nicht ausgehalten – er wollte dich so gern besuchen …« In diesem Augenblick drängte sich ein kleines Skelett durch die Menge und trat an Adrian heran. Der Totenschädel lächelte den Sargmacher zärtlich an. Fetzen hellgrünen und roten Stoffes und brüchiger Leinwand hingen wie an einer Stange an ihm herunter, und die Beinknochen schlugen in großen Kanonenstiefeln hin und her wie Stößel in einem Mörser. »Du hast mich nicht wiedererkannt, Prochorow«, sagte das Skelett. »Erinnerst du dich nicht mehr an den verabschiedeten Gardesergeanten Pjotr Petrowitsch Kurilkin, an genau denselben, dem du 1799 deinen ersten Sarg verkauft hast – und noch dazu Kiefer für Eiche?« Mit diesen Worten wollte der Tote ihn in seine knöchernen Arme schließen, doch Adrian nahm alle Kraft zusammen, schrie auf und stieß ihn von sich. Pjotr Petrowitsch schwankte, stürzte und fiel in einzelne Stücke auseinander. Unter den Leichen erhob sich ein Gemurmel der Empörung; alle traten für die Ehre ihres Kameraden ein, näherten sich Adrian unter Schimpfen und Drohen; und der arme Hausherr, betäubt von ihrem Geschrei und fast erdrückt, verlor die Geistesgegenwart, fiel selbst auf die Knochen des verabschiedeten Gardesergeanten und verlor das Bewusstsein.

Die Sonne schien schon lange auf das Bett, in dem der Sargmacher lag. Schließlich öffnete er die Augen und sah die Dienstmagd vor sich, wie sie das Feuer im Samowar anblies. Mit Schrecken dachte Adrian an alles, was gestern vorgefallen war. Unklar sah er die Trjuchina, den Brigadegeneral und den Sergeanten Kurilkin vor sich. Schweigend wartete er darauf, dass die Dienstmagd ein Gespräch mit ihm beginne und ihm von den Folgen der nächtlichen Abenteuer erzähle.

»Du hast aber lange geschlafen, Väterchen Adrian Prochorowitsch«, sagte Aksinja und reichte ihm den Schlafrock. »Unser Nachbar, der Schneider, war zu dir gekommen, und auch der hiesige Wächter war hier und hat gesagt, dass der Polizeioffizier seinen Namenstag feiert; doch du geruhtest zu schlafen, und wir wollten dich nicht wecken.«

»Ist jemand von der verstorbenen Trjuchina zu mir gekommen?«

»Wieso verstorbenen? Ist sie denn tot?«

»So eine Gans! Warst du es denn nicht, die mir gestern geholfen hat, ihr Begräbnis in die Wege zu leiten?«

»Was fällt dir ein, Väterchen? Hast du etwa den Verstand verloren, oder hast du deinen Rausch von gestern noch nicht ausgeschlafen? Was für ein Begräbnis soll gestern gewesen sein? Den ganzen Tag hast du bei dem Deutschen gezecht, bist betrunken nach Hause gekommen, gleich ins Bett gefallen, und bis jetzt hast du geschlafen, sogar zum Hochamt hat es schon geläutet.«

»Oje!«, sagte der erfreute Sargmacher.

»So und nicht anders war es«, entgegnete die Dienstmagd. »Nun, wenn es so steht, dann mach schnell Tee und rufe die Töchter.«

Der Postmeister

Kollegienregistrator,
Der Poststation Diktator.

Fürst Wjasemski

Wer hat die Postmeister noch nicht verflucht, wer hat mit ihnen noch nicht herumgeschimpft? Wer hat im Augenblick des Zorns von ihnen nicht das verhängnisvolle Buch gefordert, um darin seine nutzlose Beschwerde über Unterdrückung, Grobheit und Nachlässigkeit einzutragen? Wer hält sie nicht für Ungeheuer in Menschengestalt, ähnlich den früheren Amtsschreibern oder zumindest den Muromsker Räubern? Doch seien wir gerecht, versuchen wir, uns in ihre Lage zu versetzen, und vielleicht werden wir über sie viel nachsichtiger urteilen. Was ist ein Postmeister? Ein wahrer Märtyrer der vierzehnten Klasse, den sein Dienstrang nur vor Schlägen schützt, und auch das nicht immer. (Ich appelliere an die Ehrlichkeit meiner Leser.) Worin besteht der Dienst dieses Diktators, wie ihn Fürst Wjasemski scherzhaft nennt? Ist das nicht die reinste Sträflingsarbeit? Weder Tag noch Nacht Ruhe. Allen Ärger, der sich während der langweiligen Fahrt angesammelt hat, lässt der Reisende an dem Postmeister aus. Das Wetter ist unerträglich, der Weg abscheulich, der Kutscher starrköpfig, die Pferde kommen nicht voran – und schuld daran ist der Postmeister. Der Reisende, der in seine ärmliche Behausung tritt, betrachtet ihn als Feind; es ist noch gut, wenn es gelingt, den ungebetenen Gast bald loszuwerden, doch wenn keine Pferde da sind? … Du lieber Himmel! Was für Beschimpfungen, was für Drohungen hageln auf sein Haupt hernieder! In Regen und Schlamm muss er von einem Bauerngehöft zum anderen laufen, und bei Sturm und starkem Januarfrost geht er in die Diele, um sich nur für eine Minute von den Schreien und Knüffen des gereizten Gastes zu erholen. Ein General kommt angefahren, der zitternde Postmeister gibt ihm die beiden letzten Dreigespanne, darunter auch das des Kuriers. Der General fährt ohne ein Wort des Dankes davon. Fünf Minuten später – Glöckchengeklingel! … Und der Kurier wirft ihm die Order für Postpferde auf den Tisch! … Wenn wir uns all das richtig vor Augen halten, so wird aufrichtiges Mitleid anstelle der Empörung unser Herz erfüllen. Noch ein Wort: Im Laufe von zwanzig Jahren bin ich kreuz und quer, in allen Richtungen durch Russland gefahren; fast alle Poststraßen sind mir bekannt; ich kenne mehrere Generationen von Kutschern, es wird kaum einen Postmeister geben, den ich nicht gesehen habe und mit dem ich nicht zu tun gehabt hätte; den höchst interessanten Vorrat meiner Reisebeobachtungen hoffe ich in nicht allzu ferner Zeit herauszugeben; vorläufig sage ich nur, dass die Allgemeinheit eine völlig falsche Vorstellung vom Stand der Postmeister hat. Diese so verleumdeten Postmeister sind im Allgemeinen friedliche Menschen, von Natur aus hilfsbereit, verträglich, wenig ehrhungrig und nicht allzu geldgierig. Aus ihren Gesprächen (auf die die Herren Reisenden zu Unrecht keinen Wert legen) kann man eine Menge Interessantes und Belehrendes erfahren. Was mich anbelangt, so ziehe ich, offen gestanden, ihre Unterhaltung den Reden irgendeines Beamten der sechsten Klasse, der sich auf einer Dienstreise befindet, vor.

Es ist leicht zu erraten, dass ich Freunde aus dem ehrbaren Stand der Postmeister habe. In der Tat ist mir die Erinnerung an einen von ihnen teuer. Die Umstände hatten uns einst zusammengeführt, und ich habe vor, mich über ihn mit den freundlichen Lesern zu unterhalten.

Im Jahre 1816, im Monat Mai, geschah es, dass ich durch das Gouvernement *** fuhr, und zwar auf einer Strecke, die heute nicht mehr existiert. Ich hatte keinen hohen Rang, fuhr mit Postpferden, die auf jeder Station ausgewechselt wurden, und hatte das Fahrgeld für zwei Pferde bezahlt. Infolgedessen nahmen die Postmeister nicht viel Rücksicht auf mich, und oft erkämpfte ich, was mir – meiner Meinung nach – rechtmäßig zustand. Da ich jung und ein Hitzkopf war, entrüstete ich mich über die Niedertracht und den Kleinmut des Postmeisters, wenn dieser das für mich bereitgestellte Gespann der Kutsche eines höheren Beamten überließ. Ebenso lange konnte ich mich nicht daran gewöhnen, dass ich bei einem Mittagessen, das der Gouverneur gab, von dem wählerischen Diener übergangen wurde. Heute scheint mir sowohl das eine wie das andere völlig in Ordnung zu sein. In der Tat, wo kämen wir hin, wenn statt der praktischen Regel: *Erweise dem Rang die Ehre* eine andere eingeführt würde, zum Beispiel: *Erweise dem Verstand die Ehre?* Was für ein Streit würde entbrennen! Und wem würden die Diener zuerst auftragen? Doch ich wende mich meiner Erzählung zu.

Der Tag war heiß. Drei Werst von der Poststation *** fielen auf einmal Regentropfen, und innerhalb einer Minute hatte mich ein Platzregen bis auf die Haut durchnässt. Als ich auf der Station ankam, war meine erste Sorge, mich so schnell wie möglich umzuziehen, und die zweite, um Tee zu bitten. »He, Dunja«, rief der Postmeister, »trag den Samowar auf und hol die Sahne!« Während dieser Worte war ein Mädchen von ungefähr vierzehn Jahren hinter der Zwischenwand hervorgekommen und lief in die Diele. Ihre Schönheit versetzte mich in Erstaunen. »Ist das deine Tochter?«, fragte ich den Postmeister. »Ja, Herr«, sagte er mit selbstzufriedener Miene, »und so klug ist sie, so flink, ganz wie die verstorbene Mutter.« Darauf machte er sich an die Abschrift meiner Order, und ich betrachtete die Bilder, die seine bescheidene, doch saubere Wohnung schmückten. Sie stellten die Geschichte des verlorenen Sohnes dar: Auf dem ersten verabschiedet sich ein ehrwürdiger Alter in Hausrock und Kappe von einem unruhigen Jüngling, der eilig seinen Segen und ein Geldsäckel entgegennimmt. Auf dem anderen wird in eindrucksvoller Weise das lasterhafte Leben des jungen Mannes gezeigt: Er sitzt an einem Tisch, umringt von falschen Freunden und sittenlosen Frauen. Auf dem nächsten hütet der Jüngling, nachdem er sein ganzes Geld vergeudet hat, in abgerissener

Kleidung und Dreispitz die Schweine und teilt mit ihnen ihre Nahrung; sein Gesicht drückt tiefe Trauer und Reue aus. Schließlich ist seine Heimkehr zum Vater dargestellt; der gute Alte, in derselben Kappe und demselben Hausrock, läuft ihm entgegen: Der verlorene Sohn liegt auf den Knien; im Hintergrund schlachtet der Koch ein gemästetes Kalb, und der älteste Bruder fragt das Gesinde nach dem Grund solcher Freude. Unter jedem Bild las ich passende deutsche Verse. All das hat sich bis heute meinem Gedächtnis eingeprägt, ebenso wie die Töpfe mit den Balsaminen, das Bett mit dem bunten Vorhang und die übrigen Dinge, die mich damals umgaben. Als wäre es heute, sehe ich den Hausherrn selbst vor mir, einen Mann von ungefähr fünfzig Jahren, frisch und gesund, und seinen langen grünen Rock mit drei Medaillen an den verblichenen Bändern.

Kaum hatte ich meinen alten Kutscher entlohnt, als Dunja mit dem Samowar zurückkam. Die kleine Kokette hatte bald gemerkt, was sie für einen Eindruck auf mich machte; sie schlug die großen blauen Augen nieder; ich fing mit ihr ein Gespräch an; sie antwortete mir ohne jegliche Schüchternheit, wie ein Mädchen, das die Welt gesehen hat. Ich bot ihrem Vater ein Glas Punsch an; Dunja erhielt von mir eine Tasse Tee, und wir begannen zu dritt eine Unterhaltung, als würden wir uns schon jahrelang kennen.

Die Pferde standen schon lange bereit, doch ich wollte mich immer noch nicht von dem Postmeister und seiner Tochter trennen. Schließlich verabschiedete ich mich von ihnen; der Vater wünschte mir eine gute Fahrt, und die Tochter begleitete mich bis zum Wagen. In der Diele blieb ich stehen und bat um die Erlaubnis, sie zu küssen; Dunja war einverstanden …

Viele Küsse könnte ich aufzählen,

Seit ich mich damit abgegeben,

doch keiner von ihnen hat solch eine nachhaltige, solch eine angenehme Erinnerung in mir hinterlassen.

Einige Jahre vergingen, und die Umstände fügten es, dass ich dieselbe Poststraße und dieselbe Gegend bereiste. In meiner Erinnerung tauchte die Tochter des alten Postmeisters auf, und ich freute mich bei dem Gedanken, sie bald wiederzusehen. Doch vielleicht ist der alte Postmeister schon abgelöst worden, überlegte ich, und Dunja ist wahrscheinlich schon verheiratet. Der Gedanke an den Tod des einen oder anderen fuhr mir plötzlich durch den Kopf, und ich näherte mich der Station *** mit einem traurigen Vorgefühl.

Die Pferde hielten beim Stationshäuschen. Als ich in das Zimmer eintrat, erkannte ich sofort die Bilder wieder, auf denen die Geschichte des verlorenen Sohnes dargestellt war; Tisch und Bett standen an ihrem früheren Platz, doch in den Fenstern befanden sich keine Blumen mehr, ringsum sprach alles von Verfall und Nachlässigkeit. Der Postmeister hatte unter seinem Schafpelz geschlafen und war durch meine Ankunft geweckt worden; er richtete sich auf … Das war tatsächlich Samson Wyrin; doch wie sehr war er gealtert! Während er daranging, meine Order abzuschreiben, blickte ich auf sein graues Haar, auf die tiefen Falten in dem seit Langem nicht mehr rasierten Gesicht, auf seinen gekrümmten Rücken – und konnte mich nicht genug darüber wundern, dass drei oder vier Jahre aus einem kräftigen Mann einen schwächlichen Alten gemacht hatten. »Erkennst du mich wieder?«, fragte ich ihn. »Wir sind alte Bekannte.« – »Kann sein«, entgegnete er mürrisch, »die Straße hier ist groß; bei mir sind viele Reisende gewesen.« – »Ist deine Tochter Dunja gesund?«, fuhr ich fort. Der Alte zog die Brauen zusammen. »Der liebe Gott allein weiß das«, antwortete er. »Sie ist also verheiratet?«, sagte ich. Der Alte tat, als hätte er meine Frage nicht gehört, und las im Flüsterton meine Anweisung weiter. Ich hörte auf zu fragen und verlangte Tee. Mich begann die Neugier zu plagen, und ich hoffte, der Punsch würde meinem alten Bekannten die Zunge lösen.

Ich hatte mich nicht geirrt: Der Alte lehnte das angebotene Glas nicht ab. Mir fiel es auf, wie der Rum seine Unfreundlichkeit verscheuchte. Beim zweiten Glase wurde er gesprächig, er erinnerte sich meiner oder tat wenigstens so, und ich erfuhr von ihm eine Geschichte, die mich zu jener Zeit stark beschäftigte und ergriff.

»Sie haben also meine Dunja gekannt?«, hob er an. »Wer hat sie nicht gekannt? Ach, Dunja, Dunja! Was war das für ein Mädel! Wer auch immer hier vorüberfuhr, jeder hat sie gelobt, niemand getadelt. Vornehme Damen beschenkten sie, mal bekam sie ein Kopftuch, mal Ohrringe. Die Herren Reisenden unterbrachen mit Absicht ihre Fahrt, scheinbar, um zu Mittag oder zu Abend zu essen, in Wirklichkeit aber nur, um sie möglichst lange anzusehen. Es kam vor, dass ein Herr, wenn er auch noch so wütend war, still wurde, wenn er sie sah, und freundlich mit mir sprach. Glauben Sie mir, Herr: Die Eilboten und Kuriere haben sich mit ihr halbe Stunden lang unterhalten. Sie war die Stütze des Hauses: Was auch aufzuräumen, was auch zu kochen war, sie schaffte alles. Ich alter Dummkopf aber konnte mich nicht sattsehen an ihr, nicht genug freuen. Hab ich etwa meine Dunja nicht geliebt, hab ich mein Kind nicht gehegt, hat sie es schlecht gehabt? Aber nein, das Unglück kann man nicht abschwören, seinem Schicksal entgeht keiner.« Und nun schilderte er mir ausführlich sein Leid. An einem Winterabend vor drei Jahren war es, der Postmeister zog mit dem Lineal Zeilen in ein neues Buch, und seine Tochter nähte hinter der Zwischenwand an einem Kleid für sich, als eine Troika vorfuhr, ein Reisender, in Tscherkessenmütze, Militärmantel und in einen Schal gehüllt, das Zimmer betrat und Pferde verlangte. Doch alle Pferde waren gerade unterwegs. Bei dieser Nachricht erhob der Reisende schon seine Stimme und die Nagaika, doch Dunja, die an solche Szenen gewöhnt war, kam hinter der Zwischenwand hervorgelaufen und wandte sich liebenswürdig an den Reisenden mit der Frage, ob er nicht etwas essen wolle. Dunjas Erscheinen hatte die gewohnte Wirkung. Der Zorn des Reisenden verflog; er war einverstanden, auf die Pferde zu warten, und bestellte sich ein Abendessen. Dann nahm er die feuchte Fellmütze ab, wickelte sich aus dem Schal, zog den Mantel aus, und zum Vorschein kam ein junger stattlicher Husar mit einem schwarzen Schnurrbärtchen. Er ließ sich bei dem Postmeister nieder und unterhielt sich fröhlich mit ihm und seiner Tochter. Das Abendessen wurde aufgetragen. Unterdessen waren Pferde eingetroffen, und der Postmeister befahl, sie sofort, ohne sie zu füttern, vor den Wagen des Reisenden zu spannen, doch als er zurückkam, lag der junge Mann fast ohnmächtig auf der Bank, ihm war schlecht geworden, er hatte Kopfschmerzen, an eine Weiterfahrt war nicht zu denken … Was tun? Der Postmeister trat ihm sein Bett ab, und man beschloss, falls sich das Befinden des Kranken nicht bessern sollte, am nächsten Morgen nach dem Arzt in S. zu schicken.

Am nächsten Tag ging es dem Husaren schlechter. Sein Diener ritt in die Stadt, um den Arzt zu holen. Dunja legte ihm ein mit Essig angefeuchtetes Tuch auf die Stirn und setzte sich mit ihrer Näharbeit neben sein Bett. In Gegenwart des Postmeisters stöhnte der Kranke und brachte kaum ein Wort heraus, doch trank er zwei Tassen Kaffee und bestellte stöhnend ein Mittagessen. Dunja wich nicht von seiner Seite. Alle Augenblicke wollte er trinken, und Dunja brachte ihm einen Becher mit Limonade, die sie selbst zubereitet hatte. Der Kranke netzte seine Lippen, und jedes Mal, wenn er den Becher zurückgab, drückte er voller Dankbarkeit mit seiner schwachen Hand die Hand Dunjas. Gegen Mittag kam der Arzt. Er fühlte dem Kranken den Puls, unterhielt sich mit ihm in deutscher Sprache und erklärte auf Russisch, dass der Kranke nur Ruhe brauche und in ungefähr zwei Tagen weiterreisen könne. Der Husar gab ihm fünfundzwanzig Rubel für den Besuch und lud ihn zum Mittagessen ein; der Arzt war einverstanden, beide aßen mit großem Appetit, tranken eine Flasche Wein, und beim Abschied war jeder mit dem anderen sehr zufrieden.

Ein weiterer Tag verging, und der Husar war wieder vollkommen gesund. Er war außerordentlich fröhlich und scherzte ohne Pause abwechselnd mit Dunja und dem Postmeister, pfiff Lieder vor sich hin, unterhielt sich mit den Durchreisenden, schrieb ihre Order in das Postbuch ein und gefiel dem braven Postmeister so sehr, dass dieser am dritten Morgen die Trennung von seinem freundlichen Gast bedauerte. Es war ein Sonntag, und Dunja wollte zum Hochamt gehen.

Der Wagen des Husaren fuhr vor. Er verabschiedete sich von dem Postmeister und belohnte ihn reichlich für die Unterkunft und die Bewirtung, er verabschiedete sich auch von Dunja und erbot sich, sie bis zur Kirche mitzunehmen, die sich am Dorfrand befand. Dunja wusste nicht, was sie tun sollte … »Wovor fürchtest du dich?«, sagte der Vater zu ihr. »Seine Hochwohlgeboren ist doch kein Wolf und frisst dich nicht – fahr nur bis zur Kirche mit.« Dunja setzte sich neben den Husaren in den Wagen, der Diener sprang auf den Bock, der Kutscher pfiff, und die Pferde jagten davon.

Der arme Postmeister begriff nicht, wie er selbst seiner Dunja die Erlaubnis geben konnte, mit dem Husaren zu fahren, warum er so verblendet gewesen war und wo er damals seinen Verstand gelassen hatte.

Es war noch keine halbe Stunde vergangen, als sich ihm das Herz zusammenzog, Unruhe ergriff ihn in einem solchen Maße, dass er es nicht aushielt und selbst zum Hochamt ging. Als er sich der Kirche näherte, sah er, dass die Menschen schon auseinandergingen, doch Dunja war weder hinter der Umfriedung noch auf dem Kirchenvorplatz. Eilig ging er in die Kirche, der Geistliche trat gerade aus dem Altarraum heraus, der Kirchendiener löschte die Kerzen aus, und in einer Ecke beteten noch zwei alte Frauen, doch Dunja war nicht in der Kirche. Der arme Vater konnte sich kaum zu der Frage an den Kirchendiener entschließen, ob sie dem Gottesdienst beigewohnt habe. Der Kirchendiener antwortete, sie sei nicht da gewesen. Mehr tot als lebendig ging der Postmeister nach Hause. Eine einzige Hoffnung war ihm geblieben: Dunja konnte es mit der jungen Jahren eigenen Leichtfertigkeit in den Sinn gekommen sein, bis zur nächsten Poststation, wo ihre Patin wohnte, mitzufahren. Voll quälender Unruhe wartete er auf die Rückkehr der Troika, mit der er sie hatte fahren lassen. Der Kutscher wollte nicht kommen. Endlich kam er gegen Abend angefahren, allein, betrunken und mit der vernichtenden Nachricht: »Dunja ist von dieser Station aus mit dem Husaren weitergefahren.«

Der Alte ertrug sein Unglück nicht, auf der Stelle legte er sich in dasselbe Bett, in dem am Vorabend der junge Betrüger gelegen hatte. Jetzt, wo er alle Umstände überblickte, erriet der Postmeister, dass der Husar sich nur krank gestellt hatte. Der Arme bekam hohes Fieber; man brachte ihn nach S., und seine Stelle übernahm vorübergehend ein anderer. Derselbe Arzt, der den Husaren besucht hatte, behandelte auch ihn. Er versicherte dem Postmeister, dass der junge Mann vollkommen gesund gewesen sei und dass er schon damals die böse Absicht vorausgeahnt, doch aus Angst vor seiner Nagaika geschwiegen habe. Ob der Deutsche nun die Wahrheit sprach oder nur mit seinem Scharfsinn prahlen wollte – den armen Kranken tröstete er damit in keiner Weise. Kaum war der Postmeister von seiner Krankheit einigermaßen genesen, erbat er sich vom Verwalter des Postkontors in S. einen zweimonatigen Urlaub und machte sich, ohne jemandem ein Wort davon zu sagen, zu Fuß auf die Suche nach seiner Tochter. Aus der Anweisung wusste er, dass der Rittmeister Minski von Smolensk nach Petersburg reiste. Der Kutscher, der ihn gefahren hatte, erzählte, dass Dunja den ganzen Weg geweint habe, obwohl sie, so schien es, auf eigenen Wunsch mitfuhr. Vielleicht gelingt es, dachte der Postmeister, und ich führe mein verirrtes Schäfchen heim. Mit diesem Gedanken gelangte er nach Petersburg, quartierte sich im Viertel des Ismailowski-Garderegiments bei einem verabschiedeten Unteroffizier und alten Regimentskameraden ein und begann seine Nachforschungen. Bald erfuhr er, dass der Rittmeister Minski in Petersburg sei und in der Demutow-Herberge wohne. Der Postmeister beschloss, zu ihm zu gehen.

Früh am Morgen erschien er in seinem Vorzimmer und bat, Seiner Hochwohlgeboren zu melden, ein alter Soldat bitte darum, ihn zu sprechen. Der Bursche, der einen auf einen Leisten gespannten Stiefel putzte, erklärte, dass der Herr ruhe und vor elf Uhr niemanden empfange. Der Postmeister ging fort und kam zur festgesetzten Zeit wieder. Minski selber, in Morgenrock und rotem Käppchen, kam ihm entgegen. »Nun, Bruder, was willst du?«, fragte er ihn. Das Herz des Alten begann plötzlich heftig zu schlagen, Tränen traten ihm in die

Augen, und mit zitternder Stimme sagte er nur: »Euer Hochwohlgeboren! Erweisen Sie mir eine große Gnade! …« Minski warf schnell einen Blick auf ihn, wurde rot, ergriff seine Hand, führte ihn in sein Arbeitszimmer und riegelte hinter sich die Tür ab. »Euer Hochwohlgeboren!«, fuhr der Alte fort. »Was von einer Fuhre herunterfällt, ist verloren; geben Sie mir wenigstens meine arme Dunja zurück. Sie haben sich an ihr genug erfreut, richten Sie sie nicht unnötig zugrunde.« – »Was geschehen ist, ist geschehen«, sagte der junge Mann in äußerster Verwirrung. »Ich bekenne mich schuldig vor dir und bitte dich gern um Vergebung, doch denke nicht, dass ich Dunja verlassen kann – sie wird glücklich sein, ich gebe dir mein Ehrenwort. Wozu willst du sie haben? Sie liebt mich, sie ist ihr früheres Leben nicht mehr gewohnt. Weder du noch sie werden vergessen können, was geschehen ist.« Dann steckte er ihm etwas in den Ärmelaufschlag, riegelte die Tür auf, und der Postmeister, der nicht wusste, wie ihm geschah, fand sich auf der Straße wieder.

Lange stand er unbeweglich da, schließlich bemerkte er ein Bündelchen mit Papieren in seinem Ärmelaufschlag; er nahm es heraus und wickelte einige zerdrückte Fünf- und Zehnrubelscheine auseinander. Wieder quollen ihm Tränen aus den Augen – Tränen der Empörung! Er knüllte die Scheine zusammen, warf sie auf den Boden, trat mehrere Male mit dem Stiefelabsatz darauf und ging davon … Nach einigen Schritten blieb er stehen, dachte nach … und kehrte um – doch die Scheine waren nicht mehr da. Ein gut gekleideter junger Mann eilte, als er ihn sah, zu einer Droschke, nahm hastig darin Platz und rief: »Vorwärts!« Der Postmeister lief ihm nicht hinterher. Er beschloss, nach Hause, auf seine Poststation, zu fahren, doch vorher wollte er wenigstens noch ein einziges Mal seine arme Dunja sehen. Mit diesem Ziel ging er nach etwa zwei Tagen wieder zu Minski, jedoch der Bursche sagte ihm in rauem Ton, dass der Herr niemanden empfange, schob ihn mit der Brust aus dem Vorzimmer und schlug ihm die Tür vor der Nase zu. Lange stand der Postmeister davor – doch schließlich ging er.

Am Abend desselben Tages ging er, nachdem er einen Bittgottesdienst in der Kirche »Aller Leidtragenden« hatte abhalten lassen, die Litejnaja entlang. Plötzlich fuhr eine elegante Kutsche an ihm vorüber, und der Postmeister erkannte Minski darin. Der Wagen hielt vor einem zweistöckigen Haus, direkt vor der Auffahrt, und der Husar lief die Vortreppe hinauf. Dem Postmeister schoss ein glücklicher Gedanke durch den Kopf. Er kehrte um, und als er neben dem Kutscher stand, fragte er: »Wem gehört das Pferd, Bruder? Gehört es nicht Minski?« – »So ist es«, antwortete der Kutscher. »Warum willst du das wissen?« – »Darum: Dein Herr hat mir befohlen, seiner Dunja ein Briefchen zu bringen, aber ich hab vergessen, wo seine Dunja wohnt.« – »Hier wohnt sie, im ersten Stock. Mit deinem Brief bist du zu spät gekommen, Bruder; jetzt ist er schon selber bei ihr.« – »Das macht nichts«, entgegnete der Postmeister mit einem unbeschreiblichen Gefühl im Herzen, »vielen Dank für den Hinweis, ich tue schon, was nötig ist.« Und mit diesen Worten begab er sich die Treppe hinauf.

Die Tür war verschlossen; er klingelte, und es vergingen einige Sekunden qualvollen Wartens. Der Schlüssel drehte sich laut, und man öffnete ihm. »Wohnt hier Awdotja Samsonowna?«, fragte er. »Ja«, antwortete das junge Dienstmädchen, »was willst du von ihr?« Ohne zu antworten, trat der Postmeister in den Vorsaal. »Das geht nicht, das geht nicht!«, rief ihm das Dienstmädchen hinterher. »Awdotja Samsonowna hat Besuch.« Doch der Postmeister ging weiter, ohne auf sie zu hören. Die beiden ersten Zimmer waren dunkel, doch das dritte war erleuchtet. Er ging bis an die offene Tür und blieb stehen. In dem herrlich eingerichteten Zimmer saß nachdenklich Minski. Dunja, prächtig nach der Mode gekleidet, saß auf der Armlehne seines Sessels wie eine Reiterin in ihrem englischen Sattel. Sie blickte Minski zärtlich an und wickelte seine schwarzen Locken um ihre glänzenden Finger. Der arme Postmeister! Niemals war ihm seine Tochter so schön vorgekommen; unwillkürlich bewunderte er sie. »Wer ist da?«, fragte sie, ohne aufzusehen. Er schwieg. Da sie keine Antwort erhielt, hob Dunja den Kopf – und fiel mit einem Schrei auf den Teppich. Der erschrockene Minski stürzte zu ihr hin, um ihr aufzuhelfen, sah plötzlich in der Tür den alten Postmeister, wandte sich von Dunja ab und ging, zitternd vor Wut, auf ihn zu. »Was willst du?«, sagte er zu ihm und biss die Zähne aufeinander. »Was schleichst du mir überall wie ein Räuber nach? Willst du mich vielleicht umbringen? Hinaus!« Und mit starker Hand packte er den Alten beim Kragen und stieß ihn bis auf den Flur hinaus.

Der Alte kehrte in seine Unterkunft zurück. Sein Freund riet ihm, Klage zu führen, doch der Postmeister überlegte, machte eine wegwerfende Handbewegung und beschloss, darauf zu verzichten. Nach zwei Tagen ging er von Petersburg zurück zu seiner Poststation und verrichtete wieder seinen Dienst. »Das dritte Jahr ist es nun schon«, schloss er, »dass ich ohne Dunja lebe und von ihr nichts höre und sehe. Ob sie noch lebt oder nicht, das weiß Gott allein. Möglich ist alles. Sie ist nicht die Erste und auch nicht die Letzte, die ein Windbeutel auf der Durchreise mit sich fortlockt, dann hält er sie aus, und danach lässt er sie fallen. In Petersburg gibt es viele von diesen jungen Närrinnen, heute in Samt und Seide, und morgen siehst du sie zusammen mit den Bettlern aus den Spelunken die Straße kehren. Wenn ich manchmal daran denke, dass auch Dunja so zugrunde geht, dann kommen einem unwillkürlich sündhafte Gedanken, und man wünscht, sie wäre tot …«

Das war die Geschichte meines Bekannten, des alten Postmeisters, eine Geschichte, die oft von Tränen unterbrochen wurde, die er wie der eifrige Terentitsch in Dmitrijews herrlicher Ballade malerisch mit seinem Rockschoß wegwischte. Zum Teil waren die Tränen von dem Punsch hervorgerufen worden, von dem er im Verlauf seiner Erzählung fünf Gläser trank, doch wie es auch sei, sie gingen mir sehr zu Herzen. Wir schieden voneinander, und lange konnte ich den alten Postmeister nicht vergessen, lange dachte ich an die arme Dunja zurück …

Als ich vor kurzer Zeit durch die Ortschaft *** kam, erinnerte ich mich meines Bekannten; ich erfuhr, dass die Poststation, der er vorstand, schon nicht mehr existierte. Auf meine Frage »Lebt der alte Postmeister noch?«, konnte mir niemand eine befriedigende Antwort geben. Ich entschloss mich, die bekannte Gegend zu besuchen, mietete Pferde und machte mich auf den Weg ins Dorf N.

Das geschah im Herbst. Graue Wolken bedeckten den Himmel, ein kalter Wind wehte von den kahlen Feldern und riss die roten und gelben Blätter von den Bäumen, die sich ihm entgegenstellten. Ich traf im Dorf bei Sonnenuntergang ein und machte am Posthäuschen halt. In die Diele (in der mich einst die arme Dunja geküsst hatte) kam ein dickes Weib und gab auf meine Fragen zur Antwort, dass der alte Postmeister schon seit einem Jahr tot sei, dass sich in seinem Hause ein Bierbrauer niedergelassen habe und sie die Frau des Bierbrauers sei. Mir tat es um meine ergebnislose Fahrt leid und um die sieben Rubel, die ich umsonst ausgegeben hatte. »Woran ist er denn gestorben?«, fragte ich die Frau des Bierbrauers. »Er hat sich dem Trunk ergeben, Väterchen«, antwortete sie. »Und wo hat man ihn begraben?« – »Hinter dem Dorf, neben seiner verstorbenen Frau.« – »Könnte mich jemand zu seinem Grab führen?« – »Warum denn nicht. He, Wanka! Du hast genug mit der Katze gespielt. Führ mal den Herrn zum Friedhof und zeig ihm das Grab vom Postmeister.«

Bei diesen Worten lief ein Junge in abgerissener Kleidung, rothaarig und scheeläugig, zu mir hinaus und führte mich sofort hinter das Dorf.

»Hast du den Verstorbenen gekannt?«, fragte ich ihn unterwegs.

»Und ob! Er hat mir gezeigt, wie man eine Hirtenflöte zurechtschneidet. Wenn er (der Himmel sei ihm gnädig) aus der Schenke kam, sind wir immer hinter ihm hergelaufen und haben gerufen: ›Großväterchen, Großväterchen! Gib uns Nüsse!‹ – und er hat uns Nüsse geschenkt. Er ist immer mit uns zusammen gewesen.«

»Und die Durchreisenden, erinnern die sich an ihn?«

»Jetzt gibt's nur wenig Durchreisende; höchstens kommt mal ein Beisitzer zu uns, aber der will mit Toten nichts zu tun haben. Aber im Sommer ist eine Dame hier durchgereist, die hat nach dem alten Postmeister gefragt und ist zu seinem Grab gegangen.«

»Was für eine Dame?«, fragte ich voller Neugier.

»Eine wunderschöne Dame«, antwortete der Junge, »sie ist in einer großen sechsspännigen Kutsche gefahren, drei kleine junge Herren, eine Amme und einen schwarzen Mops hat sie gehabt; und als man ihr gesagt hat, dass der alte Postmeister gestorben sei, da hat sie angefangen zu weinen, und zu den Kindern hat sie gesagt: ›Seid schön brav, ich gehe zum Friedhof.‹ Ich hatte mich angeboten, sie dorthin zu führen. Aber die Dame sagte: ›Ich kenne selbst den Weg.‹ Und hat mir ein silbernes Fünfkopekenstück gegeben – so eine gute Dame!«

Wir kamen auf den Friedhof, einen kahlen Platz ohne jegliche Umzäunung und von Holzkreuzen übersät, die nicht ein einziger Baum beschattete. In meinem ganzen Leben habe ich noch nie so einen traurigen Friedhof gesehen.

»Hier ist das Grab von dem alten Postmeister«, sagte der Junge zu mir und sprang auf einen Erdhügel, in den ein schwarzes Kreuz mit einem kupfernen Heiligenbild eingegraben war.

»Und hierher ist die Dame gekommen?«, fragte ich.

»Ja«, antwortete Wanka. »Ich habe sie von Weitem beobachtet. Sie lag hier und ist lange nicht aufgestanden. Und dann ist die Dame ins Dorf gegangen, ließ sich den Popen kommen, gab ihm Geld und fuhr fort, aber mir hat sie ein silbernes Fünfkopekenstück gegeben – so eine feine Dame!«

Auch ich gab dem Jungen ein Fünfkopekenstück und bedauerte weder die Fahrt hierher noch die sieben Rubel, die ich ausgegeben hatte.

Das Adelsfräulein als Bäuerin

> In allen Kleidern bist du, Duschenka, schön.
> *Bogdanowitsch*

In einem unserer abgelegenen Gouvernements befand sich das Gut Iwan Petrowitsch Berestows. In seiner Jugend hatte er in der Garde gedient, zu Beginn des Jahres 1797 seinen Abschied genommen, dann war er auf sein Gut gefahren und hatte es seitdem nicht mehr verlassen. Er war mit einer armen Adligen verheiratet gewesen, die bei der Niederkunft starb, während er auf der Jagd war. Die Beschäftigung mit der Wirtschaft tröstete ihn bald. Er baute sich ein Haus nach eigenem Plan, richtete eine Tuchfabrik ein, sicherte sich ein gutes Einkommen und hielt sich für den klügsten Menschen der Umgebung, worin ihm die Gäste, die mit ihren Familien und Hunden zu Besuch kamen, auch nicht widersprachen. Wochentags trug er eine baumwollene Samtjacke, zu Feiertagen zog er einen Rock aus selbst gefertigtem Tuch an; er führte selbst Buch und las nichts außer den »Senatsnachrichten«. Im Allgemeinen wurde er geschätzt, wenn man ihn auch für stolz hielt. Nur Grigori Iwanowitsch Muromski, sein nächster Nachbar, kam mit ihm nicht aus. Das war ein echter russischer Gutsherr. In Moskau hatte er den größten Teil seiner Güter durchgebracht, und da er zu derselben Zeit Witwer wurde, war er auf sein letztes Dorf gefahren, wo er seine Streiche weiter verübte, wenn auch auf neue Weise. Er legte einen englischen Garten an und verbrauchte zu seiner Pflege fast alle übrigen Einkünfte. Die Pferdeknechte gingen als englische Jockeys gekleidet. Seine Tochter hatte eine englische Gouvernante. Seine Felder bestellte er nach englischer Methode:

Doch auf fremde Art gedeiht kein russisches Getreide, und trotz bedeutender Verringerung der Ausgaben stiegen die Einkünfte Grigori Iwanowitschs nicht; denn er fand auch auf dem Dorf einen Weg, neue Schulden zu machen; und bei alldem galt er als ein Mensch, der nicht dumm ist, da er als erster Gutsbesitzer seines Gouvernements auf den Gedanken kam, sein Gut beim Vormundschaftsrat zu verpfänden – ein für die damalige Zeit außerordentlich kompliziertes und kühnes Unternehmen. Von allen, die ihn verurteilten, äußerte sich am schärfsten über ihn Berestow. Hass gegen Neuerungen war eine hervorstechende Eigenschaft seines Charakters. Er konnte nicht gleichgültig von der Anglomanie seines Nachbarn sprechen, alle Augenblicke fand er Gelegenheit, ihn zu kritisieren. Wenn er einem Gast seine Besitzungen zeigte, so pflegte er als Antwort auf das Lob für seine wirtschaftlichen Anordnungen mit einem schlauen Lächeln zu sagen: »Ja, Herr! Bei mir ist es anders als bei meinem Nachbarn Grigori Iwanowitsch. Wir werden uns nicht auf Englisch ruinieren! Wenn wir nur nach russischer Art satt werden.« Diese und ähnliche Scherze wurden Grigori Iwanowitsch dank den Bemühungen der Nachbarn mit Ergänzungen und Erklärungen hinterbracht. Der Anglomane vertrug Kritik ebenso wenig wie unsere Journalisten. Er schäumte vor Wut und nannte seinen Zoilos einen Bären und Provinzler.

So stand es um die Beziehungen zwischen diesen beiden Gutsbesitzern, als der Sohn Berestows zu seinem Vater auf das Dorf gefahren kam. Er war an der Universität zu *** erzogen worden und hatte vor, die militärische Laufbahn einzuschlagen, doch der Vater war damit nicht einverstanden. Für den Zivildienst fühlte sich der junge Mann überhaupt nicht geschaffen. Keiner gab dem anderen nach, und der junge Alexej führte einstweilen das Leben eines Herrn und ließ sich für alle Fälle einen Schnurrbart wachsen.

Alexej war in der Tat ein Prachtbursche. Es wäre wirklich schade gewesen, wenn nie eine Militäruniform seine schlanke Figur umschlossen, wenn er, statt sich hoch zu Pferde bewundern zu lassen, seine Jugend über Kanzleipapiere gebeugt verbracht hätte. Die Nachbarn, die ihn auf der Jagd sahen, wie er, ohne auf den Weg zu achten, allen vorangaloppierte, meinten einstimmig, dass aus ihm niemals ein vernünftiger Abteilungsvorsteher werden würde. Die Fräulein guckten nach ihm, und manche verguckten sich auch in ihn, doch Alexej gab sich wenig mit ihnen ab, und sie vermuteten, dass der Grund für seine Unempfindlichkeit ein Liebesverhältnis sei. In der Tat ging eine Abschrift mit der Adresse eines seiner Briefe von Hand zu Hand: *An Akulina Petrowna Kurotschkina, in Moskau, gegenüber dem Alexejewski-Kloster, im Haus des Kupferschmiedes Saweljew, ich bitte Sie ergebenst, diesen Brief A. N. R. zu überbringen.*

Diejenigen meiner Leser, die nicht auf dem Dorf gelebt haben, machen sich keine Vorstellung, wie reizvoll diese Fräulein auf dem Lande sind! In frischer Luft, im Schatten ihrer Apfelbäume erzogen, schöpfen sie ihr Wissen über Welt und Leben aus Büchern. Einsamkeit, Freiheit und Lektüre entwickeln bei ihnen frühzeitig Gefühle und Leidenschaften, die unseren Zerstreuung gewohnten Schönheiten unbekannt sind. Für so ein Fräulein ist der Ton eines Glöckchens schon ein Abenteuer, eine Fahrt in die nächste Stadt gilt als Ereignis im Leben, und der Besuch eines Gastes hinterlässt eine lange, manchmal auch ewig währende Erinnerung. Natürlich steht es jedem frei, über manche ihrer Eigenheiten zu lachen, doch die Späße eines oberflächlichen Beobachters können ihre wesentlichen Vorzüge nicht zunichtemachen, von denen der bedeutendste *die Besonderheit des Charakters, die Originalität* (individualité) ist, ohne die es, nach Meinung Jean Pauls, keine menschliche Größe gibt. In den Hauptstädten erhalten die Frauen vielleicht eine bessere Bildung, doch die Lebensweise der vornehmen Gesellschaft nimmt den Charakteren ihre Besonderheit und lässt sie so einförmig werden wie den Kopfputz. Dies sei nicht als Urteil gesagt und auch nicht als eine Verurteilung, allein nota nostra manet, wie ein alter Kommentator schreibt.

Man kann sich leicht vorstellen, welchen Eindruck Alexej unter unseren Fräulein hervorrufen musste. Er war der Erste, der vor ihnen mit düsterer und enttäuschter Miene erschien, als Erster sprach er zu ihnen von verlorenen Freuden und seiner entschwundenen Jugend;

zudem trug er noch einen schwarzen Ring, auf dem ein Totenkopf abgebildet war. All das war außerordentlich neu in diesem Gouvernement. Die Fräulein verloren bei seinem Anblick den Verstand.

Doch mehr als alle anderen beschäftigte sich Lisa (oder Betsy, wie Grigori Iwanowitsch sie gewöhnlich nannte), die Tochter meines Anglomanen, mit ihm. Die Väter verkehrten nicht miteinander, sie hatte Alexej noch nicht gesehen, während doch alle jungen Nachbarinnen nur von ihm sprachen. Sie war siebzehn Jahre alt. Ihrem gebräunten und sehr angenehmen Gesicht verliehen ein Paar schwarze Augen Lebhaftigkeit. Sie war das einzige Kind und infolgedessen verwöhnt. Ihr Übermut und die Streiche, die sie alle Augenblicke verübte, entzückten ihren Vater und ließen ihre Gouvernante, Miss Jackson, verzweifeln, ein vierzigjähriges steifes Fräulein, das sich weiß schminkte und die Brauen färbte, zweimal im Jahr die »Pamela« las, dafür zweitausend Rubel bekam und vor Langeweile *in diesem barbarischen Russland* umkam.

Lisas Zofe hieß Nastja; sie war älter als sie, doch genauso leichtfertig wie ihre Herrin. Lisa hatte sie sehr gern, teilte ihr all ihre Geheimnisse mit und heckte mit ihr zusammen die Streiche aus; kurz, Nastja war im Dorf Prilutschino eine viel bedeutendere Person als irgendeine Vertraute in einer französischen Tragödie.

»Gestatten Sie mir, dass ich heute zu Besuch gehe«, sagte Nastja eines Tages, als sie ihrer Herrin beim Ankleiden half.

»Gut; doch wohin?«

»Nach Tugilowo, zu den Berestows. Die Frau vom Koch hat Namenstag, sie ist gestern gekommen und hat uns zum Mittagessen eingeladen.«

»Sieh einmal an!«, sagte Lisa. »Die Herrschaften sind verfeindet, aber die Dienerschaft bewirtet sich gegenseitig.«

»Was gehen uns die Herrschaften an!«, widersprach Nastja. »Außerdem gehöre ich Ihnen und nicht dem Papa. Sie haben sich doch noch nicht mit dem jungen Berestow gestritten; sollen sich die Alten ruhig zanken, wenn es ihnen Spaß macht.«

»Sieh zu, Nastja, dass du Alexej Berestow zu sehen bekommst, und erzähl mir dann genau, wie er aussieht und was er für ein Mensch ist.«

Nastja versprach es, und Lisa wartete den ganzen Tag voller Ungeduld auf ihre Rückkehr. Am Abend erschien Nastja. »Also Lisaweta Grigorjewna«, sagte sie, als sie in das Zimmer trat, »ich hab den jungen Berestow gesehen; mehr als genug hab ich ihn gesehen, den ganzen Tag waren wir zusammen.«

»Wie ist das möglich? Erzähle, erzähle der Reihe nach.« »Bitte schön: Wir gingen, das heißt ich, Anissja Jegorowna, Nenila, Dunka ...«

»Gut, ich weiß Bescheid. Und dann?«

»Erlauben Sie, ich erzähle alles der Reihe nach. Gerade zum Mittagessen sind wir gekommen. Das Zimmer war voller Leute. Die aus Kolbino waren da, die aus Sacharjewo, die Verwaltersfrau mit ihren Töchtern, die aus Chlupino ...«

»Schön! Und Berestow?«

»Warten Sie. Wir haben uns an den Tisch gesetzt, an erster Stelle die Verwaltersfrau, ich neben ihr ... und die Töchter haben sich aufgeblasen, aber ich pfeif auf sie ...«

»Ach, Nastja, du langweilst mich mit deinen ewigen Einzelheiten!«

»Wie können Sie nur so ungeduldig sein! Nun, wir sind vom Tisch aufgestanden – gegessen hatten wir drei Stunden, das Essen war wunderbar gewesen; einen Kuchen hat es gegeben, Blancmanger, blau, rot und gestreift ... Wir sind also vom Tisch aufgestanden und in den Garten gegangen, um Haschen zu spielen, und da ist auch sofort der junge Herr gekommen.« »Nun und? Stimmt es, dass er so hübsch ist?«

»Erstaunlich hübsch, ein schöner Mann, das kann man sagen. Schlank, groß, blutrote Wangen ...«

»Wirklich? Und ich habe mir gedacht, dass er im Gesicht blass ist. Nun und? Wie ist er dir vorgekommen? Traurig, in Gedanken versunken?«

»Was fällt Ihnen ein? So einen tollen Menschen habe ich in meinem ganzen Leben noch nicht gesehen. Er wollte mit uns Haschen spielen.«

»Mit euch Haschen spielen? Ausgeschlossen!«

»Gar nicht ausgeschlossen! Und auf was er noch gekommen ist! Sowie er sich eine fängt, küsst er sie ab!«

»Wie du willst, Nastja, aber du lügst.«

»Wie Sie wollen, aber ich lüge nicht. Mit Müh und Not bin ich ihn losgeworden. Den ganzen Tag hat er so mit uns zugebracht.«

»Aber man sagt doch, er ist verliebt und sieht kein Mädchen an?«

»Ich weiß es nicht, mich hat er aber recht oft angesehen, und auch die Tanja, die Tochter vom Verwalter; und auch die Pascha aus Kolbino, überhaupt, es ist eine Sünde, so etwas zu sagen, aber er hat keine benachteiligt, so ein mutwilliger Herr!«

»Das ist erstaunlich! Und was hört man im Hause über ihn?«

»Ein ausgezeichneter Herr, so wird erzählt: so gutherzig und fröhlich. Nur eines ist nicht gut – dass er den Mädchen so nachläuft. Aber ich meine, das ist noch kein Unglück: Mit der Zeit kommt er schon zur Vernunft.«

»Wie gerne möchte ich ihn sehen!«, sagte Lisa mit einem Seufzer.

»Was ist denn schon Besonderes dabei? Tugilowo ist nicht weit von uns, alles in allem drei Werst: Gehen Sie in der Richtung spazieren oder reiten Sie dorthin, Sie werden ihn bestimmt treffen. Er geht ja jeden Tag frühmorgens mit der Flinte auf die Jagd.«

»Nein, nein, das ist nicht gut. Er denkt dann vielleicht, ich laufe ihm nach. Außerdem sind unsere Väter verfeindet, und da kann ich mich auch nicht mit ihm bekannt machen … Ach, Nastja! Weißt du was? Ich verkleide mich als Bäuerin!«

»Wahrhaftig, ziehen Sie ein dickes Hemd an und den Sarafan, und gehen Sie ruhig nach Tugilowo; ich bin überzeugt, dass Berestow Sie nicht übersehen wird.«

»Und den hiesigen Dialekt kann ich ausgezeichnet sprechen. Ach, Nastja, liebste Nastja! Was für ein herrlicher Gedanke!« Und Lisa legte sich mit dem Vorsatz schlafen, unbedingt ihre lustige Absicht auszuführen.

Am nächsten Tag machte sie sich an die Verwirklichung ihres Planes, sie ließ vom Markt dickes Leinen, blauen Nankingstoff und Kupferknöpfe holen, mit Nastjas Hilfe schnitt sie sich ein Hemd und einen Sarafan zu, setzte die ganze Mädchenkammer an die Näharbeit, und gegen Abend war alles fertig. Lisa probierte ihr neues Kleid an und musste sich vor dem Spiegel eingestehen, dass sie sich noch nie so schön gefunden hatte. Sie wiederholte ihre Rolle, verbeugte sich tief im Gehen und wackelte dann einige Male mit dem Kopf, ähnlich wie die tönernen Kater, sprach wie eine Bäuerin, bedeckte ihr Gesicht mit dem Ärmel, wenn sie lachte, und fand die volle Zustimmung Nastjas. Nur eines machte ihr Schwierigkeiten: Sie hatte versucht, barfuß auf dem Hof umherzugehen, doch der Rasen zerstach ihr die zarten Füße, und der Sand und die Steinchen schienen ihr unerträglich. Nastja half ihr auch in diesem Fall: Sie nahm Maß von Lisas Fuß, lief auf das Feld zum Hirten Trofim und bestellte bei ihm nach diesem Maß ein Paar Bastschuhe. Am nächsten Tag wachte Lisa schon vor Sonnenaufgang auf. Alles im Hause schlief noch. Vor dem Tor wartete Nastja auf den Hirten. Das Hirtenhorn erschallte, und die Herde zog am Herrenhaus vorbei. Als Trofim an Nastja vorüberging, überreichte er ihr ein Paar kleine bunte Bastschuhe und erhielt dafür einen halben Rubel als Belohnung. Leise zog Lisa ihre Bauerntracht an, gab Nastja flüsternd Anweisungen wegen Miss Jackson, ging zum hinteren Ausgang und lief durch den Garten hinaus aufs Feld.

Im Osten rötete sich der Himmel, die goldenen Wolkenreihen schienen auf die Sonne zu warten wie Höflinge auf den Herrscher; der klare Himmel, die morgendliche Frische, der Tau, ein leichter Wind und das Singen der Vögel erfüllten Lisas Herz mit kindlicher Heiterkeit; da sie fürchtete, jemand Bekanntes zu treffen, schien es, als ob sie nicht lief, sondern flöge. Als Lisa sich dem Wäldchen an der Grenze der väterlichen Besitzungen näherte, ging sie langsamer. Hier musste sie auf Alexej warten. Ihr Herz schlug heftig, sie wusste selbst nicht, warum, doch die Furcht, die unsere Jugendstreiche begleitet, macht auch deren Hauptreiz aus. Lisa trat in das Halbdunkel des Wäldchens. Sein dumpfes, sich immer weiter fortpflanzendes Rauschen empfing das Mädchen. Ihre Heiterkeit legte sich. Allmählich gab sie sich einer süßen Verträumtheit hin. Sie dachte – doch kann man überhaupt mit Genauigkeit sagen, woran ein siebzehnjähriges Fräulein, allein, in einem Wäldchen, an einem Frühlingsmorgen gegen sechs Uhr denkt? Sie ging also in Gedanken versunken einen Weg entlang, der zu beiden Seiten von hohen Bäumen beschattet wurde, als sie plötzlich ein herrlicher Jagdhund anbellte. Lisa erschrak und schrie auf. Zur gleichen Zeit hörte man eine Stimme: »Tout beau, Sbogar, ici …«, und ein junger Jäger trat aus dem Gebüsch. »Hab keine Angst, Mädchen«, sagte er zu Lisa, »mein Hund beißt nicht.« Lisa hatte sich schon von ihrem Schreck erholt und verstand es sofort, die Gelegenheit wahrzunehmen. »Nein, nein, Herr«, sagte sie und tat halb erschrocken und halb verschüchtert, »ich hab Angst, er ist so wild, er geht wieder auf mich los.« Alexej (der Leser hat ihn schon erkannt) betrachtete unterdessen genau die junge Bäuerin. »Ich werde dich begleiten, wenn du Angst hast«, sagte er zu ihr. »Erlaubst du, dass ich neben dir gehe?« – »Wer hindert dich denn daran?«, antwortete Lisa. »Der Freie kann überall gehen, und der Weg gehört der Gemeinde.« – »Woher bist du?« – »Aus Prilutschino; ich bin die Tochter von Wassili dem Schmied, ich gehe Pilze suchen.« (Lisa trug ein Körbchen an einer Schnur.) »Und du, Herr? Bist aus Tugilowo, nicht?« – »So ist es«, antwortete Alexej, »ich bin der Kammerdiener vom jungen Herrn.« Alexej wollte den Abstand zwischen ihnen verringern. Doch Lisa sah ihn an und lachte. »Da lügst du aber«, sagte sie. »Du bist an keine dumme Gans geraten. Ich seh doch, dass du selbst der Herr bist.« – »Warum denkst du das?« – »An allem seh ich's.« – »Aber wieso?« – »Wie könnte man den Diener nicht vom Herrn unterscheiden? Du bist anders angezogen und redest anders und rufst auch den Hund anders als wir.« Lisa gefiel Alexej von Minute zu Minute besser. Da er gewohnt war, mit hübschen Bauernmädchen nicht viel Umstände zu machen, wollte er sie umarmen; doch Lisa sprang zur Seite und hatte plötzlich einen derartig strengen und kühlen Gesichtsausdruck angenommen, dass Alexej, obwohl er darüber lachen musste, weitere Anschläge unterließ. »Wenn Sie wollen, dass wir auch in Zukunft Freunde bleiben«, sagte sie mit großem Ernst, »so haben Sie die Güte, sich nicht zu vergessen.« – »Wer hat dir diese Weisheiten beigebracht?«, fragte Alexej unter Lachen. »Etwa Nastenka, meine Bekannte, das Mädchen von eurer Herrin? Auf solchen Wegen verbreitet sich also die Aufklärung!«

Lisa fühlte, dass sie im Begriff war, aus ihrer Rolle zu fallen, und machte sofort ihren Fehler wett. »Was denkst du denn?«, sagte sie. »Glaubst du, ich bin noch nie auf dem Herrenhof gewesen? Keine Angst: Ich habe schon viel gehört und gesehen. Doch«, fuhr sie fort, »wenn ich hier mit dir schwatze, finde ich keine Pilze. Geh du, Herr, nach deiner Seite, und ich geh nach der anderen. Bitte um Vergebung …« Lisa wollte sich entfernen, doch Alexej hielt sie bei der Hand fest. »Wie heißt du, meine Liebe?« – »Akulina«, antwortete Lisa und suchte ihre Finger aus Alexejs Hand zu befreien. »So lass mich doch los, Herr, ich muss auch nach Hause.« – »Nun, meine liebe Akulina, ich werde unbedingt deinen Vater, Wassili den Schmied, besuchen.« – »Was fällt dir ein?«, widersprach Lisa lebhaft. »Um Christi willen, komm nicht. Wenn man zu Hause erfährt, dass ich mit dem Herrn allein im Wäldchen geschwatzt habe, dann geht's mir schlecht; mein Vater, Wassili der Schmied, prügelt mich zu Tode.« – »Aber ich will dich unbedingt wiedersehen.« – »Nun, irgendwann einmal werde ich wieder hierher zum Pilzesuchen kommen.« – »Wann denn?« – »Meinetwegen morgen.« – »Liebste Akulina, ich würde dich gerne küssen, aber ich trau mich nicht. Also morgen, zur selben Zeit, nicht wahr?« – »Ja, ja.« – »Und du betrügst mich nicht?« – »Nein.« – »Schwöre.« – »Also beim heiligen Freitag, ich werde kommen.«

Die jungen Leute trennten sich. Lisa trat aus dem Wald, überquerte das Feld, stahl sich in den Garten und rannte, so schnell sie konnte, zur Farm, wo Nastja auf sie wartete. Dort zog sie sich um, antwortete zerstreut auf die Fragen ihrer ungeduldigen Vertrauten und erschien dann im Empfangszimmer. Der Tisch war gedeckt, das Frühstück fertig, und Miss Jackson, schon geschminkt und so geschnürt, dass sie an ein Weinglas erinnerte, schnitt dünne Brotscheiben zurecht. Der Vater lobte sie für ihren frühen Spaziergang. »Nichts ist gesünder«, sagte er, »als bei Sonnenaufgang aufzustehen.« Bei dieser Gelegenheit führte er aus englischen Journalen einige Beispiele menschlicher Langlebigkeit an und bemerkte, dass alle Menschen, die älter als hundert Jahre geworden sind, niemals Schnaps getrunken hätten und sommers und winters immer bei Sonnenaufgang aufgestanden seien. Lisa hörte nicht zu. In Gedanken wiederholte sie alle Umstände des morgendlichen Treffens, das ganze Gespräch der Akulina mit dem jungen Jäger, und sie machte sich Gewissensbisse. Ganz umsonst war es, dass sie sich selbst gegenüber einwandte, das Gespräch habe nicht die Grenzen des Anstandes verletzt, dieser Scherz könne keinerlei Folgen haben – ihr Gewissen wollte sich nicht von ihrem Verstand belehren lassen. Das Versprechen für den morgigen Tag beunruhigte sie am meisten, sie hatte schon beschlossen, ihren feierlichen Schwur zu brechen. Wenn jedoch Alexej vergeblich auf sie warten würde, könnte er im Dorf die Tochter von Wassili dem Schmied, die echte Akulina, ausfindig machen, ein dickes pockennarbiges Mädchen, und auf diese Weise ihren leichtsinnigen Streich erraten. Dieser Gedanke entsetzte Lisa, und sie beschloss, am anderen Morgen wieder als Akulina im Wäldchen zu erscheinen.

Alexej seinerseits war entzückt, den ganzen Tag dachte er an seine neue Bekannte; nachts beschäftigte das Bild der dunkelhäutigen Schönen auch im Schlaf seine Fantasie. Kaum dass die Morgenröte aufleuchtete, war er schon angezogen. Ohne sich die Zeit zu nehmen, seine Flinte zu laden, ging er mit seinem treuen Sbogar auf die Felder hinaus und lief zum verabredeten Stelldichein. Ungefähr eine halbe Stunde verging in unerträglichem Warten; schließlich sah er einen blauen Sarafan zwischen den Sträuchern leuchten, und er lief seiner lieben Akulina entgegen. Sie lächelte über seine enthusiastische Dankbarkeit; doch Alexej bemerkte sofort Spuren von Niedergeschlagenheit und Unruhe in ihrem Gesicht. Er wollte den Grund dafür wissen. Lisa gestand ihm, dass ihr Verhalten ihr leichtsinnig vorkomme, dass sie es bereue, dass sie dieses Mal das gegebene Wort nicht habe brechen wollen, doch dass dieses Wiedersehen bereits das letzte sein werde, und bat ihn, die Bekanntschaft, die zu nichts Gutem führen könne, abzubrechen. All das war natürlich in bäuerlicher Ausdrucksweise vorgebracht worden; die für ein einfaches Mädchen ungewöhnlichen Gedanken und Gefühle versetzten Alexej jedoch in Erstaunen. Er wandte seine ganze Beredsamkeit auf, um Akulina von ihrem Vorsatz abzubringen; er versicherte ihr die Unschuld seiner Wünsche, versprach, ihr niemals Grund zur Reue zu geben, sich in allem ihr unterzuordnen, und beschwor sie, ihm nicht seine einzige Freude zu nehmen: sich allein mit ihr zu treffen, und sei es auch nur jeden zweiten Tag oder auch nur zweimal in der Woche. Er sprach die Sprache echter Leidenschaft und war in dieser Minute wirklich verliebt. Lisa hörte ihn schweigend an. »Gib mir dein Wort«, sagte sie schließlich, »dass du mich niemals im Dorf suchen oder nach mir Erkundigungen einziehen wirst. Gib mir dein Wort, dass du nicht versuchst, mit mir zusammenzutreffen, außer wenn ich es selbst bestimme.« Alexej wollte es ihr beim heiligen Freitag schwören, doch hielt sie ihn mit einem Lächeln zurück. »Ich brauche keinen Schwur«, sagte Lisa. »Dein Versprechen genügt mir.« Danach unterhielten sie sich freundschaftlich und gingen im Wald spazieren, bis Lisa sagte, es sei Zeit. Sie trennten sich, und der zurückgebliebene Alexej vermochte nicht zu begreifen, wie es einem einfachen Bauernmädchen gelingen konnte, nach zwei Zusammenkünften eine wirkliche Macht über ihn zu erlangen. Seine Beziehungen zu Akulina hatten für ihn den Reiz der Neuheit, und obgleich ihm die Vorschriften des seltsamen Bauernmädchens beschwerlich schienen, kam ihm der Gedanke, sein Versprechen zu brechen, nicht einmal in den Sinn. In Wirklichkeit war Alexej nämlich, trotz des verhängnisvollen Ringes, des geheimen Briefwechsels und der düsteren Enttäuschungen, ein guter und leicht erregbarer Jüngling mit einem reinen Herzen, das fähig war, den Zauber der Unschuld zu empfinden.

Wollte ich nur meinem Wunsche folgen, so müsste ich unbedingt und in allen Einzelheiten die Zusammenkünfte der jungen Leute beschreiben, ihre wachsende Zuneigung, ihr Vertrauen zueinander, ihre Interessen und Gespräche; ich weiß jedoch, dass der größte Teil der Leser dieses Vergnügen mit mir nicht teilen würde. Diese Einzelheiten würden überhaupt süßlich wirken, ich lasse sie also aus und sage nur kurz, dass nach kaum zwei Monaten unser Alexej schon bis über beide Ohren verliebt und Lisa nicht gleichgültiger, wenn auch schweigsamer war als er. Beide fühlten sich glücklich in der Gegenwart und dachten wenig an die Zukunft.

Der Gedanke an eine unlösbare Bindung kam ihnen recht oft, doch sie sprachen nie darüber. Der Grund war klar: Alexej, wie sehr er auch an seiner lieben Akulina hing, war sich immer des Abstandes bewusst, der zwischen ihm und dem armen Bauernmädchen herrschte; und Lisa kannte den Hass, den beide Väter gegeneinander hegten, und wagte nicht auf eine Versöhnung zu hoffen. Außerdem wurde ihre Eigenliebe insgeheim von der dunklen, romantischen Hoffnung genährt, schließlich den Gutsherrn von Tugilowo zu Füßen der Tochter des Schmiedes von Prilutschino zu sehen. Plötzlich änderte ein wichtiges Ereignis beinah ihr Verhältnis.

An einem klaren, kühlen Morgen (an denen unser russischer Herbst so reich ist) unternahm Iwan Petrowitsch Berestow einen Spazierritt und nahm für alle Fälle drei Paar Windhunde, einen Reitknecht und einige mit Klappern ausgerüstete Jungen vom Gesinde mit. Zur gleichen Zeit befahl Grigori Iwanowitsch Muromski, verführt von dem schönen Wetter, seine kurzschwänzige Stute zu satteln, und erging sich im Trab in der Nähe seiner anglisierten Besitzungen. Als er an den Wald heranritt, sah er seinen Nachbarn in einem kurzen, mit Fuchsfell gefütterten Rock stolz zu Pferde sitzen und auf den Hasen warten, den die Jungen mit Geschrei und ihren Klappern aus dem Gebüsch zu scheuchen suchten. Wenn Grigori Iwanowitsch dieses Zusammentreffen vorausgeahnt hätte, wäre er natürlich zur Seite abgebogen; aber er stieß ganz unerwartet auf Berestow und befand sich plötzlich in der Entfernung eines Pistolenschusses von ihm. Da war nichts zu machen. Als gebildeter Europäer ritt Muromski an seinen Gegner heran und begrüßte ihn höflich. Berestow erwiderte die Begrüßung mit dem gleichen Eifer, mit dem ein Bär an der Kette sich auf Befehl des Bärenführers vor den *Herrschaften* verbeugt. In diesem Augenblick sprang der Hase aus dem Wald und lief über das Feld. Berestow und der Reitknecht fingen aus vollem Halse zu schreien an, ließen die Hunde los und setzten mit aller Kraft hinterher. Das Pferd Muromskis, das noch nie auf einer Jagd gewesen war, scheute und galoppierte auf und davon. Muromski, der überall verkündet hatte, dass er ein ausgezeichneter Reiter sei, ließ es laufen und war innerlich froh über diesen Vorfall, der ihn von dem unangenehmen Gesprächspartner befreite. Doch als das Pferd bis zu einer Schlucht galoppiert war, die es vorher nicht bemerkt hatte, brach es plötzlich aus, und Muromski gelang es nicht, sich im Sattel zu halten. Er fiel recht hart auf den gefrorenen Boden, lag da und verfluchte seine kurzgeschwänzte Stute, die, als wäre sie zu sich gekommen, sofort stehen geblieben war, sowie sie den Reiter vermisste. Iwan Petrowitsch ritt zu ihm hin und erkundigte sich, ob er sich verletzt habe. Unterdessen führte der Reitknecht das Pferd, das an allem schuld war, am Zaum herbei. Er half Muromski in den Sattel, und Berestow lud ihn zu sich ein. Muromski konnte nicht ablehnen, da er sich verpflichtet fühlte, und auf diese Weise kehrte Berestow ruhmbedeckt heim, einen erjagten Hasen und seinen verletzten Gegner beinahe als Kriegsgefangenen mit sich führend.

Beim Frühstück entspann sich ein recht freundschaftliches Gespräch zwischen den Nachbarn. Muromski erbat sich von Berestow einen Wagen, da er – wie er gestand – wegen des Sturzes nicht in der Lage war, selbst nach Hause zu reiten. Berestow begleitete ihn bis unter das Vordach, und Muromski fuhr erst fort, als er von ihm das Ehrenwort erhalten hatte, am nächsten Tag zusammen mit Alexej Iwanowitsch nach Prilutschino zu kommen, um zu speisen, wie es unter Freunden üblich ist. Auf diese Weise schien eine alte und tief eingewurzelte Feindschaft wegen einer scheuenden kurzschwänzigen Stute enden zu wollen.

Lisa kam Grigori Iwanowitsch entgegengelaufen. »Was bedeutet das, Papa?«, fragte sie voller Verwunderung. »Warum hinken Sie? Wo ist Ihr Pferd? Wessen Wagen ist das?« – »Das errätst du nicht so leicht, my dear«, entgegnete Grigori Iwanowitsch und erzählte alles, was vorgefallen war. Lisa traute kaum ihren Ohren. Ohne ihr Zeit zum Nachdenken zu geben, verkündete Grigori Iwanowitsch, dass beide Berestows morgen zum Mittagessen kämen. »Was sagen Sie da!«, sagte sie und erbleichte. »Die Berestows, Vater und Sohn! Morgen zum Mittagessen! Nein, Papa, ganz wie Sie wünschen, aber ich werde mich auf keinen Fall zeigen.« – »Was fällt dir ein, hast du den Verstand verloren?«, entgegnete der Vater. »Seit wann bist du so schüchtern, oder nährst du ihnen gegenüber einen erblichen Hass wie eine Romanheldin? Genug, hör mit den Dummheiten auf …« – »Nein, Papa, um nichts in der Welt, für keinen Schatz werde ich mich den Berestows zeigen.« Grigori Iwanowitsch zuckte mit den Schultern und hörte auf, mit ihr zu streiten, da er wusste, dass durch Widerspruch bei ihr nichts zu erreichen war, und ging, um von seinem denkwürdigen Spazierritt auszuruhen.

Lisaweta Grigorjewna ging in ihr Zimmer und rief Nastja zu sich. Beide besprachen sich lange wegen des morgigen Besuchs. Was wird Alexej denken, wenn er in dem wohlerzogenen Fräulein seine Akulina wiedererkennt? Was für eine Meinung wird er von ihrem Benehmen und ihrer Lebensart, von ihrem Verstand haben? Andererseits hätte Lisa gerne gesehen, was für einen Eindruck so eine unerwartete Begegnung auf ihn machen würde … Plötzlich kam ihr ein Gedanke. Sofort teilte sie ihn Nastja mit; beide freuten sich darüber wie über einen Fund und beschlossen, ihre Idee unbedingt auszuführen.

Am nächsten Tag fragte Grigori Iwanowitsch während des Frühstücks seine Tochter, ob sie immer noch vorhabe, sich vor den Berestows zu verstecken. »Papa«, antwortete Lisa, »ich werde sie empfangen, wenn es Ihnen recht ist, doch nur unter einer Bedingung: Wie ich mich auch zeigen werde, was immer ich auch tue, Sie dürfen mich nicht ausschimpfen und keinerlei Zeichen des Erstaunens oder der

Unzufriedenheit von sich geben.« – »Wieder irgendwelche Streiche!«, sagte Grigori Iwanowitsch lachend. »Nun, gut, gut, ich bin einverstanden, mach, was du willst, mein schwarzäugiges Närrchen.« Mit diesen Worten küsste er sie auf die Stirn, und Lisa lief, um sich fertig zu machen.

Pünktlich um zwei Uhr fuhr eine sechsspännige Kutsche eigener Arbeit in den Hof und rollte bei dem dunkelgrünen Rasenplatz aus. Mithilfe zweier livrierter Lakaien Muromskis ging der alte Berestow die Eingangstreppe hinauf. Nach ihm kam sein Sohn angeritten und betrat zusammen mit ihm den Speisesaal, wo der Tisch schon gedeckt war. Muromski strömte vor Liebenswürdigkeit über, als er seine Gäste empfing, schlug ihnen vor, sich vor dem Essen Garten und Zwinger anzusehen, und führte sie die sorgfältig gefegten und mit Sand bestreuten Wege entlang. Der alte Berestow bedauerte innerlich, dass solch nutzlose Schrullen Arbeit und Zeit gekostet hatten, doch aus Höflichkeit schwieg er. Der junge Berestow teilte weder die Unzufriedenheit des sparsamen Gutsherrn noch die Begeisterung des selbstzufriedenen Anglomanen; voller Ungeduld wartete er auf das Erscheinen der Tochter des Hauses, von der er viel gehört hatte, und das, obwohl sein Herz, wie bekannt, schon nicht mehr frei war, doch eine junge Schöne hatte immer ein Recht auf seine Fantasie.

Sie kehrten ins Empfangszimmer zurück und nahmen alle drei Platz: Die Alten erinnerten sich der früheren Tage und erzählten sich Anekdoten aus ihrer Dienstzeit, und Alexej dachte darüber nach, was für eine Rolle er in Lisas Gegenwart spielen sollte. Er kam zu dem Schluss, dass kühle Zerstreutheit am passendsten wäre, und bereitete sich dementsprechend vor. Die Tür öffnete sich, und er wandte den Kopf mit solch einer Gleichgültigkeit, mit solch einer stolzen Nachlässigkeit, dass das Herz der abgefeimtesten Kokette hätte erzittern müssen. Unglücklicherweise trat statt Lisa die alte geschnürte und geschminkte Miss Jackson mit gesenktem Blick und kleinem Knicks ein, und Alexejs schöne Kriegslist fiel ins Wasser. Er hatte seine Kräfte noch nicht von Neuem gesammelt, als sich wieder die Tür öffnete und dieses Mal Lisa hereintrat. Alle erhoben sich; der Vater begann die Gäste vorzustellen, doch plötzlich hielt er ein und biss sich eilig auf die Lippen ... Lisa, seine braune Lisa, war weiß geschminkt bis an die Öhren, stärker gefärbt als selbst Miss Jackson: falsche Locken, viel heller als ihr eigenes Haar, türmten sich wie die Perücke Ludwigs XIV. auf ihrem Kopf; ihre Ärmel à l'imbécile standen ab wie der Reifrock der Madame Pompadour; die Taille war so zusammengeschnürt, dass sie dem Buchstaben X ähnelte, und sämtliche Brillanten ihrer Mutter, die noch nicht im Pfandhaus waren, glänzten an den Fingern, am Hals und an den Ohren. Alexej konnte in diesem lächerlichen und blitzenden Fräulein seine Akulina nicht erkennen. Sein Vater küsste ihr die Hand, und voller Ärger folgte er seinem Beispiel; als er ihre weißen Finger berührte, schien es ihm, als ob sie leicht erbebten. Unterdessen hatte er ihr kokett beschuhtes Füßchen bemerkt, das sie mit Absicht zur Schau stellte. Dies söhnte ihn etwas mit ihrer übrigen Aufmachung aus. Was die weiße Schminke und die gefärbten Augenbrauen anbelangte, so hatte er, ehrlich gesagt, beim ersten Anblick in seiner Herzenseinfalt nichts von ihnen bemerkt, und auch später kam er nicht auf diesen Gedanken. Grigori Iwanowitsch erinnerte sich seines Versprechens und war bestrebt, nicht einmal den Anschein von Verwunderung zu erwecken; allein, der Unfug seiner Tochter kam ihm so spaßig vor, dass er sich nur mit Mühe beherrschen konnte. Gar nicht zum Lachen zumute war der steifen Engländerin. Sie erriet, dass die schwarze und weiße Schminke aus ihrer Kommode entwendet worden war, und eine tiefe Röte des Ärgers durchdrang ihre künstliche weiße Gesichtsfarbe. Sie schleuderte der jungen Übeltäterin flammende Blicke zu, doch diese tat, als bemerke sie sie nicht, und behielt sich alle Erklärungen für später vor.

Man setzte sich an den Tisch. Alexej spielte die Rolle des Zerstreuten und Nachdenklichen weiter. Lisa zierte sich, sprach in singendem Tonfall durch die Zähne und nur französisch. Der Vater betrachtete sie alle Augenblicke, ohne ihre Absicht zu begreifen, doch hatte er an alldem seinen Spaß. Die Engländerin kochte vor Wut und schwieg.

Nur Iwan Petrowitsch fühlte sich wie zu Hause: Er aß für zwei, trank sein übliches Maß, lachte über seine eigenen Scherze, und seine Unterhaltung und sein Lachen wurden von Stunde zu Stunde freundlicher.

Schließlich erhob man sich von der Tafel; die Gäste fuhren davon, und Grigori Iwanowitsch ließ seinem Lachen und seinen Fragen freien Lauf. »Warum wolltest du sie zum Narren halten?«, fragte er Lisa. »Doch weißt du was? Die weiße Schminke steht dir wirklich; ich kenne mich zwar in den Geheimnissen der Toilette einer Dame nicht aus, doch an deiner Stelle würde ich mich schminken, selbstverständlich nicht zu sehr, aber ein bisschen.« Lisa war entzückt von dem Erfolg ihres Einfalls. Sie umarmte ihren Vater, versprach, über seinen Rat nachzudenken, und lief, um die aufgebrachte Miss Jackson zu besänftigen, die kaum dazu zu bewegen war, ihr die Tür aufzuschließen und die Rechtfertigungen anzuhören.

Lisa sei es peinlich gewesen, vor dem Unbekannten so dunkelhäutig zu erscheinen; sie habe nicht gewagt zu bitten … Sie habe nicht daran gezweifelt, dass die gute, liebe Miss Jackson ihr verzeihen werde … und so weiter und so fort. Als Miss Jackson sich vergewissert hatte, dass Lisa sich nicht über sie lustig machen wollte, beruhigte sie sich, küsste Lisa und gab ihr als Friedensunterpfand eine kleine Dose mit englischer Schminke, die Lisa auch voll ehrlicher Dankbarkeit entgegennahm.

Der Leser errät, dass Lisa am nächsten Tag in aller Frühe im verabredeten Wäldchen nicht auf sich warten ließ. »Warst du, Herr, gestern bei unseren Herrschaften?«, fragte sie sofort Alexej. »Wie gefiel dir unser Fräulein?« Alexej antwortete, dass er sie nicht bemerkt habe. »Schade«, entgegnete Lisa. »Warum denn?«, fragte Alexej. »Darum, weil ich dich fragen wollte, ob es wahr ist, was man bei uns sagt …« – »Was sagt man denn?« – »Ist es wahr, man sagt, ich sehe dem Fräulein sehr ähnlich?« – »Was für ein Unsinn! Im Vergleich zu dir ist sie hässlich wie die Nacht.« – »Ach, Herr, du versündigst dich, unser Fräulein ist so weiß, so aufgeputzt! Wie kann ich mich mit ihr vergleichen!«

Alexej rief Gott zum Zeugen an, dass sie besser als sämtliche weißen Fräulein sei, und um sie gänzlich zu beruhigen, fing er an, ihre Herrin so komisch zu beschreiben, dass Lisa von ganzem Herzen lachte. »Trotzdem«, sagte sie mit einem Seufzer, »wenn auch das Fräulein vielleicht komisch ist, so bin ich doch im Vergleich zu ihr eine dumme Gans, die weder lesen noch schreiben kann.« – »Du lieber Gott!«, sagte Alexej. »Worüber du dir den Kopf zerbrichst! Wenn du willst, bringe ich dir jetzt gleich Lesen und Schreiben bei.« – »Wahrhaftig«, sagte Lisa, »warum sollten wir es nicht tatsächlich probieren?« – »Bitte schön, meine Liebe, von mir aus können wir gleich anfangen.« Sie setzten sich. Alexej holte aus seiner Tasche Bleistift und Notizbuch, und Akulina lernte das Alphabet in erstaunlich kurzer Zeit. Alexej konnte sich nicht genug über ihre schnelle Auffassungsgabe wundern. Am nächsten Morgen wollte sie auch das Schreiben probieren; zuerst gehorchte ihr der Bleistift nicht, doch nach einigen Minuten konnte sie auch schon recht ordentliche Buchstaben malen. »Ein Wunder!«, sagte Alexej. »Bei uns geht ja der Unterricht schneller als nach dem Lancastersystem.« In der Tat, beim dritten Mal entzifferte Akulina schon silbenweise »Natalja, die Bojarentocher«, und unterbrach ihr Lesen mit Bemerkungen, die Alexej ehrlich verwunderten, und kritzelte ein ganzes Blatt voll mit Aphorismen, die sie dieser Erzählung entnahm.

Eine Woche verging, und sie standen bereits im Schriftwechsel miteinander. Als Postamt war ein alter hohler Eichenstamm eingerichtet worden. Nastja versah heimlich das Amt des Briefträgers. Dahin brachte Alexej seine mit großer Handschrift geschriebenen Briefe, und dort fand er auch auf einfachem blauem Papier das Gekritzel seiner Angebeteten vor. Akulina gewöhnte sich sichtlich an eine bessere Ausdrucksweise, und ihr Verstand entwickelte und bildete sich auffallend.

Unterdessen hatte sich die kürzlich geschlossene Bekanntschaft zwischen Iwan Petrowitsch Berestow und Grigori Iwanowitsch Muromski immer weiter gefestigt und sich bald in eine Freundschaft verwandelt, und zwar durch folgende Umstände: Muromski dachte nicht selten daran, dass nach Iwan Petrowitschs Tode der ganze Besitz auf Alexej Iwanowitsch übergehen, dass Alexej Iwanowitsch in diesem Fall einer der reichsten Gutsbesitzer des Gouvernements sein würde und dass es keinerlei Gründe gäbe, aus denen heraus er Lisa nicht heiraten sollte. Der alte Berestow seinerseits war sich zwar darüber im Klaren, dass sein Nachbar von einer gewissen Tollheit besessen sei (oder, wie er es nannte, von der englischen Verrücktheit), jedoch gestand er ihm auch viele ausgezeichnete Eigenschaften zu, zum Beispiel eine seltene Gewandtheit; Grigori Iwanowitsch war ein naher Verwandter des Grafen Pronski, eines angesehenen und einflussreichen Mannes; der Graf konnte Alexej sehr nützlich sein, und Muromski (so dachte Iwan Petrowitsch) wird sich wahrscheinlich über die Gelegenheit freuen, seine Tochter so günstig verheiraten zu können. Die Alten hatten das bisher jeder für sich allein überlegt, schließlich sprachen sie darüber, umarmten sich, versprachen sich gegenseitig, die Sache gehörig voranzutreiben, und machten sich, jeder auf seine Weise, an die Ausführung. Muromski stand eine schwere Aufgabe bevor: Er musste seine Betsy dazu bewegen, möglichst schnell die nähere Bekanntschaft Alexejs zu machen, den sie nur von dem denkwürdigen Mittagessen her kannte. Wie es schien, hatten sie keinen allzu großen Gefallen aneinander gefunden; jedenfalls war Alexej nicht wieder nach Prilutschino gekommen, und Lisa ging jedes Mal in ihr Zimmer, wenn Iwan Petrowitsch sie mit seinem Besuch beehrte. Aber, dachte Grigori Iwanowitsch, wenn Alexej jeden Tag bei mir ist, dann wird sich Betsy schließlich in ihn verlieben. Das liegt in der Natur der Dinge. Die Zeit bringt alles in Ordnung.

Iwan Petrowitsch machte sich weniger Sorgen über den Erfolg seiner Absichten. Noch am gleichen Abend ließ er den Sohn in sein Arbeitszimmer kommen, zündete sich die Pfeife an und sagte nach einer kleinen Pause: »Du hast in letzter Zeit, Aljoscha, gar nicht mehr vom Militärdienst gesprochen. Oder reizt dich die Husarenuniform nicht mehr?« – »Nein, Vater«, antwortete Alexej ehrerbietig, »ich merke, dass es Ihnen nicht recht ist, wenn ich zu den Husaren gehe; meine Pflicht ist, Ihnen zu gehorchen.« – »Gut«, antwortete Iwan Petrowitsch, »ich sehe, du bist ein gehorsamer Sohn; das freut mich; ich will dich auch nicht gegen deinen Willen zwingen, auf der Stelle in den Zivildienst zu treten, aber vorläufig habe ich vor, dich zu verheiraten.«

»Mit wem denn, Vater?«, fragte der erstaunte Alexej.

»Mit Lisaweta Grigorjewna Muromskaja«, antwortete Iwan Petrowitsch. »Eine ausgezeichnete Braut, nicht wahr?«

»Vater, ich denke noch nicht ans Heiraten.«

»Du denkst nicht daran, aber ich habe für dich gedacht, und mehr als einmal.«

»Ganz wie Sie wünschen, aber Lisa Muromskaja gefällt mir überhaupt nicht.«

»Sie wird dir später schon gefallen. Wenn ihr nur miteinander auskommt, so werdet ihr euch auch lieben.«

»Ich fühle mich nicht in der Lage, sie glücklich zu machen.«

»Ihr Glück soll nicht deine Sache sein. Was? So achtest du den väterlichen Willen? Ausgezeichnet!«

»Wie Sie wünschen, aber ich will nicht heiraten, und ich werde nicht heiraten.«

»Du wirst heiraten, oder ich verfluche dich, und das Gut werde ich – so wahr Gott heilig ist – verkaufen und verschleudern, und dir werde ich keinen roten Heller übriglassen. Ich gebe dir drei Tage Bedenkzeit, doch vorläufig wage es nicht, mir unter die Augen zu treten.«

Alexej wusste, wenn sein Vater sich etwas in den Kopf gesetzt hatte, würde es kein Keil wieder heraustreiben, wie Taras Skotinin sagt; allein, Alexej war nach dem Vater geraten, und ihn zu überzeugen war ebenso schwer. Er ging in sein Zimmer und begann über die Grenzen der väterlichen Macht nachzudenken, über Lisaweta Grigorjewna, über das feierliche Versprechen des Vaters, ihn zum Bettler zu machen, und schließlich über Akulina. Zum ersten Mal wurde ihm klar, dass er leidenschaftlich in sie verliebt war; der romantische Gedanke, eine Bäuerin zu heiraten und von seiner Hände Arbeit zu leben, kam ihm in den Sinn, und je mehr er über diesen entscheidenden Schritt nachdachte, desto vernünftiger fand er ihn. Seit einiger Zeit hatten ihre Zusammenkünfte im Wäldchen wegen des Regenwetters aufgehört. Er schrieb mit deutlicher Schrift und in den verzweifeltsten Ausdrücken einen Brief an Akulina, in dem er sie von dem drohenden Verderben unterrichtete, und bat sie anschließend um ihre Hand. Sofort trug er den Brief zur Post, in den Eichenstamm, und legte sich danach, äußerst zufrieden mit sich, schlafen.

Fest in seinem Entschluss, fuhr Alexej am nächsten Tag zu Muromski, um offen mit ihm zu sprechen. Er hoffte, seine Großmut zu wecken und ihn für sich zu gewinnen. »Ist Grigori Iwanowitsch zu Hause?«, fragte er, als er sein Pferd vor der Auffahrt des Schlosses von Prilutschino zügelte. »Nein«, antwortete der Diener, »Grigori Iwanowitsch beliebten heute früh auszufahren.« – Wie ärgerlich! dachte Alexej. »Ist wenigstens Lisaweta Grigorjewna zu Hause?« – »Jawohl.« Und Alexej sprang vom Pferd, gab dem Lakaien die Zügel und trat unangemeldet ein.

Jetzt wird sich alles entscheiden, dachte er, als er sich dem Empfangszimmer näherte. Ich werde mit ihr selbst sprechen. Er trat ein und – erstarrte! Lisa … nein, Akulina, die liebe braune Akulina, und nicht im Sarafan, sondern im weißen Morgenkleid, saß am Fenster und las seinen Brief; sie war so damit beschäftigt, dass sie nicht hörte, wie er eintrat. Alexej konnte einen freudigen Ausruf nicht unterdrücken. Lisa zuckte zusammen, hob den Kopf, schrie auf und wollte davonlaufen. Er stürzte zu ihr, um sie aufzuhalten. »Akulina, Akulina!« Lisa versuchte, sich von ihm frei zu machen … »Mais laissez-moi donc, monsieur; mais êtes-vous fou?«, wiederholte sie und wandte sich von ihm ab. »Akulina! Liebste Akulina!«, wiederholte er immer wieder und küsste ihre Hände. Miss Jackson, die dieser Szene beiwohnte, wusste nicht, was sie denken sollte. In diesem Augenblick öffnete sich die Tür, und herein trat Grigori Iwanowitsch.

»Sieh da!«, sagte Muromski. »Bei euch scheint ja schon alles in bester Ordnung zu sein …«

Die Leser werden mich von der überflüssigen Pflicht entbinden, den Ausgang zu beschreiben.

Ende der Erzählungen J. P. Belkins

Dubrowski

Erster Band

Erstes Kapitel

Vor einigen Jahren lebte auf einem seiner Güter der Gutsherr von altem Adel Kirila Petrowitsch Trojekurow. Sein Reichtum, sein vornehmes Geschlecht und seine Verbindungen verliehen ihm großes Ansehen in den Gouvernements, in denen sich sein Besitz befand. Die Nachbarn waren froh, ihm seine belanglosesten Launen erfüllen zu können; die Beamten der Gouvernements zitterten schon, wenn sein Name fiel; Kirila Petrowitsch nahm die Zeichen der Unterwürfigkeit wie einen ihm zukommenden Tribut entgegen; sein Haus war immer voller Gäste, die bereit waren, ihm sein herrschaftliches Nichtstun zu verkürzen und mit ihm seine lauten und manchmal auch wilden Vergnügungen zu teilen. Niemand hätte gewagt, seine Einladung abzulehnen oder an den üblichen Tagen nicht mit der nötigen Ehrerbietung auf dem Gut Pokrowskoje zu erscheinen. In seiner häuslichen Umgebung zeigte Kirila Petrowitsch alle Fehler eines ungebildeten Menschen. Verwöhnt von allem, was ihn nur umgab, war er gewohnt, allen Anwandlungen seines hitzigen Charakters und allen Einfällen seines recht beschränkten Verstandes freien Lauf zu lassen. Trotz seiner ungewöhnlichen physischen Kräfte hatte er in der Woche ungefähr zweimal an den Folgen seiner Gefräßigkeit zu leiden und war jeden Abend angeheitert. In einem der Seitenflügel seines Hauses wohnten sechzehn Stubenmädchen und beschäftigten sich mit Handarbeiten, die diesem Geschlecht zukommen. Vor den Fenstern des Seitenflügels waren Holzgitter angebracht, und an den Türen hingen Schlösser, deren Schlüssel sich bei Kirila Petrowitsch befanden. Zu bestimmten Stunden kamen die jungen Einsiedlerinnen in den Garten und ergingen sich in ihm unter der Aufsicht zweier alter Frauen.

Von Zeit zu Zeit verheiratete Kirila Petrowitsch einige von ihnen, und neue nahmen ihren Platz ein. Die Bauern und das Gesinde behandelte er streng und eigenwillig; trotzdem waren sie ihm ergeben: Der Reichtum und der Ruhm ihres Herrn schmeichelten ihrer Eitelkeit, und sie nahmen sich ihrerseits vieles den Nachbarn gegenüber heraus, wobei sie auf seinen mächtigen Schutz hofften.

Trojekurows alltägliche Beschäftigung bestand in Ausflügen durch seine ausgedehnten Besitzungen, in endlosen Trinkgelagen und in Streichen, die tagtäglich ausgeheckt wurden und denen meist ein neuer Bekannter zum Opfer fiel; allerdings waren auch die alten Freunde vor ihnen nicht sicher, mit Ausnahme Andrej Gawrilowitsch Dubrowskis. Dieser Dubrowski, ein verabschiedeter Gardeoberleutnant, war sein nächster Nachbar und besaß siebzig Seelen. Trojekurow, selbst im Umgang mit Leuten von allerhöchstem Rang hochmütig, achtete Dubrowski trotz seines bescheidenen Vermögens. Sie waren einst Regimentskameraden gewesen, und Trojekurow kannte aus Erfahrung die Unduldsamkeit und Entschiedenheit seines Charakters. Die Umstände hatten sie auf lange Zeit getrennt. Dubrowski mit seinem zerrütteten Vermögen sah sich gezwungen, den Abschied zu nehmen und sich in dem einzigen ihm noch verbliebenen Dorfe niederzulassen. Als Kirila Petrowitsch davon erfuhr, bot er ihm seine Hilfe an, doch Dubrowski dankte und blieb arm und unabhängig. Einige Jahre darauf kam Trojekurow als General en chef a. D. auf sein Gut zurück; sie sahen sich wieder, und einer freute sich beim Anblick des anderen. Seit dieser Zeit kamen sie jeden Tag zusammen, und Kirila Petrowitsch, der sein Lebtag noch niemanden mit seinem Besuch beehrt hatte, kehrte ohne Weiteres in dem Häuschen seines alten Kameraden ein. Da sie gleichaltrig und von gleicher Herkunft waren und die gleiche Erziehung genossen hatten, ähnelten sie sich zum Teil auch in ihren Charakteren und in ihren Neigungen. In mancher Beziehung war ihr Schicksal auch gleich gewesen: Beide heirateten aus Liebe, beide wurden bald zu Witwern, und beide behielten ein Kind zurück. Der Sohn Dubrowskis wurde in Petersburg erzogen, die Tochter Kirila

Petrowitschs wuchs unter den Augen des Vaters heran, und Trojekurow sagte oft zu Dubrowski: »Hör mal, Bruder Andrej Gawrilowitsch, wenn aus deinem Wolodka was Rechtes wird, dann bekommt er auch meine Mascha, obwohl er arm wie eine Kirchenmaus ist.« Daraufhin wiegte Andrej Gawrilowitsch gewöhnlich den Kopf und entgegnete: »Mein Wolodka ist für Marja Kirilowna nicht der passende Bräutigam. Für einen armen Adligen wie ihn ist es besser, eine arme Adlige zu heiraten und der Herr im Haus zu sein als der Verwalter eines verwöhnten Weibes.«

Man beneidete die Eintracht, die zwischen dem hochmütigen Trojekurow und seinem armen Nachbarn herrschte, und bewunderte die Kühnheit des Letzteren, wenn er an der Tafel Kirila Petrowitschs geradeheraus seine Meinung sagte, ohne sich darum zu kümmern, ob sie den Ansichten des Gastgebers widersprach. Einige hatten versucht, es ihm gleichzutun, und die Grenzen des gebührenden Gehorsams überschritten, doch Kirila Petrowitsch hatte sie daraufhin so eingeschüchtert, dass ihnen auf immer die Lust an solchen Anschlägen verging und Dubrowski der Einzige blieb, der sich nicht nach dem allgemeinen Gesetz richtete. Ein Zufall zerstörte und änderte alles.

Einmal traf Kirila Petrowitsch zu Herbstbeginn Vorbereitungen zur Jagd. Am Vorabend wurde an die Hundewärter und Reitknechte der Befehl ausgegeben, sich für fünf Uhr morgens bereitzuhalten. Ein Zelt und die Küche wurden im Voraus an die Stelle geschickt, wo Kirila Petrowitsch zu Mittag essen wollte. Der Hausherr und die Gäste gingen zum Hundezwinger, wo mehr als fünfhundert Jagd- und Windhunde in Zufriedenheit und Wärme lebten und Kirila Petrowitschs Freigebigkeit in ihrer Hundesprache rühmten. Dort befand sich auch das Lazarett für kranke Hunde unter der Aufsicht des Stabsarztes Timoschka und eine Abteilung, in der die vornehmen Hündinnen ihre Jungen warfen und säugten. Kirila Petrowitsch war auf diese herrlichen Einrichtungen stolz und ließ sich nie die Gelegenheit entgehen, mit ihnen vor seinen Gästen, von denen jeder sie mindestens schon zwanzigmal gesehen hatte, zu prahlen. Er schritt im Hundezwinger umher, umgeben von seinen Gästen und begleitet von Timoschka und den Oberwärtern, blieb vor einigen Hundehütten stehen, erkundigte sich hier nach der Gesundheit kranker Hunde, machte dort mehr oder weniger strenge und gerechtfertigte Bemerkungen oder rief Hunde, die er kannte, an und sprach zärtlich mit ihnen. Die Gäste hielten sich für verpflichtet, ihr Entzücken über den Hundezwinger Kirila Petrowitschs zum Ausdruck zu bringen. Nur Dubrowski schwieg und machte ein finsteres Gesicht. Er war ein leidenschaftlicher Jäger. Seine Verhältnisse erlaubten es ihm nur, zwei Jagdhunde und eine Koppel Windhunde zu halten; er konnte einen gewissen Neid beim Anblick dieser großartigen Einrichtung nicht unterdrücken.

»Was ziehst du für ein finsteres Gesicht, Bruder«, fragte ihn Kirila Petrowitsch, »oder gefällt dir mein Hundezwinger nicht?« – »Nein«, entgegnete dieser hart, »der Zwinger ist wunderbar, Ihre Leute werden kaum so ein Leben haben wie Ihre Hunde.« Einer der Hundewärter fühlte sich beleidigt. »Über unser Leben«, sagte er, »können wir dank Gott und unserem Herrn nicht klagen, aber was wahr ist, muss wahr bleiben, mancher Adlige würde nicht schlecht dabei fahren, wenn er sein Herrenhaus mit irgendeiner Hundehütte hier vertauschte. Er bekäme mehr zu essen und hätte es wärmer.« Kirila Petrowitsch lachte laut über die freche Bemerkung seines Knechts, und daraufhin lachten auch die Gäste, obwohl sie fühlten, dass der Scherz des Hundewärters sich auch auf sie beziehen konnte. Dubrowski erbleichte und sagte kein einziges Wort. In diesem Moment brachte man Kirila Petrowitsch ein Körbchen mit frischgeworfenen Welpen; er beschäftigte sich mit ihnen, suchte zwei heraus und befahl, die übrigen zu ersäufen. Unterdessen war Andrej Gawrilowitsch verschwunden, ohne dass es jemand bemerkt hätte.

Vom Hundezwinger zurückgekehrt, setzte sich Kirila Petrowitsch mit den Gästen zu Tisch, und erst dort, als er Dubrowski vermisste, erkundigte er sich nach ihm. Seine Leute antworteten, Andrej Gawrilowitsch sei nach Hause gefahren. Trojekurow befahl, ihm sofort nachzujagen und ihn auf jeden Fall zurückzuholen. Noch nie war er auf die Jagd ohne Dubrowski, den erfahrenen und feinen Hundekenner, den sicheren Richter bei allen Jagdstreitigkeiten, gefahren. Der Diener, der hinter ihm hergesprengt war, kam zurück, als man noch bei Tische saß, und meldete seinem Herrn, dass Andrej Gawrilowitsch nicht gehorcht habe und nicht zurückkommen wolle. Kirila Petrowitsch, den die Fruchtschnäpse wie üblich in Erregung versetzt hatten, wurde wütend und schickte denselben Diener zum zweiten Mal fort, um Andrej Gawrilowitsch ausrichten zu lassen, wenn er nicht sofort nach Pokrowskoje käme und dort übernachte, werde er, Trojekurow, sich auf ewig mit ihm verfeinden. Der Diener galoppierte von Neuem davon, und Kirila Petrowitsch stand auf, entließ seine Gäste und ging schlafen.

Am nächsten Tag war seine erste Frage, ob Andrej Gawrilowitsch da sei.

Anstelle einer Antwort reichte man ihm einen dreieckig zusammengefalteten Brief; Kirila Petrowitsch befahl seinem Schreiber, ihn laut vorzulesen, und vernahm Folgendes:

»Hochgeschätzter Herr,
ich werde nicht eher nach Pokrowskoje fahren, bis Sie mir den Hundewärter Paramoschka mit seinem Schuldgeständnis geschickt haben; und es soll von mir abhängen, ihn zu bestrafen oder ihm zu vergeben, doch die Späße Ihrer Knechte habe ich nicht die Absicht zu ertragen, und auch von Ihnen werde ich sie nicht ertragen; denn ich bin kein Hofnarr, sondern ein alter Edelmann. – Damit verbleibe ich untertänigst und zu Diensten

Andrej Dubrowski.«

Nach heutigen Anstandsbegriffen wäre dieser Brief sehr unschicklich, doch ärgerte sich Kirila Petrowitsch nicht über seinen seltsamen Stil und seinen Ton, sondern nur über seinen Inhalt. »Was«, schrie Trojekurow und sprang mit nackten Füßen aus dem Bett. »Ihm meine

Leute mit einem Schuldgeständnis schicken, und es soll ihm freistehen, sie zu bestrafen oder zu begnadigen! Was hat er sich da einfallen lassen; weiß er überhaupt, mit wem er es zu tun hat? Dem werde ich's zeigen … Weinen wird er, erfahren wird er, was es heißt, gegen Trojekurow anzugehen!«

Kirila Petrowitsch zog sich an und begab sich mit gewohntem Gepränge auf die Jagd, doch die Jagd misslang. Während des ganzen Tages sahen sie nur einen einzigen Hasen, und auch den ließen sie sich entgehen. Das Essen im Freien unter dem Zeltdach misslang ebenfalls, auf jeden Fall missfiel es Kirila Petrowitsch, der den Koch verprügelte, heftig die Gäste ausschalt und absichtlich auf dem Rückweg mit seiner ganzen Jagdgesellschaft über die Felder Dubrowskis ritt.

Einige Tage vergingen, und die Feindschaft zwischen den beiden Nachbarn legte sich nicht. Andrej Gawrilowitsch kam nicht wieder nach Pokrowskoje, Kirila Petrowitsch langweilte sich ohne ihn, und sein Ärger schlug sich in den beleidigendsten Ausdrücken nieder, die dank dem Eifer der dortigen Adligen in verbesserter und ausgeschmückter Form zu Dubrowski gelangten. Ein neuer Umstand zerstörte auch die letzte Hoffnung auf eine Aussöhnung.

Dubrowski fuhr eines Tages seinen kleinen Besitz ab; als er sich dem Birkenwäldchen näherte, hörte er Axtschläge und kurz darauf das Krachen eines stürzenden Baumes. Er eilte zu dem Wäldchen und stieß auf Bauern aus Pokrowskoje, die in aller Ruhe bei ihm Holz stahlen. Als sie ihn sahen, liefen sie davon. Dubrowski fing zusammen mit seinem Kutscher zwei von ihnen ein und brachte sie gefesselt auf seinen Hof. Drei gegnerische Pferde wurden ebenfalls eine Beute des Siegers. Dubrowski war sehr aufgebracht: Bisher hatten es Trojekurows Leute, bekannte Räuber, noch nie gewagt, innerhalb der Grenzen seiner Besitzungen etwas zu unternehmen, da sie von seinem freundschaftlichen Verhältnis zu ihrem Herrn wussten. Dubrowski sah, dass sie den entstandenen Bruch jetzt für sich ausnutzten, und entschloss sich, entgegen allen Regeln des Kriegsrechtes den Gefangenen eine Lehre zu erteilen, und zwar mit denselben Ruten, mit denen sie sich in seinem Wäldchen versorgt hatten, und die Pferde als seine eigenen zu betrachten und auf dem Felde arbeiten zu lassen. Das Gerücht von diesem Vorfall kam noch am selben Tage Kirila Petrowitsch zu Ohren. Er geriet ganz außer sich, und im ersten Moment des Zorns wollte er mit seinem Gesinde einen Überfall auf Kistenjowka (so hieß das Dorf seines Nachbarn) ausführen, es bis auf den Grund und Boden zerstören und den Gutsherrn selbst in seinem Haus belagern. Solche Heldentaten waren für ihn nichts Neues. Doch seine Gedanken nahmen bald eine andere Richtung.

Als er schweren Schrittes im Saal auf und ab ging, sah er zufällig aus dem Fenster und erblickte am Tor eine Troika, die dort anhielt; ein kleiner Mann in Ledermütze und Friesmantel stieg aus dem Wagen und ging zu dem Flügel des Verwalters; Trojekurow erkannte den Assessor Schabaschkin und ließ ihn herbeirufen. Eine Minute darauf stand Schabaschkin schon vor Kirila Petrowitsch, verbeugte sich ohne Unterlass und wartete ehrfurchtsvoll auf seine Befehle.

»Tag, wie heißt du noch schnell?«, fragte ihn Trojekurow. »Warum bist du gekommen?«

»Ich war auf dem Wege in die Stadt, Euer Exzellenz«, antwortete Schabaschkin, »und wollte Iwan Demjanow aufsuchen, um zu erfahren, ob nicht ein Befehl von Euer Exzellenz vorliegt.«

»Bist zur rechten Zeit zu uns gekommen, wie heißt du noch schnell? Ich brauche dich. Trink einen Schnaps und hör zu.« Der Assessor war von solch einem liebenswürdigen Empfang angenehm überrascht. Er lehnte den Schnaps ab und begann Kirila Petrowitsch mit aller nur möglichen Aufmerksamkeit zuzuhören.

»Ich habe einen Nachbarn«, sagte Trojekurow, »ein adliger Grobian mit wenig Land; ich will ihm sein Gut wegnehmen – wie denkst du darüber?«

»Euer Exzellenz, falls irgendwelche Papiere oder …«

»Red nicht, Bruder, was denn für Papiere. Dafür gibt's Erlasse. Der Sinn liegt doch gerade darin, dass man ihm ohne irgendein Recht das Gut abnimmt. Warte mal. Dies Gut hat früher uns gehört, ein gewisser Spizyn hat es gekauft und dann an den Vater von Dubrowski verkauft. Kann man daraus nicht etwas machen?«

»Das wird schwer gehen. Euer Hochwohlgeboren; wahrscheinlich ist dieser Verkauf nach den Vorschriften des Gesetzes getätigt worden.«

»Denk nach, Bruder, gib dir ein bisschen Mühe.«

»Wenn zum Beispiel Euer Exzellenz auf irgendeine Weise in den Besitz des Schriftstückes oder Kaufvertrages, kraft dessen ihm sein Gut gehört, gelangen könnten, dann natürlich ...« »Ich verstehe, aber das Unglück ist, dass seine ganzen Papiere bei einer Feuersbrunst verbrannt sind.«

»Wie, Euer Exzellenz, seine Papiere sind verbrannt! Was können Sie sich Besseres wünschen? In diesem Fall belieben Sie nach den Gesetzen vorzugehen, und ohne jeden Zweifel wird alles zu Ihrer vollen Zufriedenheit gelöst werden.«

»Meinst du? Nun, sieh zu. Ich verlasse mich auf deinen Eifer, und von meiner Dankbarkeit kannst du überzeugt sein.« Schabaschkin verbeugte sich fast bis zur Erde, ging hinaus und begann von diesem Tage an die geplante Sache voranzutreiben, und dank seiner Geschicklichkeit erhielt Dubrowski nach genau zwei Wochen eine Vorladung aus der Stadt mit der Aufforderung, unverzüglich die notwendigen Erklärungen über seine Rechte als Besitzer des Dorfes Kistenjowka abzugeben. Andrej Gawrilowitsch war über die unerwartete Anfrage sehr erstaunt und antwortete noch am selben Tag mit einem recht groben und offiziellen Brief, in dem er erklärte, dass das Dorf Kistenjowka nach dem Tode seines seligen Vaters auf ihn gekommen sei, dass er es nach dem Erbrecht besitze, dass es Trojekurow nichts angehe und dass jeder fremde Anspruch auf dieses Eigentum nichts als Verleumdung und Schurkerei sei. Dieser Brief machte auf den Assessor Schabaschkin einen höchst erfreulichen Eindruck. Er sah erstens, dass Dubrowski nicht viel von diesen Angelegenheiten verstand, und zweitens, dass es nicht schwer sein würde, solch einen hitzigen und unvorsichtigen Menschen in eine außerordentlich unvorteilhafte Lage zu bringen.

Als Andrej Gawrilowitsch noch einmal ruhigen Bluts die Anfragen des Assessors durchgegangen war, sah er die Notwendigkeit ein, genauer auf sie zu antworten. Er schrieb einen recht vernünftigen Brief, der sich jedoch im Laufe der Zeit als nicht ausreichend erwies.

Die Angelegenheit zog sich in die Länge. Der von seinem Recht überzeugte Andrej Gawrilowitsch kümmerte sich wenig um sie, hatte weder Lust noch Möglichkeit, mit Geld um sich zu werfen, und obwohl er sich immer als Erster über die Käuflichkeit der Federfuchser lustig machte, kam ihm der Gedanke, er könnte das Opfer einer Verleumdung werden, nicht in den Kopf. Trojekurow kümmerte sich seinerseits ebenso wenig um den Erfolg der von ihm angezettelten Sache – Schabaschkin handelte in seinem Namen, schüchterte die Richter ein, kaufte sie und legte alle möglichen Erlasse auf alle mögliche Weise aus. Wie dem auch sei, am 9. Februar 18.. erhielt Dubrowski durch die Stadtpolizei eine Aufforderung, vor dem Richter des Landgerichts zu erscheinen, um dessen Beschluss in Sachen des Streites um das Gut zwischen ihm, dem Oberleutnant Dubrowski, und dem General en chef Trojekurow zu erfahren und um durch seine Unterschrift sein Einverständnis zu erklären oder Berufung einzulegen. Noch am selben Tag machte sich Dubrowski auf den Weg in die Stadt, unterwegs überholte ihn Trojekurow. Stolz sahen sich beide an, und Dubrowski bemerkte ein boshaftes Lächeln im Gesicht seines Feindes.

Zweites Kapitel

Als Andrej Gawrilowitsch in der Stadt angekommen war, stieg er bei einem ihm bekannten Kaufmann ab, übernachtete dort und erschien am Morgen des nächsten Tages im Amtsgebäude des Kreisgerichts. Niemand beachtete ihn. Nach ihm trat Kirila Petrowitsch ein. Die Schreiber erhoben sich und steckten ihre Federn hinter das Ohr. Die Mitglieder des Gerichts begrüßten ihn mit dem Ausdruck tiefster Unterwürfigkeit, rückten aus Achtung vor seinem Rang, seinen Jahren und seiner Beleibtheit einen Sessel heran; er setzte sich neben die offene Tür – Andrej Gawrilowitsch lehnte an der Wand –, tiefe Stille trat ein, und der Sekretär begann mit hellklingender Stimme den Beschluss des Gerichtes zu verlesen.

Wir führen ihn hier in voller Länge an, da wir annehmen, dass es einem jeden angenehm sein wird, eines der Mittel kennenzulernen, aufgrund deren wir in Russland das Gut verlieren können, auf dessen Besitz wir ein nicht zu bestreitendes Recht haben.

»Am 27. Oktober 18.. untersuchte das Kreisgericht zu *** den Fall des durch den Gardeoberleutnant Andrej Gawrilowitsch, Sohn des Dubrowski, unrechtmäßig angeeigneten Gutes, welches dem General en chef Kirila Petrowitsch, Sohn des Trojekurow, gehört, sich im *** Gouvernement im Dorf Kistenjowka befindet und aus *** Seelen männlichen Geschlechts sowie *** Deßjatinen Ackerland und Weide samt den dazugehörigen Wäldern und Gewässern besteht. Aus der Akte ist ersichtlich: Der oben genannte General en chef Trojekurow wandte sich am 9. Juni 18.. an selbiges Gericht mit einem Bittgesuch, in dem es heißt, dass sein verstorbener Vater, der Kollegienassessor und Ritter Pjotr, Sohn des Jefim Trojekurow, am 14. August 17.., zu einer Zeit, da er in der Verwaltung des Generalgouverneurs als Provinzialsekretär gedient, von dem adligen Kanzlisten Fadej, Sohn des Jegor Spizyn, ein Gut gekauft habe, welches sich in dem erwähnten Dorf Kistenjowka (jene Ansiedlung sei nach der *** Revision damals Weiler Kistenjowka genannt worden) des *** Bezirks befunden, und nach der 4. Revision aus insgesamt *** Seelen männlichen Geschlechts samt ihrem bäuerlichen Eigentum, dem Hof, dem Acker- und Weideland, den Wäldern und Wiesen, den Fischgründen des Kistenjowka genannten Flusses sowie den zu diesem Gut gehörigen Grundstücken und dem aus Holz errichteten Herrenhaus bestanden habe, mit einem Wort, aus allem, was der Vater, der adlige Wachtmeister Jegor, Sohn des Terenti Spizyn, seinem Sohn vererbt und derselbe besessen habe, ohne dass eine einzige Seele oder ein Fußbreit Landes gefehlt, zu einem Preis von 2500 Rubeln, was in dem Kaufvertrag vom selben Tage in der *** Gerichts- und Strafkammer festgelegt worden sei; sein Vater sei damals bereits am 26. August durch das Ordnungsgericht in seinen Besitz eingeführt worden. – Und schließlich sei am 6. September 17.. sein Vater nach Gottes Ratschluss gestorben, währenddessen er, der Gesuchsteller General en chef Trojekurow, sich vom Jahre 17 .. fast von Kindesbeinen an im Militärdienst befunden und zum großen Teil an ausländischen Feldzügen teilgenommen habe, weshalb er weder über den Tod seines Vaters noch über das von ihm hinterlassene Gut unterrichtet gewesen sein könne. Gegenwärtig, da er den Dienst quittiert und auf die Besitzungen seines Vaters zurückgekehrt sei, welche sich in den Gouvernements *** und ***, in den Kreisen ***, *** und *** und verschiedenen Ansiedlungen befänden und alles in allem 3000 Seelen zählten, stellte er fest, dass aus der Zahl der Besitzungen eine, nämlich die oben genannte, bestehend aus *** Seelen (von denen in diesem Dorf nach der gegenwärtigen Revision nur *** verzeichnet seien), mit dem Land und allen dazugehörigen Wäldern und Gewässern sich ohne jegliche Berechtigung im Besitz des oben erwähnten Gardeoberleutnants Andrej Dubrowski befände, weshalb er, Trojekurow, gleichzeitig mit dem Bittgesuch den Kaufvertrag, den sein Vater vom Verkäufer, Spizyn, erhalten habe, im Original beilege und bäte, das oben genannte, von Dubrowski unrechtmäßig angeeignete Gut demselben abzunehmen und in seinen, Trojekurows, vollen Besitz zu überführen. Für die unrechtmäßige Aneignung des Gutes, von dessen Einkünften Dubrowski Gebrauch gemacht habe, bäte er, Dubrowski nach den Gesetzen zu einer Wiedergutmachung in Höhe der noch festzustellenden verbrauchten Einkünfte zu verurteilen und damit ihn, Trojekurow, zu entschädigen.

Die durch das Gericht zu *** aufgrund des Bittgesuches vorgenommene Untersuchung zeigte, dass der erwähnte gegenwärtige Besitzer des strittigen Gutes, der Gardeoberleutnant Dubrowski, dem adligen Besitzer sofort eine Erklärung abgegeben hat, des Inhalts, dass er das gegenwärtig in seinem Besitz befindliche Gut im oben genannten Dorf Kistenjowka mit *** Seelen, dem Land und den dazugehörigen Wäldern und Gewässern von seinem Vater, dem Leutnant der Artillerie Gawrila, Sohn des Jewgraf Dubrowski, nach dessen Tode geerbt habe, dass jener es vom Vater des Gesuchstellers, dem Provinzialsekretär und späteren Kollegienassessor Trojekurow, durch Kauf erworben habe, wie aus einer vom Kreisgericht beglaubigten Vollmacht hervorgeht, die der Titularrat Grigori, Sohn des Wassili Sobolew, am 30. August 17.. erhalten habe, nach welcher sein Vater einen Kaufvertrag bekommen haben müsse, weil in ihr nämlich gesagt sei, dass das Gut, welches er, Trojekurow, laut Vertrag samt *** Seelen und Ländereien vom Kanzlisten Spizyn erhalten habe, seinem, Dubrowskis, Vater verkauft und er die vertragsmäßig festgelegte Summe, 3200 Rubel, voll und ganz erhalten sowie den Bevollmächtigten Sobolew gebeten habe, seinem Vater die Rechtsurkunde zu übergeben. Währenddessen sollte laut dieser Vollmacht sein Vater, da er die volle Summe bezahlt habe, von dem erworbenen Gut Besitz ergreifen und als der eigentliche Besitzer über es verfügen, und er, der Verkäufer Trojekurow, sowie auch jeder andere habe keinerlei Rechte auf das Gut mehr. Doch wann und in welcher Behörde dieser Kaufvertrag vom Bevollmächtigten Sobolew seinem Vater übergeben worden sei – das sei ihm, Andrej Dubrowski, nicht bekannt, da er zu jener Zeit noch ein kleines Kind gewesen sei; auch habe er nach dem Tode des Vaters solch einen Kaufvertrag nicht finden können und nehme an, dass er zusammen mit den anderen Papieren und sonstigem Hab und Gut während des im Jahr 17.. im Gutshaus ausgebrochenen Feuers verbrannt sei, von welchem auch die Bewohner dieser Ansiedlung wüssten. Dass sie, die Dubrowskis, vom Tage des Verkaufs durch Trojekurow oder der Übergabe der Vollmacht an Sobolew, das heißt vom Jahre 17.. und nach dem Tode des Vaters vom Jahre 17.. an, und auch gegenwärtig dieses Gut unstreitig besessen hätten, würden die Bewohner dieser Gegend bezeugen, welche – alles in allem zweiundfünfzig Personen – bei einem Verhör unter Eid ausgesagt hätten, dass, wie sie sich erinnern könnten, tatsächlich die oben erwähnten Herren

Dubrowski vor ungefähr siebzig Jahren das genannte strittige Gut in Besitz genommen hätten, ohne dass von irgendjemand Einspruch dagegen erhoben worden sei, doch aufgrund welcher Urkunde oder welches Vertrages, wüssten sie nicht zu sagen. Ob aber der in dieser Sache erwähnte frühere Käufer dieses Gutes, der ehemalige Provinzialsekretär Pjotr Trojekurow, dieses Gut besessen habe – daran könnten sie sich nicht erinnern. Das Haus der Herren Dubrowski aber sei vor etwa dreißig Jahren während einer in ihrer Ansiedlung ausgebrochenen Feuersbrunst zur Nachtzeit niedergebrannt; außerdem sei von unvoreingenommenen Leuten festgestellt worden, dass das genannte strittige Gut seit jener Zeit im Mittel nicht weniger als 2000 Rubel jährlich an Einkünften habe bringen müssen. Dagegen reichte der General en chef Kirila, Sohn des Pjotr Trojekurow, am 3. Jänner dieses Jahres ein Bittgesuch an das hiesige Gericht ein, des Inhalts, dass zwar der erwähnte Gardeoberleutnant Andrej Dubrowski bei der durchgeführten Untersuchung die Vollmacht über das an ihn verkaufte Gut, die dem Titularrat Sobolew von seinem Vater übergeben worden sei, vorgewiesen habe, doch habe er weder den dort genannten Originalkaufvertrag noch klare Beweise des Abschlusses eines solchen im Sinne des neunzehnten Kapitels der Generalvorschrift und des Erlasses vom 29. November des Jahres 1752 erbracht. Infolgedessen sei gegenwärtig die Vollmacht wegen des Todes ihres Ausstellers aufgrund des Erlasses vom .. Mai des Jahres 1818 als ungültig zu betrachten. – Überdies fordere das Gesetz, dass strittige Güter in Besitz genommen werden – entweder aufgrund von Rechtsurkunden oder, falls solche nicht vorhanden, aufgrund von Ermittlungen.

Er dagegen habe zum Beweis den Kaufvertrag auf dieses seinem Vater gehörende Gut vorgelegt, woraus folge, dass aufgrund der oben genannten Verordnungen dasselbe dem erwähnten Dubrowski wegen unrechtmäßigen Besitzes entzogen und ihm, Trojekurow, nach dem Erbrecht zugesprochen werden müsse. Und da die oben genannten Gutsherren von dem Gut Besitz ergriffen hätten, ohne ein Recht darauf zu haben, und sich unrechtmäßigerweise seiner und seiner ihnen nicht gehörenden Einkünfte bedient hätten, solle nach Berechnung der Einkünfte dem Gutsherrn Dubrowski diese Summe entzogen und mit derselben er, Trojekurow, entschädigt werden. – Nach Untersuchung selbiger Sache und Anfertigung von Auszügen aus der Akte und aus den Gesetzen hat das *** Kreisgericht *beschlossen:*

Wie aus den Akten hervorgeht, hat der General en chef Kirila, Sohn des Pjotr Trojekurow, den Originalkaufvertrag vorgelegt, nach welchem sein verstorbener Vater, Provinzialsekretär und später Kollegienassessor, das strittige Gut, das sich gegenwärtig im Besitz des Gardeoberleutnants Andrej, Sohn des Gawrila Dubrowski, befindet, aus dem Dorf Kistenjowka, dem Land, den Wäldern und Gewässern besteht und nach der letzten … Revision *** Seelen männlichen Geschlechts zählt, im Jahre 17 .. vom Kanzlisten adliger Herkunft Fadej Spizyn erworben hat; überdies war jener Käufer, Trojekurow, wie aus dem Vermerk auf dem Kaufvertrag zu ersehen ist, im selben Jahr vom *** Gericht in seinen Besitz eingeführt worden, und obwohl demgegenüber seitens des Gardeoberleutnants Andrej Dubrowski die Vollmacht vorgelegt wurde, die der verstorbene Käufer Trojekurow dem Titularrat Sobolew zum Abschluss des Kaufvertrages auf den Namen seines, Dubrowskis, Vaters übergeben, so wird doch darauf hingewiesen, dass aufgrund derartiger Abkommen keinerlei unbewegliches Eigentum einem anderen zugesprochen werden kann und selbst eine vorübergehende Besitznahme nach dem … Erlass verboten ist; zudem hat die Vollmacht durch den Tod ihres Ausstellers jegliche Gültigkeit verloren. – Doch ob und wann und wo überdies aufgrund dieser Vollmacht tatsächlich ein Kaufvertrag auf das oben genannte strittige Gut ausgestellt worden ist, dafür sind seitens des Dubrowski seit Beginn des Prozesses, das heißt seit dem Jahre 18.., bis auf den heutigen Tag keine eindeutigen Beweise erbracht worden. Und deshalb beschließt das Gericht: Das oben genannte Gut mit *** Seelen, mit dem Land, den Wäldern und Gewässern in dem Zustand, in dem es sich gegenwärtig befindet, aufgrund des vorgelegten Kaufvertrages dem General en chef Trojekurow zuzusprechen; die Verfügungsgewalt über dasselbe dem Gardeoberleutnant Dubrowski zu entziehen und den Herrn Trojekurow, wie es sich gehört, an seiner Stelle in den Besitz desselben einzuführen und das dem Gericht zu *** aufzugeben, es auf Herrn Trojekurow als den eigentlichen Erben zu übertragen. – Überdies bittet der General en chef Trojekurow, den Gardeoberleutnant Dubrowski eine Geldstrafe für den unrechtmäßigen Besitz seines Erbgutes, dessen Einkünften er sich bediente, zahlen zu lassen. – Da jedoch nach Aussage alteingesessener Leute das Gut einige Jahre unbestreitbar im Besitz der Herren Dubrowski gewesen und aus der Sache nicht ersichtlich ist, dass seitens des Herrn Trojekurow bisher irgendwelche Bittgesuche bezüglich des unrechtmäßigen Besitzes dieses Gutes durch die Dubrowskis vorgebracht wurden, und zudem das Gesetz vorschreibt, dass wenn jemand fremdes Land bebaut und umzäunt und dieserhalb verklagt wird und dieses sich als wahr erweist, so soll der, der im Recht ist, das Land mit dem angebauten Korn, mit der Umzäunung und dem Gebäude erhalten, so wird deshalb der Bitte des Generals en chef Trojekurow, den Gardeoberleutnant Dubrowski eine Geldstrafe zahlen zu lassen, nicht stattgegeben, da das ihm gehörige Gut seinem Besitz wieder zugeführt wird, ohne jeglichen Verlust. Bei der Einführung in seinen Besitz hat nicht das Geringste zu fehlen, es sei aber dem General en chef Trojekurow überlassen, falls er eindeutige und gesetzliche Beweise für seinen Anspruch vorbringen könne, an anderer Stelle gesondert zu klagen. – Selbiges Urteil ist sowohl dem Kläger als auch dem Angeklagten nach den Vorschriften des Gesetzes und mit dem Recht auf Berufung bekanntzugeben, dieselben sind durch die Polizei vor das Gericht zu laden, um das Urteil entgegenzunehmen und ihr Einverständnis oder ihren Einspruch durch ihre Unterschrift kundzutun.

Selbiges Urteil ist von allen anwesenden Mitgliedern des Gerichts unterschrieben worden.«

Der Sekretär verstummte, der Assessor erhob sich, wandte sich mit einer tiefen Verbeugung an Trojekurow und forderte ihn auf, das ihm vorgelegte Aktenstück zu unterschreiben, und der triumphierende Trojekurow nahm von ihm die Feder entgegen und tat durch seine Unterschrift unter den *Entscheid* des Gerichts sein volles Einverständnis kund.

Die Reihe war an Dubrowski. Der Sekretär legte ihm das Schriftstück vor. Doch Dubrowski stand unbeweglich, mit gesenktem Kopf da.

Der Sekretär wiederholte seine Aufforderung, durch Unterschrift sein volles Einverständnis zu erklären oder aber seinen eindeutigen Protest, falls sein Gewissen ihm wider Erwarten sage, dass er im Recht sei und vorhabe, in der vom Gesetz festgelegten Zeit gehörigen Orts Berufung einzulegen. Dubrowski schwieg ... Plötzlich hob er den Kopf, seine Augen funkelten, er stampfte mit dem Fuß auf, stieß den Sekretär mit solcher Kraft von sich, dass dieser zu Boden fiel, packte das Tintenfass und schleuderte es nach dem Assessor. Alle waren entsetzt. »Wie! Gottes Kirche nicht zu achten! Hinaus, ihr Schurken!« Dann fuhr er, zu Kirila Petrowitsch gewandt, fort: »Hat man je davon gehört. Euer Exzellenz, dass die Wärter Hunde in Gottes Kirche führen! Hunde laufen in der Kirche herum. Euch werde ich es schon zeigen ...« Auf den Lärm hin kamen die Gerichtsdiener herbeigelaufen und wurden nur mit Mühe seiner Herr. Man führte ihn hinaus und setzte ihn in den Schlitten. Trojekurow trat nach ihm heraus, das anze Gericht begleitete ihn. Die plötzliche Geistesverwirrung Dubrowskis hatte sein Gemüt stark beeindruckt und ihm seinen Triumph verdorben.

Die Richter, die auf seine Dankbarkeit gehofft hatten, wurden nicht eines einzigen freundlichen Wortes für würdig befunden. Am selben Tag reiste er nach Pokrowskoje ab. Dubrowski lag unterdessen im Bett; der Kreisarzt, zum Glück kein völliger Dummkopf, ließ ihn zur Ader und setzte ihm Blutegel und Spanische Fliegen an. Gegen Abend ging es dem Kranken besser, er kam zu sich. Am nächsten Tag brachte man ihn nach Kistenjowka, das ihm fast schon nicht mehr gehörte.

Drittes Kapitel

Einige Zeit verging, doch um die Gesundheit des armen Dubrowski war es immer noch schlecht bestellt; allerdings wiederholten sich die Anfälle von Geistesverwirrung nicht mehr, aber seine Kräfte ließen merklich nach, Er vergaß seine früheren Beschäftigungen, verließ selten sein Zimmer und versank in tagelanges Nachdenken. Jegorowna, die gute Alte, die einst seinen Sohn aufgezogen hatte, wurde jetzt auch seine Kinderfrau. Sie umsorgte ihn wie ein Kind, sie erinnerte ihn ans Essen und ans Schlafengehen, fütterte ihn und brachte ihn zu Bett. Andrej Gawrilowitsch ordnete sich ihr still unter und verkehrte mit niemandem außer ihr.

Er war außerstande, sich um seine Angelegenheiten und die Wirtschaft zu kümmern. und Jegorowna sah ein, dass es notwendig sei, den jungen Dubrowski, der in einem der Gardeinfanterieregimenter diente und sich zu der Zeit in Petersburg befand, von allem zu unterrichten. So riss sie denn ein Blatt aus ihrem Wirtschaftsbuch und diktierte dem einzigen Schriftkundigen von Kistenjowka, dem Koch Chariton, einen Brief, den sie am gleichen Tag in die Stadt auf die Post bringen ließ.

Doch es ist Zeit, den Leser mit dem eigentlichen Helden unserer Erzählung bekannt zu machen.

Wladimir Dubrowski erhielt seine Erziehung im Kadettenkorps und trat dann als Kornett in die Garde ein; sein Vater tat alles, damit sein Sohn ein anständiges Leben führen konnte, und der junge Mann erhielt von zu Hause mehr, als er eigentlich erwarten durfte. Da er verschwenderisch und ehrgeizig war, erlaubte er sich anspruchsvolle Liebhabereien; er spielte Karten und machte Schulden, ohne sich um die Zukunft zu sorgen, und sah sich schon früher oder später an der Seite einer reichen Braut, dem Traum einer armen Jugend.

Eines Abends, als es sich einige Offiziere auf seinen Sofas bequem gemacht hatten und aus seinen Bernsteinmundstücken rauchten, reichte ihm Grischa, sein Kammerdiener, einen Brief, dessen Aufschrift und Siegel den jungen Mann sogleich verwunderten. Hastig öffnete er ihn und las Folgendes:

Du unser Herr, Wladimir Andrejewitsch, ich, Deine alte Kinderfrau, habe mich entschlossen, Dir von Papas Gesundheit zu berichten! Es geht ihm sehr schlecht, manchmal redet er Unsinn, und den ganzen Tag sitzt er wie ein dummes Kind da, doch Leben und Tod sind in Gottes Hand. Komm zu uns, mein Prachtjunge, wir schicken Dir auch Pferde nach Pessotschnoje entgegen. Es heißt, das Landgericht soll zu uns kommen und uns unter die Herrschaft von Kirila Petrowitsch bringen, weil wir, so heißt es, die Seinigen wären, aber wir waren doch immer die Eurigen – unser Lebtag haben wir so etwas noch nicht gehört. Da Du doch in Petersburg wohnst, so könntest Du das dem Väterchen Zar erzählen, er würde es nicht zulassen, dass uns ein Leid geschieht. Hiermit verbleibe ich als Deine treue Magd und Kinderfrau

Orina Jegorowna Busyrewa.

Ich schicke Grischa meinen mütterlichen Segen; dient er Dir auch gut? Bei uns regnet es schon die zweite Woche, und der Hirte Rodja ist am Nikolaitag gestorben.

Wladimir Dubrowski las diese ziemlich unverständlichen Zeilen mehrere Male hintereinander mit ungewöhnlicher Erregung. Er hatte die Mutter in früher Kindheit verloren und war, fast ohne seinen Vater zu kennen, mit acht Jahren nach Petersburg gebracht worden; nach alldem hing er mit einer romantischen Liebe an seinem Vater und liebte das Familienleben umso mehr, je weniger er Gelegenheit hatte, sich an seinen stillen Freuden zu ergötzen.

Der Gedanke, seinen Vater zu verlieren, legte sich ihm schwer aufs Herz, und die Lage des armen Kranken, die er aus dem Brief seiner Kinderfrau erriet, entsetzte ihn. Er stellte sich den Vater vor, allein in einem abgelegenen Dorf, in der Obhut einer einfältigen Alten und des

Gesindes, von einem Unglück bedroht und ohne Hilfe, unter körperlichen und seelischen Qualen verlöschend. Wladimir warf sich verbrecherische Nachlässigkeit vor. Lange hatte er von seinem Vater keine Briefe erhalten und auch nicht daran gedacht, sich nach ihm zu erkundigen, da er annahm, dass er auf Reisen oder mit der Wirtschaft beschäftigt sei.

Er beschloss, zu ihm zu fahren und sogar den Dienst zu quittieren, falls der Zustand des Vaters seine Gegenwart erfordern sollte. Als die Freunde seine Unruhe bemerkten, verließen sie ihn. Allein geblieben, schrieb Wladimir ein Urlaubsgesuch, rauchte seine Pfeife an und versank in tiefes Nachdenken.

Noch am selben Tag begann er sich um seinen Urlaub zu bemühen, und drei Tage später befand er sich bereits unterwegs.

Wladimir Andrejewitsch näherte sich der Station, von der er nach Kistenjowka abbiegen musste. Sein Herz war von traurigen Vorahnungen erfüllt, er fürchtete, den Vater nicht mehr unter den Lebenden anzutreffen, und stellte sich das trostlose Leben vor, das ihn auf dem Dorf erwartete, Einsamkeit, wenige Menschen, Armut, Beschäftigung mit Dingen, von denen er nichts verstand. Als er die Station erreichte, ging er zum Postmeister und verlangte Pferde. Der Postmeister erkundigte sich nach seinem Reiseziel und teilte ihm mit, dass die aus Kistenjowka geschickten Pferde schon den vierten Tag warteten. Gleich darauf kam der alte Kutscher Anton, der Wladimir Andrejewitsch einst als Jungen im Pferdestall umhergeführt und sein kleines Pferdchen gepflegt hatte. Anton vergoss einige Tränen, als er ihn sah, verbeugte sich bis zur Erde, sagte ihm, dass der alte Herr noch lebe, und lief fort, um die Pferde anzuspannen. Wladimir Andrejewitsch lehnte das ihm angebotene Frühstück ab und beeilte sich abzufahren. Anton fuhr ihn die Feldwege entlang, und zwischen ihnen entspann sich ein Gespräch.

»Sag mir bitte, Anton, was ist das für eine Sache zwischen meinem Vater und Trojekurow?«

»Das weiß Gott, Väterchen Wladimir Andrejewitsch … Der Herr hat sich, scheint's, mit Kirila Petrowitsch nicht vertragen, und der verklagte ihn vor Gericht, wenn er auch einesteils sein eigener Richter ist. Es steht uns Knechten nicht an, den Willen der Herren zu untersuchen, doch, bei Gott, es war nicht gut, dass euer Väterchen gegen Kirila Petrowitsch losgezogen ist, mit der Peitsche kommst du gegen den Beilrücken nicht an.«

»Dieser Kirila Petrowitsch tut also bei euch anscheinend, was er will?«

»Natürlich, Herr: Den Assessor achtet er nicht für einen Pfennig, und den Wachtmeister benutzt er für Botengänge. Die Herren fahren alle zu ihm und machen ihm ihre Aufwartung, da kann man nur sagen, wenn nur ein Trog da ist, die Schweine stellen sich von allein ein.«

»Stimmt es, dass er uns das Gut wegnimmt?«

»Ach, Herr, davon haben wir auch gehört. Dieser Tage hat der Kirchendiener aus Pokrowskoje auf der Taufe bei unserm Dorfältesten gesagt: ›Jetzt ist's aus mit der Freude, jetzt wird euch Kirila Petrowitsch unter seine Fuchtel nehmen.‹ Und da hat ihm Nikita der Schmied gesagt: ›Was stimmst du den Gevatter traurig, Sawelitsch, verdreh den Gästen nicht den Kopf. Kirila Petrowitsch lebt für sich, und Andrej Gawrilowitsch lebt für sich, und alle zusammen gehören wir Gott und dem Zaren.‹ Aber ein Fremder lässt sich eben nicht so leicht den Mund verbieten.«

»Ihr wollt also nicht in Trojekurows Besitz übergehen?«

»In Kirila Petrowitschs Besitz! Der Herr behüte und bewahre uns davor, sogar seinen eigenen Leuten geht es mitunter schlecht, aber wenn er fremde in die Hände bekommt, dann zieht er ihnen nicht nur das Fell ab, sondern auch das Fleisch. Nein, der Herr gebe Andrej Gawrilowitsch Gesundheit und langes Leben, und wenn Gott ihn zu sich rufen sollte, dann brauchen wir niemanden außer dir, unserem Ernährer. Lass uns nur nicht im Stich, wir werden schon für dich einstehn.« – Mit diesen Worten schwang Anton die Peitsche, zog an den Zügeln, und die Pferde schlugen einen schnellen Trab an. Die Ergebenheit des alten Kutschers rührte Dubrowski, er schwieg und überließ sich von Neuem seinen Gedanken. Mehr als eine Stunde war vergangen, als Grischa ihn plötzlich durch den Ruf »Da ist Pokrowskoje!« aus seiner Nachdenklichkeit riss. Dubrowski hob den Kopf. Er fuhr am Ufer eines großen Sees entlang, aus dem ein Flüsschen floss und sich in der Ferne zwischen den Hügeln dahinschlängelte; auf einem der Hügel erhob sich über dem dichten Grün eines Wäldchens das grüne Dach und der Zierturm eines riesigen Steinhauses, auf dem anderen eine fünfkuppelige Kirche und ein alter Glockenturm; daneben lagen verstreut die Bauernhütten mit ihren Gärten und Brunnen. Dubrowski erkannte all diese Stätten wieder; er erinnerte sich, auf jenem Hügel dort mit der kleinen Mascha Trojekurowa gespielt zu haben, die zwei Jahre jünger war als er und schon damals versprach, eine Schönheit zu werden. Er wollte sich bei Anton nach ihr erkundigen, aber eine seltsame Schüchternheit hielt ihn davon ab.

Als sie sich dem Herrenhaus näherten, sah er zwischen den Bäumen des Parks ein weißes Kleid schimmern. In diesem Moment schlug Anton auf die Pferde ein, und mit einem den Kutschern auf dem Lande wie in der Stadt eigenen Ehrgeiz hetzte er, so schnell er konnte, über die Brücke und an dem Dorf vorbei. Als sie das Dorf hinter sich gelassen hatten, fuhren sie einen Berg hinauf, und Wladimir erblickte das Birkenwäldchen und links davon auf einem freien Platz das graue Häuschen mit dem roten Dach; sein Herz begann heftig zu schlagen; vor sich sah er Kistenjowka und das ärmliche Haus seines Vaters.

Zehn Minuten später fuhr er auf den Gutshof. Mit unbeschreiblicher Erregung blickte er um sich. Zwölf Jahre hatte er seine Heimat nicht gesehen. Die Birken, die zu seiner Zeit gerade am Zaun gesetzt wurden, waren jetzt gewachsen und hohe, dichte Bäume geworden. Der Hof, einst von drei regelmäßigen Blumenbeeten geschmückt, zwischen denen ein breiter, sorgfältig gekehrter Weg lief, hatte sich in eine ungemähte Wiese verwandelt, auf der ein an den Vorderfüßen gefesseltes Pferd weidete. Die Hunde fingen an zu bellen, doch als sie Anton erkannten, beruhigten sie sich und wedelten mit ihren zottigen

Schwänzen. Das Gesinde kam in hellen Scharen aus den Hütten hervor und umringte den jungen Herrn unter lauten Freudenrufen. Nur mit Mühe konnte er sich durch die aufgeregte Menge hindurchdrängen und lief die baufällige Freitreppe hinauf; in der Diele kam ihm Jegorowna entgegen und umarmte unter Tränen ihren Zögling. »Guten Tag, guten Tag, Kinderfrau«, wiederholte er immer wieder und drückte die gute Alte an sein Herz. »Was macht der Vater, wo ist er? Wie geht es ihm?«

In diesem Moment trat in den Empfangsraum, die Beine nur mit Mühe bewegend, ein hochgewachsener alter Mann, bleich und hager, in Schlafrock und Nachtmütze.

»Guten Tag, Wolodka!«, sagte er mit schwacher Stimme, und Wladimir umarmte voller Leidenschaft seinen Vater. Die Freude hatte den Kranken zu. sehr erregt, die Kräfte verließen ihn, die Beine gaben nach, und er wäre umgefallen, wenn der Sohn ihn nicht gestützt hätte.

»Warum bist du vom Bett aufgestanden?«, sagte Jegorowna zu ihm. »Du kannst kaum auf den Beinen stehen, aber du musst unbedingt da hin, wohin die anderen gehen.«

Der Alte wurde in sein Schlafzimmer zurückgeführt. Er wollte sich mit dem Sohn unterhalten, doch konnte er keinen klaren Gedanken fassen, und seine Worte waren ohne jeden Zusammenhang. Er schwieg und fiel in Schlaf. Sein Zustand verwunderte Wladimir sehr. Er ließ sich in dem Schlafzimmer nieder und bat, ihn mit seinem Vater allein zu lassen. Das Hausgesinde gehorchte ihm, und darauf wandten sich alle Grischa zu und führten ihn in die Gesindestube, wo man ihn auf ländliche Art mit aller nur möglichen Herzlichkeit bewirtete und ihn mit Fragen und Begrüßungen quälte.

Viertes Kapitel

> Wo der Tisch voll Speisen war,
> dort steht ein Sarg.

Einige Tage nach seiner Ankunft wollte der junge Dubrowski sich mit seinen Angelegenheiten befassen, doch sein Vater war nicht in der Lage, ihm die nötigen Erklärungen zu geben, und einen Bevollmächtigten hatte Andrej Gawrilowitsch nicht. Als er seine Papiere durchsah, fand er nur den ersten Brief des Assessors und den Entwurf für die Antwort; daraus konnte er jedoch keine klare Vorstellung über den Prozess gewinnen, und er beschloss im Vertrauen auf die gerechte Sache seines Vaters, die Folgen abzuwarten. Unterdessen verschlimmerte sich Andrej Gawrilowitschs Gesundheitszustand von Stunde zu Stunde. Wladimir sah sein baldiges Ende voraus und wich nicht von der Seite des Alten, der vollkommen kindisch geworden war.

Mittlerweile war der festgelegte Termin verstrichen und eine Berufung nicht eingelegt worden. Kistenjowka gehörte Trojekurow. Schabaschkin erschien bei ihm unter Verbeugungen und Glückwünschen mit der Bitte, Seine Hochwohlgeboren möge bestimmen, wann er den Besitz des neu erworbenen Gutes anzutreten gedenke – und ob er es selbst übernehmen oder einen anderen damit bevollmächtigen wolle. Kirila Petrowitsch geriet in Verwirrung. Von Natur aus war er nicht habgierig, der Wunsch nach Rache hatte ihn zu weit gehen lassen, sein Gewissen regte sich. Er wusste, in was für einem Zustand sich sein Gegner, sein alter Jugendfreund, befand, und der Sieg erfreute nicht sein Herz. Er maß Schabaschkin mit einem drohenden Blick, suchte nach einem Vorwand, um ihn zu beschimpfen, doch da er keinen fand, sagte er wütend: »Verschwinde, ich habe jetzt anderes im Kopf.«

Als Schabaschkin sah, dass Trojekurow übler Laune war, verbeugte er sich und entfernte sich eilig. Allein geblieben, begann Kirila Petrowitsch auf und ab zu gehen und »Laut erschalle Siegesdonner« zu pfeifen, was bei ihm immer ein Zeichen ungewöhnlicher innerer Erregung war.

Schließlich ließ er seinen Jagdwagen anspannen, zog sich recht warm an (es war schon Ende September) und lenkte selbst den Wagen vom Hof.

Bald darauf erblickte er von Weitem das Häuschen von Andrej Gawrilowitsch, und einander widersprechende Gefühle bewegten seine Brust. Befriedigte Rachsucht und Herrschgelüste unterdrückten bis zu einem gewissen Grade die edleren Gefühle, doch die Letzteren trugen schließlich den Sieg davon. Er beschloss, sich mit seinem alten Nachbarn auszusöhnen, jegliche Spur des Streits zu tilgen und ihm seinen Besitz zurückzugeben. Als Kirila Petrowitsch sich durch diese edle Absicht die Seele erleichtert hatte, ließ er seine Pferde im Trab bis zum Gut seines Nachbarn laufen und fuhr geradewegs auf dessen Hof.

Zu dieser Zeit saß der Kranke im Schlafzimmer am Fenster. Er erkannte Kirila Petrowitsch, und eine furchterregende, panische Bestürzung malte sich auf seinem Gesicht: Die gewöhnliche Blässe wich einer tiefen Röte, die Augen funkelten, und er gab unartikulierte Laute von sich. Sein Sohn, der dort ebenfalls saß und mit den Wirtschaftsbüchern beschäftigt war, hob den Kopf und war über sein Aussehen bestürzt. Der Kranke wies mit dem Ausdruck des Entsetzens und des Zorns mit dem Finger auf den Hof. Hastig nahm er seine Schlafrockschöße zusammen, wollte von seinem Sessel aufstehen, erhob sich … und fiel plötzlich zu Boden. Der Sohn stürzte zu ihm hin, der Alte lag bewusstlos und ohne Atem da, der Schlag hatte ihn getroffen. »Schnell, schnell, schickt in die Stadt nach einem Arzt!«, schrie Wladimir. »Kirila Petrowitsch möchte Sie sprechen«, sagte der eintretende Diener. Wladimir warf ihm einen furchtbaren Blick zu.

»Sage Kirila Petrowitsch, er soll so schnell wie möglich machen, dass er fortkommt, ehe ich ihn vom Hof jagen lasse … geh!« – Der Diener lief voller Freude davon, um den Befehl seines Herrn auszuführen; Jegorowna schlug die Hände über dem Kopf zusammen. »Du, unser Herr und Gebieter«, sagte sie mit hoher und dünner Stimme,

»du bringst dich um deinen Kopf! Kirila Petrowitsch wird uns alle zugrunde richten.« – »Sei ruhig, Kinderfrau«, gab ihr Wladimir zornig zur Antwort. »Schicke sofort den Anton in die Stadt nach einem Arzt.« – Jegorowna ging hinaus.

Im Vorraum war niemand, alle waren auf den Hof gelaufen, um Kirila Petrowitsch zu sehen. Jegorowna trat unter das Vordach und hörte, wie der Diener die Antwort des jungen Herrn überbrachte. Kirila Petrowitsch hörte sie sich in seinem Wagen sitzend an. Sein Gesicht wurde finsterer als die Nacht, er lächelte voller Verachtung, warf einen drohenden Blick auf das Gesinde und fuhr im Schritt vom Hof. Er sah auch in das Fenster, an dem noch vor einer Minute Andrej Gawrilowitsch gesessen hatte, doch jetzt war er nicht mehr da. Die Kinderfrau stand auf der Freitreppe und hatte den Befehl des Herrn vergessen. Das Gesinde besprach laut diesen Vorfall. Plötzlich erschien Wladimir unter den Leuten und stieß hervor: »Es ist kein Arzt mehr nötig, der Vater ist verschieden.«

Ein Durcheinander entstand. Die Leute stürzten in das Zimmer des alten Herrn. Er lag in dem Sessel, wohin ihn Wladimir getragen hatte; seine rechte Hand hing bis zum Boden herab, der Kopf ruhte auf der Brust, und es war kein Lebenszeichen an diesem noch warmen und doch schon vom Tode verunstalteten Körper zu entdecken. Jegorowna schluchzte laut auf, die Diener umringten den ihrer Obhut überlassenen Leichnam, wuschen ihn, zogen ihm die Uniform an, die noch aus dem Jahre 1797 stammte, und legten ihn auf den gleichen Tisch, an dem sie so viele Jahre ihren Herrn bedient hatten.

Fünftes Kapitel

Das Begräbnis fand zwei Tage später statt. Auf dem Tisch lag der Leib des armen Alten, von dem weißen Leichentuch bedeckt und umgeben von Kerzen. Im Speisezimmer drängte sich das Gesinde. Man war dabei, ihn hinauszutragen. Wladimir und drei Diener nahmen den Sarg auf. Der Geistliche ging voran, der Kirchendiener begleitete ihn und sang die Beerdigungsgebete. Der Herr von Kistenjowka überschritt zum letzten Male die Schwelle seines Hauses. Der Sarg wurde durch den Wald getragen. Hinter dem Wald befand sich die Kirche. Der Tag war klar und kalt. Herbstblätter fielen von den Bäumen.

Als sie aus dem Wald heraustraten, erblickten sie die Holzkirche von Kistenjowka und den Friedhof, über den sich die alten Linden wölbten. Dort ruhten die sterblichen Überreste von Wladimirs Mutter; dort war neben ihrem Grab am Vorabend eine frische Grube ausgehoben worden.

Die Kirche füllten Bauern aus Kistenjowka, die gekommen waren, um ihrem Herrn die letzte Ehre zu erweisen. Der junge Dubrowski stand in der Nähe des Altars beim Kirchenchor; er weinte nicht und betete nicht, doch sein Gesicht war schrecklich. Die Trauerzeremonie war zu Ende. Wladimir nahm als Erster von dem Toten Abschied, ihm folgte das Gesinde. Danach wurde der Deckel gebracht und der Sarg zugenagelt. Die Weiber schluchzten laut, die Männer wischten verstohlen die Tränen mit der Faust aus den Augen. Wladimir und dieselben drei Diener trugen ihn zum Friedhof, und das ganze Dorf begleitete sie. Der Sarg wurde in die Grube hinabgelassen, alle Anwesenden warfen eine Handvoll Erde hinein, das Grab wurde zugeschüttet, man verbeugte sich davor und ging auseinander. Wladimir entfernte sich schnell, überholte alle und verschwand im Wald von Kistenjowka. Jegorowna lud in seinem Namen den Popen und sein Gefolge zum Leichenschmaus ein und verkündete, dass der junge Herr nicht vorhabe, daran teilzunehmen, und so machten sich Vater Anton, die Popenfrau Fedotowna und der Kirchendiener zu Fuß auf den Weg nach dem Herrenhof und sprachen mit Jegorowna über die Tugenden des Verstorbenen und auch darüber, was allem Anschein nach den Erben erwartete. (Der Besuch Trojekurows und der Empfang, der ihm zuteilgeworden, war schon der ganzen Nachbarschaft bekannt, und die dortigen Politiker prophezeiten, dass selbiger wichtige Folgen in sich trage.)

»Wie es auch kommt«, sagte die Popenfrau, »schade wäre es aber doch, wenn nicht Wladimir Andrejewitsch unser Herr wird. Ein tüchtiger Mensch, kann man nur sagen.«

»Aber wer soll denn sonst unser Herr sein, wenn nicht er«, unterbrach sie Jegorowna. »Kirila Petrowitsch ereifert sich ganz umsonst. Er ist auf keinen Schüchternen gestoßen, mein Prachtjunge versteht sich schon seiner Haut zu wehren, und außerdem werden ihn, geb's Gott, die Gönner auch nicht im Stich lassen. Ein bisschen zu hochmütig ist Kirila Petrowitsch! Er wird ganz schön seinen Schwanz eingezogen haben, als ihn mein Grischka angeschrien hat: ›Fort, alter Hund! Runter vom Hof!‹«

»Ach, Jegorowna«, sagte der Kirchendiener, »wie konnte der Grigori so etwas überhaupt über die Lippen bringen, eher könnte ich, glaub ich, einen Erzbischof anbrüllen als Kirila Petrowitsch nur schief ansehen. Sowie man ihn nur sieht, fängt man schon vor Angst zu zittern an, der Schweiß bricht einem aus, und der Rücken krümmt sich von ganz allein immer tiefer …«

»Es ist alles ganz eitel«, sagte der Geistliche, »auch für Kirila Petrowitsch wird man eines Tages die Totenmesse singen, genau wie heute für Andrej Gawrilowitsch, sein Begräbnis wird höchstens prachtvoller sein und man wird mehr Gäste einladen, aber Gott ist doch alles gleich!«

»Ach, Väterchen! Auch wir wollten alle Nachbarn im Umkreis einladen, aber Wladimir Andrejewitsch wollte es nicht. Wir haben bestimmt von allem genug da, wir könnten ein schönes Gastmahl geben, doch was soll man machen. Wenn schon keine Leute da sind, werde ich wenigstens euch, unsere lieben Gäste, reichlich bewirten.«

Dieses freundliche Versprechen und die Hoffnung auf eine leckere Pastete beschleunigten die Schritte der Gesellschaft, und sie kamen wohlbehalten im herrschaftlichen Haus an, wo der Tisch schon gedeckt war und der Schnaps bereitstand. Unterdessen ging Wladimir immer tiefer in das Dickicht des Waldes hinein, um durch Bewegung und Müdigkeit den Kummer zu betäuben. Er ging, ohne auf den Weg zu achten; die Zweige schlugen ihm fortwährend ins Gesicht und zerkratzten es, seine Füße blieben alle Augenblicke im Sumpfboden stecken – doch merkte er von alledem nichts. Schließlich gelangte er in ein kleines, rings von Wald umgebenes Tal; ein Bächlein schlängelte sich lautlos an den vom Herbst schon halb entlaubten Bäumen vorbei. Wladimir blieb stehen, ließ sich auf dem kalten Rasen nieder, und Gedanken, einer düsterer als der andere, bewegten seine Seele ... Sehr stark empfand er seine Einsamkeit. Die Zukunft erschien ihm wie von drohenden Wolken verdeckt. Die Feindschaft mit Trojekurow kündete neues Unglück an. Sein geringer Besitz konnte in fremde Hände geraten, in diesem Fall erwartete ihn die Armut. Lange saß er unbeweglich auf ein und demselben Platz, blickte in den ruhig dahinfließenden Bach, der einige verwelkte Blätter mit sich davontrug und ihn lebhaft an das Leben erinnerte – ein Bild, das so gewöhnlich ist. Schließlich merkte er, dass es dämmerte; er stand auf und begann nach dem Weg zu suchen, doch lange irrte er noch in dem ihm unbekannten Wald umher, ehe er auf einen Pfad stieß, der ihn auch geradewegs zum Tor seines Hauses führte. Unterwegs kam Dubrowski der Pope mit seinem ganzen Gefolge entgegen. Der Gedanke, dass dies eine schlechte Vorbedeutung sei, fuhr ihm durch den Kopf. Unwillkürlich trat er zur Seite und versteckte sich hinter einem Baum. Sie hatten ihn nicht bemerkt und sprachen voller Eifer miteinander, als sie an ihm vorübergingen.

»Meide das Böse und tue Gutes«, sagte der Pope zu seiner Frau. »Was sollen wir noch hierbleiben. Dich trifft es nicht, wie auch die Sache ausgeht.« Die Popenfrau antwortete etwas, doch Wladimir konnte sie nicht mehr verstehen.

Als er sich dem Haus näherte, sah er eine Menge Leute; Bauern und Gesinde drängten sich auf dem herrschaftlichen Hof. Von ferne hörte Wladimir ungewöhnlichen Lärm und Stimmengewirr. Beim Schuppen hielten zwei Troikas. Auf der Freitreppe standen mehrere unbekannte Männer in Uniformröcken und besprachen anscheinend etwas.

»Was bedeutet das?«, fragte er ärgerlich Anton, der ihm entgegengelaufen kam. »Wer ist das, und was wollen sie?«

»Ach, Väterchen Wladimir Andrejewitsch«, antwortete der Alte und holte mit Mühe Atem, »das Gericht ist gekommen. Man übergibt uns Trojekurow, entzieht uns deiner Gnade!«

Wladimir senkte den Kopf, das Gesinde umringte seinen unglücklichen Herrn. »Du unser Vater«, schrien sie und küssten ihm die Hände, »wir wollen keinen anderen Herrn außer dir, befiehl nur, Herr, mit dem Gericht werden wir fertig. Wir sterben eher, als dass wir dich im Stich lassen.« Wladimir sah sie an, und seltsame Gedanken bewegten ihn. »Haltet euch ruhig«, sagte er zu ihnen. »Ich werde mit den Beamten verhandeln.« – » Verhandle mit ihnen, Väterchen«, riefen sie ihm aus der Menge zu, »rede den Verfluchten ins Gewissen.« Wladimir ging zu den Beamten. Schabaschkin, eine Schirmmütze auf dem Kopf, die Arme in die Seite gestemmt, blickte stolz um sich. Der Kreispolizeichef, ein großer dicker Mann von fünfzig Jahren mit einem roten Gesicht und einem Schnurrbart, räusperte sich krächzend, als er Dubrowski kommen sah, und sprach mit heiserer Stimme: »Also, ich wiederhole, was ich gesagt habe: Auf Beschluss des Kreisgerichts gehört ihr von jetzt an Kirila Petrowitsch Trojekurow, der von Herrn Schabaschkin hier vertreten wird. Gehorcht ihm in allem, was er auch befiehlt, und ihr, Weiber, liebt und ehrt ihn, denn er ist ein großer Liebhaber von euch.« Bei diesem geistreichen Scherz begann der Kreispolizeichef laut zu lachen, und Schabaschkin und auch die übrigen Mitglieder des Gerichts folgten seinem Beispiel. In Wladimir kochte es vor Empörung. »Gestatten Sie mir, zu erfahren, was dies hier zu bedeuten hat?«, fragte er mit erzwungener Ruhe den fröhlichen Kreispolizeichef. »Das hat zu bedeuten«, antwortete der scharfsinnige Beamte, »dass wir gekommen sind, um Kirila Petrowitsch Trojekurow in diesen Besitz einzuführen, und *alle Übrigen* bitten wir, sich davonzumachen, solange ihre Haut noch heil ist.« – »Doch Sie hätten sich, scheint mir, an mich wenden können, und nicht zuerst an die Bauern, und hätten dem Gutsherrn den Entzug der Verfügungsgewalt bekannt geben müssen ...« – »Wer bist du denn überhaupt?«, fragte Schabaschkin frechen Blicks. »Der ehemalige Gutsbesitzer Andrej, Sohn des Gawrila Dubrowski, ist nach Gottes Ratschluss gestorben – von Ihnen wissen wir nichts und wollen wir auch nichts wissen.«

»Wladimir Andrejewitsch ist unser junger Herr«, sagte eine Stimme in der Menge.

»Wer wagt es da, seinen Mund aufzusperren«, sagte drohend der Kreispolizeichef. »Was für ein Herr, was für ein Wladimir Andrejewitsch? Euer Herr ist Kirila Petrowitsch Trojekurow, hört ihr es, ihr Hohlköpfe.«

»Warum nicht gar«, sagte dieselbe Stimme.

»Das ist ja Aufruhr!«, schrie der Kreispolizeichef. »He, Dorfältester, hierher!«

Der Dorfälteste trat vor.

»Mach sofort denjenigen ausfindig, der es gewagt hat, mit mir zu sprechen, ich werd's ihm zeigen!«

Der Dorfälteste wandte sich an die Menge und fragte, wer gesprochen hätte. Doch alle schwiegen; nach und nach wurde in den hinteren Reihen ein Gemurmel laut, schwoll an und verwandelte sich im Augenblick in ein entsetzliches Geschrei. Der Kreispolizeichef senkte die Stimme und wollte ihnen gut zureden. »Was gibt es da noch zu gucken«, schrien die Leute vom Gesinde, »Kinder! Nieder mit ihnen!«, und die Menge geriet in Bewegung. Schabaschkin und die anderen Mitglieder stürzten schnell in die Diele und riegelten die Türen hinter sich zu.

»Kinder, fesselt sie«, rief dieselbe Stimme, und die Menge drängte vorwärts ... »Halt«, rief Dubrowski, »Dummköpfe! Was tut ihr da! Ihr stürzt euch und auch mich ins Unglück. Geht auf eure Höfe und lasst mich in Ruhe. Habt keine Angst, der Herrscher ist gnädig, ich richte eine Bittschrift an ihn. Er wird uns nicht benachteiligen. Wir alle sind seine Kinder. Doch wie kann er für euch eintreten, wenn ihr euch wie Aufrührer und Räuber gebärdet.«

Die Rede des jungen Dubrowski, seine kräftige Stimme und sein eindrucksvolles Äußeres übten die beabsichtigte Wirkung aus. Die Leute verstummten, gingen auseinander, und der Hof leerte sich. Die Gerichtsbeamten saßen in der Diele. Schließlich schloss Schabaschkin leise die Tür auf, trat auf die Freitreppe hinaus und begann unter erniedrigenden Verbeugungen Dubrowski für sein gnädiges Eintreten zu danken. Wladimir hörte ihn voller Verachtung an und antwortete nichts. »Wir haben beschlossen«, fuhr der Assessor fort, »mit Ihrer Erlaubnis hier zu übernachten, denn es ist schon dunkel, und Ihre Bauern könnten uns unterwegs überfallen. Seien Sie so freundlich und ordnen Sie an, dass uns wenigstens Heu in das Gastzimmer gebracht wird; sowie es hell wird, machen wir uns auf den Heimweg.«

»Machen Sie, was Sie wollen«, sagte Dubrowski kühl, »ich bin hier schon nicht mehr der Herr.« Mit diesen Worten begab er sich in das Zimmer seines Vaters und schloss die Tür hinter sich ab.

Sechstes Kapitel

Also, alles ist aus, sagte er sich. Noch heute Morgen hatte ich ein Dach über dem Kopf und ein Stück Brot. Morgen werde ich das Haus, in dem ich geboren bin und in dem mein Vater gestorben ist, demjenigen überlassen müssen, der schuld ist an seinem Tod und an meiner Armut. Und seine Augen blieben unbeweglich an dem Bildnis seiner Mutter haften. Der Maler hatte sie in einem weißen Morgenkleid mit einer roten Rose im Haar dargestellt, wie sie sich auf ein Geländer stützte. Und auch dieses Porträt gelangt in die Hände des Feindes meiner Familie, überlegte Wladimir. Es wird zusammen mit zerbrochenen Stühlen in der Rumpelkammer landen, oder es wird im Vorzimmer aufgehängt, und die Hundewärter werden darüber lachen und ihre Bemerkungen machen, und in ihrem Schlafzimmer, in dem Sterbezimmer des Vaters, lässt sich sein Verwalter nieder oder wird sein Harem untergebracht. Nein! Nein! Auch er soll dieses traurige

Haus nicht bekommen, aus dem er mich vertreibt! Wladimir biss die Zähne aufeinander, furchtbare Gedanken kamen ihm in den Kopf. Die Stimmen der Amtsschreiber drangen zu ihm, sie taten, was sie wollten; verlangten einmal dies und einmal das und lenkten ihn auf unangenehme Weise bei seinen traurigen Überlegungen ab. Schließlich wurde alles still.

Wladimir schloss die Kommoden und Truhen auf und beschäftigte sich mit den Papieren des Verstorbenen. Sie bestanden zum größten Teil aus Wirtschaftsrechnungen und Briefen in verschiedenen Angelegenheiten. Wladimir zerriss sie, ohne sie zu lesen. Unter ihnen fiel ihm ein Päckchen in die Hand mit der Aufschrift *Briefe meiner Frau.* Mit einem Gefühl starker Erregung widmete er sich ihnen. Sie waren während des türkischen Feldzuges geschrieben worden und aus Kistenjowka an die Armee adressiert. Sie beschrieb ihm ihr einsames Leben, ihre häuslichen Arbeiten, voller Zärtlichkeit beklagte sie die Trennung und rief ihn zu sich, in die Arme der liebenden Gefährtin; in einem der Briefe teilte sie ihm ihre Besorgnis über die Gesundheit des kleinen Wladimir mit; in einem anderen freute sie sich über seine früh entwickelten Fähigkeiten und prophezeite ihm eine glückliche und glänzende Zukunft.

Wladimir vergaß über dem Lesen alles auf der Welt, versenkte sich in das Reich des Familienglücks und bemerkte nicht, wie die Zeit verging. Die Wanduhr schlug elf. Wladimir steckte die Briefe in die Tasche, nahm eine Kerze und verließ das Arbeitszimmer. Im Saal schliefen die Beamten auf dem Fußboden. Auf dem Tisch standen Gläser, aus denen sie getrunken hatten, und im ganzen Zimmer roch es stark nach Rum. Voller Ekel ging Wladimir an ihnen vorüber in das Vorzimmer – die Tür war verschlossen. Da er den Schlüssel nicht fand, kehrte er in den Saal zurück, der Schlüssel lag auf dem Tisch. Wladimir schloss auf und stieß auf einen Menschen, der sich in eine Ecke drückte, eine Axt blitzte in seiner Hand, und als Wladimir sich mit der Kerze ihm zuwandte, erkannte er den Schmied Archip. »Was willst du hier?«, fragte er. »Ach, Wladimir Andrejewitsch, Sie sind das«, antwortete Archip flüsternd, »dem Herrn sei Lob und Dank! Gut, dass Sie eine Kerze hatten!« Wladimir betrachtete ihn voller Erstaunen. »Warum hast du dich hier versteckt?«, fragte er den Schmied.

»Ich wollte ... ich bin gekommen ... um zu sehen, ob alle zu Hause sind«, antwortete Archip leise und stockend.

»Und was soll die Axt?«

»Die Axt? Wie kann man denn heutzutage ohne Axt weggehen. Diese Beamten sind solche Spitzbuben – ehe du dich's versiehst ...«

»Du bist betrunken, tu die Axt weg, geh und schlaf dich aus.«

»Ich und betrunken? Väterchen Wladimir Andrejewitsch, Gott ist mein Zeuge, keinen einzigen Tropfen habe ich in den Mund genommen ... kann man denn jetzt an Wein denken, wo hat man so etwas gehört, die Schreiber wollen uns in ihren Besitz nehmen, die Schreiber jagen unsere Herren von ihren Höfen ... Wie sie schnarchen, die Verfluchten; alle auf einmal müsste man sie umbringen, und kein Hahn kräht mehr danach.«

Dubrowskis Gesicht verfinsterte sich. »Hör zu, Archip«, sagte er, nachdem er eine Weile geschwiegen hatte, »das ist nichts, was du da vorhast. Nicht die Beamten sind schuld. Zünde die Laterne an und komm mit.«

Archip nahm dem Herrn die Kerze aus der Hand, suchte hinter dem Ofen die Laterne hervor, steckte sie an, und beide stiegen leise die Treppe herunter und gingen über den Hof. Der Wächter begann an eine eiserne Tafel zu schlagen, die Hunde bellten. »Wer wacht?«, fragte Dubrowski. »Wir, Väterchen«, antwortete eine dünne Stimme, »Wassilissa und Lukerja.« – »Geht auf eure Höfe«, sagte Dubrowski zu ihnen, »ihr werdet nicht gebraucht.« – »Feierabend«, ließ sich Archip vernehmen. »Danke dir, du unser Ernährer«, antworteten die Weiber und gingen sofort nach Hause.

Dubrowski ging weiter. Zwei Männer näherten sich ihm; sie riefen ihn an. Dubrowski erkannte die Stimmen von Anton und Grischa. »Warum schlaft ihr nicht?«, fragte er sie.

»Uns ist nicht nach Schlafen zumute«, antwortete Anton. »So weit ist's mit uns gekommen, wer hätte gedacht ...«

»Still!«, unterbrach ihn Dubrowski. »Wo ist Jegorowna?«

»Im Herrenhaus, in ihrem Zimmer«, antwortete Grischa.

»Geh und hole sie her, und führe auch alle von unseren Leuten aus dem Haus heraus, sodass keine Seele mehr zurückbleibt außer den Beamten, und du, Anton, spann den Wagen an.« Grischa ging fort und erschien in wenigen Minuten mit seiner Mutter. Die Alte hatte sich in dieser Nacht nicht ausgezogen; außer den Beamten hatte niemand im Hause ein Auge zugetan.

»Sind alle hier?«, fragte Dubrowski. »Ist niemand im Hause zurückgeblieben?«

»Niemand außer den Schreibern«, antwortete Grischa. »Schafft Heu oder Stroh her«, sagte Dubrowski.

Die Leute liefen in den Pferdestall und kamen mit Heu in den Armen zurück.

»Legt es unter die Treppe. So ist's recht. Nun, Kinder, Feuer her!«

Archip klappte die Laterne auf, Dubrowski brannte einen Holzspan an.

»Halt«, sagte er zu Archip, »ich glaube, ich habe in der Eile die Tür zum Vorzimmer zugeschlossen, geh und schließ sie auf.«

Archip lief in die Diele – die Tür war nicht verschlossen. Archip schloss sie mit dem Schlüssel ab und sagte dabei halblaut: »*Schließ sie auf! Warum nicht gar!*« und kehrte zu Dubrowski zurück.

Dubrowski hielt den Holzspan an das Heu, es fasste Feuer, eine Flamme schoss in die Höhe und beleuchtete den ganzen Hof. »Ach je«, rief Jegorowna kläglich, »Wladimir Andrejewitsch, was tust du da?«

»Sei still«, erwiderte Dubrowski. »Nun, Kinder, lebt wohl, ich gehe, wohin mich Gott führt; seid glücklich mit eurem neuen Herrn.«

»Du unser Vater und Wohltäter«, antworteten die Leute, »eher sterben wir, als dass wir dich im Stich lassen, wir gehen mit dir.«

Die Pferde waren angespannt; Dubrowski setzte sich mit Grischa in den Wagen und nannte ihnen als Treffpunkt den Wald von Kistenjowka. Anton schlug auf die Pferde ein, und sie fuhren vom Hof.

Wind kam auf. Im Nu war das ganze Haus in Flammen gehüllt. Roter Rauch wand sich über dem Dach empor. Fensterglas zersprang und fiel zu Boden, qualmende Balken stürzten herab, man hörte klägliches Schreien und Rufen: »Wir brennen, zu Hilfe, zu Hilfe.« – »*Warum nicht gar*«, sagte Archip, der mit einem bösen Lächeln das Feuer betrachtete. »Lieber Archip«, wandte sich Jegorowna flehend an ihn, »rette sie, die Verfluchten, Gott wird es dir lohnen.« »Warum nicht gar«, antwortete der Schmied.

In diesem Moment erschienen die Beamten hinter dem Fenster und versuchten die Doppelrahmen herauszubrechen. Doch da stürzte unter Krachen das Dach ein, und die Schreie verstummten.

Bald erschien das ganze Gesinde in hellen Scharen auf dem Hof. Die Weiber liefen unter Geschrei nach ihren Habseligkeiten, um sie zu retten, die Kinder sprangen umher und freuten sich über das Feuer. Die Funken flogen gleich einem feurigen Schneegestöber durch die Luft, und die Hütten fingen an zu brennen.

»Jetzt ist alles in Ordnung«, sagte Archip. »Wie das brennt, was? Von Pokrowskoje, denk ich, muss das ein herrlicher Anblick sein.«

In diesem Augenblick zog eine neue Erscheinung seine Aufmerksamkeit auf sich; eine Katze lief über das lichterloh brennende Schuppendach und wusste nicht, wohin sie springen sollte; von allen Seiten umgaben sie Flammen. Das arme Tier flehte mit kläglichem Miauen um Hilfe. Die Jungen starben beinah vor Lachen, als sie ihre Verzweiflung bemerkten. »Worüber lacht ihr, Teufelsrangen?«, sagte der Schmied zornig zu ihnen. »Ihr fürchtet Gott nicht; ein Gottesgeschöpf kommt um, aber ihr freut euch noch in eurer Dummheit.« Und er stellte eine Leiter an das brennende Dach und kletterte zu der Katze hinauf. Sie verstand seine Absicht und klammerte sich mit dem Ausdruck hastiger Dankbarkeit an seinem Ärmel fest. Der halb versengte Schmied stieg mit seiner Beute hinab. »Nun, Kinder, lebt wohl«, sagte er zu dem bestürzten Gesinde. »Ich habe hier nichts mehr zu schaffen. Viel Glück, und behaltet mich in gutem Andenken.«

Der Schmied ging fort; der Brand wütete noch einige Zeit. Schließlich legte er sich, und die verkohlten Reste glühten hell und ohne Flamme in der Dunkelheit der Nacht, und neben ihnen bewegten sich die abgebrannten Bewohner von Kistenjowka.

Siebentes Kapitel

Am nächsten Tag verbreitete sich die Nachricht von dem Brand in der ganzen Umgebung. Alle sprachen von ihm unter den verschiedensten Vermutungen und Annahmen. Die einen versicherten, dass die Leute Dubrowskis sich beim Leichenschmaus betrunken hätten und das Haus aus Unvorsichtigkeit in Brand geraten wäre, die anderen hielten die Beamten für die Schuldigen, die ihren Einzug auf dem Gut gefeiert hätten, viele behaupteten, dass er selbst zusammen mit den Beamten und dem ganzen Gesinde in den Flammen umgekommen sei. Einige errieten die Wahrheit und versicherten, dass der Urheber dieses entsetzlichen Unglücks der von Wut und Verzweiflung getriebene Dubrowski gewesen wäre. Trojekurow kam schon am nächsten Tag zur Brandstätte gefahren und führte selbst die Untersuchung durch. Es erwies sich, dass der Kreispolizeichef, der Assessor des Landgerichts, der Sachwalter und der Schreiber sowie Wladimir Dubrowski, die Kinderfrau Jegorowna, der dem Gesinde angehörende Grigori, der Kutscher Anton und der Schmied Archip spurlos verschwunden waren. Das Gesinde sagte einmütig aus, dass die Beamten unter dem herabstürzenden Dach verbrannt seien; ihre verkohlten Knochen wurden freigelegt. Die Weiber Wassilissa und Lukerja bezeugten, dass sie Dubrowski und den Schmied Archip wenige Minuten vor dem Brand gesehen hätten. Nach den Aussagen aller lebte der Schmied Archip und war wahrscheinlich der Hauptverantwortliche, wenn nicht sogar der alleinige Schuldige an dem Brand. Auch Dubrowski stand unter starkem Verdacht. Kirila Petrowitsch schickte dem Gouverneur eine genaue Beschreibung des Vorgefallenen, und eine neue Untersuchung nahm ihren Anfang.

Bald darauf gaben andere Nachrichten der Neugier und dem Gerede neue Nahrung. In *** waren Räuber aufgetaucht und versetzten die ganze Umgebung in Schrecken. Die Maßnahmen, die von der Regierung gegen sie eingeleitet wurden, erwiesen sich als unzureichend. Die Raubüberfälle, von denen einer kühner als der andere war, nahmen kein Ende. Es gab keinerlei Sicherheit, weder auf den Wegen noch in den Dörfern. Einige Troikas voller Räuber fuhren tagsüber im ganzen Gouvernement umher, hielten die Reisenden und die Post an, kamen in die Dörfer, raubten die Gutshäuser aus und zündeten sie an. Der Anführer der Bande war weithin bekannt für seine Klugheit, seine Kühnheit und eine gewisse Großmut. Man erzählte sich Wunder von ihm; der Name Dubrowskis war in aller Munde, alle waren überzeugt, dass er und kein anderer die verwegenen Verbrecher anführte.

Nur eines erregte Verwunderung – die Güter Trojekurows blieben verschont; die Räuber plünderten keine seiner Scheunen, nicht ein einziges Fuhrwerk hielten sie an. In seinem üblichen Hochmut schrieb Trojekurow diese Ausnahme der Furcht zu, die er dem ganzen Gouvernement einzuflößen verstand, und auch der ausgezeichneten Gendarmerie, die er sich in seinen Dörfern zugelegt hatte. Zuerst lachten die Nachbarn untereinander über die Überheblichkeit Trojekurows und warteten täglich darauf, dass die ungebetenen Gäste Pokrowskoje, wo etwas für sie zu holen gewesen wäre, ihren Besuch abstatten würden, doch schließlich sahen sie sich genötigt, ihm beizupflichten und sich einzugestehen, dass auch die Räuber ihm eine unverständliche Achtung erwiesen … Trojekurow triumphierte, und bei jeder Nachricht von einem neuen Raubzug Dubrowskis machte er sich in spöttischen Scherzen über den Gouverneur, die Kreispolizeichefs und Kompanieführer lustig, denen Dubrowski immer mit heiler Haut entschlüpfte.

Unterdessen war der 1. Oktober herangekommen, der Tag des Kirchweihfestes auf dem Gut Trojekurows. Doch ehe wir mit der Beschreibung dieser Feierlichkeit und der weiteren Ereignisse beginnen, müssen wir den Leser mit Personen bekannt machen, die für ihn neu sind oder die wir nur kurz zu Beginn unserer Erzählung erwähnten.

Achtes Kapitel

Der Leser hat wahrscheinlich schon erraten, dass die Tochter Kirila Petrowitschs, über die wir bisher nur wenige Worte verloren, die Heldin unserer Erzählung ist. Zu der geschilderten Zeit war sie siebzehn Jahre alt, und ihre Schönheit war voll erblüht. Der Vater liebte sie wahnsinnig, doch behandelte er sie mit der ihm eigenen Willkür, bald bemühte er sich, ihre kleinsten Launen zu befriedigen, bald schüchterte er sie durch eine strenge und manchmal auch grausame Behandlung ein. Obwohl er ihrer Anhänglichkeit sicher war, gelang es ihm niemals, ihr Vertrauen zu gewinnen. Sie war gewohnt, ihre Gefühle und Gedanken vor ihm zu verbergen, da sie nie mit Sicherheit wusste, wie sie aufgenommen würden. Sie hatte keine Freundinnen und war ganz allein aufgewachsen. Die Frauen und Töchter der Nachbarn besuchten selten Kirila Petrowitsch, dessen gewöhnliche Gespräche und Belustigungen die Gesellschaft von Männern erforderten und nicht die Gegenwart von Damen. Nur selten erschien unsere Schönheit unter den Gästen, die bei Kirila Petrowitsch zechten. Die riesige Bibliothek, die zum größten Teil aus den Werken französischer Schriftsteller des achtzehnten Jahrhunderts bestand, war ihr überlassen. Ihr Vater, der niemals etwas anderes gelesen hatte außer der »Vollkommenen Köchin«, konnte sie bei der Auswahl der Bücher nicht anleiten, und Mascha entschloss sich, nachdem sie in allen möglichen Werken geblättert hatte, natürlich für die Romane. Auf diese Weise vollendete sie ihre Erziehung, die seinerzeit unter der Anleitung von Mademoiselle Mimi begonnen worden war; Letzterer hatte Kirila Petrowitsch ein außerordentliches Vertrauen und großes Wohlwollen erwiesen, und er musste sie schließlich heimlich auf ein anderes Gut schicken, als die Folgen dieser Freundschaft zu offensichtlich wurden. Mademoiselle Mimi hatte ein recht angenehmes Andenken zurückgelassen. Sie war ein gutes Mädchen gewesen und hatte niemals den Einfluss missbraucht, den sie offenbar auf Kirila Petrowitsch ausübte, worin sie sich von anderen Geliebten, die er alle Augenblicke wechselte, unterschied. Kirila Petrowitsch hatte sie, so schien es, mehr als alle anderen geliebt, und der schwarzäugige Knabe, ein Wildfang von neun Jahren, dessen Gesicht an die südlichen Gesichtszüge von Mademoiselle Mimi gemahnte, wurde in seinem Hause erzogen und als sein Sohn anerkannt, obwohl eine Menge barfüßiger Jungen, die Kirila Petrowitsch ähnelten wie ein Tropfen Wasser dem anderen und vor seinen Fenstern umherliefen, zum Gesinde zählten. Kirila Petrowitsch ließ sich für seinen kleinen Sascha aus Moskau einen französischen Hauslehrer kommen, der während der von uns beschriebenen Ereignisse auch in Pokrowskoje eintraf.

Dieser Hauslehrer gefiel Kirila Petrowitsch wegen seines angenehmen Äußeren und seiner einfachen Umgangsformen. Er wies Trojekurow seine Empfehlungsschreiben vor sowie einen Brief von einem der Verwandten Trojekurows, bei dem er vier Jahre als Erzieher zugebracht hatte. Kirila Petrowitsch sah all das durch und war nur mit der Jugend seines Franzosen unzufrieden – nicht etwa, weil er annahm, dass dieser liebenswerte Mangel unvereinbar mit der bei dem schwierigen Beruf des Lehrers so notwendigen Geduld und Erfahrung wäre, doch er hatte seine eigenen Zweifel, die er ihm auch sofort klarmachen wollte. Zu diesem Zweck befahl er, Mascha herbeizurufen. (Kirila Petrowitsch sprach nicht Französisch, und sie diente ihm als Dolmetscher.)

»Komm her, Mascha, sag diesem Musjö, dass ich einverstanden bin und ihn nehme, aber nur unter der Bedingung, dass er es sich nicht einfallen lässt, mit meinen Mädchen anzubändeln, sonst werde ich ihn, den Hundesohn … übersetz ihm das, Mascha.«

Mascha errötete und sagte dem Lehrer auf Französisch, dass ihr Vater hoffe, er werde sich bescheiden und anständig betragen.

Der Franzose verbeugte sich vor ihr und antwortete, er hoffe, die Achtung aller zu gewinnen, selbst wenn man ihm kein Wohlwollen entgegenbringe.

Mascha übersetzte wörtlich seine Antwort.

»Gut, gut«, sagte Kirila Petrowitsch, »er braucht keinerlei Wohlwollen oder Achtung, seine Sache ist es, auf Sascha aufzupassen und ihm Grammatik und Geografie beizubringen, übersetz ihm das.«

Marja Kirilowna milderte in ihrer Übersetzung die groben Ausdrücke des Vaters, und Kirila Petrowitsch entließ seinen Franzosen in das für ihn bestimmte Zimmer im Seitenflügel. Mascha beachtete den Franzosen in keiner Weise; da sie in aristokratischen Vorurteilen erzogen worden war, stellte der Hauslehrer für sie eine Art Diener oder Handwerker dar, und Diener oder Handwerker schienen ihr keine Männer zu sein. Sie bemerkte weder den Eindruck, den sie auf Monsieur Deforges machte, noch seine Verlegenheit, seine Erregung und seine veränderte Stimme. Danach traf sie ihn einige Tage hintereinander recht oft, ohne ihn einer größeren Beachtung für würdig zu halten. Auf unerwartete Weise erhielt sie von ihm eine völlig neue Vorstellung:

Auf dem Hof Kirila Petrowitschs wurden gewöhnlich einige junge Bären großgezogen, die eines der Hauptvergnügen des Gutsherrn von Pokrowskoje waren. In ihrer frühesten Jugend wurden die jungen Bären täglich in das Gastzimmer gebracht, wo Kirila Petrowitsch sich stundenlang mit ihnen abgab und Katzen und junge Hunde auf sie hetzte. Wenn sie groß geworden waren, kamen sie an die Kette und warteten darauf, richtig gehetzt zu werden. Manchmal führte man sie vor die Fenster des Herrenhauses und rollte ihnen ein mit Nägeln gespicktes leeres Weinfass hin; der Bär beschnüffelte es, berührte es dann vorsichtig mit den Tatzen, stach sich, wurde wütend, stieß stärker zu, und auch der Schmerz wurde stärker. Er geriet in rasende Wut, warf sich mit Gebrüll auf das Fass, bis man dem armen Tier endlich den

Gegenstand seines vergeblichen Zorns wegnahm. Es kam vor, dass man ein Bärenpaar vor einen Wagen spannte, Gäste – ob sie wollten oder nicht – hineinsetzte und sie auf gut Glück losfahren ließ. Doch als bester Scherz galt bei Kirila Petrowitsch Folgendes: Ein hungriger Bär wurde in ein leeres Zimmer gesperrt und mit einem Seil an einen Ring gebunden, der in die Wand geschraubt war. Das Seil war fast so lang wie das ganze Zimmer, sodass nur die gegenüberliegende Ecke vor einem Angriff des fürchterlichen Tieres Schutz bot. Gewöhnlich führte man einen Neuling an die Tür dieses Zimmers, stieß ihn unverhofft zu dem Bären hinein, schloss die Tür ab und ließ das unglückliche Opfer mit dem struppigen Einsiedler allein. Der arme Gast suchte bald, mit zerrissenem Rock und bis aufs Blut zerkratzt, die schützende Ecke auf, doch musste er manchmal, an die Wand gedrückt, drei Stunden dort stehen und zusehen, wie das wütende Tier zwei Schritte vor ihm brüllend umhersprang, sich auf die Hinterbeine stellte, am Seil riss und aus allen Kräften versuchte, ihn zu erreichen. Solcherart waren die edlen Belustigungen des russischen Gutsherrn! Einige Tage nach der Ankunft des Hauslehrers erinnerte sich Trojekurow seiner und nahm sich vor, ihn mit dem Bärenzimmer zu beglücken. Zu diesem Zweck rief er ihn eines Morgens zu sich und führte ihn durch dunkle Korridore; plötzlich öffnete sich eine Seitentür, zwei Diener stießen den Franzosen hinein und schlossen sie mit dem Schlüssel zu. Als der Hauslehrer zu sich kam, sah er den angebundenen Bären vor sich, das Tier begann zu schnauben, beschnüffelte von fern seinen Gast, plötzlich erhob es sich auf die Hinterfüße und ging auf ihn los … Der Franzose blieb ruhig, lief nicht davon und erwartete den Angriff. Der Bär kam heran, Deforges zog eine kleine Pistole aus der Tasche, drückte sie dem hungrigen Tier ans Ohr und schoss. Der Bär stürzte zu Boden. Alles lief herbei, die Tür öffnete sich, und Kirila Petrowitsch trat herein, äußerst verwundert über den Ausgang seines Scherzes. Kirila Petrowitsch wollte unbedingt alles erklärt haben: wer ihn vor dem Scherz, den man mit ihm vorhatte, gewarnt habe oder weshalb er in seiner Tasche eine geladene Pistole mit sich führe. Er schickte nach Mascha. Mascha kam herbeigelaufen und übersetzte dem Franzosen die Fragen ihres Vaters.

»Ich habe nichts von einem Bären gehört«, sagte Deforges, »doch ich habe immer Pistolen bei mir, weil ich nicht gewillt bin, Beleidigungen hinzunehmen, für die ich, meinem Stand nach, keine Genugtuung fordern kann.«

Mascha blickte ihn erstaunt an und übersetzte seine Worte Kirila Petrowitsch. Kirila Petrowitsch antwortete nichts, befahl den Bären hinauszuschaffen und ihm das Fell abzuziehen; dann wandte er sich an seine Leute und sagte: »Was für ein Prachtkerl! Er hat keine Angst gehabt, bei Gott, keine Angst.« Von diesem Augenblick an liebte er Deforges und dachte nicht mehr daran, ihn auf die Probe zu stellen.

Doch dieser Vorfall machte noch einen viel größeren Eindruck auf Marja Kirilowna. Ihre Vorstellungskraft geriet in Erregung, sie hatte den toten Bären gesehen und über ihm Deforges, wie er ruhig dastand und ruhig mit ihr sprach. Sie erkannte, dass Tapferkeit und stolzes Selbstbewusstsein nicht ausschließlich an einen Stand gebunden sind; von dieser Zeit an begann sie den jungen Hauslehrer zu achten, und diese Achtung wuchs stündlich. Gemeinsame Interessen brachten sie einander nahe. Mascha hatte eine herrliche Stimme und war sehr musikalisch. Deforges machte sich erbötig, ihr Unterricht zu geben. Nach alldem wird der Leser leicht erraten, dass Mascha sich in ihn verliebte, freilich noch ohne es sich selbst einzugestehen.

Zweiter Band

Neuntes Kapitel

Am Vorabend des Festes begannen die Gäste einzutreffen, die einen wurden im Herrenhaus und in den Seitenflügeln untergebracht, die anderen beim Verwalter, wieder andere beim Geistlichen oder bei wohlhabenden Bauern. Die Ställe waren voller Reisepferde, die Höfe und Schuppen mit den verschiedensten Equipagen vollgestellt. Um neun Uhr morgens läutete es zur Messe, und alles bewegte sich zu der neuen steinernen Kirche hin, die Kirila Petrowitsch hatte bauen lassen und die alljährlich mit seinen Opfergaben ausgeschmückt wurde. Es hatte sich solch eine Menge angesehener Kirchgänger versammelt, dass die einfachen Bauern in der Kirche keinen Platz fanden und am Eingang und innerhalb der Umfriedung standen. Die Messe hatte noch nicht begonnen, denn man wartete auf Kirila Petrowitsch. Er kam in einer sechsspännigen Kutsche vorgefahren und begab sich feierlich, von seiner Tochter begleitet, auf seinen Platz. Marja Kirilowna zog die Blicke der Männer und Frauen auf sich; die Ersteren bewunderten ihre Schönheit, die Letzteren betrachteten aufmerksam ihre Toilette. Die Messe begann, auf dem Kirchenchor sangen die Sänger vom Gutshaus, Kirila Petrowitsch fiel selbst mit ein, betete, ohne nach links oder rechts zu sehen, und verbeugte sich voll stolzer Demut bis zur Erde, als der Diakon mit donnernder Stimme den »Gründer dieses Tempels« erwähnte.

Die Messe ging zu Ende. Kirila Petrowitsch ging als Erster zum Kreuz. Alle folgten ihm, danach traten die Nachbarn voller Ehrfurcht an ihn heran. Die Damen umringten Mascha. Als Kirila Petrowitsch die Kirche verließ, lud er alle zu sich zum Mittagessen ein, setzte sich in die Kutsche und fuhr nach Hause. Alle fuhren ihm hinterher. Die

Zimmer füllten sich mit Gästen. Alle Augenblicke kamen neue Menschen herein und konnten sich nur mit Mühe zum Hausherrn durchzwängen. Die Damen, mit Edelsteinen und Brillanten geschmückt, ließen sich wohlgesittet in einem Halbkreis nieder, sie waren altmodisch angezogen und hatten abgetragene, teure Kleider an, die Männer drängten sich um Kaviar und Schnaps und redeten laut durcheinander. Im Saal wurde der Tisch für achtzig Personen gedeckt. Die Diener eilten hin und her, stellten Flaschen und Karaffen auf und strichen die Tischtücher glatt. Schließlich verkündete der Haushofmeister: »Es ist aufgetragen«, und Kirila Petrowitsch setzte sich als Erster an die Tafel, hinter ihm bewegten sich die Damen und nahmen würdevoll ihre Plätze ein, wobei sie eine gewisse Rangordnung beachteten, die Fräulein drängten sich zusammen wie eine schüchterne Herde Zicklein und setzten sich alle nebeneinander. Ihnen gegenüber ließen sich die Herren nieder. An dem Ende der Tafel setzte sich der Hauslehrer neben den kleinen Sascha.

Die Diener servierten die Teller nach dem Rang, im Zweifelsfalle ließen sie sich von Lavaterschen Überlegungen leiten und irrten sich dabei fast nie. Das Klirren der Teller und Löffel floss mit dem lauten Gespräch der Gäste in eins zusammen, Kirila Petrowitsch betrachtete fröhlich seine Tafelrunde und genoss voll und ganz das Glück des Gastgebers. In diesem Augenblick fuhr eine sechsspännige Kutsche in den Hof. »Wer ist das?«, fragte der Hausherr. »Anton Pafnutitsch«, antworteten mehrere Stimmen. Die Tür öffnete sich, und Anton Pafnutitsch Spizyn, ein dicker Mann von ungefähr fünfzig Jahren mit einem runden und pockennarbigen Gesicht, das ein dreifaches Kinn zierte, wälzte sich in den Speisesaal, wobei er sich andauernd verbeugte, lächelte und im Begriff war, sich zu entschuldigen … »Ein Gedeck her«, schrie Kirila Petrowitsch, »wir lassen bitten, Anton Pafnutitsch, setz dich, und sag uns, was das bedeuten soll: Du warst nicht bei der Messe und kommst auch zum Mittagessen zu spät. Das sieht dir gar nicht ähnlich – du bist doch fromm und isst auch gerne.« – »Verzeihung«, antwortete Anton Pafnutitsch und befestigte eine Serviette im Knopfloch seines erbsgrünen Rockes, »Verzeihung, Väterchen Kirila Petrowitsch, ich hatte mich früh auf den Weg gemacht, doch ich war kaum ein Dutzend Werst gefahren, als plötzlich der Reifen am vorderen Rad zersprang – was tun? Zum Glück war ein Dorf in der Nähe, bis wir uns aber zu ihm hingeschleppt hatten, einen Schmied gefunden und alles einigermaßen in Ordnung gebracht hatten, waren genau drei Stunden vergangen, daran war nichts zu ändern. Den nächsten Weg durch den Wald von Kistenjowka wollte ich nicht fahren, sondern machte einen Umweg ...«

»Hehe!«, unterbrach ihn Kirila Petrowitsch. »Du scheinst nicht gerade zu den Mutigsten zu gehören; wovor hast du denn Angst?«

»Was heißt, wovor hast du Angst, Väterchen Kirila Petrowitsch, vor dem Dubrowski habe ich Angst, eh du dich's versiehst, gerätst du ihm in die Krallen. Das ist ein ganz geriebener Bursche, der lässt keinen ungeschoren, und mir wird er wahrscheinlich nicht nur einmal das Fell über die Ohren ziehen.«

»Wofür denn, Bruder, so eine Auszeichnung?«

»Was heißt wofür, Väterchen Kirila Petrowitsch? Doch für den Prozess mit dem verstorbenen Andrej Gawrilowitsch. Ich war es doch, der Ihnen zu Gefallen, das heißt nach bestem Wissen und Gewissen, ausgesagt hat, dass die Dubrowskis Kistenjowka besitzen ohne irgendein Recht darauf und nur aufgrund Ihrer Nachsichtigkeit. Und der Verstorbene (Gott hab ihn selig) hatte versprochen, mit mir auf seine Weise abzurechnen, und der Sohn hält wahrscheinlich das Versprechen seines Vaters. Bis jetzt war mir Gott gnädig. Nur eine einzige Scheune haben sie mir ausgeräumt, aber ehe du dich's versiehst, nehmen sie sich das Herrenhaus vor.«

»Und im Herrenhaus brauchen sie nur zuzugreifen«, bemerkte Kirila Petrowitsch. »Die Geldschatulle ist doch übervoll ...«

»Woher denn, Väterchen Kirila Petrowitsch. Sie war voll, aber jetzt ist sie ganz leer!«

»Hör mit dem Lügen auf, Anton Pafnutitsch. Euch kennen wir; wo soll denn das Geld hinkommen bei dir, lebst wie ein Schwein zu

Hause, empfängst niemanden, schindest deine Bauern bis aufs Blut, häufst Geld an – und das ist alles.«

»Sie belieben immer zu spaßen, Väterchen Kirila Petrowitsch«, murmelte Anton Pafnutitsch mit einem Lächeln. »Aber, bei Gott, wir sind ruiniert.« Und Anton Pafnutitsch würgte seine Verlegenheit über den herrschaftlichen Scherz des Gastgebers zusammen mit einem fetten Stück Fleischpastete herunter. Kirila Petrowitsch ließ ihn in Frieden und wandte sich dem neuen Kreispolizeichef zu, der zum ersten Mal sein Gast war und am anderen Ende der Tafel neben dem Lehrer saß.

»Wie steht es, fangen wenigstens Sie Dubrowski, Herr Kreispolizeichef?«

Der Kreispolizeichef bekam einen Schreck, verbeugte sich, lächelte, stotterte und sagte schließlich: »Wir geben uns Mühe, Euer Exzellenz.«

»Hm, wir geben uns Mühe. Schon die ganze Zeit gibt man sich Mühe, aber es kommt nichts heraus dabei. Wahrhaftig, warum ihn fangen. Dubrowskis Raubzüge sind eine Wohltat für die Kreispolizeichefs: Dienstreisen, Ermittlungen, Reisepferde – und das Geld geht in die eigene Tasche. Wie kann man solch einen Wohltäter auch an den Galgen bringen? Habe ich nicht recht, Herr Kreispolizeichef?«

»Sie haben vollkommen recht, Euer Exzellenz«, antwortete der völlig verwirrte Kreispolizeichef.

Die Gäste brachen in Gelächter aus.

»Mir gefällt der Bursche wegen seiner Ehrlichkeit«, sagte Kirila Petrowitsch. »Aber um unseren verstorbenen Kreispolizeichef Taras Alexejewitsch ist es doch schade; wenn man ihn nicht verbrannt hätte, wäre es jetzt im Kreis ruhiger. Und was hört man von Dubrowski? Wo ist er zum letzten Mal gesehen worden?«

»Bei mir, Kirila Petrowitsch«, ließ sich eine hohe und dünne Stimme vernehmen, die einer dicken Dame angehörte. »Vergangenen Dienstag hat er bei mir zu Mittag gegessen …« Alle Blicke richteten sich auf Anna Sawischna Globowa, eine recht einfache Witwe, die von allen wegen ihres gutmütigen und fröhlichen Wesens geliebt wurde. Voller Neugier warteten alle auf ihre Erzählung.

»Sie müssen wissen, dass ich vor genau drei Wochen den Verwalter mit Geld für meinen Wanjuscha auf die Post geschickt habe. Ich verwöhne meinen Sohn nicht, ich bin dazu auch gar nicht in der Lage, wenn ich es auch wollte; doch Sie wissen ja selbst: Ein Gardeoffizier muss ein anständiges Leben führen können, und ich teile, soweit es nur geht, mit Wanjuscha meine geringen Einkünfte. Und da habe ich ihm zweitausend Rubel geschickt, zwar kam mir der Gedanke an Dubrowski ziemlich oft, aber ich denke: Bis zur Stadt ist es nicht weit, nur sieben Werst, Gott wird uns vielleicht beschützen. Ich gucke, da kommt abends mein Verwalter zurück, bleich, abgerissen und zu Fuß – ich schlug die Hände über dem Kopf zusammen. ›Was ist? Was ist mit dir passiert?‹ Er sagt mir: ›Mütterchen Anna Sawischna, die Räuber haben mich bestohlen, fast hätten sie mich erschlagen, Dubrowski selbst war da und wollte mich aufhängen, doch er hatte Mitleid und ließ mich laufen, dafür hat er mir alles abgenommen, auch das Pferd und den Wagen.‹ Ich war wie erschlagen; Gott im Himmel, was wird aus meinem Wanjuscha? Da war nichts zu machen, ich schrieb meinem Sohn einen Brief, in dem ich ihm alles erzählte, und sandte ihm meinen Segen ohne einen einzigen Heller.

Eine Woche verging, die zweite – plötzlich kommt eine Kutsche zu mir auf den Hof gefahren. Ein General bittet, mich sprechen zu dürfen; bitte schön, herzlich willkommen; ein Mann von fünfunddreißig Jahren tritt bei mir ein, braunes Gesicht, schwarze Haare, Bart, das reinste Abbild Kulnjows, er stellt sich als Freund und Kriegskamerad meines verstorbenen Mannes Iwan Andrejewitsch vor; er sei hier vorbeigefahren und habe nicht versäumen wollen, bei seiner Witwe einzukehren, da er wusste, dass ich hier wohne. Ich bewirtete ihn, so gut ich konnte, wir unterhielten uns über dies und das und schließlich auch über Dubrowski. Ich erzählte ihm mein Unglück. Mein General zog die Brauen zusammen. ›Das ist seltsam‹, sagte er, ›ich habe gehört, Dubrowski fällt nicht jeden an, sondern nur bekannte Reiche, und auch dann teilt er die Beute mit ihnen und nimmt ihnen nicht alles ab, wegen Mordes aber hat ihn noch niemand angeklagt; vielleicht ist hier eine Gaunerei im Spiel, lassen Sie doch Ihren Verwalter einmal herkommen.‹ Man lief nach dem Verwalter, und er erschien; sowie er den General sah, erstarrte er vor Schreck. ›Erzähle mir doch mal, Bruder, wie dich Dubrowski ausgeraubt hat und wie er dich hängen wollte.‹ Mein Verwalter fing an zu zittern und fiel dem General zu Füßen. ›Väterchen, verzeih mir, der Böse hat mich verführt, ich habe gelogen.‹ – ›Wenn sich das so verhält‹, antwortete der General, ›dann erzähle gefälligst der Herrin, wie alles gekommen ist, ich aber werde zuhören.‹ Der Verwalter konnte sich von dem Schreck nicht erholen. ›Nun‹, fuhr der General fort, ›erzähle: Wo hast du Dubrowski getroffen?‹ – ›Bei den zwei Kiefern, Väterchen, bei den zwei Kiefern.‹ – ›Und was hat er zu dir gesagt?‹ – ›Er hat mich gefragt, zu wem ich gehöre, wohin ich fahre und warum.‹ – ›Nun, und dann?‹ – ›Und dann hat er den Brief und das Geld verlangt.‹ – ›Nun?‹ – ›Ich hab ihm den Brief und das Geld gegeben.‹ – ›Und er? Nun, und er?‹ – ›Väterchen, Verzeihung.‹ – ›Nun, was hat er getan?‹ – ›Er hat mir das Geld und den Brief zurückgegeben und gesagt: »Geh mit Gott und trag es auf die Post.«‹ – ›Nun, und du?‹ – ›Väterchen, Verzeihung.‹ – ›Mit dir, mein Lieber, werde ich abrechnen‹, sagte der General drohend, ›und ordnen Sie an, Gnädigste, dass die Truhe dieses Spitzbuben durchsucht wird und übergeben Sie ihn mir, ich werde ihm eine Lehre erteilen. Sie müssen wissen, dass Dubrowski selbst Gardeoffizier gewesen ist, er würde einen Kameraden nicht kränken wollen.‹ Ich erriet, wer Seine Exzellenz war, was sollte ich groß mit ihm reden. Die Kutscher banden den Verwalter am Bock fest. Das Geld wurde gefunden; der General aß bei mir zu Mittag, dann fuhr er sofort weg und nahm den Verwalter mit. Mein Verwalter wurde am nächsten Tag im Wald gefunden, er war an eine Eiche gefesselt, und man hatte ihn bis aufs Hemd geplündert.«

Alle hatten der Erzählung Anna Sawischnas schweigend zugehört, besonders die Fräulein. Viele von ihnen wollten Dubrowski heimlich wohl, sie sahen in ihm einen Romanhelden, besonders die leidenschaftliche Träumerin Marja Kirilowna, die von den geheimnisvollen Schauern der Radcliffe ganz durchdrungen war.

»Und du nimmst an, Anna Sawischna, dass bei dir Dubrowski in eigener Person gewesen ist?«, fragte Kirila Petrowitsch. »Da hast du dich aber sehr getäuscht. Ich weiß nicht, wer bei dir zu Besuch gewesen ist, aber Dubrowski war es auf keinen Fall.«

»Wie, Väterchen, nicht Dubrowski – wer denn sonst, wenn nicht er, fährt auf die Straße und hält die Vorübergehenden an und untersucht sie.«

»Ich weiß es nicht, aber Dubrowski war es bestimmt nicht. Ich erinnere mich noch an ihn, als er ein kleines Kind war; ich weiß nicht, ob vielleicht seine Haare nachgedunkelt sind, aber damals war er ein blondlockiger Junge, doch ich weiß genau, dass Dubrowski fünf Jahre älter ist als meine Mascha und dass er folglich nicht fünfunddreißig Jahre alt ist, sondern ungefähr dreiundzwanzig.«

»Genau so ist es, Euer Exzellenz«, rief der Kreispolizeichef, »ich habe Wladimir Dubrowskis Steckbrief in der Tasche. Darin ist genau angegeben, dass er dreiundzwanzig Jahre alt ist.«

»Ah!«, sagte Kirila Petrowitsch. »Übrigens, lies ihn uns mal vor, es wäre nicht schlecht, seine äußeren Merkmale zu kennen; wenn er uns unter die Augen kommen sollte, dann entwischt er uns nicht.«

Der Kreispolizeichef zog ein ziemlich schmieriges Blatt Papier aus der Tasche, faltete es voller Wichtigkeit auseinander und begann mit singender Stimme zu lesen.

»Die Merkmale Wladimir Dubrowskis, zusammengestellt aufgrund der Angaben ehemaliger Angehöriger seines Gesindes.

Alter dreiundzwanzig Jahre, *Wuchs* mittelgroß, *Gesicht* glatt, *Bart* keiner, *Augen* braun, *Haare* hellbraun, *Nase* gerade. *Besondere Kennzeichen* keine.«

»Und weiter nichts?«, fragte Kirila Petrowitsch.

»Weiter nichts«, antwortete der Kreispolizeichef und faltete das Papier zusammen.

»Ich gratuliere, Herr Kreispolizeichef. Das ist ein Papierchen! Aufgrund dieser Merkmale wird es Ihnen nicht schwerfallen, Dubrowski zu finden. Wer ist denn nicht mittelgroß, wer hat denn keine hellbraunen Haare, keine gerade Nase und keine braunen Augen? Ich gehe jede Wette ein, dass du dich drei Stunden hintereinander mit Dubrowski selbst unterhalten wirst und nicht merkst, mit wem dich Gott zusammengeführt hat. Alles, was recht ist, die Beamten sind kluge Köpfe!« Der Kreispolizeichef steckte demütig sein Papier in die Tasche und machte sich schweigend an die Gans mit Kraut. Unterdessen waren die Diener schon einige Male reihum gegangen und hatten jedem Gast eingeschenkt. Einige Flaschen Wein aus den Bergen und aus Zymljansk waren laut entkorkt und wohlwollend als Champagner hingenommen worden, die Gesichter begannen sich zu röten, die Gespräche wurden lauter, unzusammenhängender und fröhlicher.

»Nein«, fuhr Kirila Petrowitsch fort, »so einen Kreispolizeichef wie den verstorbenen Taras Alexejewitsch finden wir nicht noch einmal! Der war kein Dummkopf, keine Schlafmütze. Schade, dass man den Prachtburschen verbrannt hat, sonst wäre ihm nicht ein Einziger aus der ganzen Bande entgangen. Er hätte sie alle bis auf den letzten Mann gefangen, und auch Dubrowski selbst wäre ihm nicht entkommen und hätte sich nicht losgekauft. Das Geld hätte Taras Alexejewitsch schon genommen, aber freigelassen hätte er ihn nicht: So pflegte es der Verstorbene zu halten. Da hilft alles nichts, anscheinend muss ich selbst eingreifen und gegen die Räuber mit meinen eigenen Leuten zu Felde ziehn. Fürs Erste werde ich zwanzig Leute losschicken, die werden den Räuberwald säubern; die Leute sind nicht ängstlich, jeder nimmt es allein mit einem Bären auf, sie werden bei den Räubern kein Fersengeld geben.«

»Ist Ihr Bär denn gesund, Väterchen Kirila Petrowitsch?«, erkundigte sich Anton Pafnutitsch, der sich bei diesen Worten an seinen zottigen Bekannten erinnerte und an gewisse Scherze, denen er zum Opfer gefallen war.

»Meister Petz weilt nicht mehr unter den Lebenden«, antwortete Kirila Petrowitsch. »Er ist eines ruhmvollen Todes von der Hand des Feindes gestorben. Dort ist sein Bezwinger«, Kirila Petrowitsch wies auf Deforges. »Nimm dir an meinem Franzosen ein Beispiel. Er hat deine … mit Verlaub zu sagen … gerächt. Erinnerst du dich?«

»Wie soll ich mich nicht erinnern«, erwiderte Anton Pafnutitsch und kratzte sich am Kopf. »Ich erinnere mich sehr gut daran. Also Petz ist tot. Es ist schade um Meister Petz, bei Gott, schade! Was für ein Spaßvogel war er! Was für ein kluges Tier! Solch einen Bären findet man nicht zum zweiten Mal. Warum hat ihn denn der Musjö umgebracht?«

Kirila Petrowitsch begann mit großem Vergnügen von der Heldentat seines Franzosen zu berichten, da er die glückliche Eigenschaft besaß, mit allem, was ihn auch immer umgab, zu prahlen. Die Gäste lauschten aufmerksam dem Bericht über Meister Petz' Tod und sahen voller Bewunderung auf Deforges, der, ohne zu ahnen, dass von seinem Mut die Rede war, ruhig auf seinem Platz saß und seinem munteren Zögling moralische Belehrungen erteilte.

Das Mittagessen, das ungefähr drei Stunden gedauert hatte, ging zu Ende; der Hausherr legte die Serviette auf den Tisch, alle erhoben sich und gingen in das Gastzimmer, wo ihrer Kaffee, Karten und die Fortsetzung des so rühmlich im Speisesaal begonnenen Gelages harrten.

Zehntes Kapitel

Gegen sieben Uhr abends wollten einige Gäste nach Hause fahren, doch der Hausherr, durch den Punsch fröhlich geworden, befahl, das Tor zu schließen, und verkündete, dass er bis zum nächsten Morgen niemand vom Hof ließe. Bald darauf erschallte Musik, die Saaltür öffnete sich, und der Ball nahm seinen Anfang. Der Hausherr und seine nächsten Freunde saßen in einer Ecke, tranken Glas auf Glas und freuten sich über die Fröhlichkeit der Jugend. Die alten Damen spielten Karten. Kavaliere gab es, wie überall, wo nicht eine Ulanenbrigade einquartiert ist, weniger als Damen, alle Herren, die fähig waren zu tanzen, waren engagiert worden. Der Hauslehrer tat sich vor allen anderen hervor, er tanzte am meisten, alle Fräulein forderten ihn auf und fanden, dass es sich mit ihm sehr schön Walzer tanzen lässt. Mehrere Male drehte er sich auch mit Marja Kirilowna im Walzer, und die anderen Fräulein beobachteten sie mit spöttischen Mienen. Schließlich hob der müde Hausherr den Ball um Mitternacht auf, befahl, das Abendessen aufzutragen, und ging selber schlafen.

Die Abwesenheit Kirila Petrowitschs ließ die Gesellschaft ungezwungener und lebhafter werden. Die Kavaliere wagten es, sich neben die Damen zu setzen. Die Mädchen lachten und flüsterten mit ihren Nachbarn; die Damen sprachen laut über den Tisch hinweg. Die Männer tranken, stritten sich und lachten – kurz, das Abendessen war außerordentlich lustig und hinterließ viele angenehme Erinnerungen.

Nur ein einziger Mensch nahm nicht an der allgemeinen Fröhlichkeit teil: Anton Pafnutitsch. Er saß finster und schweigend auf seinem Platz, aß zerstreut und schien außerordentlich beunruhigt zu sein. Die Gespräche über die Räuber hatten seine Einbildungskraft erregt. Wir werden gleich sehen, dass er genügend Grund hatte, sich vor Räubern zu fürchten.

Als Anton Pafnutitsch Gott zum Zeugen angerufen hatte, dass seine Geldschatulle leer sei, hatte er nicht gelogen und somit nicht gesündigt: Das Geld, das sie einst enthielt, war in eine Ledertasche übergewechselt, die er auf der Brust unter dem Hemd trug. Nur durch diese Vorsichtsmaßnahme beschwichtigte er sein Misstrauen gegenüber allen und seine ewige Angst. Da er sich genötigt sah, in einem fremden Haus zu übernachten, fürchtete er, irgendwo in einem einsamen Zimmer, in das leicht Diebe gelangen könnten, sein Nachtlager zu erhalten, er hielt nach einem verlässlichen Schlafgenossen Ausschau und entschied sich schließlich für Deforges. Sein Äußeres, das Kraft verriet, und vor allem die Tapferkeit, die er beim Zusammentreffen mit dem Bären – an den Anton Pafnutitsch nicht ohne

Zittern denken konnte – bewiesen hatte, gaben bei dieser Wahl den Ausschlag. Als man sich von der Tafel erhob, drückte sich Anton Pafnutitsch in der Nähe des jungen Franzosen herum, räusperte sich und hustete und wandte sich schließlich an ihn mit einer Erklärung.

»Hm, hm, wäre es nicht möglich, Musjö, in Ihrer Kammer zu übernachten, denn, wie Sie sehen …«

»Que désire monsieur?«, fragte ihn Deforges mit einer höflichen Verbeugung.

»So ein Pech, du kannst noch nicht Russisch, Musjö. She wö, mua, sehe wu kuschee, verstehst du?«

»Monsieur, très volontiers«, antwortete Deforges, »veuillez donner des ordres en conséquence.«

Anton Pafnutitsch, sehr zufrieden mit seinen Kenntnissen der französischen Sprache, ging sofort daran und traf die entsprechenden Anordnungen.

Die Gäste verabschiedeten sich voneinander, und jeder ging auf das ihm zugewiesene Zimmer. Anton Pafnutitsch folgte dem Hauslehrer in den Seitenflügel. Die Nacht war dunkel. Deforges beleuchtete den Weg mit einer Laterne, Anton Pafnutitsch ging recht munter hinter ihm her und drückte manchmal die verborgene Ledertasche an seine Brust, um sich zu überzeugen, dass das Geld noch bei ihm sei.

Als sie in den Seitenflügel kamen, zündete der Lehrer eine Kerze an, und beide begannen sich auszuziehen; Anton Pafnutitsch ging dabei im Zimmer auf und ab, untersuchte Schlösser und Fenster und wiegte den Kopf bei dieser Besichtigung, die ihn gar nicht befriedigte. Die Tür konnte nur mit einem Riegel verschlossen werden, die Fenster hatten noch keine Doppelrahmen. Er versuchte sich darüber bei Deforges zu beklagen, doch seine Kenntnisse der französischen Sprache waren zu begrenzt für solch eine komplizierte Darlegung; der Franzose verstand ihn nicht, und Anton Pafnutitsch sah sich gezwungen, auf seine Klagen zu verzichten. Ihre Betten standen einander gegenüber, beide legten sich nieder, und der Lehrer löschte das Licht.

»Purkua wu tuschee, purkua wu tuschee«, schrie Anton Pafnutitsch und konjugierte – wenn auch mit Mühe – das russische Verb für *löschen* auf französische Art. »Ich kann im Dunkeln nicht dormir.« Deforges verstand seinen Ausruf nicht und wünschte ihm eine gute Nacht.

»Dieser verfluchte Heide«, knurrte Spizyn und wickelte sich in die Bettdecke. »Warum musste er unbedingt das Licht löschen. Umso schlimmer für ihn. Ich kann ohne Licht nicht schlafen. – Musjö, Musjö«, fuhr er fort, »she wö awek wu parle.« Doch der Franzose antwortete nicht und fing bald darauf an zu schnarchen.

Da schnarcht diese Bestie von einem Franzosen, dachte Anton Pafnutitsch, und bei mir ist an Schlafen überhaupt nicht zu denken. Ehe du dich's versiehst, kommen Diebe zur offenen Tür herein oder klettern durchs Fenster, und diese Bestie wacht nicht einmal von einem Kanonenschuss auf! – »Musjö! He, Musjö! Der Teufel soll dich holen.«

Anton Pafnutitsch schwieg, die Müdigkeit und der Wein siegten allmählich über seine Ängstlichkeit, er begann vor sich hin zu dämmern, und bald verfiel er in tiefen Schlaf.

Ein seltsames Erwachen sollte ihm zuteilwerden. Halb im Schlaf fühlte er, dass jemand vorsichtig an seinem Hemdkragen zog. Anton Pafnutitsch öffnete die Augen und sah im blassen Licht des Herbstmorgens Deforges vor sich: Der Franzose hielt in der einen Hand eine Taschenpistole und knüpfte mit der anderen die geheiligte Tasche ab. Anton Pafnutitsch erschrak zu Tode.

»Kess kö se, musjö, kess kö se«, sagte er mit zitternder Stimme.

»Still, keinen Ton«, antwortete der Hauslehrer im reinsten Russisch, »keinen Ton, oder Sie sind verloren. Ich bin Dubrowski.«

Elftes Kapitel

Jetzt ersuchen wir den Leser um die Erlaubnis, die letzten Ereignisse unserer Erzählung durch die vorangehenden Umstände zu erläutern, die zu berichten wir noch nicht die Zeit hatten.

Auf der Poststation ***, im Haus des Postmeisters, den wir bereits erwähnten, saß ein Reisender mit demütiger und geduldiger Miene, die auf einen Rasnotschinzen oder einen Ausländer schließen ließ, das heißt auf einen Menschen, dessen Stimme auf der Poststraße kein Gewicht hat. Seine Kalesche stand auf dem Hof und wartete darauf, abgeschmiert zu werden. In ihr lag ein kleiner Koffer, der kümmerliche Beweis einer nicht übermäßigen Wohlhabenheit. Der Reisende verlangte weder Tee noch Kaffee, sah zum Fenster hinaus und pfiff vor sich hin, zum größten Missvergnügen der Postmeisterin, die hinter der Zwischenwand saß.

»Da hat uns Gott einen Pfeifer hergeführt«, sagte sie halblaut. »Wie er pfeift, wenn er doch platzen würde, der verfluchte Heide.«

»Nun und?«, meinte der Postmeister. »Was für ein Unglück, soll er doch pfeifen.«

»Was für ein Unglück?«, entgegnete die wütende Gemahlin. »Weißt du nicht, was das bedeutet?«

»Was soll es bedeuten? Dass das Pfeifen das Geld aus dem Haus vertreibt? Ih! Pachomowna, ob bei uns gepfiffen wird oder nicht: Geld ist niemals da.«

»Lass ihn doch fahren, Sidorytsch. Wozu willst du ihn hierbehalten. Gib ihm Pferde, soll er sich zum Teufel scheren.«

»Er kann warten, Pachomowna; ich habe nur drei Gespanne im Stall, das vierte ruht sich aus. Eh du dich's versiehst, kommen anständige Reisende; ich will nicht wegen des Franzosen meinen Rücken hinhalten. Horch, wahrhaftig! Da kommt jemand angefahren. He-he-he, und so schnell, sollte das etwa ein General sein?«

Die Kutsche hielt am Eingang. Der Diener sprang vom Bock, öffnete den Wagenschlag, und gleich darauf trat ein junger Mann in Militärmantel und weißer Uniformmütze beim Postmeister ein; hinter ihm trug der Diener eine Schatulle und stellte sie aufs Fensterbrett.

»Pferde!«, sagte der Offizier in befehlendem Ton.

»Sofort«, antwortete der Postmeister. »Zeigen Sie mir bitte die Anweisung auf Pferde.«

»Ich habe keine Anweisung. Ich fahre nicht die Straße … Erkennst du mich etwa nicht?«

Der Postmeister lief auf einmal hin und her und stürzte davon, um die Kutscher anzutreiben. Der junge Mann fing an, im Zimmer auf und ab zu gehen, trat dann hinter die Zwischenwand und fragte leise die Postmeisterin, wer der Reisende sei.

»Das weiß Gott allein«, antwortete die Postmeisterin. »Irgend so ein Franzose. Jetzt sind's schon fünf Stunden, dass er auf Pferde wartet und vor sich hin pfeift. Er hängt mir zum Hals heraus, der Verfluchte.«

Der junge Mann begann sich mit dem Reisenden auf Französisch zu unterhalten.

»Wohin wollen Sie fahren?«, unterbrach er ihn.

»In die nächste Stadt«, antwortete der Franzose. »Von dort aus mache ich mich auf den Weg zu einem Gutsherrn, der mich, ohne mich zu kennen, als Hauslehrer angestellt hat. Ich hatte geglaubt, heute schon dort sein zu können, aber der Herr Postmeister scheint sich anders entschlossen zu haben. In diesem Land ist es schwer, Pferde zu bekommen, Herr Offizier.«

»Und wer von den hiesigen Gutsbesitzern hat Sie angestellt?«, fragte der Offizier.

»Herr Trojekurow«, sagte der Franzose.

»Trojekurow? Wer ist dieser Trojekurow?«

»Ma foi, mon officier … ich habe von ihm wenig Gutes gehört. Man erzählt, dass er ein stolzer und eigenwilliger Herr ist, grausam im Umgang mit seinen Hausangehörigen, dass niemand mit ihm auskommen kann, dass alle schon bei seinem Namen zittern, dass er mit den Hauslehrern (avec les outchitels) nicht viel Umstände macht und schon zwei zu Tode geprügelt hat.«

»Ich bitte Sie! Und Sie haben vor, bei solch einem Ungeheuer in den Dienst zu treten.«

»Was soll ich machen, Herr Offizier. Er bietet mir ein gutes Gehalt an, dreitausend Rubel im Jahr, bei freier Kost und Logis. Vielleicht habe ich mehr Glück als andere. Ich habe eine alte Mutter, die Hälfte des Gehalts werde ich ihr zum Leben schicken, von dem restlichen Geld spare ich mir innerhalb von fünf Jahren ein kleines Kapital zusammen, das mir meine Unabhängigkeit sichern wird, und dann bonsoir, ich werde nach Paris fahren und mich mit Handelsunternehmungen befassen.«

»Kennt Sie irgendjemand im Haus der Trojekurows?«, fragte er.

»Nein, niemand«, antwortete der Hauslehrer. »Er hat mich durch einen seiner Bekannten aus Moskau kommen lassen, dessen Koch, ein Landsmann von mir, mich empfohlen hat. Sie müssen wissen, dass ich mich nicht darauf vorbereitet hatte, Hauslehrer zu sein, sondern Konditor, doch man sagte mir, in Ihrem Land sei der Beruf eines Lehrers unvergleichlich vorteilhafter …«

Der Offizier dachte nach.

»Hören Sie«, unterbrach ihn der Offizier, »was würden Sie sagen, wenn man Ihnen anstelle dieser Zukunft zehntausend Rubel in bar anbieten würde, unter der Bedingung, dass Sie sofort zurück nach Paris fahren?«

Der Franzose guckte den Offizier verwundert an, lächelte und schüttelte den Kopf.

»Die Pferde sind angespannt«, sagte der Postmeister, der hereingetreten war. Der Diener wiederholte dasselbe. »Sofort«, antwortete der Offizier. »Lassen Sie uns einen Augenblick allein.« Der Postmeister und der Diener gingen hinaus. »Ich scherze nicht«, fuhr er auf Französisch fort. »Die zehntausend kann ich Ihnen geben, ich brauche nur Ihre Abwesenheit und Ihre Papiere.« Mit diesen Worten öffnete et die Schatulle und nahm aus ihr einige Bündel Geldscheine heraus.

Der Franzose machte große Augen. Er wusste nicht, was er denken sollte.

»Meine Abwesenheit … meine Papiere«, wiederholte er voller Verwunderung. »Hier sind meine Papiere … Doch Sie scherzen: Wozu brauchen Sie meine Papiere?«

»Das ist nicht Ihre Sache. Ich frage Sie, sind Sie einverstanden oder nicht?«

Der Franzose, der immer noch nicht seinen Ohren traute, reichte seine Papiere dem jungen Offizier hin, der sie schnell durchsah.

»Ihr Pass … schön. Ein Empfehlungsbrief, wir werden sehen. Die Geburtsurkunde, ausgezeichnet. Hier haben Sie also Ihr Geld, fahren Sie zurück. Leben Sie wohl …«

Der Franzose rührte sich nicht vom Fleck.

Der Offizier kam zurück.

»Ich hatte das Wichtigste vergessen. Geben Sie mir Ihr Ehrenwort, dass alles unter uns bleibt – Ihr Ehrenwort.«

»Ich gebe Ihnen mein Ehrenwort«, antwortete der Franzose.

»Doch meine Papiere, was soll ich ohne sie anfangen?«

»Erklären Sie in der ersten Stadt, dass Sie Dubrowski ausgeraubt hat. Man wird Ihnen glauben und Ihnen die nötigen Zeugnisse ausstellen. Leben Sie wohl, und Gott gebe es, dass Sie möglichst schnell nach Paris kommen und Ihre Mutter bei guter Gesundheit vorfinden.«

Dubrowski ging aus dem Zimmer, setzte sich in den Wagen und fuhr davon.

Der Postmeister sah aus dem Fenster, und als die Kutsche davongefahren war, wandte er sich mit dem Ausruf an seine Frau: »Pachomowna, weißt du was? Das war Dubrowski!« Die Postmeisterin stürzte Hals über Kopf zum Fenster, doch es war bereits zu spät: Dubrowski war schon weit fort. Sie begann ihren Mann zu beschimpfen: »Du hast keine Gottesfurcht, Sidorytsch, warum hast du mir das nicht früher gesagt, ich hätte wenigstens einen Blick auf Dubrowski geworfen, jetzt können wir warten, bis er wieder bei uns einkehrt. Du hast kein Gewissen, wirklich, du hast keins!«

Der Franzose rührte sich nicht vom Fleck. Die Abmachung mit dem Offizier, das Geld, all das kam ihm vor wie ein Traum. Doch die Bündel mit den Geldscheinen lagen hier in seiner Tasche und sprachen in eindrucksvoller Weise für die Wahrhaftigkeit des wunderbaren Vorgangs. Er entschloss sich, Pferde bis zur Stadt zu mieten. Der Kutscher fuhr ihn im Schritt, und erst nachts hatten sie sich bis zur Stadt geschleppt.

Kurz vor der Stadteinfahrt, neben der statt des Wachsoldaten ein zerfallenes Schilderhäuschen stand, befahl der Franzose anzuhalten, kletterte aus der Kalesche, machte dem Kutscher durch Zeichen klar, dass er ihm diese und den Koffer als Trinkgeld überlasse, und ging zu Fuß weiter. Der Kutscher war über diese Freigebigkeit ebenso erstaunt wie der Franzose über den Vorschlag Dubrowskis. Doch der Kutscher, der aus alldem schloss, dass der Ausländer den Verstand verloren habe, dankte mit einem eifrigen Bückling, und da er es nicht für gut hielt, in die Stadt hineinzufahren, machte er sich auf den Weg zu einem ihm bekannten Vergnügungsetablissement, dessen Besitzer er recht gut kannte. Dort verbrachte er die ganze Nacht, und am Morgen des nächsten Tages kehrte er mit dem Gespann heim, aber ohne Kalesche und Koffer, mit geschwollenem Gesicht und roten Augen.

Als Dubrowski in den Besitz der Papiere des Franzosen gelangt war, erschien er, wie wir schon gesehen haben, ohne Weiteres bei Trojekurow und ließ sich in seinem Hause nieder. Welcher Art auch seine geheimen Absichten waren (wir werden sie später erfahren), in seinem Benehmen war nichts Ungebührliches. Allerdings kümmerte er sich wenig um die Erziehung des kleinen Sascha, ließ ihm volle Freiheit für seine Streiche und bestrafte ihn nicht streng, wenn die Schularbeiten, die er ihm nur zum Schein aufgab, nicht gemacht waren, dafür verfolgte er aber mit großem Fleiß die musikalischen Fortschritte seiner Schülerin und saß oft stundenlang mit ihr am Klavier. Alle hatten den jungen Hauslehrer gern – Kirila Petrowitsch liebte ihn wegen seiner Tollkühnheit auf der Jagd, Marja Kirilowna verehrte ihn wegen seines grenzenlosen Eifers und seiner schüchternen Aufmerksamkeit, Sascha schwärmte für ihn wegen der Nachsichtigkeit seinen Streichen gegenüber, die Übrigen im Hause schätzten ihn wegen seiner Güte und Freigebigkeit, die scheinbar nicht mit seinem Vermögen in Einklang zu bringen war. Er selbst, so schien es, hing sehr an der ganzen Familie und rechnete sich schon zu einem Mitglied derselben.

Von dem Tag an, da er das Amt eines Hauslehrers angetreten hatte, bis zu dem denkwürdigen Fest war ungefähr ein Monat vergangen, und niemand kam auf den Gedanken, dass sich hinter dem bescheidenen jungen Franzosen der gefährliche Räuber verbarg, dessen Name unter allen Gutsbesitzern der Umgebung Schrecken hervorrief. Während dieser ganzen Zeit verließ Dubrowski Pokrowskoje nicht, doch das Gerücht von seinen Raubzügen ließ, dank der erfinderischen Fantasie der Dorfbewohner, nicht nach, allein, es konnte auch sein, dass seine Bande ihre Tätigkeit auch während der Abwesenheit des Anführers fortsetzte.

Als Dubrowski im selben Zimmer mit einem Menschen schlief, den er für seinen persönlichen Feind und einen der Hauptschuldigen an seinem Unglück halten durfte, konnte er der Versuchung nicht widerstehen. Er wusste von der Existenz der Tasche und entschloss sich, sie in seinen Besitz zu bringen. Wir haben gesehen, wie er den armen Anton Pafnutitsch durch seine jähe Verwandlung von einem Lehrer in einen Räuber erstaunte.

Morgens um neun Uhr versammelten sich die Gäste, die in Pokrowskoje übernachtet hatten, allmählich im Gastzimmer, wo schon der Samowar kochte, vor dem Marja Kirilowna im Morgenkleid saß und wo Kirila Petrowitsch in baumwollenem Rock und Pantoffeln aus seiner breiten Tasse trank, die eher einer Spülschüssel glich. Als Letzter erschien Anton Pafnutitsch; er war so blass und schien so verwirrt, dass sein Anblick alle verblüffte und Kirila Petrowitsch sich nach seiner Gesundheit erkundigte. Spizyn antwortete ohne jeden Sinn und blickte voller Entsetzen auf den Hauslehrer, der dabeisaß, als wäre nichts geschehen. Nach einigen Minuten trat ein Diener herein und verkündete Spizyn, dass seine Kutsche bereitstünde; Anton Pafnutitsch verabschiedete sich eilig, verließ trotz aller Ermahnungen des Hausherrn schnell das Zimmer und fuhr sofort davon. Man verstand nicht, was ihm zugestoßen sein konnte, und Kirila Petrowitsch kam zu dem Schluss, dass er sich den Magen überladen habe. Nach dem Tee und dem Abschiedsfrühstück fuhren die übrigen Gäste nacheinander heim, und bald darauf war Pokrowskoje leer und verlassen, und alles ging wieder seinen gewohnten Gang.

Zwölftes Kapitel

Einige Tage vergingen, und nichts Bemerkenswertes geschah. Das Leben der Bewohner von Pokrowskoje verlief eintönig. Kirila Petrowitsch fuhr jeden Tag auf die Jagd; Lektüre, Spaziergänge und Musikstunden beschäftigten Marja Kirilowna, besonders die Musikstunden. Sie fing an, ihr eigenes Herz zu verstehen, und musste sich mit unwillkürlichem Ärger gestehen, dass es den Vorzügen des jungen Franzosen gegenüber nicht gleichgültig war. Er seinerseits verletzte nie die Grenzen der Ehrerbietung und die strengen Regeln des Anstandes und beschwichtigte damit ihren Stolz und ihre ängstlichen Zweifel. Mit immer größerer Zutraulichkeit überließ sie sich dieser reizvollen Gewohnheit. Ohne Deforges langweilte sie sich, in seiner Gegenwart widmete sie sich nur ihm, wollte über alles seine Meinung wissen und war immer mit ihm einverstanden. Vielleicht war sie noch nicht verliebt, doch beim ersten zufälligen Hindernis oder bei einer plötzlichen Verfolgung durch das Schicksal musste die Flamme der Leidenschaft in ihrem Herzen emporschlagen.

Eines Tages, als Marja Kirilowna in den Saal gekommen war, wo sie der Hauslehrer erwartete, bemerkte sie voller Erstaunen einen Ausdruck von Verlegenheit auf seinem blassen Gesicht. Sie öffnete das Klavier, sang einige Noten, doch Dubrowski entschuldigte sich unter dem Vorwand, er habe Kopfschmerzen, unterbrach die Stunde, klappte die Noten zu und gab ihr heimlich einen Zettel. Marja Kirilowna nahm ihn an, ohne zu überlegen, und bereute es im selben Augenblick, doch Dubrowski war schon nicht mehr im Saal. Marja Kirilowna ging in ihr Zimmer, faltete den Zettel auseinander und las Folgendes:

»Seien Sie heute um sieben Uhr in der Laube am Bach. Ich muss unbedingt mit Ihnen sprechen.«

Ihre Neugierde war außerordentlich groß. Schon lange wartete sie auf ein Geständnis, wünschte es herbei und hatte Angst vor ihm. Es wäre ihr sehr angenehm gewesen, eine Bestätigung dessen, was sie schon lange erriet, zu hören, doch sie fühlte, dass es unziemlich wäre, eine Liebeserklärung von einem Menschen hinzunehmen, der seiner Stellung nach nicht hoffen konnte, jemals ihre Hand zu erhalten. Sie nahm sich vor, zum Stelldichein zu gehen, doch sie war sich in einem nicht sicher: auf welche Weise sie das Geständnis des Lehrers entgegennehmen sollte – voller aristokratischer Empörung, mit freundschaftlichen Ermahnungen, fröhlichen Späßen oder voll schweigsamen Mitgefühls? Währenddessen sah sie alle Augenblicke auf die Uhr. Es dämmerte, die Kerzen wurden angezündet, und Kirila Petrowitsch setzte sich mit den Nachbarn, die zu Besuch gekommen waren, zum Bostonspiel nieder. Die Uhr im Speisesaal schlug drei viertel sieben, und Marja Kirilowna trat leise auf die Freitreppe, blickte sich nach allen Seiten um und lief in den Garten.

Die Nacht war dunkel, der Himmel von Wolken bedeckt, man konnte nicht zwei Schritt weit sehen, doch Marja Kirilowna ging im Dunkeln die bekannten Wege entlang und kam nach einer Minute zu der Laube; hier blieb sie stehen, um Atem zu schöpfen und um vor Deforges gleichgültig und ruhig zu erscheinen. Doch Deforges stand schon vor ihr. »Ich danke Ihnen«, sagte er mit leiser und trauriger Stimme zu ihr, »dass Sie mir meine Bitte nicht abgeschlagen haben. Ich wäre verzweifelt gewesen, wenn Sie nicht gekommen wären.«

Marja Kirilowna antwortete mit dem vorbereiteten Satz: »Ich hoffe, dass Sie mich nicht zwingen werden, meine Nachsicht zu bereuen.«

Er schwieg und fasste, wie es schien, Mut.

»Die Umstände verlangen … Ich muss Sie verlassen«, sagte er schließlich. »Sie werden vielleicht bald hören … Doch vor der Trennung muss ich mich Ihnen erklären …«

Marja Kirilowna antwortete nichts. In diesen Worten sah sie die Einleitung zu dem von ihr erwarteten Geständnis.

»Ich bin nicht der, für den Sie mich halten«, fuhr er fort und senkte den Kopf. »Ich bin nicht der Franzose Deforges, ich bin Dubrowski.«

Marja Kirilowna schrie auf.

»Fürchten Sie sich nicht, um Gottes willen. Sie dürfen meinen Namen nicht fürchten. Ja, ich bin jener Unglückliche, dem Ihr Vater das letzte Stück Brot genommen hat, den er aus dem Vaterhaus vertrieb und als Räuber auf die Landstraße schickte. Doch Sie brauchen keine Angst zu haben – weder um sich noch um ihn. Alles ist zu Ende. Ich habe ihm vergeben. Hören Sie, Sie haben ihn gerettet. Meine erste Bluttat sollte ihm gelten. Ich schlich in der Nähe seines Hauses umher, bestimmte, wo das Feuer angelegt werden sollte, auf welche Weise man in das Schlafzimmer gelangen, wie man ihm alle Fluchtwege abschneiden konnte – in dieser Minute gingen Sie an mir vorüber gleich einer himmlischen Erscheinung, und mein Herz wurde ruhig. Ich begriff, dass das Haus, in dem Sie wohnen, heilig ist, dass kein einziges Ihnen blutsverwandtes Wesen von meinem Fluch getroffen werden kann. Ich verzichtete auf die Rache wie auf etwas Wahnsinniges. Tagelang wanderte ich in der Nähe der Gärten von Pokrowskoje umher, in der Hoffnung, Ihr weißes Kleid von ferne zu sehen. Während Ihrer unvorsichtigen Spaziergänge folgte ich Ihnen von Busch zu Busch, glücklich bei dem Gedanken, dass ich Sie bewache, dass es dort, wo ich heimlich gegenwärtig bin, für Sie keine Gefahr gibt. Schließlich bot sich eine Gelegenheit. Ich kam in Ihr Haus. Diese drei Wochen waren für mich Tage des Glücks. Die Erinnerung an sie wird die Freude meines traurigen Lebens sein … Heute erhielt ich eine Nachricht, wonach es mir unmöglich ist, länger hierzubleiben. Ich trenne mich von Ihnen heute … sofort … Doch zuvor musste ich Ihnen eröffnen, wer ich bin, damit Sie mich nicht verdammen und mich nicht verachten. Denken Sie manchmal an Dubrowski. Sie sollen wissen, dass er für etwas anderes geboren war, dass seine Seele Sie zu lieben verstand, dass niemals …«

Hier ertönte ein leiser Pfiff, und Dubrowski verstummte. Er ergriff ihre Hand und drückte sie an seine glühenden Lippen. Der Pfiff wiederholte sich.

»Verzeihen Sie«, sagte Dubrowski, »ich werde gerufen, eine Minute des Zögerns kann mir zum Verhängnis werden.« Er ging fort, Marja

Kirilowna stand unbeweglich da, Dubrowski kam zurück und nahm von Neuem ihre Hand. »Wenn Ihnen irgendwann einmal«, sagte er mit zärtlicher und ergreifender Stimme, »wenn Ihnen irgendwann einmal ein Unglück widerfährt und Sie von niemandem Hilfe oder Schutz erwarten können, versprechen Sie mir, sich dann an mich zu wenden, alles von mir zu verlangen – um Ihrer Rettung willen? Versprechen Sie mir, meine Ergebenheit nicht von sich zu weisen?«

Marja Kirilowna weinte schweigend. Der Pfiff ertönte zum dritten Mal.

»Sie richten mich zugrunde!«, rief Dubrowski. »Ich verlasse Sie nicht eher, bis Sie mir eine Antwort geben, versprechen Sie es oder nicht?«

»Ich verspreche es«, flüsterte die arme Schöne.

Durch die Zusammenkunft mit Dubrowski erregt, kehrte Marja Kirilowna aus dem Garten zurück. Ihr schien, dass die Leute alle umherliefen, dass das ganze Haus in Bewegung sei – auf dem Hof war viel Volk, an der Freitreppe stand eine Troika, von ferne hörte sie die Stimme Kirila Petrowitschs, und sie beeilte sich, in ihre Zimmer zu gelangen, da sie befürchtete, ihre Abwesenheit könnte bemerkt worden sein. Im Salon kam ihr Kirila Petrowitsch entgegen, die Gäste umringten den Kreispolizeichef, unseren Bekannten, und überschütteten ihn mit Fragen. Der Kreispolizeichef, im Reisekleid, von Kopf bis Fuß bewaffnet, antwortete ihnen mit geheimnisvoller und geschäftiger Miene.

»Wo bist du gewesen, Mascha?«, fragte Kirila Petrowitsch. »Hast du nicht Monsieur Deforges getroffen?« Mascha konnte nur mit Mühe die Frage verneinen.

»Stell dir vor«, fuhr Kirila Petrowitsch fort, »der Kreispolizeichef ist gekommen, um ihn festzunehmen, und versichert mir, dass es Dubrowski selbst ist.«

»Alle Merkmale, Euer Exzellenz«, sagte der Kreispolizeichef ehrerbietig.

»Ach, Bruder«, unterbrach ihn Kirila Petrowitsch, »geh mir mit deinen Merkmalen zum Teufel. Ich rücke dir meinen Franzosen nicht eher raus, bis ich selbst die Sache untersucht habe. Wie kann man ohne Weiteres Anton Pafnutitsch glauben, einem Feigling und Lügner; er hat geträumt, dass der Hauslehrer ihn bestehlen wollte. Weshalb hat er mir am selben Morgen kein Wort davon gesagt?«

»Der Franzose hat ihn eingeschüchtert. Euer Exzellenz«, antwortete der Kreispolizeichef, »und hat ihn schwören lassen, zu schweigen …«

»Schwindel«, entschied Kirila Petrowitsch, »gleich werde ich alles aufdecken. – Wo ist der Hauslehrer?« fragte er den eintretenden Diener.

»Er ist nirgends zu finden, Herr«, antwortete der Diener. »So sucht ihn«, schrie Trojekurow, der zu zweifeln begann. »Zeig mir deine viel gerühmten Kennzeichen«, sagte er zu dem Kreispolizeichef, der ihm auch sofort das Papier gab. »Hm, hm, dreiundzwanzig Jahre … Das stimmt, aber das beweist noch gar nichts. Was ist mit dem Hauslehrer?«

»Er ist nicht zu finden, Herr«, lautete wieder die Antwort. Kirila Petrowitsch begann unruhig zu werden, Marja Kirilowna war mehr tot als lebendig.

»Du bist blass, Mascha«, bemerkte der Vater zu ihr gewandt, »man hat dich erschreckt.«

»Nein, Papa«, antwortete Mascha, »ich habe Kopfschmerzen.«

»Geh in dein Zimmer, Mascha, und beunruhige dich nicht.« Mascha küsste ihm die Hand und ging so schnell wie möglich in ihr Zimmer, dort warf sie sich aufs Bett und brach in ein hysterisches Weinen aus. Die Dienerinnen kamen herbeigelaufen, entkleideten sie, und es gelang ihnen, sie unter viel Mühe mit kaltem Wasser und allen möglichen Riechtropfen zu beruhigen, dann legten sie sie ins Bett, und sie verfiel in einen tiefen Schlaf.

Den Franzosen hatte man unterdessen nicht gefunden. Kirila Petrowitsch ging im Salon auf und ab und pfiff drohend »Laut erschalle Siegesdonner«. Die Gäste flüsterten untereinander, der Kreispolizeichef schien der Dümmere gewesen zu sein, den Franzosen fand man nicht. Wahrscheinlich war es ihm gelungen, sich rechtzeitig zu verbergen, weil man ihn gewarnt hatte. Doch wie und durch wen – das blieb ein Geheimnis.

Es schlug elf, und niemand dachte an Schlaf. Schließlich sagte Kirila Petrowitsch ärgerlich zum Kreispolizeichef: »Also was ist? Du willst doch nicht etwa bis zum Morgengrauen hierbleiben, mein Haus ist keine Schenke, mit deiner Geschicklichkeit, Bruder, wirst du Dubrowski niemals fangen, wenn das wirklich Dubrowski ist. Mach dich auf den Heimweg, und sei in Zukunft flinker. Und auch für euch ist's Zeit, sich nach Hause zu begeben«, fuhr er, an die Gäste gewandt, fort. »Lasst anspannen, ich will schlafen.«

So ungnädig verabschiedete Trojekurow seine Gäste!

Dreizehntes Kapitel

Einige Zeit verging, ohne dass etwas Besonderes vorgefallen wäre. Doch zu Beginn des folgenden Sommers gab es viele Veränderungen im Familienleben Kirila Petrowitschs. Ungefähr dreißig Werst von ihm entfernt befand sich das reiche Gut des Fürsten Werejski. Der Fürst hatte lange Zeit in fremden Ländern zugebracht, seinen Besitz verwaltete ein verabschiedeter Major, und zwischen Pokrowskoje und Arbatowo gab es keinerlei Beziehungen. Doch Ende Mai kehrte der Fürst aus dem Ausland zurück und kam in sein Dorf, das er sein Lebtag noch nicht gesehen hatte. An Zerstreuungen gewöhnt, konnte er die Einsamkeit nicht ertragen und begab sich bereits am dritten Tag nach seiner Ankunft zum Mittagessen zu Trojekurow, den er noch von früher her kannte.

Der Fürst war ungefähr fünfzig Jahre alt, wirkte aber viel älter. Ausschweifungen aller Art hatten seine Gesundheit untergraben und ihm ihren unauslöschlichen Stempel aufgedrückt. Trotzdem war sein Äußeres angenehm und bemerkenswert, und die Gewohnheit, immer in Gesellschaft zu sein, verlieh ihm eine gewisse Liebenswürdigkeit, vor allem im Umgang mit Frauen. Er bedurfte fortwährend der Zerstreuung und langweilte sich ununterbrochen. Kirila Petrowitsch war mit seinem Besuch außerordentlich zufrieden und fasste dies als Zeichen der Hochachtung eines Menschen auf, der die Welt kannte; seiner Gewohnheit nach zeigte er dem Gast alle seine Einrichtungen und führte ihn auch in den Hundezwinger. Doch der Fürst kam in der Hundeatmosphäre beinah um und beeilte sich, hinauszugelangen, wobei er sich die Nase mit einem parfümierten Taschentuch zuhielt. Der alte Garten mit seinen beschnittenen Linden, dem viereckigen Teich und den geraden Alleen gefiel ihm nicht; er liebte die englischen Gärten und die sogenannte Natur, doch lobte er alles und schien begeistert; ein Diener kam und meldete, dass das Essen aufgetragen sei. Sie gingen zu Tisch. Der Fürst, den der Spaziergang ermüdet hatte, hinkte ein wenig und bereute schon seinen Besuch.

Doch im Salon begrüßte sie Marja Kirilowna, und der alte Schürzenjäger war von ihrer Schönheit tief beeindruckt. Trojekurow ließ den Gast neben ihr Platz nehmen. Der Fürst fühlte sich durch ihre Anwesenheit wie neu belebt, er war fröhlich, und es gelang ihm einige Male, durch seine interessanten Erzählungen ihre Aufmerksamkeit zu erregen. Nach dem Mittagessen schlug Kirila Petrowitsch einen Ritt vor, doch der Fürst entschuldigte sich, wies auf seine Samtstiefel hin und scherzte über sein Podagra; er zog eine Spazierfahrt im Kremser vor, um sich nicht von seiner lieblichen Nachbarin trennen zu müssen. Der Kremser wurde angespannt. Die beiden Alten und unsere Schöne setzten sich hinein und fuhren los. Die Unterhaltung kam kein einziges Mal ins Stocken. Marja Kirilowna hörte mit Vergnügen den schmeichelhaften und lustigen Bemerkungen des Weltmannes zu, als sich Werejski plötzlich an Kirila Petrowitsch wandte und ihn fragte, was dieses abgebrannte Gebäude dort bedeute und ob es ihm gehöre … Kirila Petrowitsch runzelte die Brauen; die Erinnerungen, die der abgebrannte Gutshof hervorrief, waren ihm unangenehm. Er antwortete, dass dies jetzt sein Land sei und dass es früher Dubrowski gehört habe.

»Dubrowski«, wiederholte Werejski, »wie, diesem berühmten Räuber?«

»Seinem Vater«, antwortete Trojekurow, »aber auch der Vater war ein ganz schöner Räuber.«

»Wo ist denn unser Rinaldo geblieben? Lebt er, ist er gefangen?«

»Er lebt und ist in Freiheit, und solange bei uns die Kreispolizeichefs mit den Dieben unter einer Decke stecken, wird er auch nicht gefangen werden; übrigens, Fürst, Dubrowski ist doch bei dir in Arbatowo gewesen?«

»Ja, voriges Jahr hat er, glaube ich, irgendetwas niedergebrannt oder ausgeraubt ... Nicht wahr, Marja Kirilowna, es wäre doch interessant, die nähere Bekanntschaft dieses romantischen Helden zu machen?«

»Was heißt interessant!«, sagte Trojekurow. »Sie ist mit ihm bekannt: Er hat ihr ganze drei Wochen lang Musikunterricht erteilt, Gott sei Dank hat er nichts für seine Stunden genommen.« Und Kirila Petrowitsch begann die Geschichte von seinem französischen Hauslehrer zu erzählen. Marja Kirilowna saß wie auf Nadeln, Werejski hörte mit großer Aufmerksamkeit zu, fand all das sehr sonderbar und wechselte das Gesprächsthema. Von der Spazierfahrt zurückgekommen, befahl er seinem Kutscher anzuspannen und fuhr, trotz der dringenden Bitten Kirila Petrowitschs, doch zur Nacht zu bleiben, sofort nach dem Tee davon. Aber zuvor hatte er Kirila Petrowitsch gebeten, ihn zusammen mit Marja Kirilowna zu besuchen, und der stolze Trojekurow versprach es, da er die Fürstenwürde, die zwei Ordenssterne und die dreitausend Seelen des Erbgutes berücksichtigte und den Fürsten Werejski in gewissem Grade für ebenbürtig hielt.

Zwei Tage nach diesem Besuch machte sich Kirila Petrowitsch mit seiner Tochter auf den Weg zu dem Fürsten Werejski. Als er sich Arbatowo näherte, konnte er die Augen nicht von den sauberen und fröhlichen Bauernhütten und dem in der Art der englischen Schlösser erbauten steinernen Herrenhaus wenden. Vor dem Haus breitete sich eine dichte grüne Wiese aus, auf der Schweizer Kühe, mit ihren

Glöckchen läutend, weideten. Ein ausgedehnter Park umgab das Haus von allen Seiten. Der Hausherr begrüßte seine Gäste auf der Freitreppe und bot der jungen Schönen den Arm. Sie traten in einen prächtigen Saal, in dem der Tisch für drei Personen gedeckt war. Der Fürst führte seine Gäste an das Fenster, und ihnen bot sich eine reizvolle Aussicht. Unter den Fenstern floss die Wolga dahin, auf ihr schwammen Lastkähne mit geblähten Segeln, und Fischerboote, die so ausdrucksvoll Seelenverkäufer genannt werden, huschten vorüber. Hinter dem Fluss zogen sich Hügel und Felder hin, einige Dörfer belebten die Landschaft. Dann betrachteten sie die Gemäldesammlung, die der Fürst in fremden Ländern gekauft hatte. Der Fürst erklärte Marja Kirilowna den Inhalt der einzelnen Bilder, erzählte die Lebensgeschichte der Maler, wies auf die Vorzüge und Mängel hin. Er sprach über die Bilder nicht in der konventionellen Sprache des pedantischen Kenners, sondern mit Gefühl und Fantasie.

Marja Kirilowna hörte ihm mit Vergnügen zu. Dann ging man zu Tisch. Trojekurow ließ den Weinen seines Amphitryons und der Kunst des Kochs volle Gerechtigkeit widerfahren, und Marja Kirilowna verspürte nicht die geringste Verlegenheit oder Gezwungenheit in der Unterhaltung mit einem Menschen, den sie erst zum zweiten Mal in ihrem Leben sah. Nach dem Mittagessen schlug der Hausherr seinen Gästen vor, in den Park zu gehen. Sie tranken Kaffee in einer Laube am Ufer eines breiten Sees, der mit Inseln besät war. Plötzlich ertönte Blasmusik, und ein sechsrudriges Boot legte unmittelbar an der Laube an. Sie fuhren auf dem See in der Nähe der Inseln umher, besuchten einige von ihnen, auf der einen fanden sie eine Marmorstatue, auf der anderen eine einsame Höhle, auf der dritten ein Denkmal mit geheimnisvoller Inschrift, die Marja Kirilownas weibliche Neugier erregte, welche allerdings von den höflichen Andeutungen des Fürsten nicht ganz befriedigt wurde; die Zeit verfloss unbemerkt, es begann zu dämmern. Unter dem Vorwand der Kühle und des Taus beeilte sich der Fürst heimzukehren; dort erwartete sie schon der Samowar. Der Fürst bat Marja Kirilowna, im Hause eines alten Junggesellen die

Rolle der Hausfrau zu übernehmen. Sie goss den Tee ein und hörte dabei den unerschöpflichen Erzählungen des liebenswürdigen Schwätzers zu; plötzlich ertönte ein Schuss, und eine Rakete erleuchtete den Himmel. Der Fürst reichte Marja Kirilowna den Schal und rief sie und Trojekurow auf den Balkon. Vor dem Hause flammten in der Dunkelheit verschiedenfarbige Lichter auf, schossen durcheinander, erhoben sich in der Form von Ähren, Palmen und Fontänen, gingen als Sternenregen hernieder, verloschen und erglühten von Neuem. Marja Kirilowna freute sich wie ein Kind. Fürst Werejski war über ihre Begeisterung entzückt, und Trojekurow war außerordentlich zufrieden mit ihm, da er tous les frais des Fürsten für ein Zeichen der Achtung und des Wunsches, ihm zu gefallen, hielt.

Das Abendbrot stand in nichts dem Mittagessen nach. Die Gäste begaben sich in die Zimmer, die für sie bereitgehalten worden waren, und am Morgen des nächsten Tages trennten sie sich von dem liebenswürdigen Hausherrn, wobei sie sich gegenseitig das Versprechen gaben, sich bald wiederzusehen.

Vierzehntes Kapitel

Marja Kirilowna saß in ihrem Zimmer am offenen Fenster vor dem Stickrahmen. Sie verwechselte nicht die Seide wie die Geliebte Konrads, die in ihrer verliebten Zerstreutheit die Rose mit grüner Seide ausstickte. Ihre Nadel folgte auf dem Kanevas dem Muster der Vorlage ohne jeden Fehler, ihre Gedanken waren jedoch nicht bei der Arbeit, sie waren in der Ferne.

Plötzlich streckte sich leise eine Hand zum Fenster herein, jemand legte einen Brief auf den Stickrahmen und verschwand, ehe Marja Kirilowna zu sich gekommen war. In diesem Moment trat ein Diener herein und rief sie zu Kirila Petrowitsch. Zitternd versteckte sie den Brief unter ihrem Halstuch und eilte ins Kabinett zu ihrem Vater.

Kirila Petrowitsch war nicht allein. Fürst Werejski saß bei ihm.

Beim Erscheinen Marja Kirilownas erhob sich der Fürst und verbeugte sich schweigend mit einer für ihn ungewöhnlichen Verlegenheit.

»Komm her, Mascha«, sagte Kirila Petrowitsch, »ich habe eine Neuigkeit, die dich, hoffe ich, freuen wird. Hier ist ein Bräutigam für dich, der Fürst hält um dich an.«

Mascha erstarrte, eine tödliche Blässe überzog ihr Gesicht. Sie schwieg. Der Fürst trat an sie heran, ergriff ihre Hand und fragte mit gerührter Miene, ob sie einverstanden sei, sein Glück zu begründen. Mascha schwieg.

»Sie ist einverstanden, natürlich ist sie einverstanden«, sagte Kirila Petrowitsch, »doch du weißt ja, Fürst: einem Mädchen fällt es schwer, dieses Wort auszusprechen. Nun, Kinder, küsst euch und werdet glücklich.«

Mascha stand unbeweglich da, der alte Fürst küsste ihr die Hand, plötzlich liefen Tränen über ihr blasses Gesicht. Der Fürst runzelte leicht die Brauen.

»Geh, geh, geh«, sagte Kirila Petrowitsch, »trockne deine Tränen und komme fröhlich wieder. Sie weinen immer bei der Verlobung«, fuhr er, zu Werejski gewandt, fort. »Das ist bei ihnen schon so üblich ... Jetzt wollen wir über das Geschäft sprechen, Fürst, das heißt über die Mitgift.«

Marja Kirilowna machte von der Erlaubnis, sich zu entfernen, nur allzu gern Gebrauch. Sie lief in ihr Zimmer, schloss sich ein und ließ ihren Tränen freien Lauf, denn sie sah sich schon als Frau des alten Fürsten; er erschien ihr plötzlich abstoßend und hassenswert ... die Ehe mit ihm schreckte sie wie ein Schafott, wie das Grab ... »Nein, nein«, wiederholte sie in ihrer Verzweiflung, »lieber sterben, lieber ins Kloster gehen, lieber Dubrowski heiraten.« Hier erinnerte sie sich an den Brief und machte sich begierig daran, ihn zu lesen, denn sie fühlte, dass er von ihm stammen müsse. Er war tatsächlich von ihm geschrieben und enthielt nur die folgenden Worte:

»Um zehn Uhr abends, an der vorigen Stelle.«

Fünfzehntes Kapitel

Der Mond leuchtete, die Julinacht war still, manchmal erhob sich ein gelinder Wind, und ein leichtes Rauschen durchlief den Garten.

Wie ein leichter Schatten näherte sich die junge Schöne dem Ort der Zusammenkunft. Noch war niemand zu sehen, doch plötzlich trat Dubrowski hinter der Laube hervor.

»Ich weiß alles«, sagte er mit leiser und trauriger Stimme. »Erinnern Sie sich Ihres Versprechens?«

»Sie bieten mir Ihren Schutz an«, antwortete Mascha, »doch seien Sie mir nicht böse, das flößt mir Schrecken ein. Auf welche Weise wollen Sie mir helfen?«

»Ich könnte Sie von dem verhassten Menschen befreien.«

»Um Gottes willen, rühren Sie ihn nicht an, wagen Sie es nicht, ihn anzurühren, wenn Sie mich lieben – ich will nicht schuld haben an etwas Entsetzlichem ...«

»Ich werde ihn nicht anrühren, Ihr Wille ist mir heilig. Ihnen verdankt er sein Leben. Niemals wird ein Frevel in Ihrem Namen begangen werden. Sie müssen auch bei meinen Verbrechen rein bleiben. Doch wie soll ich Sie vor Ihrem grausamen Vater retten?«

»Es gibt noch eine Hoffnung. Ich glaube, dass ihn meine Tränen und meine Verzweiflung rühren werden. Er ist eigenwillig, doch er liebt mich so sehr.«

»Hoffen Sie nicht umsonst, in Ihren Tränen wird er nur die gewöhnliche Furchtsamkeit und den Widerwillen sehen, der allen Mädchen eigen ist, die nicht aus Leidenschaft, sondern aus kluger Berechnung heiraten; was geschieht, wenn er sich in den Kopf setzt, Sie entgegen Ihrem Willen glücklich zu machen, wenn man Sie mit Gewalt trauen lässt, um Ihr Schicksal für immer in die Hände eines alten Mannes zu legen ...«

»Dann, dann ist nichts zu machen, kommen Sie und holen Sie mich – ich werde Ihre Frau werden.«

Dubrowski erbebte, sein blasses Gesicht überzog tiefe Röte und wurde im gleichen Augenblick bleicher als zuvor. Lange schwieg er mit gesenktem Kopf.

»Nehmen Sie alle Kraft, die sich in Ihrer Seele verbirgt, zusammen, flehen Sie den Vater an, werfen Sie sich ihm zu Füßen, malen Sie ihm den ganzen Schrecken Ihrer Zukunft aus, Ihre Jugend, die neben einem schwächlichen und lasterhaften Greis dahinwelken wird, entschließen Sie sich zu der grausamen Erklärung, sagen Sie ihm, dass Sie, wenn er unerbittlich bleibt, einen ... einen entsetzlichen Schutz finden werden ... sagen Sie, dass Reichtum Sie auch nicht für eine Minute glücklich macht, Luxus tröstet nur die Armen und auch nur für einen Augenblick, weil sie ihn nicht gewohnt sind; lassen Sie nicht von ihm ab, erschrecken Sie weder vor seinem Zorn noch vor seinen Drohungen, solange noch ein Funken Hoffnung vorhanden ist, um Himmels willen, lassen Sie nicht ab von ihm. Wenn es dennoch kein anderes Mittel gibt ...« Hier bedeckte Dubrowski sein Gesicht mit den Händen, der Atem schien ihm auszugehen – Mascha weinte ...

»Mein armes, armes Los«, sagte er und seufzte bitter. »Für Sie gäbe ich mein Leben hin, Sie von fern zu sehen, Ihre Hand zu berühren war mir höchste Wonne. Und wenn sich mir die Möglichkeit bietet. Sie an mein entflammtes Herz zu drücken und zu sagen: ›Engel, stirb mit mir!‹, so muss ich Armer mich vor dieser Seligkeit hüten, muss sie mit aller Kraft von mir weisen ... Ich wage es nicht, zu Ihren Füßen zu fallen und dem Himmel für den nicht zu fassenden, unverdienten Lohn zu danken. Oh, wie müsste ich jenen Mann hassen, doch ich fühle, in meinem Herzen ist jetzt kein Raum für Hass.«

Er umarmte sanft ihren schlanken Leib und zog sie sanft an sein Herz. Zutraulich legte sie ihren Kopf auf die Schulter des jungen Räubers. Beide schwiegen.

Die Zeit verflog. »Es ist so weit«, sagte schließlich Mascha. Dubrowski erwachte wie aus tiefem Schlaf. Er nahm ihre Hand und steckte ihr einen Ring an den Finger.

»Wenn Sie zu meiner Hilfe Zuflucht nehmen wollen«, sagte er, »dann bringen Sie den Ring hierher, legen Sie ihn in diese hohle Eiche, und ich werde wissen, was ich zu tun habe.« Dubrowski küsste ihr die Hand und verschwand zwischen den Bäumen.

Sechzehntes Kapitel

Die Brautwerbung des Fürsten Werejski war für die Nachbarschaft schon kein Geheimnis mehr. Kirila Petrowitsch nahm Glückwünsche entgegen, und die Hochzeit wurde vorbereitet. Mascha verschob die entscheidende Erklärung von einem Tag auf den anderen. Währenddessen war ihr Verhältnis zu dem greisen Freier kühl und gezwungen. Den Fürsten Werejski beunruhigte das nicht. Er bemühte sich nicht um ihre Liebe, ihm genügte ihr stummes Einverständnis.

Doch die Zeit verging. Zu guter Letzt entschloss sich Mascha zu handeln und schrieb an den Fürsten Werejski einen Brief; sie bemühte sich, in seinem Herzen das Gefühl der Großmut zu erwecken, gestand ihm offen, dass sie ihm gegenüber nicht die geringste Zuneigung empfinde, flehte ihn an, auf ihre Hand zu verzichten und sie vor der väterlichen Gewalt zu schützen. Sie überreichte den Brief unbemerkt dem Fürsten, dieser las ihn für sich durch und war nicht im Mindesten von der Aufrichtigkeit seiner Braut gerührt. Im Gegenteil, er erkannte die Notwendigkeit, die Hochzeit zu beschleunigen, und erachtete es deshalb für nötig, den Brief seinem zukünftigen Schwiegervater zu zeigen.

Kirila Petrowitsch geriet in Wut; mit Mühe konnte der Fürst ihn überreden, sich Mascha gegenüber nicht einmal anmerken zu lassen, dass er von ihrem Brief wusste. Kirila Petrowitsch war einverstanden, ihr davon nichts zu sagen, doch er war entschlossen, keine Zeit zu verlieren, und legte die Hochzeit für den nächsten Tag fest. Der Fürst hielt dies für außerordentlich weise, ging zu seiner Braut und sagte ihr, dass ihn der Brief sehr traurig gestimmt habe, doch hoffe er, im Laufe der Zeit ihre Zuneigung zu gewinnen, und der Gedanke, sie zu verlieren, sei für ihn unerträglich, und er habe nicht die Kraft, seinem eigenen Todesurteil zuzustimmen. Damit küsste er ihr ehrerbietig die Hand und fuhr davon, ohne ihr ein Wort von dem Entschluss Kirila Petrowitschs zu verraten.

Doch kaum war er aus dem Hof gefahren, als ihr Vater eintrat und ihr ohne Umschweife befahl, sich für den morgigen Tag bereitzuhalten. Marja Kirilowna, durch die Erklärung des Fürsten Werejski bereits erregt, brach in Tränen aus und warf sich dem Vater zu Füßen.

»Papa«, schrie sie mit kläglicher Stimme, »richten Sie mich nicht zugrunde, ich liebe den Fürsten nicht, ich will nicht seine Frau werden …«

»Was soll das heißen«, sagte Kirila Petrowitsch drohend. »Die ganze Zeit hast du geschwiegen und warst einverstanden, und jetzt, wo alles schon beschlossen ist, wirst du plötzlich launisch und willst nichts wahrhaben. Sei gefälligst vernünftig; auf diese Weise ist bei mir nichts zu holen.«

»Richten Sie mich nicht zugrunde«, wiederholte die arme Mascha. »Warum jagen Sie mich von sich fort und verheiraten mich an einen Menschen, den ich nicht liebe? Sind Sie etwa meiner überdrüssig? Ich will bei Ihnen bleiben wie bisher. Papa, Sie werden traurig sein ohne mich und noch viel trauriger, wenn Sie daran denken, dass ich unglücklich bin, Papa, zwingen Sie mich nicht, ich will nicht heiraten …«

Kirila Petrowitsch war gerührt, doch er verbarg seine Verlegenheit, stieß sie von sich und sagte rau: »Das ist alles Unsinn, hörst du. Ich weiß besser als du, was du zu deinem Glück brauchst. Deine Tränen helfen dir nicht, übermorgen wird deine Hochzeit sein.«

»Übermorgen«, schrie Mascha, »mein Gott! Nein, nein, das ist unmöglich, das kann nicht sein. Papa, hören Sie, wenn Sie beschlossen haben, mich zugrunde zu richten, dann werde ich einen Beschützer finden, an den Sie nicht einmal denken, und Sie werden voller Entsetzen sehen, wohin Sie mich gebracht haben.«

»Was? Was?«, sagte Trojekurow. »Drohen! Mir drohen, unverschämtes Mädchen! Du weißt nicht, was ich mit dir machen werde, du kannst es dir nicht einmal vorstellen. Du wagst es, mich mit einem Beschützer zu schrecken. Wir wollen sehen, wer dieser Beschützer ist.«

»Wladimir Dubrowski«, sagte Mascha in ihrer Verzweiflung.

Kirila Petrowitsch dachte, dass sie den Verstand verloren habe, und sah sie erstaunt an.

»Schön«, sagte er, als er eine Weile nachgedacht hatte, »warte, auf welchen Befreier du willst, aber vorläufig bleibst du in diesem Zimmer, du wirst es bis zur Hochzeit nicht verlassen.« Mit diesen Worten ging Kirila Petrowitsch hinaus und schloss hinter sich die Tür ab.

Lange weinte das arme Mädchen bei dem Gedanken an all das, was sie erwartete, doch die stürmische Auseinandersetzung hatte ihr die Seele erleichtert, und sie konnte ruhiger über ihr Los und über das, was sie tun musste, nachdenken. Das Wichtigste war für sie, der verhassten Ehe zu entgehen; das Los der Gattin eines Räubers schien ihr wie ein Paradies im Vergleich mit dem Schicksal, das man ihr zugedacht hatte. Sie schaute auf den Ring, den ihr Dubrowski zurückgelassen hatte. Sie wünschte heiß, sich mit ihm unter vier Augen zu treffen, um sich mit ihm noch einmal vor der entscheidenden Stunde gründlich zu beraten. Eine Ahnung sagte ihr, dass sie Dubrowski abends im Garten in der Nähe der Laube finden werde; sie beschloss, dorthin zu gehen, sobald es dunkelte, und ihn dort zu erwarten. Es dunkelte. Mascha machte sich fertig, doch die Tür war verschlossen. Das Stubenmädchen antwortete ihr hinter der Tür, dass Kirila Petrowitsch befohlen habe, sie nicht hinauszulassen. Sie befand sich im Arrest. Zutiefst beleidigt setzte sie sich ans Fenster, saß dort, ohne sich auszukleiden, bis in die tiefe Nacht und sah unbeweglich in den dunklen Himmel. Kurz vor Sonnenaufgang schlummerte sie ein, doch ihr leichter Schlaf wurde durch schwere Traumbilder beunruhigt, und die Strahlen der aufgehenden Sonne weckten sie schon wieder.

Siebzehntes Kapitel

Sie erwachte, und beim ersten Gedanken wurde ihr das Entsetzliche ihrer Lage klar. Sie klingelte, das Mädchen trat ein und antwortete auf ihre Fragen, dass Kirila Petrowitsch abends nach Arbatowo gefahren und erst spät zurückgekommen sei, dass er strengen Befehl gegeben habe, sie nicht aus dem Zimmer hinauszulassen und aufzupassen, dass niemand mit ihr spräche, dass übrigens keinerlei besondere Vorbereitungen für eine Hochzeit zu bemerken seien, außer der einen, dass dem Popen befohlen worden wäre, sich auf keinen Fall aus dem Dorf zu entfernen. Nach dieser Mitteilung verließ das Mädchen Marja Kirilowna und schloss die Tür wieder zu. Diese Worte erbitterten die junge Gefangene, ihr Kopf glühte, und ihr Blut kochte, sie beschloss, Dubrowski alles wissen zu lassen, und sah sich nach einer Möglichkeit um, den Ring in die Höhlung der geheimen Eiche zu schaffen; in diesem Augenblick schlug ein Steinchen ans Fenster, das Glas klirrte – Marja Kirilowna sah in den Hof und erblickte den kleinen Sascha, der ihr geheimnisvolle Zeichen machte. Sie kannte seine Anhänglichkeit und freute sich über ihn. Sie öffnete das Fenster.

»Guten Tag, Sascha«, sagte sie, »warum rufst du mich?«

»Ich bin gekommen, liebe Schwester, um zu sehen, ob Sie nicht etwas brauchen. Der Papa ist wütend und hat dem ganzen Haus verboten, Ihnen zu gehorchen, doch befehlen Sie mir, was Sie wollen, ich werde für Sie alles tun.«

»Danke schön, mein lieber kleiner Sascha, hör zu: Kennst du die alte hohle Eiche, die bei der Laube steht?«

»Ja, liebe Schwester.«

»Also wenn du mich wirklich liebhast, dann lauf, so schnell du kannst, dorthin und leg diesen Ring hier in die Höhlung, aber pass auf, dass dich niemand sieht.«

Mit diesen Worten warf sie ihm den Ring zu und schloss das Fenster.

Der Junge hob den Ring auf, rannte, so schnell er nur konnte, los und war nach drei Minuten an dem besagten Baum. Dort blieb er keuchend stehen, sah sich nach allen Seiten um und legte den Ring in die Höhlung. Da er den Auftrag glücklich erledigt hatte, wollte er Marja Kirilowna davon unterrichten, als plötzlich ein rothaariger, schielender und zerlumpter Junge hinter der Laube auftauchte, zur Eiche stürzte und die Hand in die Höhlung steckte. Sascha warf sich schneller als ein Eichhörnchen auf ihn und umklammerte ihn mit beiden Armen.

»Was suchst du hier?«, fragte er drohend.

»Was geht's dich an«, antwortete der Junge und versuchte sich von ihm zu befreien.

»Lass den Ring liegen, du rotes Karnickel«, schrie Sascha, »sonst werde ich dir's zeigen!«

Statt einer Antwort schlug ihn jener mit der Faust ins Gesicht, doch Sascha ließ ihn nicht fahren und schrie aus vollem Halse: »Diebe, Diebe – hierher, hierher …«

Der Junge bemühte sich nach Kräften, von ihm loszukommen. Allem Anschein nach war er zwei Jahre älter als Sascha und sehr viel stärker als er, doch Sascha war wendiger. Sie rangen einige Minuten miteinander, schließlich überwältigte der rothaarige Junge ihn. Er warf Sascha auf den Boden und packte ihn am Hals.

Doch in diesem Augenblick fuhr eine starke Hand in seine roten und borstigen Haare, und der Gärtner Stepan hob ihn einen halben Arschin über den Erdboden hoch …

»Ach, du rothaarige Bestie«, sagte der Gärtner, »wie kannst du es wagen, den kleinen Herrn zu schlagen …«

Sascha war schon aufgesprungen und wieder zu sich gekommen.

»Du hast mir unter die Achseln gegriffen«, sagte er, »sonst hättest du mich niemals untergekriegt. Gib sofort den Ring her und mach, dass du fortkommst.«

»Warum nicht gar«, antwortete der Rothaarige, drehte sich plötzlich auf derselben Stelle herum und befreite seine borstige Mähne aus der Hand Stepans. Im selben Augenblick wollte er davonlaufen, doch Sascha holte ihn ein, stieß ihn in den Rücken, und der Junge stürzte zu Boden. Der Gärtner packte ihn von Neuem und fesselte ihn mit dem Gürtel.

»Gib den Ring her!«, schrie Sascha.

»Warte, Herr«, sagte Stepan, »wir bringen ihn dem Verwalter zur Bestrafung.«

Der Gärtner führte den Gefangenen zum Herrenhof, Sascha begleitete ihn und betrachtete dabei beunruhigt seine Hosen, die zerrissen und voller Grasflecke waren. Plötzlich standen alle drei vor Kirila Petrowitsch, der gerade seinen Pferdestall besichtigen wollte.

»Was soll das?«, fragte er Stepan.

Stepan beschrieb in wenigen Worten, was vorgefallen war. Kirila Petrowitsch hörte ihm aufmerksam zu.

»Du Galgenstrick«, sagte er und wandte sich Sascha zu, »warum hast du dich mit ihm eingelassen?«

»Er hat den Ring aus der Höhlung gestohlen, Papa, befehlen Sie, dass er den Ring hergeben soll.«

»Was für einen Ring, aus welcher Höhlung?«

»Mir hat Marja Kirilowna ... dieser Ring ...«

Sascha geriet in Verlegenheit und wusste nicht, was er sagen sollte. Kirila Petrowitsch zog die Brauen zusammen und sagte, den Kopf wiegend: »In die Sache ist Marja Kirilowna verwickelt. Gestehe alles, oder ich ziehe dir mit der Rute so ein paar über, dass du deine eigenen Anverwandten nicht mehr wiedererkennst.«

»Bei Gott, Papa, ich, Papa ... Mir hat Marja Kirilowna nichts befohlen, Papa.«

»Stepan, geh doch mal und schneide eine schöne, frische Birkenrute ab ...«

»Warten Sie, Papa, ich erzähle Ihnen alles. Ich bin heute auf dem Hof umhergelaufen, und die liebe Schwester Marja Kirilowna hat das Fenster aufgemacht, und ich bin hingelaufen, und die Schwester hat nicht mit Absicht den Ring fallen lassen, und ich habe ihn in der hohlen Eiche versteckt, und ... und ... dieser rothaarige Junge wollte den Ring stehlen.«

»Hat ihn nicht mit Absicht fallen lassen, und du wolltest ihn verstecken ... Stepan, geh und besorge Ruten.«

»Papa, warten Sie, ich erzähle alles. Die liebe Schwester Marja Kirilowna hat mir aufgetragen, ich soll zur Eiche laufen und den Ring in die Höhlung legen, ich bin hingelaufen und habe den Ring auch hingelegt, aber dieser garstige Junge ...« Kirila Petrowitsch wandte sich an den garstigen Jungen und fragte ihn mit drohender Stimme: »Wem gehörst du?«

»Ich gehöre zum Gesinde der Herren Dubrowski«, antwortete der rothaarige Junge.

Die Miene Kirila Petrowitschs verdüsterte sich.

»Du erkennst mich anscheinend nicht als Herrn an. Na schön«, antwortete er. »Und was hast du in meinem Garten gemacht?«

»Himbeeren gestohlen«, antwortete der Junge äußerst gleichgültig.

»Aha, das Gesinde gerät nach dem Herrn, wie der Herr, so's Gescherr, seit wann wachsen denn die Himbeeren bei mir auf den Eichen?«

Der Junge antwortete nicht.

»Papa, befehlen Sie ihm, den Ring abzugeben«, sagte Sascha. »Sei still, Alexander«, antwortete Kirila Petrowitsch. »Vergiss nicht, dass ich noch mit dir abrechnen werde. Geh in dein Zimmer. Und du, Schielauge, scheinst mir kein übler Bursche zu sein. Gib den Ring her und geh nach Hause.«

Der Junge öffnete seine Faust und zeigte, dass er nichts in der Hand hatte.

»Wenn du mir alles gestehst, dann werde ich dich nicht auspeitschen und gebe dir noch einen Fünfer für Nüsse. Sonst aber geschieht mit dir, was du dir nicht vorstellen kannst. Nun!« Der Junge sagte kein Wort, stand mit gesenktem Kopf da und hatte das Aussehen eines völligen Dummkopfes angenommen.

»Schön«, sagte Kirila Petrowitsch, »sperrt ihn irgendwo ein und passt auf, dass er nicht wegläuft, sonst ziehe ich allen im Haus das Fell über die Ohren.«

Stepan führte den Jungen in den Taubenschlag, sperrte ihn dort ein und stellte die alte Geflügelwärterin Agafija als Wache auf.

»Jemand soll sofort in die Stadt zum Kreispolizeichef fahren«, sagte Kirila Petrowitsch und sah hinter dem Jungen her. »Und zwar so schnell wie möglich.«

Hier gibt es gar keinen Zweifel. Sie unterhält Beziehungen zu dem verfluchten Dubrowski. Doch sollte sie ihn wirklich zu Hilfe gerufen haben?, dachte Kirila Petrowitsch, ging im Zimmer auf und ab und pfiff wütend »Laut erschalle …«. Vielleicht bin ich endlich auf seine frischen Spuren gestoßen, und er wird uns nicht mehr entwischen. Wir werden diese Gelegenheit nutzen. Horch! Schellengeläut, Gott sei Dank, das ist der Kreispolizeichef.

»He, bringt den Jungen her, den wir gefangen haben.« Unterdessen war der Wagen auf den Hof gefahren, und der uns schon bekannte Kreispolizeichef trat, völlig verstaubt, in das Zimmer ein.

»Eine großartige Neuigkeit«, sagte Kirila Petrowitsch zu ihm. »Ich habe Dubrowski gefangen.«

»Gott sei's gedankt, Euer Exzellenz«, sagte der Kreispolizeichef mit erfreutem Gesichtsausdruck. »Wo ist er denn?«

»Das heißt, nicht Dubrowski, sondern einen aus seiner Bande. Gleich wird man ihn bringen. Er wird uns helfen, den Anführer selbst zu fangen. Da ist er schon.«

Der Kreispolizeichef, der einen schreckenerregenden Räuber erwartet hatte, war erstaunt, als er einen schwächlichen dreizehnjährigen Jungen erblickte. Voller Befremden wandte er sich an Kirila Petrowitsch und wartete auf eine Erklärung. Kirila Petrowitsch begann sofort den morgendlichen Vorfall zu erzählen, ohne allerdings Marja Kirilowna zu erwähnen. Der Kreispolizeichef hörte ihm aufmerksam zu und sah dabei alle Augenblicke auf den kleinen Übeltäter, der sich dumm stellte und, wie es schien, an allem, was um ihn herum geschah, keinerlei Anteil nahm.

»Gestatten Sie, Euer Exzellenz, mit Ihnen unter vier Augen zu sprechen«, sagte schließlich der Kreispolizeichef.

Kirila Petrowitsch führte ihn in ein anderes Zimmer und schloss hinter sich die Tür ab.

Nach einer halben Stunde kamen sie wieder in den Salon, wo der Gefangene auf sein Urteil wartete.

»Der Herr wollte dich in das Stadtgefängnis sperren«, sagte der Kreispolizeichef zu ihm, »dich auspeitschen lassen und dann deportieren, doch ich bin für dich eingetreten und habe für dich um Gnade gebeten. Nehmt ihm die Fesseln ab.« Der Junge wurde losgebunden.

»Bedanke dich beim Herrn«, sagte der Kreispolizeichef. Der Junge ging zu Kirila Petrowitsch und küsste ihm die Hand. »Geh nach Haus«, sagte Kirila Petrowitsch zu ihm, »und stiehl künftig keine Himbeeren mehr in hohlen Bäumen.« Der Junge ging hinaus, sprang heiter die Freitreppe herunter und lief, ohne sich umzusehen, über die Felder nach Kistenjowka. Als er bis zum Dorf gelaufen war, machte er an der ersten halb verfallenen Hütte halt und klopfte ans Fenster. Das Fenster wurde aufgestoßen, und eine alte Frau kam darin zum Vorschein.

»Großmutter, gib mir Brot«, sagte der Junge. »Ich hab seit heute Morgen nichts gegessen, ich komme um vor Hunger.«

»Ach, du bist das, Mitja, wo hast du denn gesteckt, du Teufelsjunge«, antwortete die Alte.

»Später erzähl ich's dir, Großmutter, gib mir um Gottes willen Brot.«

»So komm doch in die Stube.«

»Hab keine Zeit, Großmutter, ich muss noch woandershin laufen. Brot, um Christi willen, Brot.«

»So ein unruhiger Geist«, brummte die Alte. »Hier, da hast du ein Scheibchen«, und sie reichte ihm eine Scheibe Schwarzbrot aus dem Fenster. Der Junge biss gierig hinein, und kauend rannte er sofort weiter.

Es begann zu dämmern. An Korndarren und Gärten vorbei lief Mitja auf den Wald von Kistenjowka zu. Als er zu den zwei Kiefern gekommen war, die wie Wachtposten vor dem Wald standen, machte er halt, sah sich nach allen Seiten um, pfiff durchdringend und kurz und begann zu lauschen. Ein leiser und lang anhaltender Pfiff antwortete ihm, jemand trat aus dem Wald und kam auf ihn zu.

Achtzehntes Kapitel

Kirila Petrowitsch ging im Salon auf und ab und pfiff lauter als sonst sein Lied. Das ganze Haus war in Bewegung, die Diener liefen hin und her, die Dienstmädchen waren in Eile, die Kutscher spannten im Schuppen die Kutsche an, auf dem Hof drängte sich das Volk. Im Toilettenzimmer des jungen Fräuleins schmückte eine Dame, von Dienerinnen umgeben, vor dem Spiegel die bleiche und regungslose Marja Kirilowna, ihr Kopf neigte sich müde unter der Last der Brillanten, sie zuckte leicht zusammen, wenn sie eine unvorsichtige Hand mit der Nadel stach, doch schwieg sie und starrte mit ausdruckslosem Gesicht in den Spiegel.

»Dauert's noch lang?«, ertönte die Stimme Kirila Petrowitschs von der Tür her.

»Sofort«, antwortete die Dame. »Marja Kirilowna, stehen Sie auf, betrachten Sie sich, ist es gut so?«

Marja Kirilowna erhob sich und antwortete nichts darauf. Man öffnete die Tür.

»Die Braut ist so weit«, sagte die Dame zu Kirila Petrowitsch. »Lassen Sie die Kutsche vorfahren.«

»Mit Gott«, sagte Kirila Petrowitsch und nahm ein Heiligenbild vom Tisch. »Komm her zu mir, Mascha«, sprach er mit gerührter Stimme, »ich segne dich …« Das arme Mädchen fiel ihm zu Füßen und brach in Weinen aus.

»Papa … Papa …«, sagte sie unter Tränen, und ihr versagte die Stimme. Kirila Petrowitsch beeilte sich mit dem Segen, sie wurde aufgehoben und beinahe in die Kutsche getragen. Mit ihr stieg die Brautmutter und eine der Dienerinnen ein. Sie fuhren zur Kirche. Dort erwartete sie schon der Bräutigam. Er ging der Braut entgegen und war von ihrer Blässe und ihrem seltsamen Aussehen erstaunt. Sie gingen gemeinsam in die kalte, leere Kirche hinein; hinter ihnen schloss man die Tür ab. Der Geistliche trat aus dem Altarraum hervor und fing sofort an. Marja Kirilowna sah nichts und hörte nichts, sie dachte nur an das eine, schon seit dem Morgen wartete sie auf Dubrowski, keine Minute verlor sie die Hoffnung, doch als der Geistliche sich an sie mit den üblichen Fragen wandte, zuckte sie zusammen und erstarrte, aber sie zögerte noch, hoffte noch. Ohne ihre Antwort abzuwarten, sprach der Geistliche die unwiderruflichen Worte.

Die Zeremonie war beendet. Sie spürte den kalten Kuss des ungeliebten Gatten, sie hörte die fröhlichen Glückwünsche der Anwesenden und konnte immer noch nicht glauben, dass sie ihr Leben lang an diesen Menschen gefesselt sein sollte, dass Dubrowski nicht zu ihrer Befreiung herbeigeeilt war. Der Fürst wandte sich mit zärtlichen Worten an sie, sie verstand sie nicht, sie traten aus der Kirche, am Eingang drängten sich die Bauern aus Pokrowskoje. Sie streifte sie mit einem schnellen Blick und nahm dann wieder die frühere Ausdruckslosigkeit an. Die Jungvermählten nahmen beide in der Kutsche Platz und fuhren nach Arbatowo; dorthin hatte sich schon Kirila Petrowitsch begeben, um das Paar zu empfangen. Als der Fürst mit der jungen Frau allein war, störte ihn ihr kühles Gesicht nicht im Mindesten. Er langweilte sie nicht mit sentimentalen Liebeserklärungen und lächerlichen Begeisterungsausbrüchen, seine Worte waren einfach und erforderten keine Antwort. So fuhren sie ungefähr zehn Werst, die Pferde liefen schnell über den holprigen Feldweg, und die Kutsche mit ihrer englischen Federung schwankte kaum. Plötzlich ertönten Schreie einer Verfolgergruppe, die Kutsche hielt an, ein Haufe Bewaffneter umringte sie, und ein Mann in Halbmaske vor den Augen öffnete den Wagenschlag auf der Seite, wo die junge Fürstin saß, und sagte zu ihr: »Sie sind frei, steigen Sie aus.« – »Was soll das heißen«, schrie der Fürst. »Wer bist du eigentlich?« – »Das ist Dubrowski«, sagte die Fürstin. Geistesgegenwärtig zog der Fürst eine Reisepistole aus der Seitentasche und schoss sie auf den maskierten Räuber ab. Die Fürstin schrie auf und bedeckte entsetzt ihr Gesicht mit beiden Händen. Dubrowski war an der Schulter verwundet worden, und es zeigte sich Blut. Ohne eine Minute zu verlieren, zog der Fürst eine zweite Pistole hervor, doch er kam nicht dazu, abzudrücken, der Wagenschlag ging auf, mehrere starke Arme zogen ihn aus der Kutsche heraus und rissen ihm die Pistole aus der Hand. Messer blitzten über ihm auf.

»Rührt ihn nicht an!«, schrie Dubrowski, und seine finsteren Helfer traten zurück.

»Sie sind frei«, fuhr Dubrowski fort und wandte sich an die bleiche Fürstin.

»Nein«, antwortete sie, »es ist zu spät – ich bin getraut – ich bin die Frau des Fürsten Werejski.«

»Was sagen Sie da«, schrie Dubrowski verzweifelt. »Nein, Sie sind nicht seine Frau, Sie wurden gezwungen, Sie konnten niemals damit einverstanden sein ...«

»Ich war einverstanden, ich habe es geschworen«, entgegnete sie bestimmt. »Der Fürst ist mein Mann, befehlen Sie, dass man ihn freilässt, und lassen Sie mich bei ihm. Ich habe Sie nicht betrogen. Ich habe bis zur letzten Minute auf Sie gewartet ... Doch jetzt, sage ich Ihnen, jetzt ist es zu spät. Lassen Sie uns gehen.«

Doch Dubrowski hörte sie schon nicht mehr, die schmerzende Wunde und die starke seelische Aufregung hatten ihn seiner Kräfte beraubt. Er fiel an einem Rad der Kutsche nieder, und die Räuber umringten ihn. Er vermochte ihnen noch einige Worte zu sagen, sie hoben ihn auf den Sattel, zwei von ihnen stützten ihn von der Seite, ein dritter nahm das Pferd am Zaum, und alle ritten davon. Sie ließen die Kutsche mitten auf dem Weg stehen, die Leute waren gefesselt, die Pferde ausgespannt, doch hatten sie nichts geraubt und keinen einzigen Tropfen Blut vergossen, um ihren Anführer zu rächen.

Neunzehntes Kapitel

Mitten im dunklen Wald erhob sich auf einer schmalen Waldwiese eine kleine Befestigung, die aus einem Erdwall und einem Graben bestand, hinter dem sich einige Laub- und Erdhütten befanden.

Eine größere Anzahl von Männern, die an der unterschiedlichen Kleidung und an den Waffen, die jeder trug, sofort als Räuber zu erkennen waren, saßen ohne Mützen auf dem freien Platz um den gemeinsamen Kessel und aßen zu Mittag. Auf dem Erdwall saß der Wachtposten mit gekreuzten Beinen neben einer kleinen Kanone; er setzte einen Flicken auf einen gewissen Teil seiner Kleidung, wobei er die Nadel mit einer Kunstfertigkeit führte, die auf einen Schneider schließen ließ, und hielt alle Augenblicke Ausschau.

Obwohl der Becher mehrere Male von Hand zu Hand ging, herrschte ein seltsames Schweigen in der Menge. Die Räuber beendeten ihre Mahlzeit, einer nach dem anderen stand auf und betete zu Gott, einige von ihnen gingen in die Laubhütten, andere gingen in den Wald oder legten sich nach russischer Gewohnheit ein wenig hin.

Der Wachtposten war mit seiner Arbeit fertig, schüttelte seine Lumpen, betrachtete zufrieden den Flicken, steckte die Nadel in den Ärmel, setzte sich im Reitsitz auf die Kanone und stimmte aus vollem Halse das melancholische alte Lied an:

»Rausche nicht, Väterchen, du grüner Eichenwald,
Störe mich wackern Jüngling nicht
in den Gedanken mein ...«

In diesem Augenblick ging die Tür einer Laubhütte auf, und auf der Schwelle zeigte sich eine sauber und streng gekleidete Alte in einer weißen Haube. »Sei ruhig, Stjopka«, sagte sie ärgerlich. »Der Herr schläft, und du singst aus vollem Halse, ohne dich stören zu lassen, weder Gewissen noch Mitleid habt ihr.« – »Verzeihung, Jegorowna«, antwortete Stjopka, »gut, ich werde es nicht mehr tun, soll unser Väterchen sich ausruhen und gesund werden.«

Die Alte verschwand, und Stjopka begann, auf dem Erdwall auf und ab zu gehen.

In der Laubhütte, aus der die Alte herausgekommen war, lag der verwundete Dubrowski hinter einer Zwischenwand auf einem Feldbett. Vor ihm lagen auf einem Tischchen seine Pistolen, und der Säbel hing ihm zu Häupten. Die Hütte war mit wertvollen Teppichen ausgelegt und behängt, in einer Ecke befanden sich ein silberner Toilettentisch und ein Trumeau. Dubrowski hielt ein aufgeschlagenes Buch in der Hand, doch seine Augen waren geschlossen. Und die Alte, die hinter der Zwischenwand hervorsah, wusste nicht recht, ob er eingeschlafen war oder nur nachdachte.

Plötzlich zuckte Dubrowski zusammen. Innerhalb der Befestigung wurde Alarm geschlagen, und Stjopka steckte seinen Kopf zu ihm ins Fenster hinein. »Väterchen, Wladimir Andrejewitsch«, schrie er, »die Unsrigen geben das Zeichen, wir werden gesucht.« Dubrowski sprang vom Bett auf, ergriff die Waffen und trat aus der Hütte. Die Räuber drängten sich lärmend auf dem freien Platz, bei seinem Erscheinen trat tiefe Stille ein. »Sind alle da?«, fragte Dubrowski. »Alle, außer den Spähern«, wurde ihm geantwortet. »An die Plätze!«, schrie Dubrowski. Und jeder von den Räubern nahm den für ihn bestimmten Platz ein. In diesem Augenblick kamen drei Späher zu dem Tor gelaufen. Dubrowski ging ihnen entgegen. »Was gibt's?«, fragte er sie. »Im Wald sind Soldaten«, antworteten sie. »Wir werden umzingelt.« Dubrowski befahl, das Tor zu schließen, und ging, um die kleine Kanone zu überprüfen. Im Wald ertönten Stimmen und näherten sich; die Räuber warteten schweigend. Plötzlich traten drei oder vier Soldaten aus dem Wald, wichen sofort zurück und gaben Warnschüsse ab. »Fertigmachen zum Kampf«, sagte Dubrowski, unter den Räubern kam Bewegung auf, und wieder war alles still. Dann hörten sie den Lärm der anrückenden Abteilung. Waffen blitzten zwischen den Bäumen auf, ungefähr hundertfünfzig Soldaten strömten aus dem Wald heraus und strebten mit Geschrei auf den Erdwall zu. Dubrowski legte die Lunte an, der Schuss saß: Einem wurde der Kopf abgerissen, zwei andere wurden verwundet. Unter den Soldaten brach Verwirrung aus, doch der Offizier stürzte vor, die Soldaten folgten ihm und liefen in den Graben, die Räuber schossen mit Gewehren und Pistolen auf sie und fingen an, mit der Axt in der Hand den Erdwall zu verteidigen, gegen den die Soldaten, rasend vor Wut, anrannten, im Graben ungefähr zwanzig verwundete Kameraden zurücklassend. Es kam zum Handgemenge, die Soldaten waren schon auf dem Erdwall, die Räuber wichen allmählich zurück, doch Dubrowski trat an den Offizier heran, setzte ihm die Pistole auf die Brust und drückte ab, der Offizier fiel hintenüber auf den Rücken, ein paar Soldaten hoben ihn auf und trugen ihn eilig in den Wald, die übrigen, ihres Befehlshabers beraubt, blieben stehen. Die ermutigten Räuber nutzten diesen Augenblick des Zögerns, trieben sie auseinander, drängten sie in den Graben ab; die Belagerer flohen, und die Räuber liefen ihnen unter Geschrei hinterher. Der Sieg war entschieden. Da Dubrowski die völlige Niederlage des Feindes sah, hielt er die Seinigen zurück und verschanzte sich in der Festung, wobei er befahl, die Verwundeten aufzulesen und die Wachen zu verdoppeln, und anordnete, dass sich niemand zu entfernen habe.

Die letzten Ereignisse lenkten die Aufmerksamkeit der Regierung ernsthaft auf die verwegenen Raubzüge Dubrowskis.

Nachrichten über seinen Aufenthalt wurden gesammelt. Eine Kompanie Soldaten wurde abkommandiert, um ihn – tot oder lebendig – zu ergreifen. Einige Männer aus seiner Bande wurden gefangen, und durch sie erfuhr man, dass Dubrowski schon nicht mehr unter ihnen weilte. Einige Tage nach dem Kampf hatte er seine Spießgesellen versammelt und ihnen mitgeteilt, dass er vorhabe, sie für immer zu verlassen. Er riet ihnen, ihre Lebensweise zu ändern. »Ihr seid unter meiner Führung reich geworden, jeder von euch hat einen Pass, mit dem er ohne Gefahr in ein entferntes Gouvernement gehen und dort den Rest seines Lebens bei ehrlicher Arbeit und in Überfluss verbringen kann. Doch ihr seid alle Spitzbuben und wollt wahrscheinlich euer Handwerk nicht aufgeben.« Nach dieser Rede verließ er sie und nahm nur den *** mit. Niemand wusste, wohin er sich gewandt hatte. Zuerst zweifelte man an der Wahrhaftigkeit dieser Angaben, denn die Treue der Räuber ihrem Anführer gegenüber war bekannt. Man nahm an, sie bemühten sich, ihn zu retten. Doch die Folgen gaben ihnen recht, die schrecklichen Raubzüge, die Brandstiftungen und Überfälle hörten auf. Die Unsicherheit auf den Reisewegen verschwand. Anderen Nachrichten zufolge war Dubrowski ins Ausland geflüchtet.

Pique Dame

Pique Dame bedeutet heimliches Übelwollen.

Neuestes Traumbuch

1

Waren die Tage trüb,
Nahmen sie vorlieb
Mit dem Spiel;
Setzten – Gott sei's geklagt! –
Immer sehr gewagt
Und sehr viel;
Schrieben mit Kreide hin
Den Verlust und Gewinn,
Ohne zu warten.
So, wenn die Tage trüb,
War ihnen die Arbeit lieb
Mit den Karten.

Bei dem Gardekavalleristen Narumow spielte man eines Abends Karten. Die lange Winternacht war unbemerkt vorübergegangen; zum Abendessen setzte man sich gegen fünf Uhr morgens. Die Gewinner aßen mit großem Appetit; die Übrigen saßen zerstreut vor ihren leeren Gedecken. Doch als der Champagner gebracht wurde, lebte die Unterhaltung auf, und alle nahmen an ihr teil.

»Wie ist es dir ergangen, Surin?«, fragte der Gastgeber.

»Ich habe verloren, wie gewöhnlich, Ich muss gestehen, dass ich kein Glück habe: Ich spiele Mirandole, rege mich niemals auf, nichts bringt mich aus der Fassung, und doch verliere ich immer!«

»Und du hast dich kein einziges Mal hinreißen lassen? Kein einziges Mal auf *Route* gesetzt? Deine Standhaftigkeit wundert mich.«

»Was sagt ihr aber erst zu Hermann?«, meinte einer der Gäste und wies auf den jungen Genieoffizier. »Noch nie hat er eine Karte in die

Hand genommen, noch nie ein Paroli gebogen und sitzt bis fünf Uhr mit uns zusammen und sieht dem Spiel zu!«

»Das Spiel interessiert mich sehr«, sagte Hermann, »doch ich bin nicht in der Lage, Unentbehrliches zu opfern, in der Hoffnung, Überflüssiges zu erwerben.«

»Hermann ist ein Deutscher – er ist berechnend, das ist alles!«, bemerkte Tomski. »Aber wenn ich jemanden nicht verstehe, so ist es meine Großmutter, die Gräfin Anna Fedotowna.«

»Wie? Was?«, riefen die Gäste.

»Ich kann einfach nicht begreifen«, fuhr Tomski fort, »warum meine Großmutter nicht pointiert!«

»Was ist denn Erstaunliches daran«, sagte Narumow, »wenn eine achtzigjährige Frau nicht pointiert?«

»Ihr wisst also nichts über sie?«

»Nein! Wir wissen wirklich nichts!«

»Oh, hört also zu. Ihr müsst wissen, dass meine Großmutter vor etwa sechzig Jahren nach Paris fuhr und dort in großer Mode war. Alle liefen ihr nach, um la Venus moscovite zu sehen; Richelieu machte ihr den Hof, und die Großmutter versichert, dass er sich wegen ihrer Unnahbarkeit beinah erschossen hätte.

Damals spielten die Damen Pharao. Bei Hof verlor sie einmal auf Ehrenwort sehr viel an den Herzog von Orléans. Als die Großmutter zu Hause angekommen war, löste sie die Schönheitspflästerchen vom Gesicht, schnürte den Reifrock los, teilte dabei dem Großvater ihre Spielschuld mit und befahl, sie zu begleichen.

Der selige Großvater war, soweit ich mich erinnere, eine Art Haushofmeister bei der Großmutter. Er fürchtete sie wie das Feuer; als er jedoch von solch einer entsetzlich hohen Spielschuld hörte, geriet er außer sich, brachte die Rechnungen, bewies ihr, dass sie in einem halben Jahr eine halbe Million verbraucht hätten, dass sich bei Paris weder ihre Moskauer noch Saratower Dörfer befänden, und lehnte eine Zahlung rundweg ab. Die Großmutter gab ihm eine Ohrfeige und legte sich zum Zeichen ihrer Ungnade allein schlafen.

Am nächsten Tag ließ sie ihren Mann rufen, in der Hoffnung, dass die häusliche Strafe nicht ohne Wirkung geblieben sei, doch er war unerschütterlich. Zum ersten Mal im Leben ließ sie sich mit ihm in Erörterungen und Erklärungen ein; sie wollte ihm ins Gewissen reden, bewies herablassend, dass Schuld nicht gleich Schuld sei und dass es einen Unterschied zwischen einem Prinzen und einem Stellmacher gäbe. – Vergeblich! Der Großvater rebellierte. Nein und abermals Nein! Die Großmutter wusste nicht, was sie tun sollte.

Sie war flüchtig mit einem außergewöhnlichen Mann bekannt. Ihr habt alle vom Grafen Saint-Germain gehört, von dem man sich so viel Wunderbares erzählt. Ihr wisst, dass er sich für den Ewigen Juden ausgab, für den Erfinder des Lebenselixiers, des Steins der Weisen und dergleichen. Man lachte über ihn wie über einen Scharlatan, und Casanova sagt von ihm in seinen Memoiren, er sei ein Spion; trotz seines geheimnisvollen Wesens hatte Saint-Germain übrigens ein sehr würdiges Aussehen und war in Gesellschaft ein äußerst liebenswürdiger Mensch.

Meine Großmutter ist noch heute von ihm begeistert und wird böse, wenn man von ihm abfällig spricht. Meine Großmutter wusste, dass Saint-Germain über große Summen verfügen konnte. Sie beschloss, sich an ihn zu wenden. Sie schrieb ihm ein Billett und bat ihn, sie sofort zu besuchen. Der alte Sonderling erschien unverzüglich und fand sie in tiefem Kummer vor. Sie schilderte ihm die barbarische Grausamkeit ihres Mannes in den schwärzesten Farben und sagte schließlich, dass sie ihre ganze Hoffnung auf seine Freundschaft und Liebenswürdigkeit setze.

Saint-Germain dachte nach.

›Ich könnte Ihnen mit dieser Summe dienen‹, sagte er, ›doch ich weiß, dass Sie keine Ruhe finden werden, bevor Sie mir das Geld zurückgegeben haben, ich möchte Ihnen aber neue Ungelegenheiten ersparen. Es gibt ein anderes Mittel: Sie können die Schuld im Spiel zurückgewinnen.‹ – ›Aber, lieber Graf‹, antwortete die Großmutter, ›ich sage Ihnen doch, wir haben keinerlei Geld.‹ – ›Geld ist hierbei nicht nötig‹, entgegnete Saint-Germain, ›hören Sie mich bitte an.‹ Und er eröffnete ihr ein Geheimnis, für das jeder von uns viel geben würde …«

Die jungen Spieler verdoppelten ihre Aufmerksamkeit. Tomski zündete sich eine Pfeife an, tat einen Zug und fuhr fort. »Am selben Abend erschien die Großmutter in Versailles au jeu de la Reine. Der Herzog von Orléans hielt die Bank; die Großmutter bat flüchtig um Entschuldigung, dass sie ihre Schuld nicht gleich mitgebracht habe, erfand zu ihrer Rechtfertigung eine kleine Geschichte und begann gegen ihn zu pointieren. Sie wählte drei Karten, setzte eine nach der anderen: Alle drei gewannen Sonika, und die Großmutter hatte alles wieder zurückgewonnen.«

»Zufall!«, sagte einer der Gäste.

»Ein Märchen!«, bemerkte Hermann.

»Vielleicht waren es gezinkte Karten?«, meinte ein dritter. »Ich glaube nicht«, antwortete Tomski ernst.

»Wie!«, sagte Narumow. »Du hast eine Großmutter, die drei Karten hintereinander trifft, und hast von ihr dieses Geheimnis noch nicht erfahren können?«

»Den Teufel auch!«, antwortete Tomski. »Sie hatte vier Söhne, einer von ihnen war mein Vater: Alle vier waren leidenschaftliche Spieler, und keinem von ihnen hat sie ihr Geheimnis mitgeteilt, obwohl das für sie – und sogar auch für mich – nicht schlecht gewesen wäre. Doch Folgendes hat mir mein Onkel, Graf Iwan Iljitsch, erzählt und bei seiner Ehre versichert, dass es wahr sei. Der verstorbene Tschaplizki, derselbe, der Millionen durchgebracht hatte und als Bettler gestorben war, hatte in seiner Jugend einmal dreihunderttausend, ich glaube an Soritsch, im Spiel verloren. Er war verzweifelt. Der Großmutter, die sich Streichen junger Leute gegenüber immer streng verhielt, tat Tschaplizki leid. Sie nannte ihm drei Karten, auf die er nacheinander setzen sollte, und ließ sich sein Ehrenwort geben, in Zukunft nie mehr zu spielen. Tschaplizki erschien bei seinem Besieger, und sie begannen mit dem Spiel. Tschaplizki setzte auf die erste Karte fünfzigtausend und gewann Sonika, er bog Paroli, Paroli-pé, gewann alles wieder und hatte noch einen Gewinn …

Doch es ist Zeit, schlafen zu gehen: Es ist schon drei viertel sechs.«

Tatsächlich wurde es schon hell; die jungen Leute tranken ihre Gläser aus und fuhren nach Hause.

2

»Il paraît que monsieur est décidément pour les suivantes.«
»Que voulez-vous, madame? Elles sont plus fraîches.«

Gespräch in der vornehmen Gesellschaft

Die alte Gräfin *** saß in ihrem Ankleidezimmer vor dem Spiegel. Drei Mädchen umringten sie. Die eine hielt ein Näpfchen mit Schminke in der Hand, die andere eine Schachtel mit Nadeln, die dritte eine hohe Haube mit feuerroten Bändern. Die Gräfin konnte nicht mehr den geringsten Anspruch auf Schönheit erheben, die längst vergangen war, doch behielt sie alle Gewohnheiten ihrer Jugend bei, kleidete sich genau nach der Mode der Siebzigerjahre und machte ebenso lange und sorgfältig Toilette wie vor sechzig Jahren. Am Fenster saß an einem Stickrahmen ein junges Fräulein, ihre Pflegetochter. »Guten Tag, grand'maman«, sagte der junge Offizier, der eingetreten war. »Bonjour, mademoiselle Lise. Grand'maman, ich komme mit einer Bitte zu Ihnen.«

»Was ist, Paul?«

»Gestatten Sie, dass ich Ihnen einen meiner Freunde vorstelle und ihn am Freitag zu Ihrem Ball mitbringe.«

»Bring ihn direkt zum Ball, und dort stellst du ihn mir auch vor. Bist du gestern bei *** gewesen?«

»Natürlich! Es war sehr lustig, bis fünf Uhr wurde getanzt. Wie schön die Jelezkaja war!«

»Ach, mein Lieber! Was ist an ihr schön? Was ist sie im Vergleich zu ihrer Großmutter, der Fürstin Darja Petrowna? Übrigens, ich nehme an, sie ist schon sehr gealtert, die Fürstin Darja Petrowna?«

»Wie, gealtert?«, antwortete Tomski zerstreut. »Sie ist doch schon vor sieben Jahren gestorben.«

Das Fräulein hob den Kopf und machte dem jungen Mann ein Zeichen. Er erinnerte sich, dass man der alten Gräfin den Tod ihrer Altersgenossinnen verheimlichte, und biss sich auf die Lippen.

Doch die Gräfin nahm die ihr neue Nachricht mit großem Gleichmut auf.

»Sie ist gestorben!«, sagte sie. »Und ich habe es nicht einmal gewusst! Wir sind beide zusammen zu Hofdamen ernannt worden, und als wir uns vorstellten, da sagte die Kaiserin …«

Und die Gräfin erzählte dem Enkel zum hundertsten Mal ihre Anekdote.

»Nun, Paul«, sagte sie dann, »sei mir beim Aufstehen behilflich. Lisanka, wo ist meine Tabatiere?«

Und die Gräfin ging mit ihren Mädchen hinter den Wandschirm, um ihre Toilette zu beenden. Tomski blieb mit dem Fräulein allein.

»Wen wollen Sie vorstellen?«, fragte leise Lisaweta Iwanowna.

»Narumow. Kennen Sie ihn?«

»Nein! Ist er Offizier oder Zivilist?«

»Offizier.«

»Genieoffizier?«

»Nein! Kavallerist. Aber warum haben Sie gedacht, dass er Genieoffizier ist?«

Das Fräulein lachte und gab keine Antwort.

»Paul!«, rief die Gräfin hinter dem Wandschirm. »Schicke mir irgendeinen neuen Roman, aber bitte keinen modernen.«

»Wie soll ich das verstehen, grand'maman?«

»Ich meine einen Roman, in dem der Held weder den Vater noch die Mutter erwürgt und in dem es keine Ertrunkenen gibt. Ich fürchte mich entsetzlich vor Wasserleichen!«

»Solche Romane gibt es heutzutage nicht. Oder wollen Sie etwa russische haben?«

»Gibt es denn russische Romane? Schicke sie mir, mein Lieber, bitte schicke sie mir!«

»Leben Sie wohl, grand'maman, ich habe es eilig ... Leben Sie wohl, Lisaweta Iwanowna! Warum haben Sie nur gedacht, dass Narumow Genieoffizier ist?«

Und Tomski verließ das Ankleidezimmer.

Lisaweta Iwanowna blieb allein zurück. Sie hörte mit ihrer Arbeit auf und sah zum Fenster hinaus. Bald darauf kam auf der anderen Straßenseite hinter einem Eckhaus ein junger Offizier hervor. Tiefe Röte überzog ihre Wangen, sie nahm ihre Arbeit wieder auf und beugte den Kopf über die Stickerei. In diesem Augenblick trat die Gräfin vollständig angekleidet ein.

»Lisanka«, sagte sie, »lass anspannen, wir werden spazieren fahren.«

Lisanka erhob sich hinter ihrem Stickrahmen und räumte ihre Arbeit fort.

»Was hast du, meine Beste! Bist du etwa taub?«, schrie die Gräfin. »Lass sofort anspannen.«

»Gleich!«, antwortete das Fräulein leise und lief in das Vorzimmer.

Ein Diener trat herein und überreichte der Gräfin Bücher vom Fürsten Pawel Alexandrowitsch.

»Gut! Ich lasse danken«, sagte die Gräfin. »Lisanka, Lisanka! Wo läufst du denn hin?«

»Mich anziehen.«

»Das eilt nicht, meine Beste. Setz dich her. Schlag den ersten Band auf, lies mir vor ...«

Das Fräulein nahm das Buch und las einige Zeilen vor. »Lauter!«, sagte die Gräfin. »Was ist mit dir, meine Beste? Hast du deine Stimme verloren? Warte, rück mir den Schemel heran, näher ... Nun!«

Lisaweta Iwanowna las noch zwei Seiten vor. Die Gräfin gähnte.

»Hör mit diesem Buch auf«, sagte sie. »Was für ein Unsinn! Schick das an den Fürsten Pawel zurück und lass ihm danken … Wo bleibt denn die Kutsche?«

»Die Kutsche steht bereit«, antwortete Lisaweta Iwanowna, nachdem sie auf die Straße geguckt hatte.

»Warum bist du denn nicht angezogen?«, fragte die Gräfin. »Immer muss man auf dich warten! Das ist unerträglich, meine Beste.«

Lisa lief in ihr Zimmer. Keine zwei Minuten waren vergangen, als die Gräfin mit aller Kraft zu klingeln begann. Drei Mädchen kamen durch die eine Tür hereingelaufen und ein Kammerdiener durch die andere.

»Hört ihr denn schlecht?«, sagte die Gräfin zu ihnen. »Sagt Lisaweta Iwanowna, dass ich auf sie warte.«

Lisaweta Iwanowna trat in Hut und Mantel herein. »Endlich, meine Beste!«, sagte die Gräfin. »Was für eine Aufmachung! Wozu das? Wen willst du bezaubern? Und wie ist das Wetter? Es scheint windig zu sein.«

»Durchaus nicht. Euer Erlaucht! Es ist vollkommen windstill!«, antwortete der Kammerdiener.

»Ihr redet immer, was euch grade in den Kopf kommt! Macht mal die Fensterklappe auf. Wie ich es gesagt habe – Wind! Und noch dazu eisig kalter! Lasst ausspannen! Lisanka, wir fahren nicht: Du hast dich umsonst herausgeputzt.«

Und das ist nun mein Leben!, dachte Lisaweta Iwanowna. Lisaweta war wirklich ein äußerst unglückliches Geschöpf. Fremdes Brot schmeckt bitter, sagt Dante, und schwer fällt es, die Treppe eines fremden Hauses hochzusteigen, und wer kannte die Bitternis der Abhängigkeit besser als die arme Pflegetochter der alten Aristokratin? Die Gräfin *** hatte natürlich kein schlechtes Herz; doch als eine von der Gesellschaft verwöhnte Frau war sie launisch, zudem geizig und von einem kalten Egoismus durchdrungen, wie alle alten Leute, die zu ihrer Zeit geliebt haben und der heutigen fremd gegenüberstehen. Sie nahm an allen Zerstreuungen der großen Welt teil, schleppte sich auf

Bälle, wo sie, geschminkt und altmodisch gekleidet, wie eine hässliche und notwendige Verzierung des Ballsaales in der Ecke saß; unter tiefen Verbeugungen näherten sich ihr wie nach einem vorgeschriebenen Zeremoniell die eintreffenden Gäste, und dann kümmerte sich keiner mehr um sie. Bei sich zu Hause empfing sie die ganze Stadt, beobachtete dabei die strengste Etikette und erkannte niemanden. Ihre zahlreiche Dienerschaft, die in ihrem Vorzimmer und in ihrer Mädchenstube dick und grau geworden war, tat, was ihr gefiel, und bestahl die sterbende Alte um die Wette.

Lisaweta Iwanowna war die Märtyrerin des Hauses. Sie schenkte Tee ein und musste sich wegen des allzu hohen Zuckerverbrauchs Vorwürfe anhören, sie las aus Romanen vor und war an allen Fehlern des Autors schuld; sie begleitete die Gräfin auf Spazierfahrten und war für Wetter und Straßenpflaster verantwortlich. Ihr war ein Gehalt bestimmt, das sie niemals voll ausgezahlt bekam, und dabei verlangte man von ihr, dass sie angezogen sei wie alle, das heißt wie sehr wenige. In der Gesellschaft spielte sie die bedauernswerteste Rolle. Alle kannten sie, doch niemand achtete sie; auf Bällen tanzte sie nur, wenn ein Visavis fehlte, und die Damen nahmen sie immer dann unter den Arm, wenn sie in die Garderobe mussten, um etwas an ihrer Toilette in Ordnung zu bringen. Sie besaß ein ausgeprägtes Ehrgefühl, empfand lebhaft ihre Lage und sah sich in ungeduldiger Erwartung nach einem Befreier um. Doch die jungen, in ihrer leichtsinnigen Eitelkeit berechnenden Männer schenkten ihr keine Aufmerksamkeit, obwohl Lisaweta Iwanowna hundertmal liebreicher war als die frechen und kühlen Bräute, die sie umwarben. Wie oft hatte sie den langweiligen und prunkvollen Saal unbemerkt verlassen und war, um zu weinen, auf ihr Zimmer gegangen, in dem ein mit Tapete beklebter Wandschirm, eine Kommode, ein Spiegel und ein angestrichenes Bett standen und wo ein Talglicht düster in einem kupfernen Leuchter brannte!

Eines Tages – dies geschah zwei Tage nach dem Abend, den wir zu Beginn der Erzählung beschrieben, und eine Woche vor der Szene, bei der wir stehen blieben –, eines Tages, als Lisaweta Iwanowna am Fenster vor ihrem Stickrahmen saß, blickte sie zufällig auf die Straße hinaus und bemerkte einen jungen Offizier, der unbeweglich dastand und unverwandt zu ihrem Fenster hinaufblickte. Sie senkte den Kopf und beschäftigte sich wieder mit ihrer Arbeit; nach fünf Minuten sah sie von Neuem hinaus – der Offizier stand auf derselben Stelle. Da sie nicht die Gewohnheit hatte, mit vorübergehenden Offizieren zu kokettieren, blickte sie überhaupt nicht mehr auf die Straße und stickte ungefähr zwei Stunden, ohne aufzusehen. Das Mittagessen wurde aufgetragen. Sie erhob sich, räumte den Stickrahmen zur Seite, warf zufällig einen Blick auf die Straße und sah wieder den Offizier. Dies kam ihr höchst seltsam vor. Nach dem Essen trat sie mit dem Gefühl einer gewissen Unruhe an das Fenster, doch der Offizier war nicht mehr da – und sie vergaß ihn …

Nach etwa zwei Tagen, als sie mit der Gräfin hinausging, um sich in die Kutsche zu setzen, sah sie ihn wieder. Er stand unmittelbar neben der Auffahrt, sein Gesicht war von einem Biberpelzkragen verdeckt, und seine schwarzen Augen funkelten unter dem Hut. Lisaweta Iwanowna erschrak – sie wusste selbst nicht, wovor – und nahm in unbeschreiblicher Aufregung in der Kutsche Platz.

Als sie zurückgekehrt war, lief sie sofort zum Fenster – der Offizier stand an der früheren Stelle und hielt seine Augen auf sie gerichtet; sie trat zurück, von Neugier gepeinigt und von einem Gefühl erregt, das ihr völlig neu war.

Seitdem verging kein Tag, an dem der junge Mann nicht zu bestimmter Stunde unter den Fenstern ihres Hauses erschienen wäre. Zwischen ihm und ihr bildeten sich ohne jegliche Verabredung gewisse Beziehungen heraus. Wenn sie auf ihrem Platz bei der Arbeit saß, dann spürte sie sein Nahen – sie hob den Kopf und sah von Tag zu Tag länger hinunter. Der junge Mann war ihr, so schien es, dafür dankbar. Mit dem scharfen Auge der Jugend bemerkte sie, wie jedes Mal eine schnelle Röte seine bleichen Wangen überzog, wenn sich ihre Blicke trafen. Nach einer Woche lächelte sie ihm zu …

Als Tomski um die Erlaubnis bat, der Gräfin seinen Freund vorstellen zu dürfen, schlug dem armen Mädchen das Herz bis zum Hals. Doch als sie erfuhr, dass Narumow kein Genieoffizier war, sondern Gardekavallerist, bedauerte sie, durch eine unbescheidene Frage dem leichtsinnigen Tomski ihr Geheimnis verraten zu haben.

Hermann war der Sohn eines zum Russen gewordenen Deutschen, der ihm ein kleines Kapital hinterlassen hatte. Von der Notwendigkeit, seine Unabhängigkeit zu festigen, zutiefst überzeugt, rührte Hermann nicht einmal die Zinsen an, lebte nur vom Gehalt und gestattete sich nicht den geringsten Luxus. Er war übrigens verschlossen und ehrgeizig, und seine Kameraden hatten selten Gelegenheit, sich über seine übertriebene Sparsamkeit lustig zu machen. Er war sehr leidenschaftlich und hatte eine glühende Fantasie, doch seine Festigkeit schützte ihn vor den üblichen Verirrungen der Jugend. So nahm er zum Beispiel, obwohl er von Natur ein Spieler war, niemals eine Karte in die Hand, da er sich ausgerechnet hatte, dass sein Vermögen ihm nicht erlaube (wie er zu sagen pflegte), *Unentbehrliches zu opfern, in der Hoffnung, Überflüssiges zu erwerben* – saß aber ganze Nächte an den Spieltischen und folgte in fieberhafter Erregung dem wechselhaften Verlauf des Spiels.

Die Geschichte von den drei Karten beschäftigte seine Fantasie stark und ging ihm die ganze Nacht nicht aus dem Kopf. Was wäre, dachte er am Abend des nächsten Tages, als er in Petersburg umherschlenderte, wenn die alte Gräfin mir ihr Geheimnis entdeckte! Oder mir ihre drei sicheren Karten nennte! Warum soll ich mein Glück nicht versuchen? … Ich lasse mich vorstellen, erwerbe ihr Vertrauen – vielleicht werde ich ihr Liebhaber –, doch all das braucht seine Zeit, und sie ist siebenundachtzig Jahre alt, sie kann in einer Woche sterben – in zwei Tagen schon! … Und die Geschichte selbst? … Kann man ihr glauben? … Nein! Berechnung, Sparsamkeit und Fleiß: das sind meine drei sicheren Karten, das ist es, was mein Kapital verdreifachen, versiebenfachen wird und mir Ruhe und Unabhängigkeit gibt.

Während er diese Überlegungen anstellte, war er auf eine der Hauptstraßen Petersburgs gekommen und stand plötzlich vor einem Haus alter Bauart. Die Straße war voller Equipagen, und eine Kutsche nach der anderen rollte an der erleuchteten Auffahrt vor. Aus den Kutschen streckte sich alle Augenblicke bald das schlanke Bein einer jungen Schönheit, bald ein knarrender Kanonenstiefel, bald ein gestreifter Strumpf und ein Diplomatenschuh. Pelze und Umhänge eilten an dem majestätischen Portier vorüber. Hermann blieb stehen.

»Wem gehört dieses Haus?«, fragte er den Wächter an der Ecke.

»Der Gräfin ***«, antwortete der Wächter.

Hermann geriet in Erregung. Die wunderbare Geschichte erstand erneut in seiner Fantasie. Er ging vor dem Haus auf und ab, dachte an dessen Herrin und ihre wunderbare Fähigkeit. Erst spät kehrte er in sein bescheidenes Heim zurück; lange konnte er nicht einschlafen, und als der Schlaf ihn überwältigt hatte, träumte er von Karten, dem grünen Spieltisch, Geldscheinbündeln und Haufen von Goldmünzen. Er setzte eine Karte nach der anderen, bog entschlossen die Ecken, gewann unaufhörlich, scharrte das Gold an sich und steckte die Geldscheine in die Tasche. Er wachte spät auf, seufzte über den Verlust seines fantastischen Reichtums, schlenderte von Neuem in der Stadt umher und befand sich wieder vor dem Haus der Gräfin ***. Eine unsichtbare Kraft zog ihn, so schien es, zu ihm hin. Er blieb stehen und sah zu den Fenstern hinauf. In einem von ihnen sah er ein schwarzhaariges Köpfchen, das wahrscheinlich über ein Buch oder eine Handarbeit gebeugt war. Der Kopf erhob sich. Hermann sah ein frisches Gesicht und schwarze Augen. Dieser Augenblick entschied über sein Schicksal.

3

> Vous m'écrivez, mon ange, des lettres de quatre pages plus vite que je ne puis les lire.
>
> *Aus einem Briefwechsel*

Kaum hatte Lisaweta Iwanowna Mantel und Hut abgelegt, als die Gräfin nach ihr schickte und von Neuem anspannen ließ. Sie gingen hinunter, um einzusteigen. In dem Augenblick, als zwei Diener die Gräfin hochhoben und ihr durch den Wagenschlag halfen, erblickte Lisaweta Iwanowna unmittelbar am Rad ihren Genieoffizier; er ergriff ihre Hand, sie wusste nicht, was tun vor Schreck; der junge Mann verschwand und ließ einen Brief in ihrer Hand zurück. Sie versteckte ihn in ihrem Handschuh und sah und hörte während des ganzen Weges nichts mehr. Die Gräfin hatte in der Kutsche die Gewohnheit, alle Augenblicke Fragen zu stellen: Wer ist uns da entgegengekommen? Wie heißt diese Brücke? Was steht dort auf dem Schild? Lisaweta Iwanowna antwortete dieses Mal falsch und was ihr gerade in den Kopf kam und verärgerte damit die Gräfin.

»Was ist mit dir, meine Beste! Ist dein Verstand stehen geblieben oder was? Entweder hörst du mich nicht oder du verstehst mich nicht … Gott sei Dank spreche ich deutlich und habe noch nicht den Verstand verloren!«

Lisaweta hörte nicht auf das, was sie sagte. Nach Hause zurückgekehrt, lief sie auf ihr Zimmer und holte den Brief aus dem Handschuh: Er war nicht versiegelt. Lisaweta Iwanowna las ihn. Der Brief enthielt eine Liebeserklärung. Sie war voller Zärtlichkeit und Ehrerbietung und Wort für Wort einem deutschen Roman entnommen. Aber Lisaweta Iwanowna verstand kein Deutsch und war mit ihr sehr zufrieden.

Doch der Brief, den sie angenommen hatte, beunruhigte sie außerordentlich. Zum ersten Mal trat sie in geheime, enge Beziehungen zu einem jungen Mann. Seine Kühnheit entsetzte sie. Sie warf sich ihr unvorsichtiges Benehmen vor und wusste nicht, was tun: Sollte sie aufhören, am Fenster zu sitzen, und durch Nichtbeachten dem jungen Offizier die Lust an weiteren Verfolgungen nehmen? Sollte sie den Brief zurückschicken? Sollte sie kühl entschlossen antworten? Sie hatte niemanden, mit dem sie sich beraten konnte, sie besaß weder eine Freundin noch eine Vertraute. Lisaweta Iwanowna beschloss zu antworten.

Sie setzte sich an ihren kleinen Schreibtisch, nahm Feder und Papier – und verfiel in Nachdenken. Sie begann den Brief mehrere Male – und zerriss ihn immer wieder: Bald erschienen ihr die Ausdrücke zu herablassend, bald zu hart. Schließlich gelangen ihr einige Zeilen, mit denen sie zufrieden war. »Ich bin überzeugt«, schrieb sie, »dass Sie ehrliche Absichten haben und mich durch Ihre unbedachte Tat nicht beleidigen wollten; doch unsere Bekanntschaft hätte nicht auf diese Weise beginnen dürfen. Ich sende Ihnen Ihren Brief zurück und hoffe, dass ich in Zukunft keinen Grund haben werde, mich über unverdienten Mangel an Achtung zu beklagen.«

Als Lisaweta Iwanowna am nächsten Tag Hermanns Nahen bemerkte, stand sie von ihrer Stickerei auf, ging in den Saal, öffnete das Fenster und warf den Brief auf die Straße, sich auf die Behendigkeit des jungen Offiziers verlassend. Hermann eilte herzu, hob ihn auf und trat in eine Konditorei ein. Als er das Siegel erbrochen hatte, fand er seinen Brief und die Antwort Lisaweta Iwanownas. Dies hatte er auch erwartet, und er kehrte, sehr beschäftigt mit seiner Intrige, nach Hause zurück.

Drei Tage danach brachte eine junge flinkäugige Mamsell aus einem Modegeschäft Lisaweta Iwanowna ein Briefchen. Lisaweta Iwanowna öffnete es voller Unruhe, da sie Geldforderungen vermutete, und erkannte plötzlich die Handschrift Hermanns.

»Sie haben sich geirrt, meine Liebe«, sagte sie, »dieser Brief ist nicht für mich.«

»Nein, er ist für Sie!«, antwortete das kecke Mädchen, ohne ein verschmitztes Lächeln zu verbergen. »Lesen Sie ihn bitte!«

Lisaweta Iwanowna überflog den Brief. Hermann forderte eine Zusammenkunft.

»Das kann nicht sein!«, sagte Lisaweta Iwanowna, die die Hast der Forderung erschreckte und auch die Art und Weise, wie er sie vorbrachte. »Dieser Brief ist bestimmt nicht an mich gerichtet!« Und sie zerriß ihn in kleine Stückchen.

»Wenn der Brief nicht für Sie bestimmt ist, warum haben Sie ihn dann zerrissen?«, fragte die Mamsell. »Ich hätte ihn demjenigen, der ihn geschickt hat, wieder zurückgebracht.«

»Bitte, meine Liebe!«, sagte Lisaweta Iwanowna, die bei dieser Bemerkung rot geworden war. »Bringen Sie mir in Zukunft keine Briefe mehr. Und sagen Sie demjenigen, der Sie geschickt hat, dass er sich schämen sollte ...«

Aber Hermann gab nicht auf. Lisaweta Iwanowna erhielt jeden Tag auf die eine oder andere Weise einen Brief von ihm. Sie waren schon nicht mehr aus dem Deutschen übersetzt. Hermann schrieb sie, von Leidenschaft getrieben, und sprach die ihm eigene Sprache: In ihnen kam die Entschlossenheit seiner Wünsche und der Wirrwarr seiner ungezügelten Fantasie zum Ausdruck. Lisaweta Iwanowna dachte gar nicht mehr daran, sie wegzuschicken: Sie berauschte sich an ihnen; sie beantwortete sie – und ihre Briefe wurden stündlich länger und zärtlicher. Schließlich warf sie ihm folgenden Brief aus dem Fenster:

Heute ist Ball bei dem ***ischen Gesandten. Die Gräfin wird dort sein. Wir werden bis gegen zwei Uhr bleiben. Das ist eine Gelegenheit für Sie, mich allein anzutreffen. Sowie die Gräfin fortgefahren ist, werden ihre Leute wahrscheinlich alle weggehen, im Vorraum bleibt zwar der Portier, doch auch er geht gewöhnlich in seine Loge. Kommen Sie um halb zwölf. Gehen Sie geradeaus die Treppe hinauf. Falls Ihnen im Vorzimmer jemand begegnen sollte, so fragen Sie ihn, ob die Gräfin zu Hause sei. Man wird es verneinen – und dann ist nichts zu machen. Sie müssen umkehren. Wahrscheinlich treffen Sie aber niemanden. Die Mädchen halten sich alle in ihrer Stube auf. Aus dem Vorzimmer gehen Sie nach links und dann immer geradeaus bis zum Schlafzimmer der Gräfin. Im Schlafzimmer sehen Sie hinter dem Wandschirm zwei kleine Türen: Die rechte führt ins Kabinett, das die Gräfin niemals aufsucht, die linke in den Korridor, und dort befindet sich auch die schmale Wendeltreppe – sie führt in mein Zimmer.

Hermann zitterte wie ein Tiger, während er die festgesetzte Zeit erwartete. Des Abends, um zehn Uhr, stand er schon vor dem Haus der Gräfin. Das Wetter war abscheulich: Der Wind heulte, feuchter Schnee fiel in großen Flocken hernieder, trübe brannten die Laternen, und die Straßen waren leer. Dann und wann trabte, von einer dürren Mähre gezogen, eine Droschke vorbei, und der Kutscher schaute nach einem späten Fahrgast aus. Hermann hatte nur seinen Rock an und spürte weder Wind noch Schnee. Schließlich fuhr die Kutsche der Gräfin vor. Hermann sah, wie zwei Diener die in einen Zobelpelz gehüllte, gebeugte Alte untergefasst hinausführten und wie ihr die Pflegetochter in leichtem Mantel und mit frischen Blumen im Haar eilig folgte. Der Wagenschlag klappte zu. Schwerfällig rollte die Kutsche auf dem lockeren Schnee dahin. Der Portier schloss die Tür. Die Fenster wurden dunkel. Hermann spazierte vor dem verlassenen Haus auf und ab. Er ging zu einer Laterne und sah auf die Uhr – es war zwanzig Minuten nach elf. Er blieb unter der Laterne stehen, die Augen auf den Uhrzeiger gerichtet, und wartete die restlichen Minuten ab. Punkt halb zwölf schritt er die gräfliche Freitreppe empor und trat in den hell erleuchteten Vorraum ein. Der Portier war nicht da. Hermann lief die Treppe hinauf, öffnete die Tür zum Vorzimmer und erblickte unter der Lampe einen Diener, der in einem alten fleckigen Sessel schlief. Mit leichtem und sicherem Schritt ging Hermann an ihm vorbei. Saal und Empfangszimmer waren dunkel. Sie wurden schwach von der Lampe aus dem Vorzimmer erhellt. Hermann trat in das Schlafzimmer. Vor einem mit alten Heiligenbildern angefüllten Schrein brannte ein goldenes Öllämpchen. Sessel und Sofas mit verschossenen Bezügen, Daunenkissen und abgeblätterter Vergoldung standen in trauriger Symmetrie an den Wänden, die chinesische Tapeten bedeckten. Zwei Porträts hingen an der Wand, die Madame Lebrun in Paris gemalt hatte. Auf einem war ein Mann von etwa vierzig Jahren, rotwangig und voll, in hellgrüner Uniform, mit einem Ordensstern auf der Brust, dargestellt, auf dem anderen eine junge Schönheit mit Adlernase, hochgekämmtem Schläfenhaar und einer Rose in der gepuderten Frisur. In allen Ecken standen Porzellanhirten, Standuhren des berühmten Leroy, Schächtelchen, Roulettescheiben, Fächer und allerlei Spielzeug für Damen, das Ende des vorigen Jahrhunderts zusammen mit dem Ballon der Brüder Montgolfier und dem Mesmerschen Magnetismus erfunden worden war. Hermann trat hinter den Wandschirm. Dort stand ein kleines eisernes Bett, rechts befand sich eine Tür, die in das Kabinett führte, links eine andere, die auf den Korridor ging. Hermann öffnete sie und erblickte die schmale Wendeltreppe, die zum Zimmer der armen Pflegetochter führte ... Doch er kehrte um und ging in das dunkle Kabinett.

Die Zeit verging langsam. Alles war still. Im Gastzimmer schlug es zwölf, in allen Zimmern schlugen die Uhren nacheinander zwölf Uhr – und alles war wieder still. Hermann stand an einen kalten Ofen gelehnt; sein Herz schlug gleichmäßig, wie bei einem Menschen, der sich zu etwas Gefährlichem, aber Notwendigem entschlossen hat. Die Uhren schlugen die erste und dann die zweite Morgenstunde – und er hörte von fern das Rollen einer Kutsche. Eine unwillkürliche Aufregung überkam ihn. Die Kutsche fuhr vor und hielt. Er hörte das Fallen des Wagentritts. Im Haus wurde es lebendig. Menschen liefen umher, Stimmen ertönten, und das Haus wurde hell. In das Schlafzimmer kamen drei alte Zofen gelaufen, die Gräfin trat, mehr tot als lebendig, ein und sank in einen Voltairesessel. Hermann sah durch einen Spalt: Lisaweta Iwanowna ging an ihm vorüber. Hermann hörte ihre eiligen Schritte auf den Treppenstufen. In seinem Herzen empfand er etwas Ähnliches wie Gewissensbisse, diese Regung ging aber bald vorüber. Er stand, als wäre er von Stein.

Die Gräfin begann sich vor dem Spiegel zu entkleiden. Die mit Rosen verzierte Haube wurde losgesteckt, die gepuderte Perücke von ihrem grauen, kurzgeschorenen Kopf entfernt. Ein Regen von Nadeln ging auf den Boden nieder. Das gelbe, mit Silber bestickte Kleid sank zu ihren geschwollenen Füßen. Hermann war Zeuge der abstoßenden Geheimnisse ihrer Toilette; schließlich stand die Gräfin in Nachtjacke und Schlafmütze da – in diesem Aufzug, der ihrem Alter mehr entsprach, erschien sie weniger schrecklich und hässlich.

Wie alle alten Leute litt die Gräfin an Schlaflosigkeit. Als sie ausgezogen war, setzte sie sich in den Lehnstuhl an das Fenster und schickte die Zofen fort. Die Kerzen wurden hinausgetragen, das Zimmer war wiederum nur von dem Öllämpchen erhellt. Ganz gelb saß die Gräfin da, bewegte die herabhängenden Lippen und schwankte nach rechts und links. In ihren trüben Augen drückte sich völlige Geistesabwesenheit aus; wenn man sie ansah, konnte man denken, dass das Schwanken der furchtbaren Alten nicht auf ihren Willen, sondern auf einen versteckten Galvanismus zurückzuführen sei. Plötzlich veränderte sich dieses tote Gesicht in unbeschreiblicher Weise. Die Lippen hörten auf, sich zu bewegen, die Augen belebten sich: Vor der Gräfin stand ein unbekannter Mann.

»Erschrecken Sie nicht, um Himmels willen, erschrecken Sie nicht!«, sagte er mit eindringlicher und leiser Stimme. »Ich habe nicht die Absicht, Ihnen Schaden zuzufügen, ich bin gekommen, Sie um eine Gnade anzuflehen.«

Die Alte sah ihn schweigend an und schien ihn nicht zu hören. Hermann kam auf den Gedanken, dass sie taub sei, beugte sich unmittelbar an ihr Ohr und wiederholte dasselbe noch einmal. Die Alte schwieg weiterhin.

»Sie können mich«, fuhr Hermann fort, »für mein ganzes Leben glücklich machen, und dies kostet Sie nichts: Ich weiß, dass Sie hintereinander drei Karten erraten können …« Hermann verstummte. Die Gräfin, so schien es, hatte begriffen, was man von ihr wollte; sie schien nach Worten für ihre Antwort zu suchen.

»Das war ein Scherz«, sagte sie schließlich. »Ich schwöre es Ihnen! Das war ein Scherz!«

»Damit scherzt man nicht«, entgegnete Hermann ärgerlich. »Erinnern Sie sich an Tschaplizki, dem Sie geholfen haben zu gewinnen.«

Die Gräfin war sichtlich bestürzt. Ihre Züge drückten eine heftige innere Erregung aus, doch bald verfiel sie wieder in ihre vorherige Lethargie.

»Können Sie mir«, fuhr Hermann fort, »diese drei sicheren Karten nennen?«

Die Gräfin schwieg; Hermann fuhr fort: »Für wen hüten Sie Ihr Geheimnis? Für die Enkel? Die sind auch ohnedies reich; zudem kennen sie den Wert des Geldes nicht. Einem Verschwender helfen Ihre drei Karten nicht. Wer das väterliche Erbe nicht zu hüten versteht, stirbt in Armut trotz aller noch so dämonischen Bemühungen. Ich bin kein Verschwender, ich kenne den Wert des Geldes. Ihre drei Karten sind bei mir gut aufgehoben. Nun …!«

Er hielt inne und erwartete zitternd ihre Antwort. Die Gräfin schwieg; Hermann kniete nieder.

»Wenn Ihr Herz jemals das Gefühl der Liebe empfunden hat«, sagte er, »wenn Sie sich dieser Wonnen erinnern, wenn Sie nur ein einziges Mal beim Weinen Ihres neugeborenen Sohnes gelächelt haben, wenn sich jemals etwas Menschliches in Ihrer Brust geregt hat, so beschwöre ich Sie bei den Gefühlen der Gattin, der Geliebten, der Mutter – bei allem, was heilig ist im Leben –, schlagen Sie mir meine Bitte nicht ab! Entdecken Sie mir Ihr Geheimnis! Was liegt Ihnen daran? … Vielleicht ist es mit einer entsetzlichen Sünde verbunden, mit dem Verlust der ewigen Seligkeit, mit einem Teufelspakt … Überlegen Sie: Sie sind alt; Sie haben nicht mehr lange zu leben – ich bin bereit, Ihre Sünden auf mich zu nehmen. Entdecken Sie mir nur Ihr Geheimnis. Bedenken Sie, dass sich das Glück eines Menschen in Ihren Händen befindet, dass nicht nur ich, sondern auch meine Kinder, meine Enkel und Urenkel Ihr Andenken segnen und verehren werden wie ein Heiligtum …«

Die Alte antwortete mit keinem Wort.

Hermann erhob sich.

»Alte Hexe!«, sagte er und biss die Zähne zusammen. »So werde ich dich zwingen zu antworten ...

Mit diesen Worten zog er eine Pistole aus der Tasche.

Beim Anblick der Pistole geriet die Gräfin zum zweiten Mal in heftige Erregung. Sie wackelte mit dem Kopfe und hob den Arm hoch, als wollte sie sich vor dem Schuss schützen … Dann rollte sie auf den Rücken … und blieb unbeweglich liegen.

»Hören Sie mit der Kinderei auf«, sagte Hermann und ergriff ihre Hand. »Ich frage Sie zum letzten Mal: Wollen Sie mir Ihre drei Karten nennen? Ja oder nein?«

Die Gräfin antwortete nicht. Hermann sah, dass sie tot war.

4

7. Mai 18..
Homme sans mœurs et sans religion!

Aus einem Briefwechsel

Lisaweta Iwanowna saß in ihrem Zimmer, sie hatte noch ihr Ballkleid an und war tief in Gedanken versunken. Als sie nach Hause gekommen war, hatte sie es eilig, das verschlafene Mädchen fortzuschicken, das ihr widerstrebend seine Dienste anbot – sie sagte, dass sie sich selbst ausziehen werde, ging zitternd auf ihr Zimmer, hoffte dabei, Hermann anzutreffen, und wünschte es auch wieder nicht. Auf den ersten Blick sah sie, dass er nicht da war, und dankte dem Schicksal, dass es eine Zusammenkunft verhindert hatte. Sie setzte sich, ohne sich auszuziehen, und rief sich die Umstände in Erinnerung zurück, die sie in so kurzer Zeit so weit geführt hatten. Nicht einmal drei Wochen waren vergangen seit jenem Tage, an dem sie den jungen Mann zum ersten Mal von ihrem Fenster aus gesehen hatte, und schon stand sie im Briefwechsel mit ihm – und schon hatte er ihr Einverständnis zu einer nächtlichen Zusammenkunft erlangt! Sie kannte seinen Namen nur, weil einige Briefe von ihm unterschrieben waren; sie hatte nie mit ihm gesprochen, seine Stimme nicht vernommen, niemals etwas über ihn gehört … bis zu diesem Abend. Seltsam! Ausgerechnet an diesem Abend schmollte Tomski auf dem Ball mit Prinzess Polina ***, weil sie gegen ihre Gewohnheit nicht mit ihm kokettierte, und gab sich aus Rache gleichgültig: Er forderte Lisaweta Iwanowna auf und tanzte mit ihr eine endlose Mazurka. Während der ganzen Zeit scherzte er über ihre Vorliebe für Genieoffiziere, beteuerte, dass er bedeutend mehr wüsste, als sie ahne, und einige seiner Scherze waren so geschickt angebracht, dass Lisaweta Iwanowna mehrere Male dachte, er wüsste von ihrem Geheimnis.

»Von wem wissen Sie dies alles?«, fragte sie lachend.

»Von dem Freund einer Ihnen bekannten Person«, gab ihr Tomski zur Antwort. »Er ist ein außerordentlich bemerkenswerter Mensch!«

»Und wer ist dieser bemerkenswerte Mensch?«

»Er heißt Hermann.«

Lisaweta Iwanowna antwortete nichts, doch ihre Hände und Füße erstarrten zu Eis …

»Dieser Hermann«, fuhr Tomski fort, »ist ein echter Romanheld: Er hat das Profil eines Napoleon und die Seele eines Mephistopheles. Ich schätze, dass er mindestens drei Verbrechen auf seinem Gewissen hat. Wie blass Sie geworden sind!«

»Ich habe Kopfschmerzen … Und was hat Ihnen Hermann, oder wie er hieß, gesagt?«

»Hermann ist sehr unzufrieden mit seinem Freund, er sagt, an seiner Stelle würde er ganz anders vorgehen … Ich nehme sogar an, dass er selbst einen Blick auf Sie geworfen hat, jedenfalls ist er durchaus nicht gleichgültig, wenn er die verliebten Reden seines Freundes hört.«

»Wo soll er mich denn gesehen haben?«

»In der Kirche vielleicht oder beim Spazierengehen! … Weiß der Himmel! Vielleicht in Ihrem Zimmer, als Sie schliefen: Er bringt alles fertig …«

Drei Damen traten mit der Frage »oubli ou regret« an sie heran und unterbrachen das Gespräch, das für Lisaweta Iwanowna von peinigendem Interesse zu werden begann.

Die Dame, die sich Tomski erwählt hatte, war Prinzess *** selbst. Es gelang ihr, sich mit ihm auszusöhnen, indem sie mit ihm eine zusätzliche Tour tanzte und dazu noch vor ihrem Stuhl einen Kreis beschrieb. Als Tomski auf seinen Platz zurückkehrte, dachte er weder an Hermann noch an Lisaweta Iwanowna. Sie wollte unbedingt das unterbrochene Gespräch wieder aufnehmen; doch die Mazurka ging zu Ende, und bald darauf fuhr die alte Gräfin fort.

Die Worte Tomskis waren nichts anderes als eine während einer Mazurka übliche Unterhaltung, doch sie hatten bei der jungen Träumerin einen tiefen Eindruck hinterlassen. Das Porträt, das Tomski entworfen hatte, ähnelte dem Bild, das sie sich selbst von ihm gemacht hatte, und dank den neuen Romanen schreckte dieser beinahe schon banale Mensch ihre Einbildungskraft und nahm sie gleichzeitig gefangen. Sie saß da, die nackten Arme kreuzweise verschränkt, den noch mit Blumen geschmückten Kopf auf die entblößte Brust gesenkt … Plötzlich ging die Tür auf, und Hermann trat herein. Sie erbebte …

»Wo sind Sie gewesen?«, fragte sie mit ängstlichem Flüstern.

»Im Schlafzimmer bei der alten Gräfin«, antwortete Hermann. »Ich komme gerade von ihr. Die Gräfin ist tot.«

»Mein Gott! … Was sagen Sie da?«

»Und es scheint«, fuhr Hermann fort, »ich bin an ihrem Tod schuld.«

Lisaweta Iwanowna sah ihn an, und sie hörte wieder die Worte Tomskis: *Dieser Mensch hat mindestens drei Verbrechen auf seinem Gewissen!* Hermann setzte sich neben sie auf das Fensterbrett und erzählte alles.

Lisaweta Iwanowna hörte ihm voll Entsetzen zu. Diese leidenschaftlichen Briefe, diese glühenden Forderungen, diese kühne und hartnäckige Verfolgung, all das war also keine Liebe! Geld – das war es, wonach seine Seele lechzte! Sie konnte seine Wünsche nicht befriedigen und ihn glücklich machen! Die arme Pflegetochter war nichts anderes als das blinde Werkzeug eines Räubers, des Mörders ihrer alten Wohltäterin! Bittere Tränen weinte sie in später, qualvoller Reue. Hermann betrachtete sie schweigend. Auch er litt Qualen, doch weder die Tränen des armen Mädchens noch der erstaunliche Liebreiz ihres Schmerzes berührten sein kaltes Herz. Er empfand keine Gewissensbisse beim Gedanken an die tote Greisin. Eines entsetzte ihn: der unwiederbringliche Verlust des Geheimnisses, von dem er Bereicherung erwartete.

»Sie sind ein Ungeheuer!«, sagte schließlich Lisaweta Iwanowna.

»Ich wollte nicht ihren Tod«, antwortete Hermann. »Meine Pistole ist nicht geladen.«

Beide schwiegen.

Der Morgen brach an. Lisaweta Iwanowna löschte die fast niedergebrannte Kerze aus; fahles Licht erleuchtete das Zimmer. Sie wischte sich die Tränen aus den Augen und hob den Blick zu Hermann: Er saß, die Arme gekreuzt und mit finsterem Blick, auf dem Fensterbrett. In dieser Haltung erinnerte er erstaunlich an das Porträt Napoleons. Diese Ähnlichkeit verblüffte sogar Lisaweta Iwanowna.

»Wie kommen Sie nun aus dem Haus heraus?«, sagte endlich Lisaweta Iwanowna. »Ich hatte vor, Sie über die Geheimtreppe zu führen, doch da muss man an dem Schlafzimmer vorbei, und ich fürchte mich.«

»Sagen Sie mir, wie diese Geheimtreppe zu finden ist, und ich gehe.«

Lisaweta Iwanowna stand auf, nahm aus der Kommode einen Schlüssel, reichte ihn Hermann und gab ihm genaue Anweisungen. Hermann drückte ihre kalte, unbewegliche Hand, küsste sie auf den gesenkten Kopf und ging hinaus.

Er ging die Wendeltreppe hinab und trat wieder in das Schlafzimmer der Gräfin. Die tote Alte saß wie versteinert da, ihr Gesicht drückte tiefe Ruhe aus. Hermann blieb vor ihr stehen und sah sie lange an, als wollte er sich von der entsetzlichen Wahrheit überzeugen; schließlich ging er in das Kabinett, fand dort, an der Tapete tastend, eine Tür und ging eine finstere Treppe hinunter, wobei ihn seltsame Gefühle bewegten. Diese gleiche Treppe, so dachte er, ist vielleicht zu dieser Stunde vor sechzig Jahren ein junger Glückspilz in besticktem Rock, à l'oiseau royal frisiert und den Dreispitz an sein Herz gepresst, in dieses gleiche Schlafzimmer hochgeschlichen; er ist schon lange in seinem Grab vermodert, und das Herz seiner hochbetagten Geliebten hat heute aufgehört zu schlagen …

Unterhalb der Treppe fand Hermann eine Tür, die er mit dem gleichen Schlüssel öffnete, und gelangte in einen durchgehenden Korridor, der auf die Straße führte.

5

> In dieser Nacht erschien mir die selige Baronesse von W***. Sie war ganz in Weiß und sagte zu mir: »Guten Tag, Herr Rat!«
>
> *Swedenborg*

Drei Tage nach der verhängnisvollen Nacht, um neun Uhr morgens, machte sich Hermann auf den Weg zum Kloster ***, wo das Totenamt für die verstorbene Gräfin abgehalten werden sollte. Er empfand keine Reue, doch konnte er die Stimme seines Gewissens, die ihm ständig wiederholte: Du bist der Mörder der Alten!, nicht vollkommen zum Schweigen bringen. Echten Glauben besaß er kaum, doch war er sehr abergläubisch. Er glaubte, dass die tote Gräfin einen schädlichen Einfluss auf sein Leben ausüben könne – und beschloss, bei ihrem Begräbnis zu erscheinen, um sie um Vergebung zu bitten.

Die Kirche war überfüllt. Hermann drängte sich nur mit Mühe durch die Menschenmenge. Der Sarg stand auf einem kostbaren Katafalk unter einem Samtbaldachin. Die Verstorbene lag darin mit auf der Brust gekreuzten Händen, in einer Spitzenhaube und einem weißen Atlaskleid. Ringsherum stand das Hausgesinde: die Diener in schwarzen Röcken, mit Wappenbändern um die Schulter und Kerzen in der Hand, und die Verwandten – Kinder, Enkel und Urenkel – in tiefer Trauer. Niemand weinte; Tränen wären une affectation gewesen. Die Gräfin war so alt geworden, dass ihr Tod niemand mehr überraschen konnte und ihre Verwandten sie schon längst als eine Dahingegangene betrachtet hatten. Ein junger Bischof hielt die Grabrede. In einfachen und zu Herzen gehenden Worten schilderte er das friedliche Hinscheiden der Gerechten, für die so viele Jahre eine stille und ergreifende Vorbereitung auf ihr christliches Ende gewesen seien. »Der Todesengel fand sie«, sagte der Redner, »in guten Gedanken wachend und in Erwartung des mitternächtigen Bräutigams.« Der Gottesdienst schloss mit trauriger Würde. Die Verwandten nahmen als Erste von der Toten Abschied. Dann näherte sich die Vielzahl der Gäste, um sich vor derjenigen zu verneigen, die so lange an ihren eitlen Vergnügungen teilgenommen hatte. Ihnen folgten alle, die zum Hause gehörten. Schließlich trat eine alte Beschließerin heran, eine Altersgenossin der Verstorbenen. Zwei junge Mädchen stützten sie. Sie war zu schwach, um sich bis zur Erde zu verneigen, und sie allein vergoss einige Tränen, als sie die kalte Hand ihrer Herrin küsste. Nach ihr entschloss sich Hermann, an den Sarg zu treten. Er verbeugte sich bis zur Erde und lag einige Minuten auf dem kalten, mit Tannenzweigen bedeckten Boden. Schließlich erhob er sich, bleich wie die Tote, trat auf die Stufen des Katafalks und beugte sich vor … In diesem Augenblick schien es ihm, dass ihn die Tote belustigt ansah und dabei ein Auge zukniff. Hermann wich jäh zurück, trat fehl und fiel rücklings auf den Boden. Man hob ihn auf. Zur selben Zeit trug man die ohnmächtige Lisaweta Iwanowna aus der Kirche. Dieser Vorfall störte für einige Augenblicke die Feierlichkeit der düsteren Trauerzeremonie. Unter den Besuchern erhob sich ein dumpfes Gemurmel, und ein hagerer Kammerherr, ein naher Verwandter der Verstorbenen, flüsterte dem neben ihm stehenden Engländer ins Ohr, dass der junge Offizier ihr unehelicher Sohn sei, worauf der Engländer kühl erwiderte: »Oh?«

Den ganzen Tag über war Hermann außerordentlich verstimmt. Er aß in einem abgelegenen Gasthaus zu Mittag und trank gegen seine Gewohnheit sehr viel, in der Hoffnung, seine innere Erregung zu betäuben. Doch der Wein erhitzte seine Einbildungskraft noch mehr. Als er zu Hause angelangt war, warf er sich unausgezogen aufs Bett und schlief fest ein.

Er wachte erst in der Nacht auf: Der Mond schien in sein Zimmer. Er sah auf die Uhr, es war drei viertel drei. Seine Müdigkeit war verflogen, er setzte sich auf das Bett und dachte an das Begräbnis der alten Gräfin.

In diesem Augenblick sah jemand von der Straße zu seinem Fenster herein – und trat sofort zurück. Hermann schenkte dem keinerlei Beachtung. Gleich darauf hörte er, wie die Tür im Vorzimmer geöffnet wurde. Hermann glaubte, es sei sein Bursche, der, wie gewöhnlich, betrunken von einem nächtlichen Bummel zurückkehrte. Doch er vernahm einen unbekannten Schritt: Jemand nahte, leise mit den Pantoffeln schlurfend. Die Tür öffnete sich, und eine Frau in einem weißen Kleid trat ein. Hermann hielt sie für seine alte Amme und wunderte sich, was sie um diese Stunde zu ihm geführt haben konnte. Doch die weiße Frau glitt näher heran, stand plötzlich vor ihm – und Hermann erkannte die Gräfin.

»Ich bin wider meinen Willen zu dir gekommen«, sagte sie mit fester Stimme, »doch mir ist aufgetragen worden, deine Bitte zu erfüllen. Mit der Drei, der Sieben und dem As wirst du hintereinander gewinnen – doch unter der Bedingung, dass du nicht mehr als eine Karte in vierundzwanzig Stunden setzt und danach dein ganzes Leben nicht mehr spielst. Ich vergebe dir meinen Tod unter der Bedingung, dass du meine Pflegetochter Lisaweta Iwanowna heiratest …«

Mit diesen Worten drehte sie sich lautlos um, ging zur Tür und verschwand, mit ihren Pantoffeln schlurfend. Hermann hörte, wie die Tür in der Diele zuschlug, und sah, dass jemand erneut zum Fenster hereinguckte.

Lange konnte Hermann nicht zur Besinnung kommen. Er ging in ein anderes Zimmer. Sein Bursche schlief auf dem Fußboden; Hermann konnte ihn nur mit Mühe wecken. Wie gewöhnlich war der Bursche betrunken: Von ihm war nichts zu erfahren. Die Tür zur Diele war verriegelt. Hermann ging in sein Zimmer zurück, zündete eine Kerze an und schrieb seine Vision auf.

6

> »Attendez!«
> »Wie können Sie es wagen, zu mir *attendez* zu sagen?«
> »Euer Hochwohlgeboren, ich sagte *attendez, mein Herr.*«

Zwei fixe Ideen können in der sittlichen Natur ebenso wenig nebeneinander existieren, wie zwei Körper in der physischen Welt ein und denselben Platz einnehmen können. Die Drei, die Sieben und das As verdrängten in Hermanns Fantasie bald das Bild der toten Alten. Die Drei, die Sieben und das As gingen ihm nicht aus dem Kopf, und seine Lippen flüsterten ständig diese Namen. Wenn er ein junges Mädchen sah, sagte er: »Wie schlank sie ist! Eine richtige Cœur-Drei.« Wenn man ihn fragte: »Wie spät ist es?«, so antwortete er: »Fünf Minuten vor der Sieben.« Jeder dicke Mann erinnerte ihn an ein As. Die Drei, die Sieben und das As verfolgten ihn im Schlaf, wobei sie alle möglichen Formen annahmen: Die Drei blühte üppig wie eine große

Blume, die Sieben erschien ihm als ein gotisches Tor und das As als eine Riesenspinne. Alle seine Gedanken waren nur auf das eine gerichtet – sich das Geheimnis, das ihm so teuer zu stehen gekommen war, zunutze zu machen. Er dachte daran, seinen Abschied zu nehmen und zu reisen. Er wollte in den öffentlichen Spielhäusern von Paris der bezauberten Fortuna den Schatz entreißen. Allein, der Zufall entledigte ihn aller Sorgen.

In Moskau hatte sich eine Gesellschaft reicher Spieler unter dem Vorsitz des berühmten Tschekalinski gebildet, der sein ganzes Leben beim Kartenspiel zugebracht und einst Millionen gewonnen hatte, wobei er Wechsel gewann und bares Geld verlor. Durch seine langjährige Erfahrung erwarb er sich das Vertrauen seiner Freunde, während sein gastfreundliches Haus, sein ausgezeichneter Koch, seine Liebenswürdigkeit und Fröhlichkeit ihm die Achtung des Publikums gewannen. Er kam nach Petersburg. Die Jugend strömte ihm zu, sie vergaß die Bälle über den Karten und zog die Reize des Pharao den Versuchungen einer Umwerbung vor. Narumow brachte Hermann zu ihm.

Sie durchschritten eine Reihe prunkvoller Zimmer, in denen viele höfliche Diener herumstanden. Einige Generäle und Geheimräte spielten Whist; die jungen Leute saßen bequem auf den Samtsofas, aßen Halbgefrorenes und rauchten ihre Pfeifen. Im Gastzimmer saß der Hausherr an einem langen Tisch, um den sich ungefähr zwanzig Spieler drängten, und hielt die Bank. Er war ein Mann von etwa sechzig Jahren und sehr würdevollem Äußeren; sein Haupt bedeckte silbernes Haar; sein volles und frisches Gesicht drückte Gutmütigkeit aus; seine Augen glänzten und wurden von einem immerwährenden Lächeln belebt. Narumow stellte ihm Hermann vor. Tschekalinski drückte ihm freundschaftlich die Hand, bat, sich nicht zu genieren, und fuhr fort, die Bank zu halten. Die Taille dauerte lange. Auf dem Tisch lagen mehr als dreißig Karten.

Tschekalinski hielt nach jedem Wurf inne, um den Spielern Zeit zu geben, ihre Anordnungen zu treffen, schrieb die Verluste auf, hörte höflich auf ihre Forderungen und strich noch höflicher eine überflüssige Ecke glatt, die eine zerstreute Hand eingebogen hatte. Endlich war die Taille beendet. Tschekalinski mischte die Karten und bereitete sich auf die nächste vor. »Gestatten Sie mir, eine Karte zu setzen«, sagte Hermann und streckte seine Hand hinter einem dicken Herrn hervor, der dort gerade pointierte. Tschekalinski lächelte und verbeugte sich schweigend zum Zeichen seines ergebenen Einverständnisses. Narumow gratulierte Hermann lachend zur Beendigung seines langjährigen Fastens und wünschte ihm einen glücklichen Anfang.

»Bitte!«, sagte Hermann und schrieb mit Kreide eine hohe Summe über seine Karte.

»Wie viel?«, fragte der Bankhalter und kniff die Augen zusammen. »Entschuldigen Sie, ich kann es nicht erkennen.«

»Siebenundvierzigtausend«, antwortete Hermann.

Bei diesen Worten fuhren alle Köpfe jäh herum, und die Augen aller richteten sich auf Hermann. Er ist wahnsinnig geworden!, dachte Narumow.

»Gestatten Sie mir zu bemerken«, sagte Tschekalinski mit unveränderlichem Lächeln, »dass Ihr Spiel sehr hoch ist: Hier hat noch niemand mehr gesetzt als zweihundertfünfundsiebzig simple.«

»Nun und?«, entgegnete Hermann. »Nehmen Sie das Spiel an oder nicht?«

Tschekalinski verbeugte sich mit derselben Miene ergebenen Einverständnisses.

»Ich wollte Sie nur darauf hinweisen«, sagte er, »dass ich, da mich meine Freunde ihres Vertrauens würdigen, nur gegen bares Geld spielen kann. Ich meinerseits bin natürlich überzeugt, dass Ihr Wort genügt, doch um der Ordnung beim Spiel und beim Rechnen willen bitte ich Sie, das Geld auf die Karte zu legen.«

Hermann nahm aus seiner Tasche eine Banknote und reichte sie Tschekalinski, der sie flüchtig besah und auf die Karte Hermanns legte.

Er begann zu spielen. Rechts fiel eine Neun, links eine Drei. »Gewonnen!«, sagte Hermann und zeigte seine Karte.

Unter den Spielern erhob sich ein Flüstern. Tschekalinski zog die Brauen zusammen, doch das Lächeln kehrte sofort auf sein Gesicht zurück.

»Gestatten Sie, dass ich Ihnen das Geld gebe?«, fragte er Hermann.

»Seien Sie so freundlich.«

Tschekalinski zog einige Banknoten aus der Tasche und rechnete mit ihm ab. Hermann nahm sein Geld in Empfang und ging vom Tisch fort. Narumow konnte sich immer noch nicht fassen. Hermann trank ein Glas Limonade und machte sich auf den Heimweg.

Am Abend des nächsten Tages erschien er wieder bei Tschekalinski. Der Hausherr hielt die Bank. Hermann trat an den Tisch heran; die Spieler machten ihm sofort Platz. Tschekalinski verbeugte sich liebenswürdig vor ihm. Hermann wartete eine neue Taille ab, setzte eine Karte und legte seine siebenundvierzigtausend und den gestrigen Gewinn darauf.

Tschekalinski begann zu spielen. Der Bube fiel nach rechts, die Sieben nach links.

Hermann deckte die Sieben auf.

Alle stießen einen Schrei aus. Tschekalinski war sichtlich betroffen. Er zählte vierundneunzigtausend ab und gab sie Hermann. Hermann nahm sie kaltblütig entgegen und entfernte sich im selben Augenblick.

Am folgenden Abend erschien Hermann wieder am Spieltisch. Alle erwarteten ihn. Generäle und Geheimräte verließen ihren Whist, um dieses ungewöhnliche Spiel zu sehen. Die jungen Offiziere sprangen von den Sofas auf, sämtliche Diener versammelten sich in dem Gästezimmer. Alle umringten Hermann. Die übrigen Spieler setzten ihre Karten nicht und warteten voller Ungeduld auf den Ausgang des Spiels. Hermann stand am Tisch und bereitete sich darauf vor, allein gegen den bleichen, doch ständig lächelnden Tschekalinski zu pointieren. Jeder öffnete ein Kartenspiel. Tschekalinski mischte. Hermann hob ab, setzte seine Karte und bedeckte sie mit einem Bündel Banknoten. Es sah aus wie ein Zweikampf. Tiefes Schweigen herrschte ringsum.

Tschekalinski begann zu spielen, seine Hände zitterten. Rechts fiel eine Dame, links ein As.

»As hat gewonnen!«, sagte Hermann und deckte seine Karte auf.

»Ihre Dame ist geschlagen«, sagte Tschekalinski liebenswürdig.

Hermann fuhr auf: In der Tat, statt des Asses lag vor ihm die Pique Dame. Er traute seinen Augen nicht, er verstand nicht, wie er sich hatte irren können.

In diesem Augenblick schien ihm, dass die Pique Dame ein Auge zukniff und höhnisch lächelte. Die ungewöhnliche Ähnlichkeit verblüffte ihn …

»Die Alte!«, schrie er voller Entsetzen.

Tschekalinski strich die verlorenen Banknoten ein. Hermann stand unbeweglich da. Als er vom Tisch fortging, erhob sich eine laute Unterhaltung. »Herrlich pointiert hat er!«, sagten die Spieler. Tschekalinski mischte von Neuem die Karten: Das Spiel nahm seinen Fortgang.

Epilog

Hermann ist wahnsinnig geworden. Er sitzt im Obuchow-Krankenhaus, Zimmer 17, antwortet auf keinerlei Fragen und murmelt ungewöhnlich schnell: »Drei, Sieben, As! Drei, Sieben, Dame! …«

Lisaweta Iwanowna hat einen sehr netten jungen Mann geheiratet; er dient irgendwo und hat ein ordentliches Vermögen: Er ist der Sohn des ehemaligen Verwalters der Gräfin. Bei Lisaweta Iwanowna wird eine arme Verwandte erzogen. Tomski ist zum Rittmeister befördert worden und heiratete Prinzess Polina.

Die Hauptmannstochter

Hüte deine Ehre von Kindesbeinen an.

Sprichwort

Erstes Kapitel

Sergeant der Garde

> »Kam er zur Garde. Hauptmann wär er bald.« –
> »Das tut nicht not; steckt ihn zuvor ins Heer.« –
> »Vortrefflich ausgedacht! Dort schleift man ihn auch mehr.« –
> »Sein Vater – wer ist das?«
>
> *Knjashnin*

Mein Vater, Andrej Petrowitsch Grinjow, hatte in seiner Jugend unter dem Grafen Münnich gedient und im Jahre 17.. als Premiermajor den Abschied genommen. Seitdem lebte er auf seinem Simbirsker Landgut, wo er sich auch mit der Jungfrau Awdotja Wassiljewna J. vermählt hatte, der Tochter eines armen Edelmannes aus derselben Gegend. Wir waren neun Kinder. Meine Geschwister starben samt und sonders bald nach der Geburt.

Die Mutter ging noch mit mir schwanger, als ich durch die liebenswürdige Verwendung unseres nahen Verwandten, des Gardemajors Fürst B., schon als Sergeant ins Semjonower Regiment eingeschrieben wurde. Wäre Mutter wider Erwarten von einer Tochter entbunden worden, dann hätte mein Vater der entsprechenden Stelle den nicht erschienenen Sergeanten als tot gemeldet, und damit wäre die Sache erledigt gewesen. Ich galt bis zur Beendigung meiner Studien als beurlaubt. Damals herrschten andere Erziehungsmethoden als heutzutage. Mit fünf Jahren überantwortete man mich dem Reitknecht Saweljitsch, der dem Trunk abhold war und deshalb zu meinem Erzieher ernannt wurde. Mit zwölf Jahren hatte ich unter seiner Aufsicht russisch lesen und schreiben gelernt und konnte überdies die Eigenschaften von Windhunden fachmännisch beurteilen. Zu diesem Zeitpunkt engagierte Vater für mich einen Franzosen, Monsieur Beaupré, den er mitsamt dem Jahresvorrat an Wein und Olivenöl aus Moskau kommen ließ. Sein Eintreffen missfiel Saweljitsch außerordentlich. »Das Kind ist doch wohl – gottlob –, gut ernährt, sauber gewaschen und gekämmt!«, brummte er vor sich hin. »Man braucht wahrhaftig nicht das Geld zum Fenster hinauszuwerfen und einen Mussjö anzustellen, als hätte man keine eigenen Leute!«

Beaupré war in seinem Vaterland Friseur und danach in Preußen Soldat gewesen, anschließend hatte er sich nach Russland begeben, »pour être outchitel«, ohne sich über die Bedeutung dieses Wortes genau im Klaren zu sein. Er war ein netter Kerl, aber ungemein leichtfertig und liederlich. Seine Hauptschwäche war die Leidenschaft für das schöne Geschlecht; seine Zärtlichkeiten trugen ihm nicht selten Püffe ein, über die er tagelang jammerte. Außerdem war er, nach seiner eigenen Formulierung, »kein Feind der Flasche«, das heißt, ganz offen gesagt, er trank gern einen über den Durst. Da aber bei uns nur zum Mittagessen Wein gereicht wurde, obendrein bloß ein Glas pro Person, wobei der Lehrer meistens übergangen wurde, gewöhnte sich mein Beaupré sehr schnell an den russischen Schnaps und gab diesem sogar bald vor den Weinen seines Vaterlandes den Vorzug – als ungleich bekömmlicher für den Magen. Wir verstanden uns sofort, und obgleich er mich kontraktgemäß in »Französisch, Deutsch und allen Wissenschaften« unterrichten sollte, ließ er sich lieber schnell ein paar russische Brocken von mir beibringen, um sich notdürftig verständigen zu können; anschließend beschäftigten wir uns beide mit eigenen Angelegenheiten. Wir waren ein Herz und eine Seele. Einen anderen Mentor wünschte ich mir nicht. Doch bald wurden wir vom Schicksal getrennt, und das kam so: Die Wäscherin Palaschka, ein dickes, blatternarbiges Mädchen, und die einäugige Kuhhirtin Akulka hatten verabredet, sich gleichzeitig meiner Mutter zu Füßen zu werfen, um sich schandbarer Schwäche zu beschuldigen und sich schluchzend über den Mussjö zu beschweren, der sie in ihrer Unerfahrenheit verführt hätte. Mutter verstand in solchen Dingen keinen Spaß. Sie beklagte sich bei Vater, der nicht viel Federlesens machte und die französische Kanaille sofort zu sich bestellte. Als ihm gemeldet wurde, der Mussjö gebe mir gerade eine Unterrichtsstunde, ging er in mein Zimmer. Dort lag Beaupré im Bett und schlief den Schlaf des Gerechten, während ich mich eifrig beschäftigte. Dazu muss der Leser wissen, dass man für mich eine Landkarte aus Moskau hatte kommen lassen, die seitdem völlig unbenutzt an der Wand hing und mich wegen ihrer Größe und ihres festen Papiers schon seit Langem gereizt hatte. Ich war zu dem Entschluss gekommen, sie zu einem Drachen zu verarbeiten, und hatte mir jetzt Beauprés Schlaf zunutze gemacht, um selbiges Vorhaben in Angriff zu nehmen. In dem Augenblick, als mein Vater eintrat, befestigte ich gerade einen Bastschwanz am Kap der Guten Hoffnung. Angesichts dieser geografischen Studien zog Vater mich am Ohr, trat dann zu Beaupré, weckte ihn höchst unsanft und überschüttete ihn mit Vorwürfen. Der unglückselige Franzose versuchte verwirrt, sich zu erheben, vermochte es aber nicht, denn er war stockbetrunken. Jetzt musste er die Rechnung bezahlen. Vater nahm ihn am Kragen, zerrte ihn aus dem Bett, schubste ihn zur Tür hinaus und jagte ihn noch am selben Tag vom Hof, zu Saweljitschs unbeschreiblicher Freude. Damit endete meine Ausbildung. Seitdem führte ich das Dasein eines halbwüchsigen Landjunkers, machte Jagd auf Tauben und spielte mit den Gesindejungen Bockspringen. Doch als ich sechzehn Jahre alt geworden war, wendete sich mein Schicksal.

Es war ein Herbsttag. Mutter kochte in der Wohnstube Honigsirup; ich beobachtete den aufsteigenden Schaum und leckte mir die Lippen. Vater saß am Fenster und las im Hofkalender, den er alljährlich erhielt. Dieses Buch übte stets eine starke Wirkung auf ihn aus: Er las es nie ohne leidenschaftliche Anteilnahme, was jedes Mal erstaunliche Aufwallungen seiner Galle zur Folge hatte. Mutter, die seine Gewohnheiten und Veranlagungen in- und auswendig kannte, versuchte immer, das unglückselige Buch so gut wie möglich zu verstecken. Auf diese Weise kam ihm der Hofkalender manchmal monatelang nicht unter die Augen. Doch wenn er ihn dann zufällig einmal fand, legte er ihn meistens für Stunden nicht wieder weg. Wie gesagt, Vater las im Hofkalender, zuckte hin und wieder die Schultern und brummte halblaut: »Generalleutnant! … In meiner Kompanie war er Sergeant! … Ritter beider russischer Orden! … Unsereins hätte schon längst …« Schließlich warf Vater den Kalender auf den Diwan und versank in unheilverkündendes Nachdenken. »Awdotja Wassiljewna, wie alt ist Petruscha?«, erkundigte er sich plötzlich bei meiner Mutter.

»Siebzehn wird er«, antwortete Mutter. »Er kam im selben Jahr zur Welt, als Tante Nastassja Gerassimowna ihr Auge verlor und als …«

»Gut!«, fiel Vater ihr ins Wort. »Zeit für ihn, seinen Dienst anzutreten. Er muss endlich aufhören, den Mädchen nachzusteigen und in die Taubenschläge zu klettern.«

Der Gedanke an eine baldige Trennung von mir entsetzte Mutter dermaßen, dass sie den Löffel in den Topf fallen ließ und ihr Tränen in die Augen traten. Dagegen empfand ich unbeschreibliches Entzücken. Der Gedanke an den Soldatendienst war für mich gleichbedeutend mit der Vorstellung eines unabhängigen, vergnügungsreichen Petersburger Lebens. Ich sah mich schon als Gardeoffizier, was ich für den Gipfel menschlicher Glückseligkeit hielt.

Vater liebte es nicht, seine Absichten zu ändern und ihre Verwirklichung aufzuschieben. Der Tag meiner Abreise wurde festgesetzt. Am Vorabend meines Scheidens erklärte Vater, er wolle mir einen Brief an meinen künftigen Vorgesetzten mitgeben, und verlangte nach Feder und Papier.

»Andrej Petrowitsch, vergiss nicht, den Fürsten B. auch von mir zu grüßen«, sagte Mutter. »Richte ihm aus, dass ich hoffe, er möge Petruscha nach wie vor gewogen bleiben.«

»Was für ein Unsinn!«, erwiderte Vater stirnrunzelnd. »Warum sollte ich an den Fürsten B. schreiben?«

»Du sagtest doch, dass du an Petruschas Vorgesetzten schreiben willst!«

»Na und?«

»Fürst B. wird sein Vorgesetzter sein, denn Petruscha ist ins Semjonower Regiment eingeschrieben worden.«

»Eingeschrieben! Was kümmert mich, wo er eingeschrieben ist! Er wird nicht nach Petersburg fahren. Was würde er beim Dienst in Petersburg lernen? Das Geld zum Fenster hinauszuwerfen und dumme Streiche zu machen! Nein, er soll in der Armee dienen, von der Pike auf, Pulver riechen und ein Soldat werden und kein Bruder Liederlich. In die Garde eingeschrieben! Wo ist sein Pass? Gib ihn mir.«

Mutter suchte meinen Pass heraus, den sie mit meinem Taufhemd in ihrer Schatulle verwahrte, und überreichte ihn mit zitternder Hand meinem Vater. Der las ihn aufmerksam durch, legte ihn vor sich auf den Tisch und begann zu schreiben.

Die Neugier quälte mich. Wohin würde Vater mich schicken, wenn nicht nach Petersburg? Gespannt beobachtete ich seine Feder, die ziemlich langsam über das Papier wanderte. Endlich war er fertig, legte den Pass in den Brief, versiegelte diesen, nahm die Brille ab und rief mich zu sich. »Da hast du ein Schreiben an Andrej Karlowitsch R., meinen alten Kameraden und Freund. Du wirst nach Orenburg fahren und unter seinem Kommando dienen.«

So wurden all meine glänzenden Hoffnungen zunichte! Anstelle des fröhlichen Petersburger Lebens erwartete mich ein langweiliges Dasein in ferner Einöde. Der Soldatendienst, den ich mir noch kurz zuvor begeistert ausgemalt hatte, erschien mir jetzt als schweres Unglück. Doch jeder Widerspruch wäre zwecklos gewesen. Am nächsten Morgen hielt der Reiseschlitten vor der Freitreppe; mein Koffer, ein Kasten mit Teegeschirr, etliche Bündel mit Weißbrot und Pasteten – letzte Zeichen mütterlicher Fürsorge – wurden verstaut. Meine Eltern segneten mich. »Leb wohl, Pjotr«, sprach mein Vater. »Diene getreulich, gemäß deinem Eid. Sei deinen Vorgesetzten gehorsam, trachte nicht nach ihrer Gunst, dränge dich im Dienst nicht vor, verweigere aber auch keinen Befehl. Und sei des Sprichworts eingedenk: Hüte deine Kleidung vom ersten Tag und deine Ehre von Kindesbeinen an.«

Mutter flehte mich schluchzend an, auf meine Gesundheit zu achten, und befahl Saweljitsch, gut auf das Kindchen aufzupassen. Mir wurden ein Hasenfellmantel und darüber ein Fuchspelz angezogen. Dann setzte ich mich mit Saweljitsch in den Reiseschlitten und fuhr tränenüberströmt ab.

Spätabends traf ich in Simbirsk ein, wo ich einen Tag verweilen sollte, da noch verschiedene notwendige Dinge eingekauft werden mussten; damit war Saweljitsch betraut worden. Er machte sich am nächsten Morgen auf den Weg, während ich im Gasthaus zurückblieb. Bald wurde es mir zu langweilig, vom Fenster aus die schmutzige Gasse zu betrachten, und ich schlenderte durch die Gasträume. Im Billardzimmer fand ich einen hochgewachsenen Herrn von etwa fünfunddreißig Jahren vor, mit langem schwarzem Schnurrbart, im Schlafrock, ein Queue in der Hand und die Pfeife im Mund. Er spielte mit dem Markör, der ein Glas Wodka kippte, wenn er gewann, und auf allen vieren unter dem Billardtisch hindurchkriechen musste, wenn er verlor. Ich schaute ihrem Spiel zu. Je länger es dauerte, umso häufiger machte der Markör einen Spaziergang auf allen vieren, bis er schließlich unter dem Billardtisch liegen blieb. Der Herr bedachte ihn mit einigen saftigen Ausdrücken in Form einer Leichenrede und schlug mir eine Partie vor. Ich lehnte ab mit der Begründung, ich könne nicht spielen. Das fand er offenkundig seltsam. Er betrachtete mich geradezu mitleidig; indessen kamen wir ins Gespräch. Ich erfuhr, dass er Iwan Iwanowitsch Surin hieß, als Rittmeister im *** Husarenregiment diente, sich zwecks Rekrutenmusterung in Simbirsk aufhielt und im Gasthaus einquartiert war. Er forderte mich auf, sein frugales Soldatenmahl mit ihm zu teilen. Ich nahm die Einladung mit Vergnügen an. Wir setzten uns zu Tisch. Surin trank viel und goss auch mir immer wieder ein, mit den Worten, ich müsse mich an den Dienst gewöhnen. Er erzählte mir Soldatenwitze, bei denen ich vor Lachen fast vom Stuhl fiel, und als wir vom Tisch aufstanden, waren wir dicke Freunde geworden. Anschließend erbot er sich, mir das Billardspiel beizubringen. »Das ist unerlässlich für uns Soldaten. Kommt man zum Beispiel beim Feldzug in irgendein Nest, was fängt man an, wenn's beliebt? Stets und ständig kann man ja keine Juden verprügeln. So geht man wohl oder übel ins Gasthaus und spielt Billard; aber dazu muss man dieses Spiel beherrschen.« Das überzeugte mich restlos, und mit großem Eifer machte ich mich ans Lernen. Surin lobte mich lauthals, staunte über meine schnellen Fortschritte und schlug mir nach wenigen Lektionen vor, um Geld, und zwar um zwei Kopeken, zu spielen – nicht, um zu gewinnen, vielmehr nur, um nicht ganz umsonst zu spielen, was, wie er sagte, eine miserable Gewohnheit sei. Auch dem stimmte ich zu, und Surin bestellte Punsch, überredete mich, davon zu kosten, wobei er wiederholte, ich müsse mich an den Soldatendienst gewöhnen; und was sei der Dienst ohne Punsch! Ich gehorchte ihm. Inzwischen spielten wir weiter. Je mehr ich trank, umso tollkühner wurde ich. Meine Kugeln flogen alle Augenblicke über die Bande; ich ereiferte mich, schalt den Markör, dass er Gott weiß wie zähle, erhöhte den Einsatz von Stunde zu Stunde, kurz, ich benahm mich wie ein losgelassener kleiner Junge, der zum ersten Mal die Freiheit kostet. Unmerklich verging die Zeit. Surin sah auf die Uhr, legte das Queue weg und eröffnete mir, ich hätte hundert Rubel verloren. Das machte mich etwas verlegen.

Mein Geld hatte Saweljitsch in Verwahrung. Ich entschuldigte mich. »Aber ich bitte dich, mach dir deswegen keine Gedanken!«, fiel mir Surin ins Wort. »Ich kann warten. Erst mal fahren wir zu Arinuschka.«

Was soll ich noch erzählen? Ich beendete den Tag ebenso leichtfertig, wie ich ihn begonnen hatte. Wir aßen bei Arinuschka zu Abend, Surin goss mir alle Augenblicke ein, mit den Worten, ich müsse mich an den Soldatendienst gewöhnen. Als ich vom Tisch aufstand, konnte ich mich kaum noch auf den Beinen halten; um Mitternacht brachte Surin mich ins Gasthaus zurück.

Saweljitsch empfing uns auf der Außentreppe. Er schrie vor Schreck auf, als er die eindeutigen Anzeichen meines Diensteifers wahrnahm.

»Was hat man mit dir gemacht, Herr?«, jammerte er. »Wo hast du dich dermaßen volllaufen lassen? Ach, lieber Gott! Derlei hast du doch noch nie getan!«

»Halt den Mund, Tattergreis!«, stammelte ich. »Du bist bestimmt betrunken, geh schlafen! Und bring mich zu Bett.« Am nächsten Morgen erwachte ich mit schmerzendem Schädel. An die Ereignisse des Vortages erinnerte ich mich nur verschwommen. Meine Gedanken wurden unterbrochen von Saweljitsch, der mit einer Tasse Tee hereinkam.

»Früh fängst du ein Lotterleben an, Pjotr Andrejitsch«, sagte er kopfschüttelnd. »Von wem hast du das bloß geerbt? Weder dein Vater noch dein Großvater waren, soviel ich weiß, Trunkenbolde, von der Mutter ganz zu schweigen: Sie hat seit ihrer Jugend höchstens Kwaß zu sich genommen. Und wer ist an allem schuld? Der verdammte Mussjö. Der kam damals dauernd zur Antipjewna gelaufen. ›Madam, sche wu pri, Wodkü!‹ Da haben wir sein ›sche wu pri‹! Was Schönes hat er dir beigebracht, der Hundesohn. Aber es musste ja ausgerechnet ein Ausländer als Erzieher angestellt werden, als hätte der Herr keine eigenen Leute!«

Beschämt drehte ich ihm den Rücken zu.

»Geh, Saweljitsch, ich mag keinen Tee«, erwiderte ich.

Aber es war schwierig, Saweljitsch zum Schweigen zu bringen, wenn er eine Predigt hielt.

»Da erlebst du mal die Folgen einer Sauftour, Pjotr Andrejitsch. Du hast einen schweren Kopf und keinen Appetit. Ein Säufer ist zu nichts zu gebrauchen. Trink mal etwas Gurkenlake mit Honig; noch besser aber lässt sich der Katzenjammer mit einem halben Glas Schnaps vertreiben. Soll ich es bringen?«

Da kam ein Junge herein und gab mir einen Brief von I. I. Surin. Ich entfaltete ihn und las:

Werter Pjotr Andrejewitsch, schicke mir bitte durch meinen Jungen die hundert Rubel, die Du gestern an mich verloren hast. Ich brauche das Geld dringend.

Stets zu Diensten
Iwan Surin

Da war nichts zu machen. Ich setzte ein gleichmütiges Gesicht auf, drehte mich zu Saweljitsch um, der *mein Geld, meine Wäsche und sonstiges in Obhut* hatte, und befahl ihm, dem Jungen hundert Rubel auszuhändigen.

»Wie? Wozu?«, fragte Saweljitsch fassungslos.

»Die bin ich ihm schuldig«, antwortete ich so kühl wie möglich.

»Schuldig!«, widersprach Saweljitsch noch fassungsloser. »Wann hast du derart große Schulden machen können, Herr? Das geht nicht mit rechten Dingen zu. Tu, was du willst, Herr, aber ich rücke das Geld nicht raus.«

Wenn ich mich in diesem entscheidenden Augenblick gegenüber dem alten Starrkopf nicht durchsetze, dann wird es mir auch in der Folgezeit schwer werden, seine Bevormundung abzuschütteln!, dachte ich, warf ihm einen hochmütigen Blick zu und erklärte: »Ich bin dein Herr, und du bist mein Diener. Das Geld gehört mir. Ich habe es zu meinem Vergnügen verspielt. Dir aber möchte ich raten, nicht so weise daherzureden und meinen Befehl auszuführen.«

Saweljitsch war über diese Worte so verblüfft, dass er die Hände zusammenschlug und erstarrte.

»Was stehst du noch herum!«, fuhr ich ihn zornig an.

Er brach in Tränen aus.

»Väterchen Pjotr Andrejitsch«, stieß er mit zitternder Stimme hervor, »brich mir nicht das Herz! Lieber Junge, hör auf mich alten Mann. Schreib diesem Räuber, du hättest nur Spaß gemacht, wir besäßen gar nicht so viel Geld. Hundert Rubel! Barmherziger Gott! Sag ihm, deine Eltern hätten dir streng verboten zu spielen, außer um Nüsse …«

»Schluss mit der Lügerei!«, unterbrach ich ihn scharf. »Gib das Geld her, oder ich jag dich mit einem Fußtritt davon.« Saweljitsch sah mich tief bekümmert an und ging, meine Schulden zu bezahlen.

Der arme alte Mann tat mir leid; aber ich wollte mich unabhängig machen und beweisen, dass ich kein Kind mehr war. Das Geld wurde Surin zugestellt. Saweljitsch beeilte sich, mich aus dem verfluchten Gasthaus wegzuschaffen. Er kam mit der Meldung, die Pferde ständen bereit. Mit schlechtem Gewissen und stummer Reue fuhr ich aus Simbirsk hinaus, ohne mich von meinem Lehrmeister verabschiedet zu haben und ohne zu glauben, dass ich ihn jemals wiedersehen würde.

Zweites Kapitel

Der Führer

> Land, du fernes Land,
> Fremdes, unbekanntes Land!
> Kam aus freien Stücken nicht zu dir,
> Auch mein gutes Ross bracht mich nicht her,
> Nein, mich braven Burschen trieben
> Jugendliche Leidenschaft
> Und der Rausch, den in der Kneipe
> Ich mir angeschafft.
>
> *Altes Lied*

Meine Reisegedanken waren unerfreulicher Natur. Bei den damaligen Preisen hatte ich einen erheblichen Verlust erlitten. Ich musste mir eingestehen, dass ich mich in dem Simbirsker Gasthaus dumm benommen hatte, und fühlte mich schuldig gegenüber Saweljitsch. All das quälte mich. Der Alte saß mürrisch auf dem Kutschbock, mit dem Rücken zu mir, schwieg sich aus und ächzte nur hin und wieder. Ich wollte mich unbedingt mit ihm versöhnen, wusste aber nicht, wie ich es anstellen sollte. Schließlich sagte ich: »Na, Saweljitsch, nun reicht es. Gestern bin ich über die Stränge geschlagen und habe dich ohne jeden Grund beleidigt. Ich verspreche dir, mich in Zukunft vernünftiger zu benehmen und auf dich zu hören. Sei nicht mehr böse! Versöhnen wir uns.«

»Ach, Väterchen Pjotr Andrejitsch«, antwortete er mit tiefem Seufzer. »Ich ärgere mich ja über mich selber; an der ganzen Sache bin nur ich schuld. Wie konnte ich dich im Gasthaus allein lassen! Aber was soll ich jetzt machen? Der Teufel hat mich geritten, als ich auf den Einfall kam, die Diakonsfrau zu besuchen, die meine Gevatterin ist. Wie's im Sprichwort heißt: Du gehst zu der Gevatterin und sitzt dann im Gefängnis drin! So ein Pech! Ich kann ja den Herrschaften nicht mehr unter die Augen treten! Was werden sie sagen, wenn sie erfahren, dass ihr Kind trinkt und spielt?«

Um den armen Saweljitsch in seinem Kummer zu trösten, gab ich ihm mein Wort, in Zukunft ohne seine Zustimmung keine einzige Kopeke mehr auszugeben.

Er beruhigte sich allmählich, wenngleich er zuweilen noch kopfschüttelnd vor sich hin murmelte: »Hundert Rubel! Keine Kleinigkeit!«

Ich näherte mich meinem Bestimmungsort. Ringsumher erstreckte sich tristes Ödland, mit Hügeln und Schluchten durchsetzt, mit Schnee bedeckt. Die Sonne sank. Der Reiseschlitten fuhr auf einem schmalen Weg, genauer gesagt, in den Spuren von Bauernschlitten. Plötzlich schaute der Kutscher angestrengt zur Seite, nahm schließlich die Mütze ab, drehte sich zu mir um und sagte: »Herr, willst du nicht befehlen, dass wir umkehren?«

»Warum?«

»Das Wetter ist unzuverlässig. Wind kommt auf; sieh, wie er den Pulverschnee vor sich her treibt.«

»Das ist doch kein Unglück.«

»Und siehst du das da?« Der Kutscher wies mit der Peitsche nach Osten.

»Ich sehe nichts als weiße Steppe und klaren Himmel.«

»Aber da! Da! Das Wölkchen!«

Tatsächlich nahm ich am Horizont ein weißes Wölkchen wahr, das ich bisher für einen fernen Hügel gehalten hatte. Es kündige einen Schneesturm an, erklärte der Kutscher.

Ich hatte von den hiesigen Schneestürmen gehört und wusste, dass schon ganze Wagenzüge von ihnen zugeweht worden waren. Saweljitsch pflichtete dem Kutscher bei und riet zur Umkehr. Doch fand ich den Wind nicht übermäßig stark; ich hoffte, noch rechtzeitig die nächste Poststation zu erreichen, und befahl dem Kutscher, das Tempo zu beschleunigen.

Er fuhr Galopp, sah aber fortwährend nach Osten. Die Pferde liefen wacker. Indessen nahm der Wind von Stunde zu Stunde an Stärke zu. Das Wölkchen verwandelte sich in eine weiße Wetterwolke, die schwerfällig aufzog, wuchs und allmählich den Himmel verdeckte. Anfangs schneite es fein, dann in dicken Flocken; der Wind begann zu heulen, der Schneesturm setzte ein. Augenblicks verschmolz der dunkel gewordene Himmel mit dem Schneemeer. Alles verschwand.

»Na, Herr«, schrie der Kutscher, »so ein Unglück! Schneesturm!«

Ich beugte mich aus dem Reiseschlitten: Finsternis und Schneewirbel ringsumher. Der Wind heulte so wild, so ausdrucksvoll, als wäre er ein lebendiges Wesen. Ich und Saweljitsch waren im Nu von Schnee bedeckt. Die Pferde verfielen in Schritt und blieben kurz darauf stehen.

»Warum fährst du nicht weiter?«, fragte ich den Kutscher ungeduldig.

»Wohin denn?«, antwortete er und kletterte vom Bock. »Ich hab keine Ahnung, wo wir sind. Die Straße ist nicht mehr zu erkennen, überall schwarze Nacht.«

Als ich ihn ausschalt, trat Saweljitsch für ihn ein.

»Warum wolltest du nicht auf ihn hören!«, sagte er zornig. »Du wärst in die Herberge zurückgekehrt, hättest dort gemütlich deinen Tee getrunken und bis zum nächsten Morgen geschlafen. Inzwischen hätte sich der Sturm gelegt, und wir wären weitergefahren. Wir haben es doch nicht eilig. Schließlich reisen wir nicht zu einer Hochzeit!«

Saweljitsch hatte recht. Aber nun war nichts mehr zu machen. Der Schnee fiel in Massen. Neben dem Reiseschlitten bildete sich eine Schneewehe. Die Pferde standen mit gesenkten Köpfen da, hin und wieder erzitternd. Der Kutscher ging um sie herum und richtete ihnen das Geschirr, um nicht ganz untätig zu sein. Saweljitsch murrte. Ich hielt nach allen Seiten Ausschau, in der Hoffnung, wenigstens das Anzeichen einer Wohnstätte oder Straße zu entdecken, nahm aber nichts wahr als fahles Schneetreiben … Plötzlich erblickte ich etwas Schwarzes.

»He, Kutscher!«, schrie ich. »Was ist das Schwarze da?«

Der Kutscher spähte in die gewiesene Richtung.

»Das mag Gott wissen, Herr«, sagte er und kletterte auf den Bock zurück. »Ein Fuhrwerk kann es nicht sein, ein Baum auch nicht; es scheint sich zu bewegen. Vielleicht ein Wolf oder ein Mensch!«

Ich befahl ihm, auf das unbekannte Wesen zuzufahren, das uns auch sofort entgegenkam. Nach wenigen Minuten hielten wir bei ihm an. Es war ein Mensch.

»He, guter Mann«, rief ihm der Kutscher zu. »Weißt du, wo die Straße ist?«

»Die Straße ist hier, ich steh auf dem festen Fahrdamm«, erwiderte der Wanderer. »Aber was nutzt das?«

»Höre, mein Lieber!«, redete ich ihn an. »Kennst du diese Gegend? Würdest du es übernehmen, mich zu einer Herberge zu bringen?«

»Die Gegend kenne ich wohl«, erwiderte der Wanderer. »Habe sie mit Gottes Hilfe zu Fuß und zu Pferde kreuz und quer durchstreift. Aber du siehst doch, wie das Wetter ist. Wir kämen sofort von der Straße ab. Besser wir bleiben hier und warten, bis der Sturm sich legt und der Himmel klar wird. Dann suchen wir nach den Sternen den Weg.«

Seine Kaltblütigkeit richtete mich auf. Ich war schon entschlossen, mich in Gottes Willen zu fügen und auf freiem Feld zu übernachten, als der Wanderer plötzlich behende den Bock erklomm und zum Kutscher sagte: »Gott sei Dank, in der Nähe sind Wohnstätten. Bieg nach rechts ab und fahr zu.«

»Warum soll ich nach rechts fahren?«, sagte der Kutscher entrüstet. »Wo siehst du eine Straße? Du meinst wohl: Gehörn dir Pferde nicht noch Wagen, dann fahr weiter ohne Zagen!« Ich fand, der Kutscher hatte recht.

»In der Tat«, sagte ich, »woraus schließt du, dass ein Haus in der Nähe ist?«

»Weil der Wind eben von dort kam«, antwortete der Wanderer, »und ich Rauch gerochen habe. Demnach muss da ein Dorf liegen.«

Sein Spürsinn und seine feine Nase verblüfften mich. Ich befahl dem Kutscher zu fahren. Mühselig stapften die Pferde durch den tiefen Schnee. Der Reiseschlitten fuhr langsam die Schneewehen hinauf und wieder hinunter, nach rechts und links schwankend. Es war wie die Fahrt eines Schiffes auf stürmischem Meer. Saweljitsch wurde alle Augenblicke gegen mich geschleudert und stöhnte. Ich ließ die Bastmatte herunter, hüllte mich in den Pelz und fiel in Schlaf, eingewiegt vom Lied des Sturmes und dem Geschaukel der gemächlichen Fahrt.

Dabei hatte ich einen Traum, den ich nie mehr vergessen konnte. Bis zum heutigen Tag halte ich ihn für prophetisch, wenn ich ihn mit den seltsamen Wechselfällen meines Lebens vergleiche. Der Leser wird mir verzeihen, weiß er doch wahrscheinlich aus eigener Erfahrung, wie sehr der Mensch geneigt ist, sich dem Aberglauben hinzugeben, mag er derartige Vorurteile auch noch so sehr verachten.

Ich befand mich in jener Verfassung von Seele und Gefühl, wo die Wirklichkeit hinter den Träumen zurücktritt und in den verschwommenen Gesichtern des ersten Schlafes mit ihnen verschmilzt. Ich hörte den Sturm noch immer toben und glaubte, dass wir nach wie vor durch die Schneewüste irrten ... Doch plötzlich erblickte ich ein Tor und fuhr in den Herrenhof unseres Landgutes. Mein erster Gedanke war die Befürchtung, dass Vater mir wegen der unfreiwilligen Rückkehr unter das heimische Dach zürnen und sie für bewussten Ungehorsam halten würde. Besorgt sprang ich aus dem Schlitten. Da sah ich, dass Mutter mich auf der Freitreppe empfing, mit tief betrübtem Gesicht.

»Leise!«, sagte sie. »Vater ist todkrank und will von dir Abschied nehmen.«

Angsterfüllt folgte ich ihr ins Schlafzimmer. Ich sah, dass es nur schwach erleuchtet war; am Bett standen Menschen mit trauriger Miene. Still ging ich auf das Bett zu.

Mutter hob den Vorhang und sagte: »Andrej Petrowitsch, Petruscha ist da; er kehrte um, als er von deiner Krankheit erfuhr; segne ihn.«

Ich kniete nieder und richtete meine Augen auf den Kranken. Was war das? Anstelle meines Vaters lag ein schwarzbärtiger Mann im Bett, der mich vergnügt betrachtete. Verständnislos drehte ich mich zu Mutter um.

»Was bedeutet das?«, fragte ich. »Es ist nicht Vater. Wieso soll ich den Bauern um seinen Segen bitten?«

»Einerlei, Petruscha«, erwiderte Mutter. »Dies ist dein Brautvater; küsse ihm die Hand, er soll dich segnen.«

Ich weigerte mich. Da sprang der Bauer aus dem Bett, riss eine Axt hinter dem Rücken hervor und ließ sie nach allen Seiten niedersausen. Ich wollte fliehen, vermochte es aber nicht; das Zimmer füllte sich mit Erschlagenen. Ich stolperte über Leichen, rutschte in Blutlachen aus … Der entsetzliche Bauer rief mich freundlich zu sich und sagte: »Keine Angst, komm und nimm meinen Segen.« Grauen und Befremden überkamen mich …

In diesem Augenblick erwachte ich. Die Pferde standen; Saweljitsch zog mich am Arm und sagte: »Steig aus, Herr, wir sind da.«

»Wo?«, fragte ich und rieb mir die Augen.

»In einer Herberge. Mit Gottes Beistand stießen wir direkt auf den Zaun. Steig schnell aus, Herr, und wärm dich auf.« Ich kletterte aus dem Schlitten. Der Schneesturm dauerte noch an, doch mit verminderter Kraft. Es war so finster, dass man nicht die Hand vor Augen sehen konnte. Der Wirt empfing uns am Tor, die Laterne unterm Rockschoß, und führte mich in die enge, aber ziemlich saubere Stube, die von einem Kienspan erleuchtet wurde. An der Wand hingen eine Flinte und eine hohe Kosakenmütze.

Der Wirt, ein Jaikkosak, war etwa sechzig Jahre alt, aber noch rüstig. Saweljitsch brachte den Kasten herein und verlangte nach Feuer, um Tee kochen zu können, nach dem ich noch nie ein so großes Bedürfnis gehabt hatte wie jetzt. Der Wirt ging, seinen Wunsch zu erfüllen.

»Wo ist denn der Führer?«, fragte ich Saweljitsch.

»Hier, Euer Wohlgeboren«, antwortete es von oben.

Ich schaute zum Hängeboden hinauf und erblickte einen schwarzen Bart und zwei funkelnde Augen.

»Na, Bruder, durchgefroren?«

»Freilich! In dem dünnen Rock muss man ja frieren! Ich besaß zwar einen Schafpelz, aber den habe ich, was soll ich's verschweigen, gestern beim Branntweinhändler versetzt, weil ich meinte, der Frost wäre nur mäßig.«

In diesem Augenblick kam der Wirt mit dem kochenden Samowar herein; ich bot unserem Führer eine Tasse Tee an; er kletterte vom Hängeboden. Sein Aussehen machte Eindruck auf mich: Er war vierzig Jahre alt, mittelgroß, hager und breitschultrig. Der schwarze Bart war von weißen Fäden durchzogen. Die lebhaften großen Augen waren von wacher Aufmerksamkeit. Sein Gesicht hatte einen recht angenehmen, aber durchtriebenen Ausdruck. Er trug das Haar rund geschnitten; bekleidet war er mit einem zerlumpten Bauernrock und tatarischen Pluderhosen. Ich reichte ihm eine Tasse Tee; er trank einen Schluck und verzog das Gesicht. »Euer Wohlgeboren, tun Sie mir den Gefallen und lassen Sie mir ein Glas Branntwein bringen; Tee ist kein Getränk für uns Kosaken.«

Bereitwillig erfüllte ich seinen Wunsch. Der Wirt nahm eine Flasche und ein Glas aus dem Regal, ging zu ihm hin und sah ihm ins Gesicht.

»Ach nee«, sagte er, »bist du wieder mal im Lande? Woher des Wegs?«

Mein Führer plinkerte ihm vielsagend zu und antwortete mit dem Spruch: »Flog zum Garten hinein, den Hanf zu fressen, da warf die Alte 'nen Stein, konnt mich aber nicht treffen. – Na, und was machen eure Leute?«

»Was sollen sie schon machen!«, antwortete der Wirt und führte das allegorische Gespräch weiter. »Zur Vesper wollten läuten sie die Glocken, doch hat die Popenfrau das unterbrochen: Ihr Mann, der Pope, reiste fort, nun wär der Teufel hier am Ort.«

»Schweig, Oheim«, widersprach mein Landstreicher. »Gibt's Regen, finden sich auch Pilze, und wenn's Pilze gibt, findet sich auch ein Henkelkorb. Jetzt aber« – er plinkerte wieder – »verbirg die Axt hinterm Rücken: Der Waldhüter kommt. – Euer Wohlgeboren, auf Ihre Gesundheit!«

Bei diesen Worten hob er das Glas, bekreuzigte sich und trank es in einem Zug aus. Dann machte er mir eine Verbeugung und kehrte auf den Hängeboden zurück.

Damals konnte ich aus dieser Gaunersprache nicht klug werden, doch späterhin erriet ich, dass sie sich um Aktionen des Jaikheeres gedreht hatte, das nach der Rebellion von 1772 kurz zuvor unterworfen worden war. Saweljitsch hörte mit mürrischer Miene zu und sah misstrauisch bald den Wirt, bald den Führer an. Die Herberge oder *Umet,* wie sie hierzulande hieß, lag einsam in der Steppe, weit entfernt von jeder Ansiedlung, und machte ganz den Eindruck einer Räuberhöhle. Doch damit mussten wir uns abfinden. An eine Fortsetzung der Reise war keineswegs zu denken.

Saweljitschs Unruhe amüsierte mich sehr. Ich schlug auf der Ofenbank mein Nachtlager auf. Saweljitsch beschloss, auf den Ofen zu klettern; der Wirt legte sich auf den Fußboden. Bald begann das ganze Haus zu schnarchen, und auch ich versank in einen todesähnlichen Schlaf.

Als ich am nächsten Morgen ziemlich spät erwachte, sah ich, dass sich der Sturm gelegt hatte. Die Sonne schien. Eine blendendweiße Schneedecke überzog die grenzenlose Steppe. Die Pferde waren angespannt. Ich rechnete mit dem Wirt ab, der einen so mäßigen Preis von uns forderte, dass sogar Saweljitsch – entgegen seiner sonstigen Gewohnheit – keinen Streit mit ihm anfing, nichts abzuhandeln versuchte und das Misstrauen vom Vortag vollständig vergaß. Ich rief den Führer, dankte ihm für die Hilfe, die er uns erwiesen hatte, und befahl Saweljitsch, ihm einen halben Rubel Trinkgeld zu geben. Saweljitsch runzelte die Stirn.

»Einen halben Rubel Trinkgeld!«, widersprach er. »Wofür? Weil du ihn freundlicherweise im Schlitten bis zur Herberge mitgenommen hast? Mach, was du willst, Herr, aber wir haben keine überzähligen Halbrubelstücke. Wenn wir jedem Menschen Trinkgeld geben, dann nagen wir selber bald am Hungertuch.«

Ich sah mich außerstande, mit ihm zu streiten, hatte ich ihm doch versprochen, dass er allein über das Geld verfügen sollte. Indessen ärgerte es mich, dass ich mich einem Mann nicht erkenntlich zeigen konnte, der mich zwar nicht aus der Not, wohl aber aus einer sehr unangenehmen Situation gerettet hatte.

»Gut«, sagte ich kaltblütig. »Wenn du keinen halben Rubel herausrücken willst, dann drücke ihm etwas von meiner Kleidung in die Hand. Er ist viel zu leicht angezogen. Gib ihm meinen Hasenpelz.«

»Erbarme dich, Väterchen Pjotr Andrejitsch!«, rief Saweljitsch. »Was soll er mit deinem Hasenpelz? Er wird ihn in der ersten besten Kneipe versaufen, der Hund.«

»Ob ich ihn versaufe oder nicht, Alterchen, geht dich nichts an«, sagte der Landstreicher. »Wenn Seine Wohlgeboren mir einen seiner Pelze spendiert, so ist das sein herrschaftlicher Wille, und deine Pflicht als Knecht ist es, zu gehorchen, nicht aber zu widerstreiten.«

»Hast du keine Gottesfurcht, du Räuber!«, schalt Saweljitsch. »Du siehst doch, das Kind ist noch unvernünftig, und du machst dir einen Spaß daraus, es in seiner Einfalt auszurauben. Was willst du mit dem herrschaftlichen Pelz? Der passt sowieso nicht auf deine verfluchten Schultern.«

»Bitte, lass die weisen Reden!«, verwies ich meinen Erzieher. »Hol sofort den Pelz her.«

»Herr des Himmels!«, stöhnte Saweljitsch. »Ein fast nagelneuer Hasenpelz! Und ausgerechnet für diesen heruntergekommenen Trunkenbold!«

Dennoch holte er den Pelz herbei. Der Mann probierte ihn gleich an. Der Pelz, aus dem auch ich schon fast herausgewachsen war, saß ihm tatsächlich recht eng. Trotzdem brachte er es fertig, ihn anzuziehen, nachdem er ein paar Nähte aufgeschlitzt hatte. Saweljitsch ächzte, als er die Fäden reißen hörte. Der Landstreicher war über mein

Geschenk außerordentlich erfreut. Er begleitete mich zum Schlitten und sagte mit tiefer Verbeugung: »Danke, Euer Wohlgeboren! Gott lohne Ihnen Ihre Güte. Mein Leben lang werde ich Ihre Freundlichkeit nicht vergessen.« Dann ging er seiner Wege, und ich fuhr weiter, ohne mich um Saweljitschs Verärgerung zu kümmern. Und bald hatte ich den Schneesturm, den Führer und den Hasenpelz vergessen.

In Orenburg angekommen, begab ich mich geradewegs zum General. Er war ein hochgewachsener, aber schon vom Alter gebeugter Mann. Sein langes Haar war nahezu weiß. Die verblichene alte Uniform verriet, dass er schon unter der Zarin Anna Iwanowna gedient hatte; er sprach mit starkem deutschem Akzent. Ich überreichte ihm den Brief meines Vaters. Als ich dessen Namen nannte, warf er mir einen schnellen Blick zu.

»Mein Gott!«, sagte er. »Es scheint doch noch gar nicht so lange her, dass Andrej Petrowitsch in deinem Alter war, und jetzt hat er schon so einen Prachtjungen! Ach, wie die Zeit vergeht!« Er entsiegelte den Brief und las ihn halblaut, mit gelegentlichen Zwischenbemerkungen: »›Gnädiger Herr Andrej Karlowitsch, hoffentlich haben Eure Exzellenz …‹ Warum so förmlich! Pfui! Schämt er sich nicht? Natürlich, Disziplin muss sein, aber schreibt man in diesem Ton an einen alten Kameraden? ›… haben Eure Exzellenz nicht vergessen …‹ Hm! ›… und als … mit dem verewigten Feldmarschall Mün … beim Feldzug … und dann Karolinka …‹ Ach, Bruder! Er erinnert sich noch unserer damaligen Streiche! ›… Jetzt zur Sache. Ich schicke Ihnen meinen Windbeutel …‹ Hm! ›… ihn mit Igelhandschuhen anfassen …‹ Was sind Igelhandschuhe? Das muss eine russische Redensart … Was heißt ›mit Igelhandschuhen anfassen?‹«, wiederholte er und sah mich fragend an.

»Das bedeutet«, erwiderte ich mit dem unschuldigsten Gesicht der Welt, »freundlich behandeln, nicht übermäßig streng, viel Freiheit lassen, eben mit Igelhandschuhen anfassen.«

»Hm, ich verstehe. ›… und ihm keine Freiheit zu lassen …‹ Nein, offenbar bedeuten Igelhandschuhe das Gegenteil. ›… Sein Pass liegt bei …‹ Wo ist er? Ach, da. ›… das Semjonower Regiment benachrichtigen …‹ Gut, gut, wird gemacht. ›… Gestatte mir, dich unzeremoniell zu umarmen … als dein alter Kamerad und Freund.‹ Aha! Endlich kommt er selber drauf! … Und so weiter und so fort. – Nun, mein Junge«, sagte er, nachdem er den Brief gelesen und meinen Pass beiseitegelegt hatte. »Das wird alles erledigt. Ich versetze dich als Offizier ins *** Regiment. Um keine Zeit zu verlieren, fährst du gleich morgen zur Festung Belogorskaja, wo du unter dem Kommando von Hauptmann Mironow stehen wirst, einem guten, redlichen Mann. Dort wirst du richtigen Dienst tun und Disziplin lernen. In Orenburg hast du nichts verloren; Zerstreuungen sind schädlich für junge Leute. Und für heute lade ich dich zum Essen ein.«

Von Stunde zu Stunde wird mein Leben schwerer!, dachte ich bei mir. Was hat es mir genützt, dass ich schon im Mutterleib Sergeant der Garde war! Wohin hat mich das geführt? Ins *** Regiment und in eine gottverlassene Festung an der Grenze zur Kirgisensteppe! – Ich aß bei Andrej Karlowitsch, zusammen mit seinem alten Adjutanten. An seiner Tafel herrschte strenge deutsche Sparsamkeit, und ich glaube, dass die Befürchtung, mich hin und wieder zu seinen Junggesellenmahlzeiten einladen zu müssen, teilweise der Grund für meine schleunige Abkommandierung zur Garnison war. Am folgenden Tag verabschiedete ich mich vom General und machte mich auf die Reise nach meinem Einsatzort.

Drittes Kapitel

Die Festung

In der Festung wohnen wir,
Brot und Wasser gibt es hier,
Kommt der böse Feind zu Gast,
Will er bei uns halten Rast,
Wir ihn festlich gleich begrüßen,
Mit Kartätschen ihn beschießen.
Soldatenlied

Altmodische Leute, Väterchen!
Der Landjunker

Die Festung Belogorskaja lag vierzig Werst von Orenburg entfernt. Die Straße verlief am Steilufer des Jaiks. Der Fluss war noch nicht zugefroren; seine bleigrauen Wellen dunkelten trübselig zwischen den weiß verschneiten eintönigen Ufern. Zu beiden Seiten des Ufers erstreckte sich die Kirgisensteppe.

Ich gab mich Gedanken hin, die zumeist trauriger Natur waren. Das Garnisonsleben hatte für mich wenig Anziehungskraft. Ich versuchte, mir Hauptmann Mironow, meinen künftigen Vorgesetzten, vorzustellen, und sah ihn als strengen, grimmigen alten Mann, der nichts als seinen Dienst kannte und mich für jede Bagatelle bei Wasser und Brot in Arrest stecken würde. Inzwischen dämmerte es. Wir fuhren ziemlich schnell.

»Ist es noch weit bis zur Festung?«, fragte ich den Kutscher. »Nein, wir sind gleich da«, antwortete er. »Sie ist schon zu sehen.«

Ich spähte umher, in der Erwartung, bedrohliche Bastionen, Türme und Festungswälle wahrzunehmen. Aber ich sah nichts als ein kleines Dorf, von einem Palisadenzaun umgeben. Auf der einen Seite standen drei bis vier halb verschneite Heuschober; auf der anderen duckte sich eine Mühle mit müde gesenkten Baumrindenflügeln.

»Wo ist denn die Festung?«, fragte ich verwundert.

»Dort!« Der Kutscher zeigte auf das Dörfchen.

Mit diesem Wort fuhren wir auch schon hinein. Am Tor erblickte ich eine alte Gusseisenkanone; die Straßen waren eng und krumm, die Häuser niedrig und meistens mit Stroh gedeckt. Ich befahl dem Kutscher, mich zum Kommandanten zu bringen, und nach wenigen Augenblicken hielt unser Schlitten vor einem kleinen Holzhaus, das an erhöhter Stelle errichtet war, nicht weit von der ebenfalls aus Holz erbauten Kirche. Niemand empfing mich. Ich ging in die Diele und öffnete die Tür zum Vorzimmer. Dort saß ein alter Invalide auf dem Tisch und nähte sich einen blauen Flicken auf den Ellenbogen der grünen Uniform.

Ich befahl ihm, mich zu melden.

»Geh hinein, Väterchen«, antwortete er. »Unsere Leute sind daheim.«

Ich betrat ein altmodisch eingerichtetes, reinliches Stübchen. In der Ecke stand ein Geschirrschrank. An der Wand hing ein Offiziersdiplom hinter Glas und Rahmen; daneben prangten auf Baumrinde gemalte Bilder, welche die Einnahme von Küstrin und Otschakow sowie die Brautwahl und Bestattung eines Katers darstellten. Am Fenster saß eine alte Frau in warmer Weste und Kopftuch. Sie wickelte Garn auf, das ihr ein einäugiges altes Männchen in Offiziersuniform auf gespreizten Händen hielt.

»Was ist gefällig, Väterchen?«, fragte sie, ohne ihre Beschäftigung zu unterbrechen.

Ich antwortete, dass ich hierher abkommandiert sei und mich befehlsgemäß beim Herrn Hauptmann melden wolle; dabei wandte ich mich dem einäugigen Alten zu, den ich für den Kommandanten hielt.

Doch die Hausfrau unterbrach meine wohlvorbereitete Rede.

»Iwan Kusmitsch ist nicht daheim«, sagte sie. »Er macht einen Besuch bei Vater Gerassim. Aber egal, ich bin seine Frau. Herzlich willkommen. Nehmen Sie Platz, Väterchen.« Sie rief die Magd und befahl ihr, den Unteroffizier zu holen.

Der Alte musterte mich neugierig mit seinem einen Auge. »Darf ich fragen, in welchem Regiment Sie gedient haben?«

Ich befriedigte seine Neugier.

»Und darf ich fragen, weshalb Sie aus der Garde in eine Garnison versetzt wurden?«

Ich antwortete, das sei nach dem Willen der Vorgesetzten geschehen.

»Vermutlich wegen Handlungen, die sich für einen Gardeoffizier nicht schicken?«, fuhr der unermüdliche Frager fort.

»Hör mit dem dummen Geschwätz auf!«, verwies ihn die Hauptmannsfrau. »Du siehst doch, der junge Mann ist müde von der Reise. Er kann sich nicht mit dir abgeben. Halte lieber die Hände gerade! – Und Sie, Väterchen«, sagte sie dann zu mir, »sollten nicht traurig sein, dass man Sie in unsere Einöde verbannt hat. Sie sind nicht der Erste und nicht der Letzte. Nur Geduld, Sie werden sich eingewöhnen. Vor fünf Jahren hat man Alexej Iwanowitsch Schwabrin zu uns versetzt, wegen Totschlags. Gott mag wissen, welcher Teufel ihm den Verstand verwirrte! Denken Sie, er ist damals mit einem Leutnant vor die Stadt gefahren, beide hatten den Degen mit; draußen stachen sie dann aufeinander ein, und dabei hat Alexej Iwanytsch den Leutnant umgebracht, überdies in Gegenwart zweier Zeugen. Was soll man machen? Gegen die Sünde ist kein Kraut gewachsen!«

Da trat der Unteroffizier ein, ein junger, stattlicher Kosak. »Maximytsch!«, redete ihn die Hauptmannsfrau an. »Führe den Herrn Offizier in ein Quartier, aber sauber muss es sein.«

»Zu Befehl, Wassilissa Jegorowna«, antwortete der Unteroffizier. »Sollen Seine Wohlgeboren vielleicht bei Iwan Poleshajew untergebracht werden?«

»Das wäre falsch, Maximytsch«, entgegnete die Hauptmannsfrau. »Bei Poleshajew ist es sowieso zu eng. Außerdem ist er mein Gevatter und vergisst nie, dass er uns als seine Vorgesetzten zu respektieren hat. Führe den Herrn Offizier ... Wie ist Ihr Vor- und Vatersname, Väterchen? Pjotr Andrejitsch? ... Führe Pjotr Andrejitsch zu Semjon Kusow. Der Schuft hat sein Pferd in meinen Gemüsegarten laufen lassen. Sonst alles in Ordnung, Maximytsch?«

»Alles gottlob still«, antwortete der Kosak. »Nur im Badehaus hat sich der Korporal Prochorow mit Ustinja Negulina um einen Kübel heißes Wasser geprügelt.«

»Iwan Ignatjitsch!«, sagte die Hauptmannsfrau zu dem einäugigen alten Männchen. »Untersuche die Sache mit Prochorow und Ustinja, stelle fest, wer Schuld hat, und bestrafe beide. Na, Maximytsch, dann geh mit Gott. Pjotr Andrejitsch, Maximytsch wird Sie in Ihr Quartier führen.«

Ich machte eine Verbeugung. Der Unteroffizier brachte mich in ein Haus, das am Steilufer des Flusses stand, ganz am Rande der Festung. Die eine Hälfte des Hauses wurde von Semjon Kusow und seiner Familie bewohnt, die andere wies man mir zu. Sie bestand aus einem recht reinlichen Raum, der durch eine Trennwand in zwei Zimmerchen geteilt wurde. Saweljitsch ging sogleich ans Einrichten; ich schaute inzwischen aus dem schmalen Fenster. Vor mir erstreckte sich die triste Steppe. Schräg gegenüber standen mehrere Hütten; ein paar Hühner spazierten auf der Straße herum. Eine alte Frau, einen Trog in den Händen, rief von der Treppe aus nach den Schweinen, die ihr mit freundschaftlichem Gegrunze antworteten. In dieser Gegend sollte ich nun meine Jugend verbringen! Niedergeschlagen trat ich vom Fenster weg und ging ohne Abendessen zu Bett, trotz Saweljitschs Zureden, der tief betrübt lamentierte; »Herr des Himmels, nichts will er essen? Was wird die Herrin sagen, wenn das Kind krank wird!«

Am nächsten Morgen, als ich noch beim Ankleiden war, öffnete sich die Tür, und herein trat ein junger Offizier, mittelgroß, mit brünettem, ausnehmend hässlichem, aber sehr ausdrucksvollem Gesicht.

»Entschuldigen Sie«, redete er mich auf Französisch an, »dass ich so unzeremoniell hereinplatze, um mit Ihnen Bekanntschaft zu schließen. Ich habe gestern von Ihrer Ankunft erfahren, und mich überkam ein so heftiges Verlangen, endlich wieder ein menschliches Antlitz zu sehen, dass ich mich nicht zurückhalten konnte. Das werden Sie begreifen, wenn Sie eine Weile hier gelebt haben.«

Ich erriet, dass dies der Offizier war, den man wegen eines Duells von der Garde hierher versetzt hatte. Wir schlossen Bekanntschaft. Schwabrin war durchaus nicht dumm; er führte geistreiche, unterhaltsame Reden. Sehr komisch beschrieb er mir die Kommandantenfamilie, den Kreis, in dem man sich hier bewegte, und die Gegend, in die das Schicksal mich verschlagen hatte. Ich lachte gerade herzhaft, als der Invalide eintrat, der im Vorzimmer des Kommandanten die Uniform ausgebessert hatte, und mich in Wassilissa Jegorownas Namen zum Mittagessen einlud. Schwabrin erbot sich, mich zu begleiten.

Auf dem Platz vor dem Kommandantenhaus erblickten wir zwanzig alte Invaliden mit langen Zöpfen und Dreieckshüten. Sie waren in Reih und Glied angetreten; vor ihnen stand der Kommandant, ein rüstiger, hochgewachsener alter Mann in Nachtmütze und Nankingschlafrock. Als er uns sah, kam er uns entgegen, sagte mir ein paar freundliche Worte und kommandierte dann weiter. Wir wollten stehen bleiben, um dem Exerzieren zuzuschauen; aber er bat uns, zu Wassilissa Jegorowna hineinzugehen, und versprach, gleich nachzukommen. »Hier gibt es nichts für Sie zu sehen«, fügte er hinzu. Wassilissa Jegorowna nahm uns unbefangen und freundlich auf; mich behandelte sie wie einen alten Bekannten. Der Invalide und Palaschka deckten den Tisch.

»Wieso exerziert mein Iwan Kusmitsch heute so lange!«, sagte die Kommandantenfrau. »Palaschka, ruf den Herrn zum Mittagessen. – Wo ist eigentlich Mascha?«

Da trat ein achtzehnjähriges Mädchen ein, rosig, mit rundem Gesicht und hellblondem Haar, das hinter die vor Verlegenheit glühenden Ohren zurückgekämmt war. Auf den ersten Blick gefiel sie mir nicht besonders. Ich betrachtete sie mit Voreingenommenheit, weil Schwabrin mir die Hauptmannstochter Mascha als ausgesprochenes Dummchen geschildert hatte. Sie setzte sich in eine Ecke und begann zu sticken. Die Kohlsuppe wurde aufgetragen. Wassilissa Jegorowna vermisste ihren Mann und schickte Palaschka zum zweiten Mal aus, ihn zu holen.

»Sag dem Herrn, die Gäste warten, die Kohlsuppe wird kalt. Gott sei Dank läuft ihm das Exerzieren nicht weg. Er wird noch reichlich Gelegenheit haben, sich heiser zu schreien.« Kurz darauf kam der Hauptmann in Begleitung des einäugigen Alten herein.

»Was soll das, Väterchen?«, tadelte seine Frau. »Das Essen steht längst auf dem Tisch, du aber kommst nicht, wenn du gerufen wirst.«

»Weißt du, Wassilissa Jegorowna«, antwortete Iwan Kusmitsch, »ich tat Dienst, habe meine Soldaten ausgebildet.«

»Hör doch auf!«, widersprach die Hauptmannsfrau. »Du tust ja bloß so, als ob du die Soldaten ausbildetest: Weder kapieren sie den Dienst, noch verstehst du viel davon. Solltest lieber daheimbleiben und zu Gott beten, das wär besser. – Liebe Gäste, ich bitte zu Tisch.«

Wir setzten uns zum Essen. Wassilissa Jegorowna redete ununterbrochen und überschüttete mich mit Fragen: Wer meine Eltern wären, ob sie noch lebten, wo sie wohnten, wie viel Vermögen sie besäßen. Als sie erfuhr, dass mein Vater über dreihundert leibeigene Bauern verfügte, sagte sie: »Das ist kein Spaß! Was es doch für reiche Leute gibt! Wir, Väterchen, haben nur eine Leibeigene, nämlich die Palaschka, trotzdem führen wir mit Gottes Hilfe ein sorgenfreies Leben. Nur mit Mascha ist es ein Unglück. Das Mädel ist heiratsfähig, aber was für eine Mitgift hat es? Einen Staubkamm, einen Birkenrutenbesen und ein Dreikopekenstück (verzeih mir Gott!), um ins Badehaus zu gehen. Schön wär's, wenn sich ein guter Mann fände. Andernfalls wird sie ihr Leben lang eine Jungfer bleiben.«

Ich sah zu Marja Iwanowna hinüber. Sie war dunkelrot geworden; ihr fielen sogar ein paar Tränen in den Teller. Sie tat mir leid, und ich beeilte mich, das Thema zu wechseln.

»Ich erfuhr, dass sich die Baschkiren zu einem Überfall auf Ihre Festung rüsten«, berichtete ich etwas unbeholfen.

»Von wem haben Sie das gehört, Väterchen?«, erkundigte sich Iwan Kusmitsch.

»Man sagte es mir in Orenburg«, erwiderte ich.

»Unsinn!«, meinte der Kommandant. »Bei uns ist seit Langem alles still. Die Baschkiren sind eingeschüchtert, und auch die Kirgisen haben ihren Denkzettel weg. Die greifen uns nicht mehr an. Und falls sie es doch tun sollten, werde ich sie derart abschrecken, dass sie zehn Jahre lang nicht aufmucken.«

»Haben Sie keine Angst, in einer Festung zu leben, wo Sie solchen Gefahren ausgesetzt sind?«, fragte ich die Hauptmannsfrau.

»Das ist Gewohnheitssache, Väterchen«, erwiderte sie. »Vor zwanzig Jahren, als wir aus dem Regiment hierher versetzt wurden, da habe ich mich vor den verfluchten Heiden gefürchtet, dass Gott erbarm! Wenn ich die Luchsfellmützen sah und ihr Gekreisch hörte, blieb mir fast das Herz stehen, das können Sie mir glauben. Doch jetzt habe ich mich so daran gewöhnt, dass ich nicht mit der Wimper zucke, wenn uns gemeldet wird, dass sich die Schurken um die Festung herumtreiben.«

»Wassilissa Jegorowna ist eine außerordentlich mutige Dame«, erklärte Schwabrin nachdrücklich. »Das kann Iwan Kusmitsch bezeugen.«

»Ja, freilich«, sagte Iwan Kusmitsch. »Ein beherztes Weib.«

»Und Marja Iwanowna?« fragte ich. »Ist sie ebenso tapfer wie Sie?«

»Ob Mascha tapfer ist?«, erwiderte ihre Mutter. »Nein, Mascha ist ein Hasenfuß. Bis zum heutigen Tag zittert sie wie Espenlaub, wenn sie ein Gewehr knallen hört. Als Iwan Kusmitsch vor zwei Jahren auf den Einfall kam, an meinem Namenstag die Kanone abzufeuern, da ist mein Täubchen vor Angst fast gestorben. Seitdem ballern wir nicht mehr mit der verdammten Kanone.«

Wir erhoben uns vom Tisch. Hauptmann und Hauptmannsfrau begaben sich zur Ruhe. Ich schloss mich Schwabrin an und verbrachte den ganzen Abend bei ihm.

Viertes Kapitel

Das Duell

Wenn's beliebt, stell dich in Positur,
Ich durchbohr gewiss dir die Figur.

Knjashnin

Mehrere Wochen vergingen. Das Leben in der Festung Belogorskaja wurde für mich erträglich, ja sogar angenehm. Im Haus des Kommandanten hatte man mich wie einen Verwandten aufgenommen. Mann und Frau waren höchst achtbare Leute. Iwan Kusmitsch, als Soldatenkind zum Offizier avanciert, war ein einfacher, ungebildeter, aber ungemein ehrenhafter und gütiger Mensch. Es entsprach seiner unbekümmerten Natur, dass er sich von seiner Frau regieren ließ. Sie machte keinen Unterschied zwischen Dienstgeschäften und hauswirtschaftlichen Angelegenheiten, befehligte die Festung ebenso wie ihr eigenes Heim. Marja Iwanowna verlor bald ihre Befangenheit vor mir, und wir schlossen nähere Bekanntschaft. Ich merkte, dass sie ein vernünftiges, empfindsames Mädchen war. Unversehens gewann ich die freundliche Familie lieb, selbst Iwan Ignatjitsch, den einäugigen Garnisonsleutnant, dem Schwabrin nachsagte, dass er unerlaubte Beziehungen zu Wassilissa Jegorowna unterhielte, was völlig unwahrscheinlich war. Doch das kümmerte Schwabrin nicht.

Ich wurde zum Offizier befördert. Der Dienst belastete mich nicht. In der Gott wohlgefälligen Festung gab es keine Truppenschau, keine Waffenübungen, kein Postenstehen. Hin und wieder exerzierte der Kommandant zum eigenen Vergnügen mit seinen Soldaten; aber er war außerstande, auch nur zu erreichen, dass alle begriffen, wo rechts und links war, obgleich sich viele vor jeder Kehrtwendung bekreuzigten, um sich nicht zu irren. Schwabrin besaß ein paar französische Bücher. Ich begann zu lesen; in mir erwachte die Freude an der Literatur. Morgens las ich, übte mich im Übersetzen, manchmal auch im Dichten. Mittags aß ich fast immer beim Kommandanten, wo ich für gewöhnlich auch den Rest des Tages verbrachte. Abends stellten sich dort ab und zu auch Vater Gerassim und seine Frau Akulina Pamfilowna ein, die größte Klatschbase der Gegend. Mit Schwabrin traf ich selbstverständlich jeden Tag zusammen; doch es wurde mir immer unangenehmer, mich mit ihm zu unterhalten. Seine ständigen Witze über die Kommandantenfamilie missfielen mir sehr, besonders die Sticheleien über Marja Iwanowna. Anderen Umgang gab es in der Festung nicht, aber ich hatte auch kein Verlangen danach.

Allen Voraussagen zum Trotz rebellierten die Baschkiren nicht. Rings um unsere Festung herrschte Ruhe. Doch wurde der Friede durch einen überraschenden inneren Zwist gestört.

Ich sagte bereits, dass ich mich mit Literatur befasste. Meine Versuche waren für die damalige Zeit vortrefflich, und etliche Jahre später wurden sie von Alexander Petrowitsch Sumarokow sehr gelobt. Einmal gelang mir ein kleines Lied, das mir selber gefiel. Bekanntlich suchen Dichter unter dem Vorwand, Ratschläge zu erhalten, oft nach einem wohlwollenden Zuhörer. Deshalb nahm ich mein Lied auch nach der Fertigstellung zu Schwabrin mit, der in der Festung als Einziger ein Dichtwerk beurteilen konnte. Nach kurzer Einleitung zog ich mein Heft aus der Tasche und las ihm die folgenden Zeilen vor:

»Mascha, ach, ich wollt dich meiden.
Dich vergessen, nicht mehr sehn,
Frei von dir, nicht länger leiden.
Nicht an dir zugrunde gehn!

Doch wohin ich mich auch wende,
Deine Augen folgen mir …

Fürchten muss ich, dass am Ende
Ich noch den Verstand verlier!

Welch ein Unglück traf mich Armen!
Dein Gefangener zu sein.
Bitter ist's! Drum hab Erbarmen,
Komm und lindre meine Pein!«

»Wie findest du das?«, fragte ich Schwabrin in Erwartung eines Lobes, das, wie ich glaubte, mir unbedingt zustand. Doch zu meiner großen Enttäuschung erklärte der sonst so tolerante Schwabrin nachdrücklich, das Lied sei schlecht.

»Warum denn?«, fragte ich, meinen Ärger unterdrückend.

»Weil derartige Verse aus der Feder meines Lehrers Wassili Kirilytsch Trediakowskij stammen könnten; sie erinnern mich stark an seine Liebescouplets.«

Er nahm mir das Heft aus der Hand und begann, jeden Vers, ja jedes Wort unbarmherzig zu kritisieren, mich auf die verletzendste Weise zu verspotten. Mir platzte der Kragen; ich riss ihm das Heft weg und rief, dass ich ihm meine Werke nie mehr zeigen würde. Selbst diese Drohung fand Schwabrin komisch.

»Wollen sehen, ob du dein Wort hältst«, sagte er. »Reimschmiede brauchen den Zuhörer wie Iwan Kusmitsch die Karaffe Wodka vor dem Essen. – Wer ist eigentlich diese Mascha, der du deine zärtliche Leidenschaft und deinen Liebesschmerz kundtust? Etwa Marja Iwanowna?«

»Es geht dich nichts an, wer diese Mascha ist!«, versetzte ich stirnrunzelnd. »Ich will weder deine Meinung noch deine Vermutungen wissen.«

»Oho! Ein ehrgeiziger Reimschmied und bescheidener Liebhaber!«, stichelte Schwabrin weiter; er reizte mich immer mehr. »Doch lass dir einen freundschaftlichen Rat geben: Wenn du Erfolg haben willst, dann solltest du nicht mit Liedern agieren.«

»Was heißt das, Monsieur? Erkläre dich bitte näher.«

»Mit Vergnügen! Das heißt: Wenn du erreichen willst, dass Mascha Mironowa in der Dämmerstunde zu dir kommt, dann schenke ihr lieber Ohrringe und kein Liebesgedicht.«

Mir schoss das Blut zu Kopf.

»Weshalb hast du eine solche Meinung von ihr?«, fragte ich, meine Empörung mühsam unterdrückend.

»Weil ich ihre Sitten und Gebräuche aus Erfahrung kenne!«, versetzte er mit teuflischem Hohn.

»Du lügst, du Schuft!«, schrie ich wütend. »Du lügst auf die schamloseste Art und Weise.«

Schwabrin verfärbte sich. »Das lass ich dir nicht durchgehen!« Er packte mich am Arm. »Sie werden mir Satisfaktion geben.«

»Bitte, wann du willst!«, entgegnete ich bereitwillig. In diesem Augenblick hätte ich ihn am liebsten in Fetzen gerissen. Schnurstracks ging ich zu Iwan Ignatjitsch. Er hielt eine Nadel in der Hand und reihte auf Anordnung der Kommandantenfrau Pilze auf, die für den Winter getrocknet werden sollten. »Ah, Pjotr Andrejitsch!«, sagte er bei meinem Erscheinen. »Willkommen! Was führt Sie her? Welche Angelegenheit, wenn ich fragen darf?«

In kurzen Worten berichtete ich ihm, dass ich mich mit Alexej Iwanytsch zerstritten hätte und ihn, Iwan Ignatjitsch, bitten wollte, mein Sekundant zu sein.

Iwan Ignatjitsch hörte mir aufmerksam zu und musterte mich mit seinem einen Auge.

»Sie wollen sagen, dass Sie die Absicht haben, Alexej Iwanytsch zu erstechen, und wünschen, ich soll Zeuge dabei sein«, erwiderte er. »Ist es so, wenn ich fragen darf?«

»Genau.«

»Erbarmen Sie sich, Pjotr Andrejitsch! Worauf soll das hinaus? Sie haben sich mit Alexej Iwanytsch gezankt? Das ist doch kein Unglück! Zank hängt man sich nicht ans Tor. Hat er Sie gescholten, dann schimpfen Sie zurück; haut er Sie in die Fresse, dann geben Sie ihm ein paar Maulschellen. Anschließend geht jeder seiner Wege; wir werden Sie schon wieder versöhnen. Andererseits – ist es eine gute Tat, seinen Nächsten zu erstechen, wenn ich fragen darf? Falls Sie ihn umbrächten, ginge es ja noch an. Gott sei mit ihm, ich finde ihn auch nicht gerade sympathisch. Aber wenn er nun Sie durchbohrt? Was käme dabei heraus? Wer wäre dann der Dumme, wenn ich fragen darf?«

Die vernünftigen Erwägungen des Leutnants vermochten mich nicht umzustimmen. Ich blieb bei meinem Vorhaben. »Wie's beliebt«, sagte Iwan Ignatjitsch. »Machen Sie, was Sie wollen. Aber warum soll ich Zeuge dabei sein? Zu welchem Zweck? Ist ein Zweikampf etwa ein seltenes Schauspiel, wenn ich fragen darf? Bei Gott, ich bin gegen den Schweden und den Türken zu Felde gezogen und habe derlei oft genug gesehen.«

Ich versuchte, ihm die Pflichten eines Sekundanten zu erläutern, doch er verstand mich nicht.

»Wie Sie wünschen«, sagte er. »Wenn ich mich unbedingt in diese Sache einmischen soll, dann gehe ich zu Iwan Kusmitsch und melde ihm pflichtgemäß, dass in der Festung eine Untat geplant wird, die dem Staatsinteresse zuwiderläuft; und frage, ob der Herr Kommandant nicht gewillt sei, entsprechende Maßnahmen zu ergreifen.«

Ich erschrak und bat ihn, dem Kommandanten nichts zu sagen. Mit Mühe und Not stimmte ich ihn um; er versprach es ehrenwörtlich, und ich beschloss, ihn in Ruhe zu lassen.

Den Abend verbrachte ich wie gewöhnlich beim Kommandanten. Ich bemühte mich, heiter und gleichmütig zu wirken, um keinen Verdacht zu erwecken und lästige Fragen zu vermeiden; doch muss ich gestehen, dass ich nicht über die Kaltblütigkeit verfügte, deren sich Leute in meiner Situation meistens rühmen. Ich war an diesem Abend gefühlvoll und weich gestimmt. Marja Iwanowna gefiel mir noch besser als sonst. Der Gedanke, dass ich sie vielleicht zum letzten Mal sah, verlieh ihr in meinen Augen etwas Rührendes. Schwabrin stellte sich ebenfalls ein. Ich führte ihn beiseite und informierte ihn über meine Unterredung mit Iwan Ignatjitsch.

»Wozu brauchen wir Sekundanten«, sagte er kühl. »Wir kommen auch ohne aus.«

Wir verabredeten, uns draußen vor der Festung zu schlagen und uns am nächsten Morgen um sieben Uhr hinter den Heuschobern zu treffen.

Unser Gespräch machte einen so freundschaftlichen Eindruck, dass sich Iwan Ignatjitsch vor Freude verplapperte.

»Na endlich!«, sagte er befriedigt zu mir. »Ein schlechter Friede ist besser als ein guter Streit, und magst du auch ehrlos sein, so bist du doch gesund.«

»Wieso, was heißt das, Iwan Ignatjitsch?«, fragte die Hauptmannsfrau, die in der Ecke saß und sich die Karten legte. »Ich habe nicht genau gehört.«

Als Iwan Ignatjitsch sah, dass ich ihm empörte Zeichen machte, fiel ihm sein Versprechen ein; er wurde verlegen und wusste keine Antwort. Schwabrin kam ihm zu Hilfe.

»Iwan Ignatjitsch billigt unseren Friedensschluss«, sagte er.

»Und mit wem hatten Sie sich gezankt, Väterchen?«

»Mit Pjotr Andrejitsch. Wir hatten vorhin eine ziemlich heftige Auseinandersetzung.«

»Weswegen?«

»Wegen einer Nichtigkeit, eines Liedchens, Wassilissa Jegorowna.«

»Das ist mir ein rechter Grund zum Streit! Ein Liedchen! Wie ist denn das gekommen?«

»Nun, Pjotr Andrejitsch hat kürzlich ein Lied verfasst und es heute in meiner Gegenwart geträllert. Da habe ich mein Lieblingslied angestimmt:

›Hauptmannstochter fein,
Geh nicht um Mitternacht allein!‹

Daraus ist ein Zerwürfnis entstanden. Pjotr Andrejitsch wollte zornig werden, doch dann fand er, dass jedermann singen könne, was ihm beliebt. So fand die Sache ein Ende.« Schwabrins Schamlosigkeit erboste mich. Aber außer mir hatte niemand die taktlose Anspielung verstanden; jedenfalls achtete keiner darauf. Von den Liedern kam das Gespräch auf die Dichter; der Kommandant vertrat die Meinung, es seien samt und sonders Liederjane und ausgesprochene Säufer, und riet mir freundschaftlich, das Verseschmieden aufzugeben, denn es störe den Dienst und führe zu nichts Gutem. Schwabrins Gegenwart war mir unerträglich. Früh verabschiedete ich mich vom Kommandanten und von seiner Familie. Zu Hause angelangt, inspizierte ich meinen Degen, prüfte die Spitze und ging zu Bett, nachdem ich Saweljitsch befohlen hatte, mich um sieben Uhr zu wecken.

Am folgenden Tag stand ich pünktlich zur festgesetzten Zeit hinter den Heuschobern und erwartete meinen Gegner. Wenig später erschien er.

»Es kann passieren, dass man uns überrascht«, sagte er. »Wir müssen uns beeilen.«

Wir legten die Uniformröcke ab, behielten nur die Westen an und zogen blank. In diesem Augenblick kam Iwan Ignatjitsch mit fünf Mann hinter einem Heuhaufen hervor und befahl uns, zum Kommandanten zu kommen. Zornig gehorchten wir. Die Soldaten umringten uns, und wir folgten Iwan Ignatjitsch in die Festung. Triumphierend führte er uns ab, mit erstaunlich würdevollen Schritten.

Im Kommandantenhaus angelangt, öffnete Iwan Ignatjitsch die Tür mit dem triumphierenden Ruf: »Ich hab sie hergebracht!«

Wassilissa Jegorowna empfing uns.

»Ach, ihr meine Väterchen! Was soll das bedeuten? Wie? In unserer Festung Mord und Totschlag anzuzetteln! – Iwan Kusmitsch, steck sie sofort in Arrest! – Pjotr Andrejitsch! Alexej Iwanytsch! Geben Sie Ihre Degen her, los! Her damit! – Palaschka, bring die Degen in die Rumpelkammer. – Pjotr Andrejitsch! Das hätte ich nicht von Ihnen erwartet. Schämen Sie sich nicht? Bei Alexej Iwanytsch kann man's noch verstehen: Er ist ja schon wegen Mordes aus der Garde ausgestoßen worden, und er glaubt auch nicht an den Herrgott. Aber Sie? Wollen Sie in seine Fußstapfen treten?«

Iwan Kusmitsch war mit seiner Frau durchaus einer Meinung.

»Hören Sie gut zu, Wassilissa Jegorowna spricht die Wahrheit. Duelle sind im Militärreglement offiziell verboten.«

Indessen nahm Palaschka uns die Degen ab und brachte sie in die Kammer. Ich konnte mir das Lachen nicht verbeißen. Schwabrin bewahrte seinen Ernst.

»Ich habe zwar den größten Respekt vor Ihnen«, versetzte er kaltblütig, »aber dennoch muss ich feststellen, dass Sie ganz überflüssigerweise bemüht sind, über uns zu Gericht zu sitzen. Überlassen Sie das Iwan Kusmitsch, es ist seine Sache.«

»Ach, Väterchen«, widersprach die Kommandantenfrau. »Sind Mann und Frau nicht ein Geist und ein Fleisch? – Iwan Kusmitsch! Warum hältst du Maulaffen feil? Sperr beide getrennt bei Wasser und Brot ein, damit ihnen die dummen Gedanken vergehen. Und Vater Gerassim soll ihnen eine Kirchenbuße auferlegen; sie müssen Gott um Verzeihung bitten und öffentlich bereuen!«

Iwan Kusmitsch fiel die Entscheidung schwer. Marja Iwanowna war totenblass. Allmählich legte sich der Sturm. Die Kommandantenfrau beruhigte sich und zwang uns, einander zu küssen. Palaschka brachte uns die Degen zurück.

Scheinbar versöhnt verließen wir das Haus, Iwan Ignatjitsch begleitete uns.

»Schämen Sie sich nicht«, tadelte ich ihn zornig, »uns beim Kommandanten zu verpetzen, nachdem Sie ehrenwörtlich versprochen hatten zu schweigen?«

»Gott ist mein Zeuge, dass ich Iwan Kusmitsch nichts gesagt habe!«, beteuerte er. »Doch hat Wassilissa Jegorowna alles aus mir herausgefragt. Sie hat auch alles Weitere ohne Wissen des Kommandanten angeordnet. Übrigens – Gott sei Dank, dass es so glimpflich abgelaufen ist.« Nach diesen Worten ging er heim. Schwabrin und ich blieben allein zurück.

»Damit hat sich die Sache keinesfalls erledigt«, sagte ich. »Natürlich nicht«, bestätigte er. »Sie sollen die Unverschämtheit mit Ihrem Blut büßen! Aber man wird uns vermutlich beobachten, deshalb müssen wir uns ein paar Tage verstellen. Auf Wiedersehen.«

Wir trennten uns, als wäre nichts geschehen.

Zum Kommandanten zurückgekehrt, setzte ich mich wie gewöhnlich zu Marja Iwanowna. Iwan Kusmitsch war nicht daheim; Wassilissa Jegorowna war mit dem Haushalt beschäftigt. Wir plauderten halblaut miteinander. Marja Iwanowna tadelte mich sanft wegen der Aufregung, in die mein Streit mit Schwabrin sie alle versetzt hatte.

»Ich erstarrte vor Schreck, als wir erfuhren, dass Sie sich mit dem Degen duellieren wollten«, sagte sie. »Wie sonderbar sind doch die Männer! Wegen eines einzigen Wortes, das sie sicherlich nach einer Woche vergessen hätten, sind sie bereit, sich zu duellieren und nicht nur ihr eigenes Leben und Gewissen zu opfern, sondern auch das Heil derer, die … Aber ich bin überzeugt, dass nicht Sie den Streit angefangen haben. Die Schuld trägt bestimmt Alexej Iwanytsch.«

»Warum meinen Sie das, Marja Iwanowna?«

»Weil … weil er ein Lästermaul ist! Ich mag ihn nicht, er ist mir sehr zuwider. Doch seltsamerweise möchte ich keinesfalls, dass ich ihm ebenso stark missfalle. Das würde mich ängstigen.«

»Und was glauben Sie, Marja Iwanowna? Gefallen Sie ihm oder nicht?«

Marja Iwanowna kam ins Stottern und errötete.

»Mir scheint …«, murmelte sie. »Ich muss ihm wohl gefallen.«

»Warum vermuten Sie das?«

»Weil er um mich gefreit hat.«

»Gefreit? Er hat um Sie gefreit? Wann denn?«

»Im vorigen Jahr. Zwei Monate vor Ihrer Ankunft.«

»Und Sie haben ihn abgewiesen?«

»Wie Sie sehen. Alexej Iwanytsch ist sicherlich ein kluger Mann und aus guter Familie; Vermögen hat er auch. Doch wenn ich mir ausmale, dass ich ihn bei der Trauung vor allen Leuten küssen müsste … Um keinen Preis! Auch nicht für noch so viel Wohlhabenheit.«

Ihre Worte öffneten mir die Augen und erklärten mir vieles. Nun begriff ich die böse Nachrede, mit der Schwabrin sie hartnäckig verfolgte. Wahrscheinlich hatte er unsere gegenseitige Zuneigung bemerkt und versuchte, uns auseinanderzubringen. Jetzt fand ich die Worte, die unseren Streit ausgelöst hatten, noch ruchloser, weil ich darin bewusste Verleumdung erkannte und nicht nur taktlosen, unschicklichen Spott. Mein Verlangen wuchs, den frechen Verleumder zu bestrafen, und ungeduldig harrte ich auf eine passende Gelegenheit.

Ich brauchte nicht lange zu warten. Am nächsten Tag, als ich über einer Elegie saß und auf der Suche nach einem Reim am Federhalter kaute, klopfte Schwabrin an mein Fenster. Ich legte die Feder hin, nahm den Degen und ging zu ihm hinaus. »Warum die Sache aufschieben?«, sagte er. »Wir sind unbeobachtet. Gehn wir zum Fluss. Dort stört uns keiner.« Schweigend machten wir uns auf den Weg, kletterten den abschüssigen Pfad zum Fluss hinab, machten am Ufer halt und zogen den Degen. Schwabrin hatte mehr Übung als ich, doch ich war stärker und kühner, und Monsieur Beaupré, der seinerzeit Soldat gewesen war, hatte mir einige Fechtstunden erteilt, die mir jetzt zugutekamen. Schwabrin hatte nicht erwartet, in mir einen so gefährlichen Gegner zu finden. Lange gelang es keinem, den anderen außer Gefecht zu setzen; schließlich merkte ich, dass Schwabrins Kräfte erlahmten, drang lebhaft auf ihn ein und trieb ihn fast in den Fluss. Da rief jemand laut meinen Namen; ich drehte mich um und sah, dass Saweljitsch den Pfad heruntergerannt kam. Im selben Augenblick verspürte ich einen heftigen Stich in den Rücken, unterhalb der rechten Schulter, sank zu Boden und verlor die Besinnung.

Fünftes Kapitel

Liebe

Wunderschönes Mädchen, hör,
Übereile deine Hochzeit nicht so sehr,
Frage, Mädchen, erst die Anverwandten,
Deine Eltern, deine Tanten,
Sammle Mitgift und Verstand,
Bis du beides reichlich hast zur Hand.

Volkslied

Findst du einen Bessern, wirst du mich vergessen,
Findst du einen Schlechtern, wirst du mein gedenken.

Volkslied

Als ich wieder zu mir kam, konnte ich mich auf nichts besinnen und wusste nicht, was mit mir geschehen war. Ich lag in einem mir unbekannten Zimmer im Bett und fühlte mich sehr schwach. Vor mir stand Saweljitsch mit einer Kerze in der Hand. Jemand löste behutsam den Verband, mit dem mir Brust und Schulter umwickelt waren. Langsam klärten sich meine Gedanken. Das Duell fiel mir ein, und ich erriet, dass ich verwundet worden war. Da knarrte die Tür.

»Nun, wie steht es?«, flüsterte eine Stimme, die mich erbeben ließ.

»Immer dasselbe«, antwortete Saweljitsch seufzend. »Noch ohne Besinnung, schon seit fünf Tagen.«

Ich wollte mich umdrehen, vermochte es aber nicht.

»Wo bin ich? Wer ist hier?«, stieß ich mühsam hervor.

Marja Iwanowna trat an mein Bett und beugte sich über mich.

»Wie fühlen Sie sich?«, fragte sie.

»Gott sei Dank!«, antwortete ich mit schwacher Stimme. »Sind Sie es, Marja Iwanowna? Sagen Sie mir …« Ich hatte nicht die Kraft weiterzureden und verstummte.

Saweljitsch schrie auf. Sein Gesicht strahlte vor Freude. »Er ist wieder bei Besinnung! Er ist wieder bei Besinnung!«, stammelte er. »Der Herrgott sei gepriesen! Ach, Väterchen Pjotr Andrejitsch! Da hast du mir aber einen Schrecken eingejagt! Das ist doch kein Pappenstiel – fünf Tage …« Marja Iwanowna unterbrach seinen Redefluss.

»Sprich nicht so viel mit ihm, Saweljitsch«, sagte sie. »Er ist noch zu schwach.«

Sie ging hinaus und machte behutsam hinter sich die Tür zu. Erregung erfasste mich. Ich befand mich also im Haus des Kommandanten, denn Marja Iwanowna war zu mir hereingekommen. Ich wollte Saweljitsch ein paar Fragen stellen, aber der Alte schüttelte den Kopf und steckte sich die Finger in die Ohren. Ärgerlich schloss ich die Augen und schlief kurz darauf wieder ein.

Als ich erwachte, rief ich nach Saweljitsch und sah statt seiner Marja Iwanowna vor mir; sie sprach mich mit ihrer Engelsstimme an. Die wonnevollen Empfindungen, die mich in diesem Augenblick erfüllten, vermag ich nicht zu schildern. Ich ergriff ihre Hand und zog sie an mein Gesicht; Tränen der Rührung benetzten sie. Mascha nahm mir die Hand nicht weg. Plötzlich berührte ihr Mund meine Wange, und ich spürte einen heißen, frischen Kuss. Feuer rann durch meine Adern. »Liebe, gütige Marja Iwanowna!«, stammelte ich. »Werde meine Frau, mach mich glücklich!«

Sie kam zur Besinnung.

»Um Gottes willen, beruhigen Sie sich«, flüsterte sie und löste ihre Hand aus der meinen. »Sie schweben noch in Lebensgefahr: Ihre Wunde könnte sich wieder öffnen. Schonen Sie sich – wenigstens für mich!«

Nach diesen Worten ging sie und ließ mich wonnetrunken zurück.

Das Glück erweckte mich zu neuem Leben. Sie wird mir gehören, sie liebt mich! Dieser Gedanke erfüllte mein ganzes Sein.

Seitdem ging es mir von Stunde zu Stunde besser. Behandelt wurde ich vom Regimentsbarbier, denn in der Festung gab es keinen anderen Heilkundigen; gottlob kannte er seine Grenzen. Jugend und Natur beschleunigten meine Genesung. Die ganze Kommandantenfamilie pflegte mich. Marja Iwanowna wich nicht von meiner Seite. Selbstverständlich nahm ich bei der nächsten Gelegenheit mein unterbrochenes Bekenntnis wieder auf, und Marja Iwanowna hörte mich diesmal geduldiger an. Sie gestand mir freimütig ihre innige Zuneigung und sagte, dass sich ihre Eltern natürlich über ihr Glück freuen würden. »Aber erwäge alles gut«, fügte sie hinzu. »Werden uns deine Eltern auch keine Hindernisse in den Weg legen?« Ich überlegte. An Mutters liebevollem Einverständnis zweifelte ich nicht. Da ich aber den Charakter und die Denkungsweise meines Vaters kannte, vermutete ich, dass ihn meine Liebe nicht übermäßig rühren und er sie für eine Jünglingslaune halten würde. Das gestand ich Marja Iwanowna offen ein; gleichzeitig entschloss ich mich jedoch, meinem Vater möglichst eindringlich zu schreiben und um den Segen der Eltern zu bitten. Diesen Brief zeigte ich Marja Iwanowna. Sie fand ihn so überzeugend und herzergreifend, dass sie des Erfolges sicher war und sich in jugendlicher Zuversicht den Gefühlen ihres zärtlichen Herzens hingab.

Mit Schwabrin versöhnte ich mich in den ersten Genesungstagen. Iwan Kusmitsch hatte mir wegen des Duells eine Standpauke gehalten und gesagt: »Ach, Pjotr Andrejitsch! Ich müsste dich eigentlich in Arrest stecken, aber du bist ohnehin zur Genüge bestraft. Schwabrin sitzt inzwischen unter Bewachung im Kornmagazin; seinen Degen hat Wassilissa Jegorowna weggeschlossen. Er soll zur Vernunft kommen und bereuen.«

Ich war allzu glücklich, um feindselige Gefühle zu hegen, setzte mich für Schwabrin ein, und der gutmütige Kommandant entschloss sich mit Zustimmung seiner Gattin, ihn freizulassen. Daraufhin kam Schwabrin zu mir, bekundete tiefes Bedauern über das, was zwischen uns geschehen war, bezeichnete sich als Alleinschuldigen und bat mich, den Vorfall zu vergessen. Ich bin von Natur aus nicht nachtragend; aufrichtig verzieh ich ihm deshalb unseren Streit und die Wunde, die er mir beigebracht hatte. Die Verleumdung hielt ich für den Ausdruck seines Ärgers über das gekränkte Ehrgefühl und die verschmähte Liebe, und großmütig sah ich das meinem unglücklichen Nebenbuhler nach.

Bald war ich wieder gesund und konnte in mein Quartier zurückkehren. Ungeduldig erwartete ich die Antwort auf meinen Brief; freilich wagte ich auf einen positiven Bescheid nicht zu hoffen und versuchte, meine bösen Vorahnungen zu ersticken. Wassilissa Jegorowna und ihrem Mann hatte ich mich noch nicht offenbart; aber mein Antrag würde sie nicht in Erstaunen gesetzt haben. Weder ich noch Marja Iwanowna gaben uns Mühe, unsere Gefühle vor ihnen zu verbergen, waren wir doch von vornherein ihrer Einwilligung sicher.

Endlich kam Saweljitsch eines Morgens zu mir herein, einen Brief in der Hand. Ich ergriff ihn mit Zittern und Zagen. Die Adresse war von der Hand meines Vaters geschrieben. Das kündigte mir eine wichtige Nachricht an, denn für gewöhnlich verfasste Mutter die Briefe, und Vater schrieb nur ein paar Zeilen darunter. Lange zögerte ich, ihn zu öffnen, und las immer wieder die feierliche Aufschrift: An meinen Sohn Pjotr Andrejewitsch Grinjow, im Orenburger Gouvernement, in der Festung Belogorskaja. – Ich versuchte, aus den Schriftzügen die Gemütsverfassung zu erraten, in der Vater den Brief geschrieben hatte; schließlich brach ich ihn auf und ersah schon aus den ersten Zeilen, dass unsere Sache verloren war. Der Inhalt des Schreibens lautete:

Mein Sohn Pjotr! Am 15. dieses Monats erhielten wir Deinen Brief, in dem Du uns um den elterlichen Segen und die Zustimmung zur Verehelichung mit Marja Iwanowna, der Tochter Mironows, bittest. Ich habe keineswegs die Absicht, Dir meinen Segen oder meine Zustimmung zu erteilen. Im Gegenteil, ich möchte Dir die Leviten lesen und Dich wegen Deiner Missetaten wie einen kleinen Jungen züchtigen, trotz Deines Offiziersranges: Denn Du hast bewiesen, dass Du noch unwürdig bist, den Degen zu tragen, der Dir zur Verteidigung des Vaterlandes verliehen wurde und nicht zu Duellen mit solchen Windbeuteln, wie Du selber einer bist. Unverzüglich will ich an Andrej Karlowitsch schreiben und ihn bitten, Dich aus der Festung Belogorskaja in eine noch entlegenere Gegend zu versetzen, wo Dir die Torheiten vergehen sollen. Bei der Nachricht von dem Duell und Deiner Verwundung ist Deine Mutter vor Kummer krank geworden. Sie muss bis zum heutigen Tag das Bett hüten. Was soll nur aus Dir werden? Ich flehe Gott an, er möge Dich bessern, obgleich ich nicht auf seine große Gnade zu hoffen wage.

Dein Vater A. G.

Die Lektüre des Briefes erweckte in mir unterschiedliche Empfindungen. Die harten Worte, mit denen mein Vater nicht gegeizt hatte, beleidigten mich tief. Dass er mit Verachtung von Marja Iwanowna sprach, fand ich ebenso unpassend wie ungerecht. Der Gedanke an eine Versetzung aus der Festung Belogorskaja erschreckte mich; am stärksten aber betrübte mich die Nachricht von Mutters Krankheit. Ich zürnte Saweljitsch, denn es stand für mich zweifelsohne fest, dass die Eltern durch ihn von meinem Duell erfahren hatten. Ich lief in meiner engen Stube auf und ab und blieb schließlich vor ihm stehen.

»Offenbar genügte es dir nicht, dass ich durch deine Schuld verwundet wurde und mich einen Monat lang am Rande des Grabes befand! Obendrein willst du auch noch meine Mutter umbringen!«, fuhr ich ihn zornig an.

Saweljitsch war wie vom Donner gerührt.

»Erbarme dich, Herr«, stammelte er, nahezu schluchzend, »was sagst du da! Ich soll die Ursache deiner Verwundung sein? Gott weiß, dass ich angerannt kam, um dich mit meiner Brust vor Alexej Iwanytschs Degen zu schützen, und nur mein verfluchtes Alter mich daran gehindert hat. – Und was habe ich deiner Mutter angetan?«

»Was du ihr angetan hast?«, antwortete ich. »Wer hat von dir verlangt, mich zu verpetzen? Bist du mir als Spion beigegeben?«

»Ich? Dich verpetzen?«, erwiderte Saweljitsch unter Tränen. »Allmächtiger Gott! Lies doch, was der Herr mir schreibt, dann wirst du wissen, ob ich dich verpetzt habe!«

Er zog einen Brief aus der Tasche, und ich las das Folgende: Du solltest Dich schämen, alter Hund, mir trotz strengster Anweisung nichts von meinem Sohn Pjotr Andrejewitsch berichtet zu haben, sodass sich fremde Leute genötigt sahen, mich über seine Verfehlungen zu informieren. So erfüllst Du also Deine Pflicht und Deines Herren Willen! Ich werde Dich alten Köter zum Schweinehüten schicken, weil Du die Wahrheit unterschlagen hast und dem jungen Menschen alles durchgehen lässest. Ich befehle Dir, mir nach Erhalt dieses Briefes postwendend zu melden, wie es jetzt um sein Befinden steht, das sich gebessert haben soll, wie man mir schreibt; außerdem will ich wissen, wo er verwundet wurde und ob er in guter Behandlung ist.

Es lag klar zutage, dass Saweljitsch unschuldig war und ich ihn mit meinen Vorwürfen und Verdächtigungen zu Unrecht beleidigt hatte. Ich bat ihn um Verzeihung, doch er war untröstlich.

»Das muss ich in meinem Alter noch erleben!«, jammerte er. »Solche Freundlichkeiten sind der Lohn von meinen Herrschaften! Ich bin ein alter Köter, ein Schweinehirt und soll überdies die Ursache deiner Verwundung sein! Nein, Väterchen Pjotr Andrejitsch. Nicht ich bin schuld, sondern der verfluchte Mussjö. Er hat dir beigebracht, mit eisernen Bratspießen zu stechen – und dabei aufzustampfen – als könnte man sich durch Gesteche und Aufgestampfe vor einem bösen Menschen schützen! Es war wirklich überflüssig, den Mussjö zu dingen und Geld zum Fenster hinauszuwerfen!«

Doch wer hatte sich die Mühe gemacht, Vater über mein Tun und Treiben zu informieren? Der General? Der aber schien sich nicht allzu sehr um mich zu kümmern, und Iwan Kusmitsch hatte es nicht für notwendig gehalten, mein Duell zu melden. Ich erging mich in Vermutungen, und mein Verdacht richtete sich gegen Schwabrin – hatte er doch als Einziger Vorteile von einer Denunziation, die unter Umständen meine Entfernung aus der Festung und die Trennung von der Kommandantenfamilie zur Folge haben konnte.

Danach begab ich mich zu Marja Iwanowna, um sie von allem in Kenntnis zu setzen. Sie empfing mich auf der Vortreppe.

»Was ist Ihnen geschehen?«, fragte sie bei meinem Anblick. »Warum sind Sie so blass?«

»Alles ist zu Ende!«, erwiderte ich und reichte ihr Vaters Brief.

Nun erblasste sie ebenfalls. Sie las den Brief, gab ihn mir dann mit zitternder Hand zurück und stammelte: »Das Schicksal hat es mir also verwehrt ... Ihre Verwandten wollen mich nicht in ihrer Familie haben. Gottes Wille geschehe! Er weiß besser als wir, was uns frommt. Da ist nichts zu machen. Pjotr Andrejitsch; werden wenigstens Sie glücklich ...« »Ausgeschlossen!«, rief ich, ihre Hand ergreifend. »Du liebst mich; ich bin zu allem bereit. Komm, wir werfen uns deinen Eltern zu Füßen; sie sind einfache Leute; hartherziger Dünkel ist ihnen fremd. Sie werden uns ihren Segen geben, und dann lassen wir uns trauen. Ich bin überzeugt, dass sich mein Vater im Laufe der Zeit erweichen lässt; Mutter wird für uns eintreten, sodass er mir verzeiht ...«

»Nein, Pjotr Andrejitsch!«, widersprach Marja Iwanowna. »Ich heirate dich nicht ohne den Segen deiner Eltern. Ohne ihren Segen wird dir kein Glück beschieden sein. Fügen wir uns dem Willen Gottes. Wenn du eine Braut findest, eine andere liebgewinnst, dann sei Gott mit dir, Pjotr Andrejitsch; und ich werde für euch beide ...«

Sie brach in Tränen aus und verließ mich. Ich wollte ihr in die Stube folgen, spürte aber, dass ich außerstande sein würde, mich zu beherrschen, und kehrte in mein Quartier zurück. Gedankenversunken saß ich in meiner Stube, als Saweljitsch zu mir kam.

»Hier, Herr!«, sagte er und gab mir ein beschriebenes Blatt Papier. »Sieh dir an, ob ich dich bei meinem Herrn denunziert habe und danach trachte, den Sohn mit dem Vater zu entzweien.«

Ich nahm ihm das Schriftstück aus der Hand. Es war seine Antwort auf Vaters Brief. Sie lautete wörtlich:
Mein Herr Andrej Petrowitsch, unser wohlgeneigter Vater! Ich erhielt Ihren gnädigen Brief, in dem Sie geruhen, mir, Ihrem Sklaven, vorzuwerfen, dass ich mich schämen solle, den Anweisungen meines Herrn zuwiderzuhandeln; doch bin ich kein alter Köter, sondern Ihr getreuer Diener und den herrschaftlichen Anweisungen gehorsam; stets habe ich Ihnen treu gedient, worüber mein Haar grau geworden ist. Von Pjotr Andrejitschs Wunde habe ich Ihnen nichts geschrieben, um Sie nicht unnötig zu erschrecken; wie ich hörte, ist die Herrin, unsere Mutter Awdotja Wassiljewna, aber doch vor Schreck darüber krank geworden, und ich werde für ihre Genesung beten. Pjotr Andrejitsch wurde an der rechten Schulter verwundet, unter dem Knochen; es ist eine Rückenwunde, anderthalb Werschok tief; gelegen hat er im Haus des Kommandanten, wohin wir ihn vom Ufer gebracht haben, und kuriert wurde er vom hiesigen Barbier Stepan Paramonow; jetzt ist Pjotr Andrejitsch Gott sei Dank wieder gesund, und man kann nur Gutes über ihn berichten. Wie ich hörte, sind die Vorgesetzten mit ihm zufrieden; Wassilissa Jegorowna behandelt ihn, als wäre er ihr eigener Sohn. Aus dem Unglück, das ihm passierte, kann man so einem jungen Mann keinen Vorwurf machen. Selbst ein Pferd stolpert, obgleich es vier Beine hat. Sie geruhten mir mitzuteilen, dass Sie mich zum Schweinehüten schicken wollen. Das ist Ihr Herrenrecht. Untertänig verneigt sich Ihr getreuer Knecht

Archip Saweljew

Ich musste ein paarmal lächeln, während ich das Schreiben des guten alten Mannes las. Meinem Vater zu antworten, war ich nicht in der rechten Verfassung, und um meine Mutter zu beruhigen, erschien mir Saweljitschs Brief ausreichend.

Von diesem Tag an änderte sich meine Lage. Marja Iwanowna sprach fast gar nicht mehr mit mir und ging mir auf jegliche Art und Weise aus dem Wege. Das Haus des Kommandanten wurde mir zuwider. Allmählich gewöhnte ich mir an, allein daheim zu hocken. Anfangs schalt mich Wassilissa Jegorowna deswegen; doch als sie meinen Starrsinn erkannte, ließ sie mich in Ruhe. Iwan Kusmitsch sah ich nur, wenn es der Dienst erforderlich machte. Mit Schwabrin traf ich selten und ungern zusammen, zumal ich ihm anmerkte, dass er mir insgeheim feindlich gesinnt war, was mich in meinem Verdacht bestärkte. Das Leben wurde mir unerträglich. Ich gab mich finsteren Grübeleien hin, die von der Einsamkeit und der Untätigkeit genährt wurden. Durch das Alleinsein wurde meine Liebe unaufhörlich angefacht und quälte mich immer stärker. Ich verlor die Lust am Lesen und an der Literatur. Ich fühlte mich wie gelähmt. Schon fürchtete ich, den Verstand zu verlieren oder dem Laster zu verfallen. Doch unerwartete Ereignisse, die einen nachhaltigen Einfluss auf mein Leben ausübten, versetzten mein Herz plötzlich in eine starke und wohltuende Erschütterung.

Sechstes Kapitel

Der Pugatschow-Aufstand

> Hört, ihr jungen Leute,
> Was wir alten Männer euch erzählen.
>
> *Lied*

Bevor ich zur Schilderung der merkwürdigen Begebenheiten schreite, deren Zeuge ich gewesen bin, muss ich in kurzen Worten die Situation beschreiben, in der sich das Orenburger Gouvernement gegen Ende des Jahres 1773 befand.

Dieses weitläufige, reiche Gouvernement wurde bewohnt von einer Vielzahl halb zivilisierter Völker, die erst vor Kurzem die Herrschaft des russischen Zaren anerkannt hatten. Ihre immer wieder aufflammenden Rebellionen, ihre Unkenntnis der Gesetze und eines zivilisierten Lebens, ihre Leichtfertigkeit und Grausamkeit erforderten seitens der Regierung eine ständige Aufsicht, um sie in Zucht und Ordnung zu halten. An geeignet erscheinenden Plätzen wurden Festungen errichtet, die man hauptsächlich mit Kosaken besiedelte, den alteingesessenen Bewohnern der Jaikufer. Doch die Jaikkosaken, welche die Ruhe und Sicherheit dieses Landstriches garantieren sollten, erwiesen sich seit einiger Zeit ebenfalls als unruhige und gefährliche Untertanen.

Im Jahre 1772 brach in der Gouvernementshauptstadt ein Aufstand aus. Ursache dafür waren die vom Generalmajor Traubenberg eingeführten strengen Maßnahmen, die die Truppen zum nötigen Gehorsam zwingen sollten. Zur Folge hatten sie Traubenbergs barbarische Ermordung, einen eigenmächtigen Wechsel in der Gouvernementsverwaltung und schließlich die Niederschlagung der Revolte durch Kartätschenfeuer und grausame Strafen.

Diese Ereignisse hatten sich kurze Zeit vor meinem Eintreffen in der Festung Belogorskaja zugetragen. Alles war wieder ruhig oder schien wenigstens so. Die Obrigkeit nahm die scheinbare Reue der schlauen Rebellen allzu leichtgläubig hin; insgeheim aber setzten diese ihr böses Tun fort und warteten nur auf eine passende Gelegenheit, um sich erneut zu erheben.

Ich kehre nun zu meiner Geschichte zurück.

Eines Abends (es war Anfang Oktober 1773), als ich allein zu Hause am Fenster saß, dem Geheul des Herbststurmes lauschte und die am Mond vorbeiziehenden Wolken betrachtete, wurde ich zum Kommandanten bestellt. Ich machte mich sofort auf den Weg. Beim Kommandanten traf ich Schwabrin, Iwan Ignatjitsch und den Kosakenunteroffizier. Weder Wassilissa Jegorowna noch Marja Iwanowna waren zugegen. Der Kommandant begrüßte mich mit besorgter Miene. Er verschloss die Tür und bat uns, Platz zu nehmen, ausgenommen den Unteroffizier, der an der Tür stehen blieb. Dann zog er ein Schriftstück aus der Tasche und sagte: »Meine Herren Offiziere, eine wichtige Neuigkeit! Hören Sie, was mir der General schreibt.« Er setzte sich die Brille auf und las vor:

An den Herrn Hauptmann Mironow, den Kommandanten der Festung Belogorskaja
Geheim!
Hierdurch teile ich Ihnen mit, dass der aus der Haft entflohene Donkosak und Raskolnik Jemeljan Pugatschow die unverzeihliche Unverschämtheit beging, sich den Namen des verstorbenen Zaren Pjotr III. zuzulegen; er hat eine Verbrecherbande um sich gesammelt, die die Dörfer am Jaik aufgewiegelt und bereits etliche Festungen erobert und zerstört hat, wobei Plünderungen und Morde an der Tagesordnung waren. Demzufolge haben Sie, Herr Hauptmann, nach Erhalt selbigen Schreibens unverzüglich die entsprechenden Maßnahmen zu er-

greifen, um den oben genannten Banditen und Usurpator zurückzuschlagen oder – falls Sie dazu in der Lage sind – denselben vollständig zu vernichten, wenn er die Ihrer Obhut anvertraute Festung angreifen sollte.

»Die entsprechenden Maßnahmen ergreifen!«, wiederholte der Kommandant, während er die Brille abnahm und das Schriftstück zusammenfaltete. »Das ist freilich leicht gesagt. Der Bandit ist offenbar stark. Dagegen verfügen wir nur über hundertdreißig Mann, nicht mit eingerechnet die Kosaken, auf die wenig Verlass ist. – Das soll kein Vorwurf gegen dich sein, Maximytsch.« (Der Unteroffizier grinste.) »Aber da ist nichts zu machen, meine Herren Offiziere! Halten Sie die Augen offen, stellen Sie Posten auf, bestimmen Sie Nachtpatrouillen. Falls ein Angriff erfolgt, verschließen Sie das Tor und führen Sie die Soldaten hinaus. Du, Maximytsch, pass scharf auf deine Kosaken auf. Die Kanone ist durchzusehen und gründlich zu reinigen. Vor allem aber muss diese Meldung streng geheim gehalten werden; in der Festung darf niemand vorzeitig davon erfahren.«

Nach selbigen Anordnungen wurden wir von Iwan Kusmitsch entlassen. Ich ging zusammen mit Schwabrin weg; wir besprachen das Gehörte.

»Was meinst du, wie die Sache enden wird?«, fragte ich ihn. »Das mag Gott wissen«, antwortete er, »wir werden sehen. Einstweilen halte ich das Ganze noch nicht für schwerwiegend. Falls indessen …« Er versank in Gedanken und pfiff zerstreut eine französische Arie vor sich hin.

Trotz aller Vorsichtsmaßnahmen verbreitete sich die Nachricht von Pugatschows Auftauchen überall in der Festung. Iwan Kusmitsch hatte zwar die größte Hochachtung vor seiner Frau, aber er würde ihr um keinen Preis der Welt ein Dienstgeheimnis verraten haben. Deshalb hatte er Wassilissa Jegorowna auch, sobald er den Brief des Generals in den Händen hielt, recht geschickt aus dem Haus komplimentiert, indem er ihr sagte, Vater Gerassim habe aus Orenburg irgendwelche sonderbaren Nachrichten erhalten, über die er strengstes Stillschweigen bewahre. Daraufhin war in Wassilissa Jegorowna flugs der Wunsch erwacht, die Popenfrau zu besuchen; auf Iwan Kusmitschs Rat nahm sie auch Mascha mit, damit diese sich in ihrer Abwesenheit nicht langweile.

So war Iwan Kusmitsch unumschränkter Herr im Haus geworden. Er hatte uns sogleich holen lassen und Palaschka in der Rumpelkammer eingesperrt, damit sie uns nicht belauschen konnte.

Wassilissa Jegorowna erfuhr natürlich nichts von der Popenfrau; doch nach der Heimkehr hörte sie, dass während ihrer Abwesenheit eine Beratung bei Iwan Kusmitsch stattgefunden hatte und Palaschka inzwischen hinter Schloss und Riegel gesetzt worden war. Sie vermutete, dass ihr Mann sie hinters Licht geführt hatte, und unterzog ihn einem Verhör. Aber Iwan Kusmitsch hatte sich auf den Angriff vorbereitet. Er ließ sich nicht im Geringsten verwirren und antwortete seiner neugierigen Ehehälfte beherzt: »Denk dir, Mütterchen, unsere Weiber haben vor, die Öfen mit Stroh zu heizen; und weil das ein Unglück geben kann, habe ich ihnen strengstens anbefohlen, die Öfen in Zukunft nur mit Reisig und Bruchholz zu heizen, nicht aber mit Stroh.«

»Und wozu musstest du Palaschka einsperren?«, forschte die Kommandantenfrau. »Weshalb hat das arme Mädel in der Rumpelkammer gehockt, bis wir heimkamen?«

Auf diese Frage war Iwan Kusmitsch nicht gefasst gewesen; er verhedderte sich und stotterte ungereimtes Zeug. Daraus ersah Wassilissa Jegorowna, wie hinterlistig ihr Mann gehandelt hatte; weil sie aber wusste, dass sie nichts aus ihm herausbekommen würde, stellte sie die Fragerei ein und brachte die Rede auf die Salzgurken, die Akulina Pamfilowna nach einem äußerst originellen Rezept einlegte. Die ganze Nacht lag Wassilissa Jegorowna wach, vermochte aber nicht zu erraten, was ihren Mann beschäftigte und was er vor ihr geheim hielt.

Als sie am folgenden Tag aus der Messe kam, sah sie, dass Iwan Ignatjitsch Stofffetzen, Steinchen, Holzspäne, Spielknöchel und sonstigen Unrat aus der Kanone holte, den die Kinder in sie hineingesteckt hatten.

Was haben diese militärischen Vorbereitungen zu bedeuten?, überlegte die Kommandantenfrau. Erwartet man etwa einen Überfall der Kirgisen? Aber solche Bagatellen würde Iwan Kusmitsch mir doch nicht verschweigen!

Sie rief Iwan Ignatjitsch zu sich, fest entschlossen, ihm das Geheimnis zu entlocken, das ihre weibliche Neugier peinigte. Anfangs machte sie ein paar Bemerkungen über den Haushalt, wie ein Richter, der die Untersuchung mit nebensächlichen Fragen beginnt, um zunächst die Wachsamkeit des Befragten einzuschläfern. Dann schwieg sie ein paar Augenblicke, seufzte tief und sagte kopfschüttelnd: »Ach, du lieber Gott, so fürchterliche Neuigkeiten! Was soll nur daraus werden?«

»Ei was, Mütterchen«, erwiderte Iwan Ignatjitsch, »Gott ist gnädig. Wir haben ausreichend Soldaten, viel Pulver, und die Kanone habe ich auch gereinigt. Wir werden Pugatschow schon standhalten. Der Herrgott verlässt uns nicht, das Schwein frisst uns nicht.«

»Was ist dieser Pugatschow eigentlich für ein Mensch?«, fragte die Kommandantenfrau.

Daraus ersah Iwan Ignatjitsch, dass er sich verplappert hatte, und biss sich auf die Zunge. Doch zu spät. Wassilissa Jegorowna zwang ihn, alles zu gestehen, und versprach ihm hoch und heilig, niemandem etwas weiterzuerzählen.

Sie hielt ihr Versprechen auch und sagte keinem ein Wort, die Popenfrau ausgenommen, und dieser offenbarte sie sich auch nur, weil deren Kuh noch in der Steppe herumlief und von den Banditen ja gestohlen werden könnte.

Bald sprach jedermann von Pugatschow. Es gab verschiedene Gerüchte. Deshalb gab der Kommandant dem Unteroffizier den Befehl, in den benachbarten Dörfern und Festungen die Lage genau zu erkunden. Nach zwei Tagen kam der Unteroffizier zurück und berichtete, er habe sechzig Werst von der Festung entfernt viele Lichter in der Steppe wahrgenommen und von den Baschkiren erfahren, dass sich eine unbekannte Streitmacht nähere. Er könne jedoch nichts Genaues sagen, denn er habe Angst gehabt, noch weiter heranzureiten.

In der Festung wurde eine auffallende Unruhe unter den Kosaken erkennbar; auf allen Straßen standen sie gruppenweise beisammen, tuschelten miteinander und zerstreuten sich, sobald sich ein Dragoner oder Garnisonsoldat zeigte. Man schickte Spione zu ihnen. Julai, ein getaufter Kalmücke, machte dem Kommandanten eine wichtige Meldung. Er bezeichnete die Aussagen des Unteroffiziers als falsch, denn der hinterhältige Kosak habe seinen Landsleuten nach der Rückkehr erzählt, er sei bei den Aufrührern gewesen und deren Anführer vorgestellt worden, der ihn zum Handkuss zugelassen und sich lange mit ihm unterhalten habe. Der Kommandant nahm den Unteroffizier sofort in Gewahrsam und gab Julai dessen Posten. Diese Neuigkeit wurde von den Kosaken mit unzweideutiger Empörung aufgenommen. Sie murrten laut, und Iwan Ignatjitsch, Vollstrecker der vom Kommandanten gegebenen Anordnung, hörte sie mit eigenen Ohren sagen: »Du kriegst noch dein Teil, du Garnisonratte!«

Der Kommandant hatte die Absicht gehabt, den Arrestanten noch am selben Tag zu verhören. Doch der Unteroffizier entfloh vorher aus der Haft, vermutlich mithilfe seiner Gesinnungsgenossen.

Die Besorgnis des Kommandanten wurde durch einen weiteren Umstand vergrößert. Man hatte einen Baschkiren mit aufrührerischen Flugblättern festgenommen. Deswegen wollte sich der Kommandant erneut mit seinen Offizieren besprechen und Wassilissa Jegorowna noch einmal unter einem Scheinvorwand aus dem Haus entfernen. Doch da er ein geradliniger und wahrheitsliebender Mann war, fand er keine andere Ausrede als jene, die er schon einmal benutzt hatte.

»Höre, Wassilissa Jegorowna«, sagte er und räusperte sich. »Vater Gerassim soll aus der Stadt …«

»Lüg mir nichts vor, Iwan Kusmitsch«, fiel ihm die Kommandantenfrau ins Wort. »Du willst bestimmt wieder in meiner Abwesenheit eine Beratung abhalten und über Jemeljan Pugatschow sprechen; doch diesmal führst du mich nicht hinters Licht!«

Iwan Kusmitsch starrte sie verblüfft an.

»Na, Mütterchen, wenn du sowieso Bescheid weißt, dann bleib da«, sagte er. »Wir können uns auch bereden, wenn du dabei bist.«

»Recht so, Väterchen«, gab sie zurück. »Das Lügen passt nicht zu dir. Lass die Offiziere holen.«

Wir versammelten uns wieder. In Gegenwart seiner Frau verlas Iwan Kusmitsch Pugatschows Aufruf, der von einem halbwegs schriftkundigen Kosaken verfasst worden war. Darin tat der Bandit seine Absicht kund, unsere Festung unverzüglich anzugreifen; er forderte die Kosaken und Soldaten auf, sich seiner Bande anzuschließen, und mahnte die Kommandeure, keinen Widerstand zu leisten, da sie anderenfalls hingerichtet werden würden. Der Aufruf war in einer groben, aber kraftvollen Sprache geschrieben und mochte auf einfache Menschen wohl einen gefährlichen Eindruck machen.

»Welch ein Halunke!«, rief die Kommandantenfrau. »Was der uns vorzuschlagen wagt! Wir sollen ihm entgegengehen und ihm die Fahne zu Füßen legen? So ein Hundesohn! Weiß er denn nicht, dass wir schon seit vierzig Jahren im Militärdienst sind und – gottlob – mehr als genug Erfahrung besitzen? Hat es denn schon irgendwelche Kommandeure gegeben, die sich dem Banditen unterwarfen?«

»Es sollte eigentlich keine geben«, erwiderte Iwan Kusmitsch. »Doch der Verbrecher hat meines Wissens schon viele Festungen eingenommen.«

»Offenbar ist er wirklich stark«, bemerkte Schwabrin.

»Gleich werden wir etwas über seine wahre Stärke erfahren«, sagte der Kommandant. »Wassilissa Jegorowna, gib mir den Schlüssel zum Speicher. Iwan Ignatjitsch, führe den Baschkiren vor und befiel Julai, die Peitsche zu holen.«

»Einen Augenblick, Iwan Kusmitsch!« Die Kommandantenfrau stand auf. »Lass mich vorher Mascha aus dem Haus schaffen. Das Geschrei würde sie allzu sehr erschrecken. Und ehrlich gesagt, ich bin ebenfalls nicht auf Verhöre versessen. Viel Erfolg.«

In der alten Zeit war die Folter dermaßen fest in den Gebräuchen der Prozessordnung verankert, dass der wohltätige Erlass, der sie abschaffte, lange Zeit unwirksam blieb. Man glaubte, das Geständnis des Verbrechers sei zu dessen vollständiger Entlarvung unumgänglich – eine Annahme, die nicht nur unbegründet war, sondern dem gesunden juristischen Menschenverstand sogar völlig widersprach; denn wenn das Leugnen eines Angeklagten nicht als Beweis für seine Unschuld angesehen wird, kann sein Geständnis noch weniger als Beweis seiner Schuld gelten. Selbst heutzutage höre ich alte Richter gelegentlich noch sagen, dass sie die Abschaffung dieser barbarischen Sitte bedauern.

Damals zweifelte niemand an der Notwendigkeit der Folter, weder die Richter noch die Angeklagten. Deshalb erstaunte oder erregte der Befehl des Kommandanten auch keinen von uns. Iwan Ignatjitsch ging, um den Baschkiren zu holen, den die Kommandantenfrau im Speicher eingeschlossen hatte, und wenige Minuten später wurde der Gefangene ins Vorzimmer geführt. Der Kommandant befahl ihn zu sich.

Mühsam überschritt der Baschkire die Schwelle (er war in den Fußblock geschlossen), nahm seine hohe Mütze ab und blieb an der Tür stehen. Ich betrachtete ihn schaudernd. Nie werde ich diesen Menschen vergessen. Er war bestimmt über siebzig Jahre alt und hatte weder Nase noch Ohren. Sein Kopf war kahlrasiert; anstelle des Bartes hatte er nur noch ein paar graue Strähnen. Er war klein, hager und krummgezogen, doch seine Schlitzaugen loderten noch immer.

»Sieh einer an!«, sagte der Kommandant, der an den entsetzlichen Merkmalen einen jener Aufrührer erkannte, die im Jahr 1741 bestraft worden waren. »Du bist ja ein alter Wolf, der uns schon einmal in die Falle gegangen ist. Meuterst nicht zum ersten Mal, wenn du einen so glattgehobelten Kopf hast. Komm näher; berichte, wer dich hergeschickt hat.«

Der alte Baschkire schwieg und starrte den Kommandanten ausdruckslos an.

»Warum antwortest du nicht?«, fuhr Iwan Kusmitsch fort. »Oder verstehst du kein Russisch? Julai, frag ihn mal in eurer Sprache, von wem er in unsere Festung abkommandiert wurde.«

Julai wiederholte Iwan Kusmitschs Frage auf Tatarisch. Doch der Baschkire starrte ihn ebenso verständnislos an und erwiderte kein Wort.

»Na gut«, meinte der Kommandant. »Dann wollen wir dir die Zunge lockern. Jungs, zieht ihm den blöden gestreiften Mantel aus und gerbt ihm den Rücken. Aber gründlich, Julai!«

Zwei Invaliden entkleideten den Baschkiren. Der Unglückliche machte ein verstörtes Gesicht und spähte um sich wie ein von Kindern eingefangenes junges Raubtier. Als einer der Invaliden seine Arme nahm, sie sich um den Hals legte und den Alten hochhob, während Julai die Peitsche ergriff und ausholte, stöhnte der Baschkire mit schwacher flehender Stimme auf, warf den Kopf zurück und öffnete den Mund, in dem sich anstelle der Zunge nur ein kurzer Stummel bewegte.

Wenn ich mir ins Gedächtnis rufe, dass dies in meiner Jugend geschehen ist und ich heute die milde Herrschaft des Zaren Alexander erleben darf, dann muss ich mich über die Schnelligkeit der Aufklärung und Verbreitung menschenfreundlicher Gesetze wundern. Junger Mann! Falls dir meine Aufzeichnungen in die Hände geraten, merke dir, dass die besten und beständigsten Veränderungen jene sind, die sich aus der Verbesserung der Sitten ergeben und keine gewaltsamen Erschütterungen mit sich führen.

Alle waren wie vom Donner gerührt.

»Na, von dem erfahren wir nichts!«, sagte der Kommandant. »Julai, bring ihn in den Speicher zurück. Und wir, meine Herren, wollen noch einiges bereden.«

Wir erörterten gerade unsere Situation, als Wassilissa Jegorowna atemlos und tief erregt ins Zimmer gestürzt kam. »Was ist passiert?«, fragte der Kommandant erstaunt.

»Ein Unglück, Väterchen!«, berichtete sie. »Heute Morgen wurde Nishneosjornaja erobert. Vater Gerassims Tagelöhner ist eben von dort zurückgekehrt. Er hat es gesehen. Der Kommandant und die anderen Offiziere sind gehängt worden, die Soldaten hat man samt und sonders gefangen genommen. Ehe wir's uns versehen, können die Banditen hier sein.«

Die unerwartete Nachricht traf mich tief. Den Kommandanten der Festung Nishneosjornaja, einen stillen und bescheidenen jungen Mann, hatte ich gekannt. Er war vor zwei Monaten mit seiner jungen Frau aus Orenburg gekommen und hatte bei Iwan Kusmitsch übernachtet. Nishneosjornaja lag von unserer Festung nur fünfundzwanzig Werst entfernt, deshalb mussten wir jetzt stündlich auf Pugatschows Angriff gefasst sein. Ich malte mir Marja Iwanownas Schicksal aus, und mir blieb fast das Herz stehen.

»Hören Sie, Iwan Kusmitsch!«, sagte ich zum Kommandanten. »Es ist unsere Pflicht, die Festung bis zum letzten Atemzug zu verteidigen; das versteht sich von selbst. Doch sollten wir an die Sicherheit der Frauen denken. Schicken Sie sie nach Orenburg, wenn die Straße noch frei ist, oder in eine entlegene, sichere Festung, wo die Verbrecher nicht hinkommen.«

Iwan Kusmitsch drehte sich zu seiner Frau um.

»Hast du gehört, Mütterchen?«, fragte er. »Sollten wir euch nicht wirklich wegschicken, bis wir die Aufrührer unterworfen haben?«

»Unsinn!«, antwortete die Kommandantenfrau. »Wo gibt es eine Festung, die für keine Kugel erreichbar ist? Wieso ist Belogorskaja unsicher? Mit Gottes Hilfe wohnen wir seit zweiundzwanzig Jahren hier, haben die Baschkiren und die Kirgisen erlebt und werden den Pugatschow ebenfalls überstehen.«

»Nun, Mütterchen, dann bleib hier, wenn du so auf unsere Festung baust«, entgegnete Iwan Kusmitsch. »Doch was machen wir mit Mascha? Wenn wir die Belagerung durchhalten oder Sukkurs bekommen, ist es gut. Doch wenn die Banditen die Festung erstürmen, was dann?«

»Ja, dann …«, stammelte Wassilissa Jegorowna mit verstörtem Gesicht.

»Nein, Wassilissa Jegorowna«, fuhr der Kommandant fort, in der Erkenntnis, dass seine Worte wohl zum ersten Mal im Leben Eindruck auf seine Frau machten. »Es wäre falsch, Mascha hierzulassen. Schicken wir sie nach Orenburg zu ihrer Taufpatin; dort gibt es ausreichend Truppen und Kanonen, und die Mauern sind aus Stein. Und dir möchte ich raten, sie zu begleiten; du bist zwar eine alte Frau, aber auch du kannst was erleben, wenn die Festung erstürmt wird.«

»Gut«, sagte die Kommandantenfrau, »einverstanden; schicken wir Mascha weg. Doch den Versuch, mich mitgehen zu heißen, kannst du getrost aufgeben. Ich fahre nicht. Was soll ich mich auf meine alten Tage von dir trennen und mir ein einsames Grab in der Fremde suchen! Haben wir zusammen gelebt, so wollen wir auch zusammen sterben.«

»Meinetwegen«, sagte der Kommandant. »Aber schieben wir die Sache nicht auf. Geh und bereite Mascha auf die Reise vor. Morgen schicken wir sie bei Tagesanbruch weg und geben ihr auch Begleitschutz mit, obwohl wir eigentlich keinen Mann entbehren können. Wo ist Mascha überhaupt?«

»Bei Akulina Pamfilowna«, antwortete die Kommandantenfrau. »Ihr ist schlecht geworden, als sie von der Einnahme Nishneosjornajas erfuhr. Gott im Himmel, was müssen wir erleben!«

Sie ging, um ihre Tochter für die Reise auszurüsten. Die Besprechung beim Kommandanten dauerte fort; aber ich mischte mich nicht mehr ins Gespräch ein und hörte auch gar nicht zu. Blass und verweint kam Marja Iwanowna zur Abendmahlzeit. Wir aßen wortlos und standen schneller als gewöhnlich vom Tisch auf. Dann verabschiedeten wir uns von der Familie und machten uns auf den Heimweg. Indessen hatte ich absichtlich meinen Degen vergessen und kehrte zurück, um ihn zu holen; ich vermutete, dass ich Marja Iwanowna allein antreffen würde. Sie empfing mich auch wirklich an der Tür und händigte mir den Degen ein.

»Leben Sie wohl, Pjotr Andrejitsch!«, sagte sie unter Tränen. »Ich soll nach Orenburg fahren. Bleiben Sie am Leben, werden Sie glücklich; vielleicht sehen wir uns durch Gottes Fügung einmal wieder; wenn nicht, dann …«

Sie schluchzte. Ich schloss sie in die Arme.

»Leb wohl, mein Engel!«, sagte ich. »Leb wohl, meine Liebste, meine Angebetete! Was mir auch geschehen mag, glaube mir, mein letzter Gedanke, mein letztes Gebet werden dir gelten!«

Weinend schmiegte sich Mascha an meine Brust. Ich küsste sie leidenschaftlich und verließ eilends das Zimmer.

Siebentes Kapitel

Der Sturmangriff

Kopf, mein liebes Köpfchen,
Diensteifriger Kopf!
Diente mir der kluge Kopf
Dreiunddreißig Jahre lang,
Ach, doch brachte er mir nicht
Freuden oder Geldgewinn,
Nicht einmal ein gutes Wort
Und auch keinen hohen Rang!
Dieses nur bracht er mir ein:
Auf dem Platz zwei hohe Pfähle,
Quer darüber einen Ahornbalken
Und dazu die seidne Schlinge.

Volkslied

In dieser Nacht kleidete ich mich nicht aus und tat kein Auge zu, wollte ich doch bei Tagesanbruch ans Festungstor gehen, durch das Marja Iwanowna davonfahren würde, und dort zum letzten Mal von ihr Abschied nehmen. Ich spürte eine große Veränderung in mir. Die innere Erregung bedrückte mich weit weniger als die Trübsal, der ich mich noch kurz zuvor hingegeben hatte. In meinen Trennungsschmerz mischten sich verschwommene, aber süße Hoffnungen, die ungeduldige Erwartung kommender Gefahren sowie das hochsinnige Streben nach Ehre. Unmerklich verstrich die Nacht. Gerade wollte ich das Haus verlassen, als sich die Tür öffnete und ein Korporal erschien mit der Meldung, unsere Kosaken hätten nachts die Festung verlassen und Julai gewaltsam entführt; überdies werde die Festung von unbekannten Berittenen umschwärmt. Zu meinem Entsetzen wurde mir klar, dass Marja Iwanowna nun nicht mehr abreisen konnte; ich gab dem Korporal hastig ein paar Anweisungen und stürzte zum Kommandantenhaus.

Es tagte. Als ich die Straße hinunterrannte, wurde ich angerufen. Ich blieb stehen.

»Wohin?«, fragte Iwan Ignatjitsch, der mir nachgelaufen kam. »Iwan Kusmitsch befindet sich auf dem Wall. Ich soll Sie holen. Pugatschow ist da.«

»Ist Marja Iwanowna noch weggekommen?«, wollte ich beklommen wissen.

»Nein, dazu war es zu spät«, antwortete Iwan Ignatjitsch. »Der Weg nach Orenburg ist abgeschnitten, die Festung eingeschlossen. Es steht schlecht, Pjotr Andrejitsch.«

Wir eilten zum Festungswall, einer natürlichen Anhöhe, die durch einen Palisadenzaun befestigt war. Hier drängten sich bereits die Festungsbewohner zusammen. Die Garnisonsoldaten standen unter Waffen. Die Kanone hatte man tags zuvor schon hergeschafft. Der Kommandant ging vor seiner spärlichen Truppe auf und ab. Die nahe Gefahr verlieh dem alten Soldaten einen außergewöhnlichen Schwung. Unweit der Festung ritten etwa zwanzig Mann durch die Steppe. Es schienen Kosaken zu sein, unter ihnen befanden sich aber auch Baschkiren, die an ihren Luchsfellmützen und Köchern leicht zu erkennen waren. Der Kommandant schritt die Front ab und sprach zu seinen Soldaten: »Heute, Kinder, werden wir Mütterchen Zarin verteidigen. Beweisen wir der ganzen Welt, dass wir tapfere Männer sind, die getreulich zu ihrem Eid stehen.«

Die Soldaten beteuerten lauthals ihre Kampfbereitschaft. Schwabrin stand neben mir und beobachtete aufmerksam den Gegner. Als die Steppenreiter die Vorgänge in der Festung wahrnahmen, scharten sie sich zusammen und berieten. Der Kommandant befahl Iwan Ignatjitsch, die Kanone auf die Gruppe zu richten, und schob persönlich die Lunte ein. Die Kugel surrte davon und flog über die Berittenen hinweg, ohne ihnen den geringsten Schaden zuzufügen. Sie sprengten davon, verschwanden uns aus den Augen; die Steppe wurde leer. Wassilissa Jegorowna kam auf den Wall, gefolgt von Mascha, die sich nicht hatte von ihr trennen wollen.

»Na, was ist?«, fragte die Kommandantenfrau. »Wie steht die Bataille? Wo ist der Feind?«

»Nicht weit«, erwiderte Iwan Kusmitsch. »Gebe Gott, dass alles gut geht. – Na, Mascha, hast du Angst?«

»Nein, Papa«, antwortete Mascha. »Wenn ich allein zu Hause wäre, würde ich mich mehr fürchten.«

Sie sah mich an und lächelte mühsam. Ich umklammerte unwillkürlich den Griff meines Degens, als ich daran dachte, dass ich ihn tags zuvor aus ihrer Hand erhalten hatte, gleichsam zur Verteidigung meiner Geliebten. Mein Herz glühte. Ich betrachtete mich als ihren Ritter, wollte möglichst bald beweisen, dass ich ihres Vertrauens würdig war, und sehnte den Augenblick der Entscheidung ungeduldig herbei.

Da tauchten hinter einem Hügel, eine halbe Werst von der Festung entfernt, neue Reitergruppen auf, und bald war die Steppe von zahlreichen Männern übersät, die mit Speer, Pfeil und Bogen bewaffnet waren. In ihrer Mitte ritt auf einem Schimmel ein Mann in rotem Kosakenrock, den blanken Säbel in der Faust. Das war Pugatschow. Er zügelte sein Pferd, wurde umringt, dann lösten sich, offenbar auf seinen Befehl, vier Reiter aus der Gruppe und jagten auf die Festung zu. Wir erkannten in ihnen unsere Verräter. Einer hielt ein Blatt Papier hoch, ein anderer hatte Julais Kopf auf seinen Speer gespießt, schüttelte ihn ab und warf ihn uns über den Palisadenzaun. Der Kopf des armen Kalmücken fiel dem Kommandanten vor die Füße.

»Schießt nicht!«, riefen die Verräter. »Kommt heraus zum Zaren! Der Zar ist hier!«

»Ich werd's euch zeigen!«, schrie Iwan Kusmitsch. »Kinder, Feuer!«

Die Soldaten gaben eine Salve ab. Der Kosak, der das Schreiben in der Hand hielt, wankte und sank vom Pferd. Die Übrigen jagten zurück. Ich sah zu Mascha hinüber. Erschüttert über den Anblick von Julais blutigem Kopf, betäubt von der Gewehrsalve, war sie einer Ohnmacht nahe. Der Kommandant rief den Korporal und befahl ihm, dem getöteten Kosaken die Verlautbarung abzunehmen. Der Korporal ging in die Steppe hinaus, kam zurück, das Pferd des Toten am Zügel führend, und händigte dem Kommandanten das Schriftstück ein. Iwan Kusmitsch las es schweigend durch und riss es dann in Stücke. Unterdessen trafen die Aufrührer offenkundig Anstalten zum Sturmangriff. Kurz darauf pfiffen uns auch Kugeln um die Ohren, mehrere Pfeile bohrten sich vor uns in die Erde und in den Palisadenzaun.

»Wassilissa Jegorowna!«, sagte der Kommandant. »Hier haben Frauen nichts zu suchen. Bring Mascha weg; du siehst doch sie ist mehr tot als lebendig.«

Wassilissa Jegorowna war unter dem Kugelhagel sehr still geworden. Sie blickte in die Steppe hinaus, wo ein großes Getümmel erkennbar war; dann wandte sie sich ihrem Mann zu und sagte: »Iwan Kusmitsch, Leben und Tod stehen in Gottes Hand. Gib Mascha deinen Segen. – Mascha, geh zum Vater.«

Blass und zitternd trat Mascha vor Iwan Kusmitsch hin, kniete nieder und neigte sich bis zur Erde. Der alte Kommandant bekreuzte sie dreimal; dann hob er sie auf, küsste sie und sprach mit bewegter Stimme: »Werde glücklich, Mascha! Vertraue auf Gott, er wird dich nicht verlassen. Wenn du einen guten Mann findest, dann schenke euch Gott Liebe und Eintracht. Lebt ebenso miteinander wie Wassilissa Jegorowna und ich. Nun leb wohl, Mascha. – Wassilissa Jegorowna, führ sie schnell weg.« (Mascha war ihm schluchzend um den Hals gefallen.)

»Küssen auch wir uns noch einmal!«, sagte die Kommandantenfrau weinend. »Leb wohl, mein Iwan Kusmitsch. Verzeih mir, falls ich dir irgendwelchen Kummer bereitet haben sollte.«

»Leb wohl, leb wohl, Mütterchen!« Der Kommandant umarmte seine Alte. »Doch Schluss jetzt. Geht schnell heim. Und wenn noch Zeit dafür ist, dann zieh Mascha einen Sarafan an.«

Die beiden Frauen eilten davon. Ich sah Marja Iwanowna nach; sie schaute sich um und nickte mir zu. Iwan Kusmitsch wandte sich ab und richtete seine gesamte Aufmerksamkeit auf den Gegner. Die Rebellen hatten sich um ihren Anführer gesammelt und sprangen plötzlich vom Pferd.

»Jetzt haltet euch wacker!«, sprach der Kommandant. »Der Sturmangriff beginnt.«

Im selben Augenblick ertönte ein schauerliches Gekreisch und Geschrei; die Aufrührer stürmten auf die Festung zu. Unsere Kanone war mit einer Kartätsche geladen. Der Kommandant ließ die Feinde dicht herankommen und schoss noch einmal. Die Kartätsche traf mitten in die Reihen. Die Rebellen liefen nach beiden Seiten auseinander und fluteten zurück. Nur ihr Anführer blieb stehen. Er schwenkte den Säbel und feuerte sie offenbar an. Das Gekreisch und Geschrei, das einen Augenblick verstummt war, ertönte von Neuem.

»Jetzt öffnet das Tor, Kinder, und schlagt die Trommel!«, befahl der Kommandant. »Vorwärts, zum Ausfall! Mir nach!«

Im nächsten Augenblick hatten der Kommandant, Iwan Ignatjitsch und ich den Festungswall hinter uns gelassen. Dagegen rührten sich die eingeschüchterten Garnisonsoldaten nicht vom Fleck.

»Warum bleibt ihr stehen, Kinder?«, rief Iwan Kusmitsch. »Wenn gestorben werden muss, dann fügen wir uns drein. Unser Dienst verlangt es so!«

Da hatten die Rebellen uns auch schon erreicht und brachen in die Festung ein. Die Trommel verstummte, die Garnisonsoldaten warfen ihre Waffen weg. Ich wurde umgerissen, sprang jedoch wieder auf und lief mit den Rebellen in die Festung zurück. Der Kommandant war am Kopf verwundet worden; er stand in einer Traube von Banditen, die von ihm die Schlüssel verlangten. Ich wollte ihm zu Hilfe eilen. Da packten mich mehrere kräftige Kosaken, fesselten mich mit ihren Gürteln und sagten: »Jetzt kriegt ihr den Lohn dafür, dass ihr dem Zaren ungehorsam wart.« Sie zerrten uns durch die Straßen. Die Einwohner kamen mit Brot und Salz aus den Häusern. Die Glocken läuteten. Plötzlich vernahm man in der Menge, der Zar erwarte die Gefangenen auf dem Platz und nehme dort den Treueid entgegen. Das Volk strömte zum Platz. Auch wir wurden dorthin getrieben.

Pugatschow saß in einem Sessel auf der Vortreppe des Kommandantenhauses. Er trug einen roten, mit Tressen besetzten Kosakenrock und hatte sich die hohe Zobelmütze mit den Goldquasten bis dicht über die funkelnden Augen gedrückt. Sein Gesicht kam mir bekannt vor. Die Kosakenhauptleute umringten ihn. Vater Gerassim stand bleich und zitternd neben der Vortreppe, das Kreuz in der Hand, und betete offenbar wortlos für die baldigen Opfer. Auf dem Platz wurde in aller Eile ein Galgen errichtet. Als wir uns näherten, trieben Baschkiren das Volk auseinander und stellten uns vor Pugatschow auf. Der Glockenklang verstummte. Tiefe Stille trat ein.

»Wer ist der Kommandant?«, fragte der Usurpator.

Unser Unteroffizier trat aus der Menge und zeigte auf Iwan Kusmitsch.

Pugatschow sah den alten Mann drohend an und sprach: »Wie konntest du es wagen, dich mir, deinem Zaren, zu widersetzen?«

Der Kommandant war von der Verwundung erschöpft, dennoch nahm er die letzten Kräfte zusammen und erwiderte mit fester Stimme: »Du bist nicht unser Zar, du bist ein Dieb und Usurpator, dass du's weißt!«

Pugatschow runzelte finster die Stirn und schwenkte ein weißes Tuch. Da packten mehrere Kosaken den alten Hauptmann und zerrten ihn zum Galgen. Auf dem Querbalken saß rittlings der verstümmelte Baschkire, den wir am Tag zuvor verhört hatten. Er hielt einen Strick in der Hand, und einen Augenblick später sah ich den armen Iwan Kusmitsch in der Luft hängen. Danach wurde Iwan Ignatjitsch zu Pugatschow geführt.

»Leiste dem Zaren Pjotr Fjodorowitsch den Eid!«, befahl Pugatschow.

»Du bist nicht unser Zar!«, versetzte Iwan Ignatjitsch mit den gleichen Worten wie sein Hauptmann. »Ein Dieb und Usurpator bist du, Onkelchen!«

Wieder schwenkte Pugatschow das Tuch, und der gutherzige Leutnant wurde neben seinem alten Vorgesetzten aufgeknüpft.

Jetzt war ich an der Reihe. Mutig richtete ich die Augen auf Pugatschow, bereit, die Antwort meiner edelmütigen Kameraden zu wiederholen. Da sah ich zu meiner unbeschreiblichen Verblüffung zwischen den Rebellenhauptleuten Schwabrin stehen, mit rundgeschnittenem Haar und im Kosakenrock. Er trat zu Pugatschow und sagte ihm einige Worte ins Ohr. »Hängt ihn!«, befahl Pugatschow, ohne mich angeblickt zu haben.

Mir wurde die Schlinge um den Hals geworfen. Ich sprach im Stillen ein Gebet, in dem ich meine Sünden aufrichtig bereute und Gott anflehte, all jene zu retten, die meinem Herzen nahestanden. Man zerrte mich unter den Galgen.

»Keine Bange, keine Bange!«, sagten meine Mörder. Vielleicht wollten sie mir wirklich Mut machen.

Plötzlich hörte ich den Ruf: »Wartet, ihr Verfluchten! Halt!«

Die Henker hielten inne.

Ich schaute mich um. Saweljitsch lag zu Pugatschows Füßen.

»Gütiger Vater!«, flehte der arme Alte. »Was hast du vom Tod des Herrenkindes? Lass es am Leben! Du wirst ein Lösegeld für ihn erhalten. Und wenn du ein abschreckendes Beispiel brauchst, dann lass statt seiner mich alten Mann hängen!« Pugatschow gab ein Zeichen; sogleich lösten die Henker meine Fesseln und traten von mir weg.

»Unser Väterchen begnadigt dich«, meinten sie.

Ich vermag nicht zu sagen, ob ich mich in diesem Augenblick über meine Rettung freute; ich weiß nur, dass ich sie nicht bedauerte. Meine Gefühle waren allzu verworren. Wieder führte man mich zum Usurpator und zwang mich, vor ihm niederzuknien. Pugatschow reichte mir seine sehnige Hand. »Küss ihm die Hand! Küss ihm die Hand!«, redeten mir die Leute zu.

Aber ich hätte dieser elenden Demütigung die grausamste Hinrichtung vorgezogen.

»Väterchen Pjotr Andrejitsch!«, flüsterte Saweljitsch hinter mir und puffte mich. »Sei nicht so dickköpfig! Was kostet's dich? Spuck drauf und küss dem Schurk … Pfui! Küss ihm die Hand!«

Ich rührte mich nicht.

Pugatschow ließ die Hand sinken und sagte spöttisch: »Seine Wohlgeboren haben offenbar vor Glück den Verstand verloren. – Hebt ihn auf.«

Ich wurde aufgehoben und freigelassen. Danach beobachtete ich den Fortgang der grauenhaften Komödie.

Die Einwohner leisteten den Eid. Einer nach dem anderen trat heran, küsste das Kruzifix und schwor dem Usurpator Treue. Die Garnisonsoldaten standen ebenfalls da. Der Kompanieschneider hatte sich mit einer stumpfen Schere bewaffnet und schnitt ihnen die Zöpfe ab. Sie schüttelten sich das Haar von den Schultern und beugten sich dann über Pugatschows Hand, der ihnen Vergebung zusicherte und sie in seine Bande aufnahm. All das dauerte ungefähr drei Stunden. Schließlich erhob sich Pugatschow aus dem Sessel und stieg in Begleitung seiner Hauptleute die Treppe hinunter. Der in kostbarem Zaumzeug prangende Schimmel wurde ihm zugeführt. Zwei Kosaken griffen ihm unter die Arme und hoben ihn in den Sattel. Er teilte Vater Gerassim mit, dass er bei ihm zu Mittag essen werde. In diesem Augenblick hörte man eine Frau schreien. Mehrere Banditen zerrten Wassilissa Jegorowna auf die Freitreppe; sie hatte zerzaustes Haar und war fast nackt. Einer der Rebellen hatte sich bereits ihre warme Weste angezogen. Andere schleppten Federbetten, Truhen, Teegeschirr, Wäsche und allen möglichen Plunder aus dem Haus.

»Habt Erbarmen, Väterchen!«, schrie die arme alte Frau. »Liebe Väter, bringt mich zu Iwan Kusmitsch!« Sie sah zum Galgen auf und erkannte ihren Mann. »Ihr Schurken!«, schrie sie außer sich. »Was habt ihr mit ihm gemacht? – Iwan Kusmitsch, du mein Liebster, du tapferes Soldatenherz! Nicht die preußischen Bajonette, nicht die türkischen Kugeln haben dich verwundet; nicht in ehrlichem Gefecht gabst du dein Leben hin! Nein, ein entflohener Sträfling hat dich ermordet!«

»Stopft der alten Hexe den Mund!«, befahl Pugatschow.

Ein junger Kosak versetzte ihr einen Säbelhieb auf den Kopf, und tot sank sie auf den Stufen der Vortreppe nieder. Pugatschow ritt davon; das Volk strömte hinterher.

Achtes Kapitel

Der ungebetene Gast

> Ein ungebetener Gast ist schlimmer als ein Tatar.
>
> *Sprichwort*

Der Platz hatte sich geleert. Ich stand noch immer auf demselben Fleck, außerstande, meiner von den grausigen Eindrücken durcheinandergebrachten Gedanken Herr zu werden.

Die Ungewissheit über Marja Iwanownas Schicksal quälte mich am meisten. Wo befand sie sich? Was war mit ihr geschehen? Hatte sie sich rechtzeitig verstecken können? War ihr Zufluchtsort sicher? Voll innerer Unruhe ging ich ins Haus des Kommandanten. Dort hatte man alles demoliert: Stühle, Tische, Truhen waren zerbrochen, das Geschirr zerschlagen; alles Übrige war weggeschleppt. Ich lief die kleine Treppe hinauf, die zur oberen Stube führte, und betrat zum ersten Mal Marja Iwanownas Zimmer. Mein Blick fiel auf ihr von den Banditen durchwühltes Bett. Der Schrank war erbrochen und ausgeraubt; vor dem leeren Heiligenschränkchen brannte noch die Öllampe. Ganz geblieben war auch der Spiegel, der zwischen den Fenstern an der Wand hing. Wo aber befand sich die ehemalige Bewohnerin dieser friedlichen Jungmädchenkammer? Ein entsetzlicher Gedanke durchfuhr mich: Ich stellte sie mir in den Armen der Banditen vor.

Mein Herz krampfte sich zusammen. Bitterlich weinend, sagte ich den Namen meiner Geliebten laut vor mich hin. Da vernahm ich ein leises Geräusch, und Palaschka kam bleich und zitternd hinter dem Schrank hervor.

»Ach, Pjotr Andrejitsch!« Sie rang die Hände. »Was für ein Tag! Was für Scheußlichkeiten!«

»Wo ist Marja Iwanowna?«, forschte ich ungeduldig. »Was ist mit ihr?«

»Das Fräulein lebt«, antwortete Palaschka. »Sie hat sich bei Akulina Pamfilowna versteckt.«

»Bei der Popenfrau?«, rief ich entsetzt. »Mein Gott! Dort ist ja Pugatschow!«

Ich stürzte aus dem Zimmer, war im nächsten Augenblick auf der Straße und rannte in fliegender Hast zum Popenhaus, blind und taub für alles, was um mich herum geschah. Dort ertönten Geschrei, Gelächter, Gesang. Pugatschow zechte mit seinen Gefährten. Palaschka war hinter mir hergelaufen. Ich schickte sie ins Haus, sie sollte Akulina Pamfilowna heimlich herausrufen. Kurz darauf kam die Popenfrau mit einer leeren Flasche in der Hand zu mir in die Diele.

»Um Gottes willen, wo ist Marja Iwanowna?«, fragte ich in unbeschreiblicher Erregung.

»Das Täubchen liegt in meinem Bett, hinter der Zwischenwand«, erzählte die Popenfrau. »Beinahe wär ein Unglück passiert, Pjotr Andrejitsch, aber Gott sei Dank ist alles gut gegangen. Der Bandit hatte sich just zum Essen gesetzt, als die Ärmste zur Besinnung kam und stöhnte. Ich erstarrte vor Schreck. Er hatte es gehört. ›Wer jammert denn da bei dir, Alte?‹ – ›Meine Nichte, Majestät!‹, antwortete ich mit tiefer Verneigung. ›Sie ist krank, liegt schon seit voriger Woche zu Bett.‹ – ›Ist deine Nichte jung?‹ – ›Ja, Majestät.‹ – ›Dann zeig sie mir mal, Alte.‹ Mir blutete das Herz, doch es gab kein Entrinnen. ›Vergebung, Majestät, aber das Mädel kann nicht aufstehn und zum Zaren kommen.‹ – ›Macht nichts, Alte, dann geh ich selber hin und schau nach.‹ Und tatsächlich begab sich der verfluchte Kerl hinter die Trennwand, stellen Sie sich das vor! Er zog den Bettvorhang zurück und besah sie sich mit seinen Habichtsaugen. Aber mit Gottes Hilfe ging alles gut. Glauben Sie mir, mein Väterchen und ich, wir hatten uns schon auf den Märtyrertod gefasst gemacht. Glücklicherweise erkannte das Täubchen ihn nicht. Herr des Himmels, wir sitzen in der Klemme! Da bleibt einem die Sprache weg. Der arme Iwan Kusmitsch! Wer hätte das gedacht! Und Wassilissa Jegorowna! Und Iwan Ignatjitsch! Weshalb hat man den bloß aufgehängt? Und wieso blieben Sie verschont? Und wie hat sich Schwabrin entpuppt! Sitzt jetzt mit rundgeschnittenem Haar bei uns in der Stube und zecht mit denen! So was von Gerissenheit! Als ich von der kranken Nichte sprach, da warf er mir einen Blick zu, scharf wie ein Messerstich. Aber verraten hat er mich nicht; wenigstens dafür muss ich ihm dankbar sein.«

In diesem Augenblick ertönten trunkene Schreie und die Stimme Vater Gerassims. Die Gäste verlangten nach Wein, der Hausherr rief nach seiner Frau. Die Popenfrau fuhr hoch.

»Gehn Sie heim, Pjotr Andrejitsch«, sagte sie. »Ich hab jetzt keine Zeit für Sie; die Banditen veranstalten ein Zechgelage. Wenn Sie den betrunkenen Strolchen in die Hände fallen, kann leicht ein Unglück passieren. Leben Sie wohl, Pjotr Andrejitsch! Unserem Schicksal entrinnen wir nicht; doch Gott wird uns beistehen!«

Sie ging. Etwas beruhigt machte ich mich auf den Heimweg. Als ich am Platz vorbeikam, sah ich, dass sich mehrere Baschkiren unter dem Galgen drängten und den Erhängten die Stiefel auszogen. Ich konnte meine Empörung nur mit Mühe niederkämpfen; doch ich erkannte, wie sinnlos ein Eingreifen sein würde. Die Banditen streunten durch die Festung und raubten die Offiziersquartiere aus. Überall grölten betrunkene Aufrührer. Ich erreichte meine Wohnung. Saweljitsch empfing mich an der Schwelle.

»Gott sei Dank!«, rief er, als er mich sah. »Ich dachte schon, die Schurken hätten dich wieder gefasst. Väterchen Pjotr Andrejitsch, ob du's glaubst oder nicht, aber die Banditen haben uns alles geklaut – Kleidung, Wäsche, Hausrat, Geschirr; nichts haben sie uns gelassen. Na wennschon! Gott sei Dank, dass sie dich am Leben ließen! – Hast du den Räuberhauptmann erkannt, Herr?«

»Nein. Wer war das?«

»Wie, Väterchen, hast du den Trunkenbold vergessen, der dir damals in der Herberge den Pelzmantel abgaunerte? Den nagelneuen Hasenpelz, den die Bestie dann an verschiedenen Stellen aufgetrennt und übergezogen hat?«

Ich staunte. In der Tat, zwischen Pugatschow und meinem damaligen Führer bestand eine verblüffende Ähnlichkeit. Ich gelangte zu der Gewissheit, dass er und Pugatschow ein und dieselbe Person waren, und begriff nun, warum er mich begnadigt hatte. Verwundert erkannte ich die seltsame Verkettung der Umstände: Ein Kinderpelz, an einen Landstreicher verschenkt, hatte mich aus der Schlinge gerettet, und ein Trunkenbold, der sich damals in den Herbergen herumtrieb, belagerte jetzt Festungen und erschütterte den Staat!

»Magst du was essen?«, fragte Saweljitsch nach alter Gewohnheit. »Wir haben zwar rein gar nichts im Haus, aber ich mache mich mal auf die Suche und richte dir was her.«

Als er fort war, überlegte ich. Was sollte ich tun? Für mich als Offizier ziemte es sich nicht, in einer Festung zu bleiben, die sich in der Macht des Verbrechers befand, oder sich gar seiner Bande anzuschließen. Vielmehr war es meine Pflicht, dorthin zu gehen, wo ich meinem Vaterland in der gegenwärtigen komplizierten Situation noch nützliche Dienste leisten konnte. Andererseits sagte mir meine Liebe, ich müsse unbedingt bei Marja Iwanowna bleiben, ihr Verteidiger und Beschützer sein. Zwar hielt ich eine baldige Veränderung der Verhältnisse für durchaus wahrscheinlich, dennoch schauderte es mich, wenn ich mir die Gefährlichkeit ihrer Lage ausmalte.

Unterbrochen wurden meine Gedanken durch einen Kosaken, der die Meldung brachte: »Der große Zar bestellt dich zu sich.«

»Wo ist er denn?«, fragte ich, bereit zu gehorchen.

»Im Kommandantenhaus«, erwiderte der Kosak. »Nach dem Essen ist unser Väterchen ins Badehaus gegangen, und jetzt ruht er sich aus. Na, Euer Wohlgeboren, dem merkt man aber an, dass er eine vornehme Persönlichkeit ist. Beim Essen geruhte er zwei Spanferkel zu vertilgen, und das Dampfbad ließ er sich so heiß machen, dass nicht einmal Taras Kurotschkin es aushalten konnte, die Birkenruten an Foma Bikbajew weitergeben musste und sich durch kaltes Wasser mit Müh und Not wieder auf die Beine brachte. Wahrhaftig, all seine Manieren sind hochvornehm! Im Dampfbad soll er übrigens die Zarenzeichen gezeigt haben, die er auf der Brust trägt: rechts den doppelköpfigen Adler, groß wie ein Fünfkopekenstück, und links sein eigenes Bild.«

Ich hielt es für überflüssig, dem Kosaken zu widersprechen, und machte mich mit ihm zusammen auf den Weg zum Kommandantenhaus. Dabei malte ich mir das Wiedersehen mit Pugatschow aus und versuchte zu erraten, wie es auslaufen würde. Der Leser kann sich leicht vorstellen, dass ich nicht gerade kalten Blutes war.

Es dämmerte, als ich am Kommandantenhaus anlangte. Der Galgen mit seinen Opfern ragte grausig schwarz in den Himmel. Der Leichnam der armen Kommandantenfrau lag immer noch vor der Treppe, an der zwei Kosaken Posten standen. Der Kosak, der mich hergebracht hatte, ging ins Haus, um meine Ankunft zu melden, kehrte sogleich zurück und führte mich in das Zimmer, in dem ich tags zuvor zärtlichen Abschied von Marja Iwanowna genommen hatte.

Ein außergewöhnliches Bild bot sich meinen Blicken: Am weiß gedeckten Tisch, auf dem Flaschen und Gläser standen, saßen Pugatschow und etwa zehn Kosakenhauptleute in Mützen und bunten Hemden; erhitzt vom Wein, hatten sie gerötete Visagen und funkelnde Augen. Unter ihnen befanden sich weder Schwabrin noch unser Unteroffizier, die beiden neu angeworbenen Verräter.

»Ah, Euer Wohlgeboren!«, sagte Pugatschow, als ich eintrat. »Willkommen, nimm bitte Platz.«

Seine Gefährten rückten zusammen. Schweigend setzte ich mich ans untere Tischende. Mein Nachbar, ein schlanker, schöner junger Kosak, goss mir ein Glas Branntwein ein, das ich nicht anrührte. Neugierig musterte ich die Gesellschaft. Pugatschow saß auf dem Ehrenplatz, die Ellenbogen auf den Tisch gestützt, den schwarzen Bart in der breiten Faust. Seine regelmäßigen, recht angenehmen Gesichtszüge verrieten seine Grausamkeit nicht. Häufig wandte er sich an einen etwa fünfzigjährigen Mann, den er Graf, Timofejitsch oder auch nur Onkelchen titulierte.

Alle gingen kameradschaftlich miteinander um und gaben sich ihrem Anführer gegenüber nicht besonders unterwürfig. Die Unterhaltung drehte sich um den morgendlichen Sturmangriff, den Erfolg der Rebellion und künftige Aktionen. Jeder brüstete sich, legte seine Meinung dar und widersprach Pugatschow unbefangen. Bei diesem seltsamen Kriegsrat wurde beschlossen, gegen Orenburg zu ziehen – ein unverschämtes Unterfangen, das fast von katastrophalem Erfolg gekrönt worden wäre. Der Abmarsch wurde für den nächsten Tag angesetzt.

»Lasst uns vor dem Schlafengehen noch mein Lieblingslied singen, Brüder!«, sagte Pugatschow schließlich. »Tschumakow! Fang an!«

Mein Nachbar stimmte mit klarer Stimme ein schwermütiges Treidlerlied an, und die Übrigen fielen im Chor ein:

»Väterchen, hör auf zu rauschen, alter Eichenwald!
Störe nicht den wackren Burschen, der Gedanken denkt!
Vielleicht schon morgen muss der wackre Bursche zum Verhör
Vor den allerhöchsten Richter, unsern Zaren.
Anschaun wird der Herr mich strenge, wenn er drohend fragt:
›He, du frecher Bauernbursche, sag die Wahrheit mir!
Zogen nicht noch viele andre aus mit dir auf Raub?
Nenn die Namen der Banditen, sag, wie viel und wer!‹ –
›Ja, ich will dir alles sagen, rechtgläubiger Zar,
Sollst die ganze Wahrheit hören, wissen, wer mir half.
Treulich haben stets begleitet vier Gefährten mich:
Und der erste der Gefährten war die dunkle Nacht,
Und der zweite der Gefährten war mein scharfer Dolch,
Und der dritte der Gefährten war mein gutes Pferd,
Und der vierte der Gefährten war mein schneller Pfeil,

Den mein Bogenstrang als Boten abschoss wohlgezielt.‹
Was wird unser Herr dann sagen, der rechtgläubige Zar?
›Gut gesprochen, Bauernsöhnchen, bist gewiss nicht dumm.
Bist ein Meister auch als Redner, nicht als Räuber nur!
Dafür will ich dich belohnen, fürstlich nach Gebühr:
Einen Thron auf freiem Felde schenk ich dir dafür.
Einen Eichenbalken, welcher auf zwei Pfählen ruht.‹«*

Das schlichte Volkslied vom Galgen, gesungen von Leuten, die selbst für den Galgen reif waren, machte einen unbeschreiblichen Eindruck auf mich. Ihre furchteinflößenden Gesichter, ihre wohltönenden Stimmen, die schwermütige Färbung, die sie den ohnehin anschaulichen Worten gaben – all das erweckte in mir ein schier poetisches Grauen.

Danach tranken die Gäste ein letztes Glas, standen auf und verabschiedeten sich von Pugatschow. Ich wollte mich ihnen anschließen, doch Pugatschow sagte: »Bleib sitzen, ich will mit dir reden.«

So blieben wir unter vier Augen allein. Unser beiderseitiges Schweigen dauerte mehrere Minuten. Pugatschow betrachtete mich unverwandt, wobei er hin und wieder mit verblüffend durchtriebenem, spöttischem Ausdruck das linke Auge zukniff. Schließlich brach er in ein so ungeheuchelt fröhliches Gelächter aus, dass ich mich davon anstecken ließ und mitlachte, ohne zu wissen, weshalb.

»Was, Euer Wohlgeboren, gesteh es ein, dass dir das Herz in die Hose rutschte, als meine Jungs dir die Schlinge um den Hals legten!«, sagte er. »Dir hat bestimmt gegraust! Und du würdest auch am Galgen baumeln, wenn dein Diener nicht gewesen wäre. Ich hab den alten Knacker sofort erkannt. Na, hättest du geglaubt, Euer Wohlgeboren, dass der Mann, der dich damals zum Umet führte, der große Zar selber war?« Er setzte eine würdige, geheimnisvolle Miene auf. »Du hast mir gegenüber eine schwere Schuld auf dich geladen«, fuhr er fort.

* Nachdichtung: Martin Remand.

»Aber ich habe dich wegen deiner Guttat begnadigt, dafür, dass du mir einen Dienst erwiesest, als ich gezwungen war, mich vor meinen Feinden verborgen zu halten. Du wirst noch mehr erleben! Ich will dich noch ganz anders belohnen, wenn ich erst meinen Staat fest in Händen habe. Versprichst du, mir eifrig zu dienen?«

Die Frage des Banditen und seine Frechheit wirkten so komisch auf mich, dass ich ein Lächeln nicht unterdrücken konnte.

»Warum grinst du?«, fragte er finster. »Oder glaubst du nicht, dass ich der große Zar bin? Antworte mir ehrlich.«

Ich geriet in Verwirrung. Den Landstreicher als Zaren anerkennen konnte ich nicht, das wäre mir als unverzeihlicher Kleinmut erschienen. Ihn ins Gesicht hinein als Betrüger zu bezeichnen wäre gleichbedeutend mit dem Tod gewesen; und wozu ich mich unter dem Galgen, vor den Augen des versammelten Volkes und in der ersten flammenden Empörung bereitgefunden hätte, dünkte mir jetzt sinnlose Großtuerei. Ich zögerte. Pugatschow wartete finster auf meine Antwort. Schließlich (und an diesen Augenblick denke ich heute noch befriedigt zurück) triumphierte mein Pflichtbewusstsein über die menschliche Schwäche.

»Höre!«, erwiderte ich. »Ich will dir die Wahrheit sagen. Urteile selbst, ob ich dich als Zaren anerkennen kann! Du bist ein gescheiter Mann und würdest es merken, wenn ich dir Sand in die Augen streute.«

»Wer bin ich dann nach deiner Auffassung?«

»Das weiß Gott allein. Aber wer du auch sein magst, du spielst ein gefährliches Spiel.«

Pugatschow warf mir einen schnellen Blick zu und erwiderte: »Du glaubst also nicht, dass ich der Zar Pjotr Fjodorowitsch bin? Na gut. Aber gehört nicht dem Kühnen das Glück? Hat Grischka Otrepjew nicht seinerzeit als Zar geherrscht? Denke über mich, wie du willst, aber bleib bei mir. Was kümmern mich die andern? Es ist alles Jacke wie Hose. Wenn du mir treu und ehrlich dienst, werde ich dich zum Feldmarschall und Fürsten machen. Was meinst du?«

»Nein«, entgegnete ich fest. »Ich bin ein gebürtiger Edelmann und habe der Zarin Treue geschworen. Dir kann ich nicht dienen. Wenn du mir wirklich wohlgesinnt bist, dann erlaub mir, nach Orenburg zu ziehen.«

Pugatschow überlegte.

»Falls ich dich laufen lasse, versprichst du dann wenigstens, nicht gegen mich zu kämpfen?«, fragte er.

»Wie könnte ich dir das versprechen«, erwiderte ich. »Du weißt selbst, dass ich in meinen Entscheidungen nicht frei bin. Befiehlt man mir, gegen dich zu Felde zu ziehen, dann tu ich's, da ist nichts zu machen. Du bist jetzt selber ein Kommandeur, verlangst selber Gehorsam von deinen Leuten. Wie würde es aussehen, wenn ich gerade jetzt, da meine Dienste gebraucht werden, mich weigerte, sie zu leisten? Mein Kopf ist in deiner Gewalt. Lässt du mich frei, dann sage ich dir Dank. Lässt du mich hinrichten, dann mag Gott dein Richter sein. Jedenfalls habe ich dir die Wahrheit gesagt.«

Meine Aufrichtigkeit machte auf Pugatschow Eindruck.

»So soll es sein!«, sprach er und schlug mir auf die Schulter. »Ob ich hinrichte oder begnadige – beides tu ich ganz. Geh deiner Wege, mach, was du willst. Komm morgen her, um von mir Abschied zu nehmen, jetzt aber leg dich aufs Ohr, ich bin auch müde.«

Ich verließ Pugatschow und trat auf die Straße. Die Nacht war windstill und kalt. Mond und Sterne leuchteten hell, sie beschienen den Platz mit dem Galgen. In der Festung war alles ruhig und dunkel. Nur in der Schenke brannte noch Licht, dort grölten verspätete Zecher. Ich warf einen Blick auf das Popenhaus. Tor und Fensterläden waren geschlossen. Drinnen schien es still zu sein.

Ich erreichte mein Quartier, wo Saweljitsch wartete, verzweifelt über mein Ausbleiben. Die Nachricht von meiner Freilassung beglückte ihn unsagbar.

»Gott im Himmel, ich danke dir!«, sagte er und bekreuzigte sich. »Morgen verlassen wir die Festung in aller Herrgottsfrühe und ziehen in die Welt hinaus. – Ich hab dir was zum Essen hingestellt. Iss, Väterchen, dann mögest du die Nacht durchschlafen wie in Abrahams Schoß!«

Ich folgte seinem Rat, aß mit großem Appetit und schlief dann auf dem nackten Fußboden ein, seelisch und körperlich erschöpft.

Neuntes Kapitel

Trennung

> Unsrer Liebe kurze Freuden
> Warn mir himmlischer Genuss,
> Und es ist mein größtes Leiden,
> Dass ich Abschied nehmen muss.
>
> *Cheraskow*

In der Frühe wurde ich von Trommelklang geweckt. Ich ging zum Sammelplatz. Vor dem Galgen, an dem noch immer die Opfer des Vortages hingen, stellten sich Pugatschows Heerhaufen auf. Die Kosaken saßen zu Pferd, die Fußsoldaten standen unter Gewehr. Die Fahnen wehten. Mehrere Kanonen, unter denen ich auch die unsrige erkannte, waren auf fahrbare Lafetten verladen. Die Einwohner hatten sich in Erwartung des Usurpators ebenfalls eingefunden. An der Vortreppe des Kommandantenhauses hielt ein Kosak einen herrlichen Schimmel kirgisischer Rasse am Zügel. Ich spähte nach dem Leichnam der Kommandantenfrau aus. Man hatte ihn etwas zur Seite getragen und mit einer Bastmatte zugedeckt. Endlich trat Pugatschow aus der Tür. Das Volk zog die Mützen. Pugatschow blieb auf der Treppe stehen und grüßte nach allen Seiten. Einer seiner Hauptleute gab ihm ein Säckchen mit Kupfermünzen, und Pugatschow warf eine Handvoll nach der anderen unter die Menge. Mit großem Geschrei stürzten sich die Männer und Frauen darauf, was nicht ohne Verletzungen abging. Pugatschow wurde umringt von seinen engsten Komplizen, unter denen sich auch Schwabrin befand. Unsere Blicke begegneten sich. In den meinen konnte er Verachtung lesen; wütend wandte er sich ab, mit verkrampftem, spöttischem Lächeln. Als Pugatschow mich in der Menge erblickte, nickte er mir zu und rief mich herbei. »Höre«, sagte er. »Geh sofort nach Orenburg und richte dem Gouverneur sowie den Generälen aus, dass sie mich in einer Woche erwarten können. Rate ihnen, mich demütig und mit kindlicher Liebe zu empfangen; anderenfalls ist ihnen ein bitterer Tod gewiss. Glückliche Reise, Euer Wohlgeboren!« Dann kehrte er sich dem Volk zu und sprach, auf Schwabrin weisend: »Das ist euer neuer Kommandeur, Kinder. Gehorcht ihm, er ist mir für euch und die Festung verantwortlich.« Diese Worte entsetzten mich. Schwabrin wurde Kommandant der Festung! Marja Iwanowna blieb in seiner Gewalt! Himmel, was würde aus ihr werden!

Pugatschow stieg die Treppe hinunter; das Pferd wurde ihm zugeführt. Er sprang geschmeidig in den Sattel, ohne auf die Kosaken zu warten, die ihn hatten hineinheben wollen.

Da sah ich plötzlich meinen Saweljitsch aus der Volksmenge treten. Er ging zu Pugatschow hin und gab ihm ein Blatt Papier. Ich hatte keine Ahnung, was er damit bezweckte. »Was ist das?«, fragte Pugatschow würdevoll.

»Lies, dann wirst du es sehen«, erwiderte Saweljitsch. Pugatschow nahm das Schreiben und musterte es lange mit bedeutungsvoller Miene.

»Was schreibst du so unleserlich?«, fragte er schließlich. »Unserer Augen Licht vermag nichts zu entziffern. – Wo ist mein Obersekretär?«

Ein junger Mann in Korporalsuniform lief flink zu ihm. »Lies vor!«, befahl der Usurpator und reichte ihm das Schriftstück.

Ich brannte vor Neugier, zu erfahren, was für einen Brief an Pugatschow sich mein Erzieher ausgedacht hatte.

Der Obersekretär las mit schallender Stimme, Silbe für Silbe: »Zwei Schlafröcke, einer aus Baumwolle und einer aus gestreifter Seide, für sechs Rubel.«

»Was bedeutet das?«, fragte Pugatschow stirnrunzelnd. »Befiehl ihm weiterzulesen«, erwiderte Saweljitsch gelassen. »Eine Uniform aus feinem grünem Tuch für sieben Rubel. Eine weiße Tuchhose für fünf Rubel. Zwölf Hemden aus holländischem Leinen mit Manschetten für zehn Rubel. Einen Kasten mit Teegeschirr für zweieinhalb Rubel.«

»Was soll der Schnickschnack?«, unterbrach Pugatschow. »Was hab ich mit Teekästen und Manschettenhosen zu schaffen?«

Saweljitsch räusperte sich und erläuterte: »Das ist, wie du freundlicherweise sehen kannst, Väterchen, ein Register der Besitztümer meines Herrn, die von den Missetätern ...«

»Was für Missetätern?«, fragte Pugatschow drohend.

»Verzeihung, ich hab mich versprochen«, antwortete Saweljitsch. »Missetäter oder nicht, jedenfalls wurden unsere Sachen von deinen Leuten durchwühlt und weggeschleppt. Sei nicht böse – auch ein Pferd stolpert mal, obgleich es vier Beine hat. Befiehl ihm, zu Ende zu lesen.«

»Lies zu Ende!«, kommandierte Pugatschow.

»Eine Kattundecke sowie eine Taftdecke, mit Baumwolle gefüttert, für vier Rubel.

Ein Fuchspelz, mit rotem Wollstoff gefüttert, für vierzig Rubel.

Außerdem ein kleiner Hasenpelz, entgegengenommen von Deiner Gnaden in der Herberge, für fünfzehn Rubel.«

»Das fehlte noch!«, rief Pugatschow mit lodernden Augen. Ich muss gestehen, dass ich für meinen armen Erzieher fürchtete. Er wollte aufs Neue zu Erklärungen ansetzen, doch Pugatschow schnitt ihm das Wort ab.

»Wie kannst du es wagen, mich mit solchem Kleinkram zu behelligen?«, schrie er, riss dem Sekretär die Liste aus der Hand und warf sie Saweljitsch ins Gesicht. »Dämlicher alter Kerl! Bestohlen hat man euch – na wennschon! Du alter Knacker solltest lieber bis ans Ende deiner Tage für mich und meine Leute beten, zum Dank dafür, dass ihr beide, du und dein Herr, hier nicht mit den anderen Widerspenstigen am Galgen baumelt! Ein Hasenpelz! Ich werde dir den Hasenpelz heimzahlen! Weißt du schon, dass ich dir bei lebendigem Leib die Haut abziehn und daraus Pelze machen lasse?«

»Wie es dir beliebt«, erwiderte Saweljitsch. »Aber ich bin leibeigen und für den Besitz meines Herrn verantwortlich.« Pugatschow war offenbar in großmütiger Laune. Er wandte sich ab und ritt davon, ohne noch ein Wort zu sagen. Schwabrin und die Hauptleute folgten. Die Bande verließ die Festung in militärischer Ordnung. Das Volk zog mit, um Pugatschow das Geleit zu geben. Ich und Saweljitsch blieben allein auf dem Platz zurück. Mein Erzieher hielt sein Register in der Hand und betrachtete es mit tiefem Bedauern.

Er hatte mein gutes Einvernehmen mit Pugatschow ausnutzen wollen; doch sein schlaues Vorhaben war fehlgeschlagen. Ich wollte ihn wegen seines unangebrachten Eifers schelten, konnte mich aber des Lachens nicht erwehren.

»Lach nur, Herr«, meinte Saweljitsch, »lach nur. Jetzt müssen wir sämtliche Sachen neu anschaffen, und dabei wird dir bestimmt das Lachen vergehen.«

Ich eilte zum Popenhaus, um Marja Iwanowna wiederzusehen. Die Popenfrau empfing mich mit einer traurigen Nachricht: Nachts habe Marja Iwanowna hohes Fieber bekommen. Sie sei ohne Bewusstsein und fantasiere. Die Popenfrau führte mich in ihr Zimmer. Leise trat ich an ihr Bett. Die Veränderungen in ihrem Gesicht erschütterten mich. Die Kranke erkannte mich nicht. Lange stand ich kummervoll an ihrem Lager, ohne die Worte Vater Gerassims und seiner gutmütigen Frau zu vernehmen, die mich wohl zu trösten suchten. Die Verfassung der schutzlosen armen Waise, die ich unter bösartigen Aufrührern zurücklassen musste, und meine eigene Ohnmacht setzten mich in Angst und Schrecken. Schwabrin ... Meine verzweifelten Gedanken kreisten vor allem um Schwabrin. Jetzt, da ihm der Usurpator Machtbefugnisse verliehen hatte, da er der Festung vorstand, in der sich das unglückliche Mädchen und unschuldige Objekt seines Hasses befand, konnte man auf alles gefasst sein. Was sollte ich tun? Wie konnte ich ihr helfen und sie aus den Händen des Verbrechers befreien? Es blieb nur ein Mittel: Ich beschloss, mich auf dem schnellsten Weg nach Orenburg zu begeben, um die Befreiung der Festung

Belogorskaja zu beschleunigen und nach Möglichkeit an ihr mitzuwirken.

Ich nahm Abschied vom Popen und von Akulina Pamfilowna und vertraute Marja Iwanowna, die ich bereits als meine Frau betrachtete, mit feurigen Worten ihrer Obhut an. Dann ergriff ich die Hand des armen Mädchens und küsste sie unter Tränen.

»Leben Sie wohl!«, sagte die Popenfrau, während sie mich hinausgeleitete. »Leben Sie wohl, Pjotr Andrejitsch. Hoffentlich sehen wir uns in besseren Zeiten wieder. Vergessen Sie uns nicht und schreiben Sie uns häufig. Außer Ihnen hat die arme Marja Iwanowna nun keinen Trost und keinen Beschützer mehr auf der Welt.«

Als ich den Platz erreicht hatte, blieb ich einen Augenblick stehen, schaute zum Galgen empor und verneigte mich vor ihm. Dann verließ ich die Festung und schlug den Weg nach Orenburg ein, begleitet von Saweljitsch, der nicht von meiner Seite wich.

Gedankenversunken wanderte ich dahin, als ich plötzlich hinter mir Hufgetrappel vernahm. Ich sah mich um. Aus der Festung kam ein Kosak geritten, ein Baschkirenpferd am Zügel, und machte mir schon von Weitem Zeichen. Ich blieb stehen und erkannte kurz darauf unseren Unteroffizier. Als er mich erreicht hatte, sprang er von seinem Pferd und gab mir die Zügel des anderen mit den Worten: »Euer Wohlgeboren! Unser Vater schenkt Ihnen dies Pferd und diesen Pelz aus seinem Privatbesitz.« (Ein Schafpelz war an den Sattel gebunden.) »Und außerdem …« Der Unteroffizier fing an zu stottern. »… außerdem schenkt er Ihnen … einen halben Rubel … aber den hab ich unterwegs verloren. Bitte verzeihen Sie gütigst!«

Saweljitsch sah ihn schief an und brummte: »Unterwegs verloren! Und was klimpert da in deiner Brusttasche? Du gewissenloser Strolch?«

»Was in meiner Brusttasche klimpert?«, fragte der Unteroffizier ungerührt. »Gott mit dir, Alterchen! Das ist das Zaumzeug, das da klimpert, aber kein halber Rubel.«

»Na gut!«, unterbrach ich ihren Streit. »Danke dem Mann, der dich hergeschickt hat, in meinem Namen; und wenn du den verlorenen halben Rubel auf dem Rückweg wiederfindest, kannst du ihn als Trinkgeld behalten.«

»Ergebensten Dank, Euer Wohlgeboren«, antwortete er und wendete sein Pferd. »Ich werde mein Leben lang für Sie beten!«

Nach diesen Worten ritt er davon, die eine Hand gegen die Brusttasche gepresst, und war kurz darauf verschwunden. Ich zog den Schafpelz an, schwang mich in den Sattel und ließ Saweljitsch hinter mir aufsitzen.

»Da siehst du, Herr, dass es Zweck hatte, dem Banditen die Klageschrift zu überreichen«, sagte der Alte. »Dem Dieb hat das Gewissen geschlagen, obgleich der langbeinige kirgisische Gaul und der Schafpelz nicht die Hälfte von dem wert sind, was die Schurken uns gestohlen haben, und von dem, was du ihm geschenkt hast; aber es lässt sich alles gebrauchen, selbst ein Fellfetzen von einem tollwütigen Hund.«

Zehntes Kapitel

Die Belagerung der Stadt

> Erobert waren Flur und Hain,
> Nun späht' er adlergleich zur Stadt hinein,
> Ließ die Kanonen dicht am Lager stelln parat,
> Um zu beschießen nachts wie Wetterschlag die Stadt.
>
> *Cheraskow*

Als wir uns Orenburg näherten, erblickten wir eine Gruppe von Strafgefangenen; ihre Köpfe waren kahlgeschoren, ihre Gesichter von der Zange des Henkers verunstaltet. Sie arbeiteten unter Aufsicht von Garnisoninvaliden an den Befestigungen. Einige schafften mit Schubkarren den Unrat aus dem Graben; andere schaufelten Erde. Auf dem Wall waren Maurer damit beschäftigt, Ziegelsteine zu schleppen und die Stadtmauer auszubessern. Die Torposten hielten uns an und verlangten unsere Pässe. Als der Sergeant erfuhr, dass ich aus der Festung Belogorskaja kam, führte er mich sofort zum Haus des Generals.

Ich fand ihn im Garten. Er betrachtete die Apfelbäume, die der Herbstwind schon entlaubt hatte, und umwickelte sie, unterstützt von einem alten Gärtner, behutsam mit wärmendem Stroh. Sein Gesicht verriet Gelassenheit, Gesundheit, Gutmütigkeit. Er freute sich über meine Ankunft und fragte mich nach den entsetzlichen Ereignissen, deren Augenzeuge ich gewesen war. Ich erstattete ihm Bericht. Der alte Mann hörte mir aufmerksam zu und schnitt dabei trockene Zweige ab.

»Armer Mironow!«, sagte er, nachdem ich meine traurige Erzählung beendet hatte. »Schade um ihn, er war ein guter Offizier. Auch

Madame Mironow war eine liebe Dame und eine Meisterin im Pilzeeinlegen! Und was ist mit Mascha, der Hauptmannstochter?«

Ich antwortete, sie sei in der Festung zurückgeblieben, in der Obhut der Popenfrau.

»O weh, o weh, wie schlimm«, meinte der General. »Auf die Disziplin der Räuber kann man sich keinesfalls verlassen. Was wird aus dem armen Mädchen werden?«

Es sei doch nicht weit bis zur Festung Belogorskaja, erwiderte ich, und Seine Exzellenz werde gewiss nicht zögern, Truppen zur Befreiung ihrer armen Bewohner zu entsenden.

Der General schüttelte skeptisch den Kopf.

»Wollen sehen, wollen sehen«, entgegnete er. »Darüber müssen wir noch sprechen. Bitte komm heute zu einer Tasse Tee zu mir, wir halten heute Kriegsrat. Du kannst uns zuverlässige Informationen über den Schurken Pugatschow und sein Heer geben. Inzwischen ruh dich aus.«

Ich ging in das mir zugewiesene Quartier, wo Saweljitsch bereits herumwirtschaftete, und verbrachte die Zeit bis zum Beginn des Kriegsrates in ungeduldiger Erwartung. Der Leser kann sich leicht ausmalen, dass ich nicht versäumte, an dem Kriegsrat teilzunehmen, der so großen Einfluss auf mein Schicksal haben sollte. Zur festgesetzten Stunde fand ich mich beim General ein.

Ich traf bei ihm einen städtischen Beamten, den Zolldirektor, soweit ich mich entsinnen kann, ein dickes, rosiges Männchen in einem Brokatrock. Er erkundigte sich bei mir nach dem Schicksal von Iwan Kusmitsch, den er als seinen Gevatter bezeichnete, und unterbrach meinen Bericht häufig durch ergänzende Fragen und erbauliche Bemerkungen, die ihn zwar nicht als Militärfachmann kennzeichneten, wohl aber Scharfsinn und gesunden Menschenverstand verrieten. Inzwischen versammelten sich auch die übrigen Geladenen. Unter ihnen befand sich – vom General abgesehen – kein einziger Armeeangehöriger. Als alle saßen und ihre Tasse Tee erhalten hatten, gab der General einen überaus klaren und gründlichen Lagebericht.

»Und jetzt, meine Herren«, fuhr er fort, »ist zu entscheiden, wie wir gegen die Aufrührer vorgehen wollen, *offensiv* oder *defensiv.* Beides hat seine Vor- und Nachteile. Der Angriff bietet mehr Hoffnung auf eine schnelle Vernichtung des Gegners; die Verteidigung ist sicherer und gefahrloser … Sammeln wir also Meinungsäußerungen nach der gesetzlich vorgeschriebenen Reihenfolge, das heißt, wir beginnen bei dem Rangniedersten.« Er sah mich an. »Herr Fähnrich, legen Sie bitte Ihre Ansicht dar.«

Ich erhob mich, beschrieb zunächst in kurzen Worten Pugatschow und seine Bande und erklärte dann nachdrücklich, der Usurpator verfüge nicht über die Mittel, um dem Angriff eines regulären Heeres standzuhalten.

Meine Meinung wurde von den Beamten mit offenkundiger Ablehnung quittiert. Sie sahen darin das unbesonnene Draufgängertum der Jugend, murrten, und ich hörte deutlich jemanden »Grünschnabel!« flüstern.

»Herr Fähnrich! In einem Kriegsrat werden die ersten Stimmen gewöhnlich zugunsten eines offensiven Vorgehens abgegeben«, sagte der General lächelnd zu mir. »So gehört es sich auch. Jetzt aber werden wir die Meinung der anderen einholen. Herr Kollegienrat, sagen Sie uns Ihre Ansicht.«

Das alte Männchen im Brokatrock leerte hastig seine dritte Tasse Tee, der erheblich mit Rum versetzt war, und erwiderte: »Ich glaube, Exzellenz, dass weder offensiv noch defensiv gehandelt werden sollte.«

»Wie denn sonst, Herr Kollegienrat?«, fragte der General verwundert. »Es gibt keine anderen taktischen Mittel als Verteidigung oder Angriff.«

»Operieren Sie korruptiv, Exzellenz!«

»Ah so! Das ist eine ungemein vernünftige Ansicht. Korruptive Aktionen lässt die Taktik zu, und wir werden Ihren Rat in Erwägung ziehen. Man könnte für den Kopf des Banditen … eine Belohnung von siebzig oder gar hundert Rubel aussetzen, aus dem Geheimfonds …«

»Und dann«, fiel ihm der Kollegienrat ins Wort, »will ich ein kirgisischer Hammel und kein Kollegienrat sein, wenn diese Halunken uns ihren Häuptling nicht ausliefern, an Händen und Füßen in Eisen geschmiedet.«

»Das werden wir noch überlegen und besprechen«, erwiderte der General. »Indessen müssen wir auf jeden Fall auch militärische Maßnahmen ergreifen. Meine Herren, äußern Sie sich in der gesetzlich vorgeschriebenen Reihenfolge.« Sämtliche Meinungen standen im Gegensatz zur meinigen. Die Beamten beriefen sich auf die Unzuverlässigkeit der Truppen, die Unsicherheit eines Erfolges, darauf, dass es besser wäre, Vorsicht walten zu lassen, und Ähnliches. Sie hielten es für vernünftiger, unter dem Schutz der Kanonen hinter festen Steinmauern zu bleiben, als auf freiem Feld das Waffenglück zu versuchen. Nachdem der General alle angehört hatte, klopfte er die Asche aus der Pfeife und hielt folgende Rede: »Meine Herren! Ich muss Ihnen sagen, dass ich meinerseits vollkommen mit der Meinung des Herrn Fähnrichs übereinstimme. Basiert sie doch auf den Regeln einer gesunden Taktik, die fast immer den Angriff der Verteidigung vorzieht.«

Er hielt inne und stopfte sich die Pfeife. Mein Selbstgefühl triumphierte. Ich bedachte die Beamten, die, besorgt und empört, miteinander tuschelten, mit stolzen Blicken.

»Aber, meine Herren«, fuhr er fort und stieß mit tiefem Seufzer eine dicke Rauchwolke aus, »ich wage es nicht, diese große Verantwortung auf mich zu nehmen, wo es sich doch um die Sicherheit der mir anvertrauten Provinzen Ihrer Kaiserlichen Majestät, der allergnädigsten Zarin, handelt. Folglich füge ich mich der Mehrheit, die die Ansicht vertritt, es sei am vernünftigsten und ungefährlichsten, in der Stadt die Belagerung abzuwarten und die gegnerischen Angriffe durch unsere Artillerie und – falls möglich – durch Ausfälle abzuwehren.«

Jetzt warfen die Beamten mir spöttische Blicke zu. Der Kriegsrat ging auseinander. Ich konnte nicht umhin, die Schwäche des ehrenwerten Generals zu bedauern, der sich entgegen seiner eigenen Überzeugung der Meinung ungeschulter, unerfahrener Personen anschloss.

Wenige Tage nach diesem denkwürdigen Kriegsrat erfuhren wir, dass Pugatschow sich, wie er versprochen hatte, Orenburg näherte. Ich betrachtete das Heer der Aufrührer von der hohen Stadtmauer aus; mich dünkte, ihre Zahl hatte sich seit dem letzten Sturmangriff, dessen Augenzeuge ich gewesen war, verzehnfacht. Sie führten die Artillerie mit, die Pugatschow in den von ihm unterworfenen kleinen Festungen erobert hatte. Ich rief mir den Beschluss des Kriegsrates ins Gedächtnis und weinte fast vor Wut, weil ich voraussah, dass wir lange Zeit in den Orenburger Mauern eingeschlossen sein würden. Die Belagerung von Orenburg will ich nicht beschreiben; sie gehört in ein Geschichtswerk, nicht aber in diese Familienchronik. Ich möchte nur kurz erwähnen, dass diese Belagerung durch die Kurzsichtigkeit der örtlichen Behörden unheilvoll für die Einwohner wurde; sie mussten Hunger und sonstiges Ungemach tragen. Man kann sich leicht vorstellen, dass das Leben in Orenburg unerträglich war. Alle warteten niedergeschlagen auf die Entscheidung ihres Geschicks und stöhnten unter der wirklich schauderhaften Teuerung. Die Bevölkerung hatte sich an die Kugeln, die in ihre Höfe flogen, gewöhnt; selbst Pugatschows Angriffe erregten keine allgemeine Aufmerksamkeit mehr. Ich starb fast vor Langeweile. Die Zeit verging. Aus der Festung Belogorskaja erhielt ich keine Post. Alle Wege waren abgeschnitten. Die Trennung von Marja Iwanowna wurde mir zur Qual. Die Ungewissheit über ihr Schicksal marterte mich. Meine einzige Zerstreuung waren die Kavallerieattacken. Durch die Gnade Pugatschows besaß ich ein gutes Pferd, mit dem ich meine knappe Verpflegung teilte. Täglich ritt ich aus der Stadt und wechselte Schüsse mit Pugatschows Reitern. Bei diesen Scharmützeln siegten meistens die satten, betrunkenen, mit guten Pferden ausgerüsteten Banditen. Die abgemagerte städtische Kavallerie wurde nicht mit ihnen fertig. Zuweilen zog auch unsere hungrige Infanterie ins Feld; aber der tiefe Schnee hinderte sie, erfolgreich gegen die um die ganze Festung verstreuten Berittenen zu operieren. Vergeblich rasselte die Artillerie den Wall hinab; sie blieb auf dem freien Feld stecken und kam nicht vorwärts, weil die Pferde halb verhungert waren. Dergestalt sahen unsere militärischen Aktionen aus! Und das bezeichneten die Orenburger Beamten als Vorsicht und Vernunft!

Als es uns einmal gelungen war, eine ziemlich große Gruppe auseinanderzusprengen und in die Flucht zu schlagen, ritt ich auf einen Kosaken zu, der hinter seinen Gefährten zurückgeblieben war. Ich wollte ihm schon mit meinem türkischen Säbel einen Hieb versetzen, als er plötzlich die Mütze abriss und rief: »Guten Tag, Pjotr Andrejitsch! Wie geht's, wie steht's?«

Ich betrachtete ihn näher und erkannte in ihm zu meiner unaussprechlichen Freude unseren Unteroffizier.

»Guten Tag, Maximytsch!«, sagte ich. »Bist du schon lange aus Belogorskaja fort?«

»Nein, erst seit Kurzem, Väterchen Pjotr Andrejitsch. Gestern bin ich zurückgekommen. Ich hab ein Briefchen für Sie.«

»Wo ist es?«, schrie ich, glühend vor Erregung.

»Hier!« Maximytsch legte die Hand an die Brusttasche. »Ich habe Palascha versprochen, es Ihnen zuzustellen.«

Er drückte mir einen zusammengefalteten Zettel in die Hand und galoppierte davon. Bebend entfaltete ich den Brief und las folgende Zeilen:

Durch Gottes Fügung habe ich Vater und Mutter verloren und auf Erden nun keine Angehörigen, keine Beschützer mehr. Deshalb wende ich mich an Sie, weiß ich doch, dass Sie mir stets wohlgesinnt waren und dass Sie bereit sind, jedem Menschen zu helfen. Ich bete zu Gott, dass dieser Brief Sie irgendwie erreicht! Maximytsch hat versprochen, ihn zu überbringen. Er sagte Palascha, dass er Sie bei den Ausfällen häufig von Weitem sieht, dass Sie sich überhaupt nicht in Acht nehmen und nie an diejenigen denken, die Gott unter Tränen bitten, Ihnen beizustehen. Ich habe eine lange Krankheit durchgemacht; und als ich genesen war, hat Alexej Iwanowitsch Schwabrin, der jetzt anstelle meines verstorbenen Vaters das Kommando über uns führt, den Vater Gerassim gezwungen, mich ihm auszuliefern, indem er ihm mit Pugatschow drohte. Seitdem lebe ich unter Bewachung in unserem Haus. Schwabrin will mich zwingen, ihn zu heiraten. Er sagt, dass er mir das Leben gerettet hat, denn er hätte Akulina Pamfilownas Betrug gedeckt, als sie den Banditen weismachte, ich wäre ihre Nichte. Doch möchte ich lieber sterben als die Frau eines Schwabrins werden. Er behandelt mich sehr grausam und droht – wenn ich nicht Vernunft annehme und mein Jawort gebe –, mich zu den Banditen ins Lager zu bringen, wo es mir ebenso ergehen würde wie Lisaweta Charlowa. Ich habe Schwabrin um Bedenkzeit gebeten. Er hat eingewilligt, noch drei Tage zu warten. Wenn ich ihn nach drei Tagen nicht heirate, dann gibt es kein Erbarmen mehr. Lieber Pjotr Andrejitsch! Sie sind mein einziger Beistand. Helfen Sie mir Ärmsten. Überreden Sie den General und alle Kommandeure, uns möglichst schnell Entsatz zu senden, und kommen Sie selber her, wenn Sie können. Ich verbleibe als Ihre gehorsame arme Waise

Marja Mironowa

Der Brief brachte mich fast um den Verstand. Beim Rückweg in die Stadt gab ich meinem armen Pferd unbarmherzig die Sporen. Unterwegs zerbrach ich mir den Kopf, wie ich das arme Mädchen befreien könnte, fand aber keinen Ausweg. In der Stadt angelangt, ging ich geradeswegs zum General und stürmte in sein Zimmer.

Der General spazierte auf und ab, seine Meerschaumpfeife rauchend. Bei meinem Eintritt blieb er stehen, offenbar verblüfft über mein Aussehen, und erkundigte sich besorgt nach dem Grund meiner Aufregung.

»Exzellenz, ich flehe Sie um Hilfe an, als wären Sie mein Vater!«, stieß ich hervor. »Um Gottes willen, schlagen Sie mir meine Bitte nicht ab. Es geht um das Glück meines Lebens.« »Was ist denn, mein

Junge?«, fragte der alte Mann erstaunt. »Was kann ich für dich tun? Sprich!«

»Exzellenz, befehlen Sie mir, eine Kompanie Soldaten und eine halbe Hundertschaft Kosaken zu nehmen, und entsenden Sie mich, die Festung Belogorskaja zu säubern.«

Der General musterte mich durchdringend, wohl in der Annahme, ich wäre von Sinnen (womit er auch ungefähr recht hatte). »Wie? Die Festung Belogorskaja säubern?«, wiederholte er schließlich.

»Ich verbürge mich für den Erfolg!«, erwiderte ich leidenschaftlich. »Lassen Sie mich nur ziehen!«

»Nein, junger Mann«, widersprach er kopfschüttelnd. »Bei einer so großen Entfernung würde es dem Gegner ein Leichtes sein, euch von der Kommunikation mit der strategischen Zentrale abzuschneiden und restlos zu besiegen. Wenn die Kommunikation abgeschnitten ...«

Erschrocken merkte ich, dass er sich militärischen Überlegungen hingeben wollte, und unterbrach ihn eilig.

»Die Tochter des Hauptmanns Mironow hat mir einen Brief geschrieben«, erzählte ich. »Sie bittet um Hilfe. Schwabrin will sie zwingen, ihn zu heiraten.«

»Tatsächlich? Oh, dieser Schwabrin ist ja ein abgefeimter *Schelm.** Wenn er mir in die Hände fällt, werde ich ihn innerhalb von vierundzwanzig Stunden aburteilen und auf der Festungsmauer erschießen lassen. Doch einstweilen müssen wir uns in Geduld fassen.«

»In Geduld!«, rief ich außer mir. »Und inzwischen heiratet er Marja Iwanowna!«

»Oh, das ist noch kein Unglück!«, widersprach der General. »Besser, sie wird einstweilen Schwabrins Frau, dann kann er sie beschützen. Und wenn wir ihn erschossen haben, wird sich, so Gott will, ein neuer Ehemann für sie finden. Hübsche Witwen bleiben nicht als alte Jungfern sitzen, das heißt, ich wollte sagen, dass eine junge Witwe eher einen Mann findet als eine Jungfer.«

* Bei Puschkin deutsch.

»Lieber würde ich sterben als sie Schwabrin überlassen!«, schrie ich wütend.

»Bah, bah!«, brummte der Alte. »Jetzt begreife ich! Du bist offenbar in Marja Iwanowna verliebt. Das ist etwas anderes! Armer Junge! Trotzdem sehe ich mich außerstande, dir die Kompanie Soldaten und die halbe Hundertschaft Kosaken zu geben. Das wäre eine unvernünftige Expedition, die ich nicht verantworten könnte.«

Ich senkte den Kopf, von Verzweiflung gepackt. Doch dann kam mir plötzlich ein Gedanke. Was das für ein Gedanke war, wird der Leser im folgenden Kapitel erfahren, wie altmodische Romanschreiber zu sagen pflegen.

Elftes Kapitel

Das Rebellendorf

> Just war der Löwe satt, das sonst so böse Tier.
> Drum fragt' er freundlich mich: »Mein Freund, was willst du hier
> In meiner Löwenhöhle?«
>
> *Sumarokow*

Ich verließ den General und eilte in mein Quartier. Saweljitsch empfing mich mit den üblichen Ermahnungen. »Was hast du davon, Herr, dich mit betrunkenen Räubern herumzuschlagen! Schickt sich das für einen Edelmann? Es kann leicht passieren, dass du für nichts und wieder nichts dein Leben einbüßt. Wenn du wenigstens gegen Türken oder Schweden kämpfen würdest! Aber gegen einen Kerl, dessen Namen man nicht mal in den Mund nehmen mag!«

Ich unterbrach seinen Redefluss mit der Frage, wie viel Geld ich eigentlich besäße.

»Reichlich!«, erwiderte er zufrieden. »Die Halunken haben zwar überall rumgewühlt, aber mir ist es doch gelungen, was zu verstecken.« Er zog einen langen gestrickten Geldbeutel aus der Tasche, voll von Silbermünzen.,

»Na, Saweljitsch, dann gib mir jetzt die Hälfte und nimm dir das Übrige«, sagte ich zu ihm. »Ich reite in die Festung Belogorskaja.«

»Väterchen Pjotr Andrejitsch!«, stammelte mein guter Erzieher mit zitternder Stimme. »Komm zur Vernunft! Dorthin kannst du augenblicklich keinesfalls reiten! Alle Straßen sind von den Räubern besetzt! Nimm wenigstens Rücksicht auf deine Eltern, wenn du schon an dich nicht denkst. Wohin willst du? Und weshalb? Warte noch ein bisschen. Wenn die Truppen da sind, werden sie die Banditen überwältigen, und dann kannst du nach jeder Himmelsrichtung reiten.«

Doch meine Absicht stand fest.

»Deine Einwände kommen zu spät«, entgegnete ich. »Ich muss hin, anders kann ich nicht. Sei nicht traurig, Saweljitsch. Gott ist gnädig, wir werden uns bestimmt wiedersehen. Aber pass auf – gib das Geld ungeniert aus, ohne zu geizen. Kauf dir, was du brauchst, auch wenn es den dreifachen Preis kostet. Das Geld schenke ich dir. Und wenn ich in drei Tagen nicht zurück bin ...«

»Was redest du da, Herr!«, fiel er mir ins Wort. »Ich soll dich allein ziehen lassen! Das kannst du nicht im Traum von mir verlangen. Wenn du wirklich fest entschlossen bist zu reiten, dann lauf ich notfalls zu Fuß hinter dir her, aber dich verlassen – nie und nimmer. Ich soll ohne dich hinter den Steinmauern hocken? Bin ich denn von Sinnen? Mach, was du willst, Herr, doch ich weiche dir nicht von der Seite.«

Ich wusste, dass ich ihn nicht umstimmen konnte, und erlaubte ihm, sich zur Reise zu rüsten. Nach einer halben Stunde schwang ich mich auf mein gutes Pferd, während Saweljitsch den dürren, hinkenden Gaul erklomm, den ein Städter ihm geschenkt hatte, weil er kein Futter mehr für das Tier besaß. Wir ritten zum Stadttor. Die Posten ließen uns passieren, und wir verließen Orenburg.

Es dämmerte. Unser Weg führte am Dorf Berda vorbei, dem Lager Pugatschows. Der Fahrdamm war vom Schnee verweht, aber in der Steppe konnte man überall frische Pferdespuren erkennen. Ich ritt in gestrecktem Trab. Saweljitsch konnte mir nur mit Müh und Not folgen und rief alle Augenblicke hinter mir: »Langsam, Herr, um Gottes willen langsam! Meine verdammte Schindmähre kann mit deinem langbeinigen Teufel nicht Schritt halten. Warum hast du's so eilig? Wir reiten doch zu keinem Fest! Eher gar unters Henkerbeil. Pjotr Andrejitsch! Väterchen Pjotr Andrejitsch! Stürz dich nicht ins Verderben! Allmächtiger, das Herrenkind wird ums Leben kommen!«

Bald leuchteten die Lichter von Berda auf. Wir kamen zu den Schluchten, den natürlichen Befestigungen des Dorfes. Saweljitsch jammerte und bat nach wie vor hinter mir. Ich hoffte unbemerkt am Dorf vorbeizukommen, doch da tauchten fünf mit Knüppeln bewaffnete Bauern vor mir aus der Dämmerung auf. Es waren die Vorposten von Pugatschows Lager. Sie riefen uns an. Da ich die Parole nicht kannte, wollte ich schweigend vorbeireiten. Doch sofort umringten sie mich, und einer packte mein Pferd am Zügel. Ich riss den Säbel heraus und versetzte diesem Mann einen Hieb auf den Kopf. Seine Mütze rettete ihm das Leben, aber er taumelte und ließ die Zügel los. Die Übrigen prallten verwirrt zurück. Diesen Augenblick machte ich mir zunutze: Ich gab dem Pferd die Sporen und sprengte davon.

Die einbrechende Nacht hätte mich vermutlich vor jeder Gefahr geschützt. Doch als ich mich umschaute, sah ich, dass Saweljitsch mir nicht mehr folgte. Dem armen Alten war es auf seiner lahmen Mähre nicht gelungen, den Räubern zu entrinnen. Was tun? Ich wartete ein paar Minuten auf ihn, bis ich sicher war, dass man ihn festgehalten hatte. Dann wendete ich mein Pferd, um ihm zu Hilfe zu eilen.

Als ich mich der Schlucht näherte, vernahm ich schon von Weitem Geschrei und die Stimme meines Saweljitsch. Ich ritt schneller und war gleich darauf wieder bei den Bauern, die mir vor wenigen Minuten den Weg verstellt hatten. Saweljitsch stand zwischen ihnen. Sie hatten ihn vom Pferd gezogen und waren dabei, ihn zu fesseln. Mein Eintreffen versetzte sie in Entzücken. Johlend stürzten sie sich auf mich und zerrten mich vom Pferd. Einer, offenbar ihr Kommandeur, erklärte, er würde uns jetzt zum Zaren führen. »Unser Väterchen kann dann entscheiden, ob ihr gleich aufgehängt werdet oder erst, wenn Gottes Sonne wieder scheint!«, fügte er hinzu. Ich leistete keinen Widerstand. Saweljitsch folgte meinem Beispiel, und die Posten führten uns triumphierend ab.

Wir durchquerten die Schlucht und kamen ins Dorf. In allen Häusern brannte Licht. Überall Lärm und Geschrei. Viele Leute tummelten sich auf der Straße, aber keiner bemerkte uns in der Dunkelheit und erkannte, dass ich ein Orenburger Offizier war. Man führte uns geradeswegs zu einem Haus, das an einer Kreuzung lag. Mehrere Weinfässer und zwei Kanonen standen davor.

»Das ist das Schloss!«, sagte einer der Bauern. »Wir melden euch gleich an.« Er ging hinein.

Ich schaute zu Saweljitsch hinüber. Er bekreuzigte sich und sprach ein stilles Gebet. Lange musste ich warten.

Schließlich kam der Bauer zurück und sagte: »Geh rein! Unser Väterchen hat befohlen, den Offizier einzulassen.«

Ich betrat das Haus oder Schloss, wie der Bauer es genannt hatte. Es wurde von zwei Talglichtern erleuchtet, und die Wände waren mit Goldpapier beklebt. Sonst war alles wie in einem gewöhnlichen Bauernhaus – die Bänke, der Tisch, das an einem dünnen Strick hängende Waschgeschirr, das Handtuch am Nagel, die Ofengabel in der Ecke und der große Herd, auf dem zahlreiche Kochtöpfe standen. Pugatschow saß unter den Heiligenbildern, im roten Kosakenrock und mit hoher Mütze, die Arme würdevoll in die Hüften gestemmt. Ihn umringten einige seiner Vertrauten in geheuchelter Untertänigkeit. Offenbar hatte die Nachricht vom Eintreffen eines Offiziers aus Orenburg die Rebellen neugierig gemacht, und sie wollten mich feierlich empfangen. Pugatschow erkannte mich auf den ersten Blick. Seine zur Schau getragene Würde schwand.

»Ach, Euer Wohlgeboren!«, rief er lebhaft. »Wie geht's? Was führt dich her?«

Ich erwiderte, dass ich in einer Privatangelegenheit unterwegs sei und seine Leute mich nicht hätten weiterreiten lassen. »Und was ist das für eine Angelegenheit?«, erkundigte er sich.

Ich zögerte mit der Antwort.

Pugatschow glaubte, dass ich mich nicht vor Zeugen äußern wollte, drehte sich zu seinen Gefährten um und forderte sie auf, das Zimmer zu verlassen.

Alle gehorchten, bis auf zwei, die sich nicht vom Fleck rührten.

»In ihrer Gegenwart kannst du offen sprechen«, sagte Pugatschow. »Ich habe vor ihnen keine Geheimnisse.«

Ich musterte die Vertrauten des Usurpators verstohlen. Einer war ein schwächliches, gebeugtes altes Männchen mit grauem Bart; er hatte nichts Bemerkenswertes an sich, außer einem hellblauen Schulterband, das er über dem grauen Bauernkittel trug. Seinen Gefährten werde ich dagegen mein Leben lang nicht vergessen. Er war hochgewachsen, wohlbeleibt und breitschultrig; ich schätzte ihn auf fünfundvierzig Jahre. Der dichte rote Bart, die blitzenden grauen Augen, die Nase, der die Spitze fehlte, und die rötlichen Flecken auf Stirn und Wangen verliehen seinem breiten, blatternarbigen Gesicht einen unbeschreiblichen Ausdruck. Er trug ein rotes Hemd, einen Kirgisenmantel und Kosakenpluderhosen. Wie ich später erfuhr, handelte es sich bei dem Ersten um den flüchtigen Korporal Beloborodow; der Zweite war Afanassij Sokolow (mit Spitznamen Großmaul), ein deportierter Zuchthäusler, der dreimal aus den sibirischen Bergwerken entflohen war. Trotz der Gefühle, die mich beherrschten, erregte die Gesellschaft, in die ich so unversehens geraten war, in starkem Maße meine Fantasie. Doch Pugatschow ernüchterte mich durch die Frage: »Sag uns jetzt, weshalb du Orenburg verlassen hast.« Da fuhr mir ein absonderlicher Gedanke durch den Kopf: Mir schien, dass die Vorsehung, als sie mich zum zweiten Mal mit Pugatschow zusammenführte, mir Gelegenheit geben wollte, meine Absicht zu verwirklichen. Ich entschloss mich, sie zu nutzen, und bevor ich meinen Entschluss recht durchdacht hatte, beantwortete ich Pugatschows Frage mit den Worten: »Ich bin unterwegs in die Festung Belogorskaja, um eine Waise zu befreien, die man.dort quält.«

Pugatschows Augen funkelten.

»Wer von meinen Leuten wagt es, eine Waise zu quälen?«, rief er. »Und wäre seine Stirn sieben Spannen breit, er soll der Strafe nicht entgehen. Sprich, wer ist der Schuldige?« »Schwabrin!«, erwiderte ich. »Er hält das Mädchen gefangen, das du gesehen hast, als es krank bei der Popenfrau lag, und will es mit Gewalt zu seiner Frau machen.«

»Ich werde Schwabrin eine Lektion erteilen!«, drohte Pugatschow. »Er soll erfahren, dass man unter meiner Herrschaft nicht ungestraft nach eigenem Gutdünken handeln und die Leute quälen darf! Ich lasse ihn hängen!«

»Dazu will ich was sagen«, mischte sich Großmaul mit heiserer Stimme ein. »Du hast Schwabrin überstürzt zum Festungskommandanten ernannt und willst ihn jetzt überstürzt aufhängen. Erst beleidigst du die Kosaken, indem du ihnen einen Adligen vor die Nase setzt; nun mach nicht die Adligen kopfscheu, indem du sie auf die erste beste Verleumdung hin aufhängen lässt.«

»Die braucht man weder zu bemitleiden noch zu begnadigen!«, sagte der Alte mit dem blauen Schulterband. »Schwabrins Hinrichtung wär kein Unglück; aber es könnte nicht schaden, auch den Herrn Offizier sorgfältig zu befragen, weshalb er uns mit seinem Besuch beehrt. Wenn er dich nicht als Zaren anerkennt, braucht er bei dir auch nicht um Gerechtigkeit nachzusuchen, und falls er dich doch anerkennt, warum hat er dann bis zum heutigen Tag bei deinen Widersachern in Orenburg gehockt? Willst du ihn nicht in die Wachstube führen und dort ein Feuerchen anzünden lassen? Ich glaube, Seine Wohlgeboren wurde uns von den Orenburger Kommandeuren geschickt.«

Ich fand die Logik des alten Verbrechers durchaus überzeugend. Mir lief ein Schauer über den Rücken bei der Erkenntnis, in wessen Händen ich mich befand. Meine Verwirrung war Pugatschow nicht entgangen.

»Na, Euer Wohlgeboren?« Er blinkerte mir zu. »Mein Feldmarschall hat offenbar recht. Was meinst du?«

Pugatschows Spott gab mir die Sicherheit zurück. Ich erwiderte gelassen, dass ich in seiner Macht sei und es ihm freistehe, mit mir zu verfahren, wie es ihm beliebe.

»Gut!«, sprach Pugatschow. »Sag jetzt, in welchem Zustand sich eure Stadt befindet.«

»Gott sei Dank steht alles zum Besten«, antwortete ich. »Zum Besten?«, wiederholte Pugatschow. »Und das Volk stirbt den Hungertod.«

Der Usurpator sprach die Wahrheit; aber meine Eidespflicht veranlasste mich zu der Versicherung, das seien leere Gerüchte und in Orenburg gebe es Vorräte in Hülle und Fülle.

»Da siehst du's!«, bemerkte der Alte. »Er lügt dir ins Gesicht. Alle Flüchtlinge sagen übereinstimmend, dass in Orenburg Hunger und Seuchen herrschen, dass man dort Aas isst und sich selbst danach noch reißt. Doch Seine Wohlgeboren behauptet, es gebe alles in Hülle und Fülle. Wenn du Schwabrin aufhängen willst, dann häng diesen jungen Mann gleich daneben, damit keiner den anderen zu beneiden braucht.«

Die Worte des verdammten Alten machten Pugatschow offenbar unschlüssig. Glücklicherweise widersprach Großmaul seinem Kumpan.

»Nun aber genug, Naumytsch!«, sagte er. »Du denkst immer bloß an Mord und Totschlag. Was bist du schon für ein Recke! Siehst aus, als wär kaum noch Leben in dir, stehst mit einem Fuß bereits im Grab und willst andere kaltmachen. Hast du nicht genug Blut auf dem Gewissen?«

»Was ist denn in dich gefahren?«, entgegnete Beloborodow. »Wo kommt plötzlich dein Mitleid her?«

»Natürlich, auch ich hab mich versündigt«, erwiderte Großmaul, »und diese Hand« – er ballte die knochige Faust und schob den Ärmel zurück, sodass sein behaarter Arm zum Vorschein kam –, »auch diese Hand trägt Schuld an vergossenem Christenblut. Aber ich habe Feinde umgebracht und keine Gäste; auf offenem Kreuzweg und im dunklen Tann, nicht aber daheim hinterm Ofen; mit Schlagkugel und Axt, nicht aber durch weibische Verleumdung.«

Der Alte wandte sich ab.

»Stumpfnase!«, brummte er vor sich hin.

»Was brabbelst du da, du alter Zausel!«, schnauzte ihn Großmaul an. »Ich werde dir die Stumpfnase heimzahlen! Warte, auch deine Stunde schlägt einmal. Wenn Gott will, wirst auch du die Zange riechen. Und einstweilen sieh dich vor, dass ich dir nicht deinen elenden Bart ausreiße!«

»Meine Herren Generale!«, legte sich Pugatschow gewichtig ins Mittel. »Hört auf, euch zu zanken. Es wär kein Unglück, wenn sämtliche Orenburger Köter an einem Querbalken hingen und mit den Beinen zappelten. Doch es wäre eins, wenn sich unsere Rüden ineinander verbissen. Versöhnt euch!« Großmaul und Beloborodow gaben keine Antwort; sie sahen sich finster an. Ich merkte, dass das Thema gewechselt werden musste, damit die Sache für mich keinen unangenehmen Ausgang nahm, und sagte lachend zu Pugatschow: »Ach, fast hätte ich vergessen, dir für das Pferd und den Schafpelz zu danken. Ohne dich hätte ich die Stadt nicht erreicht und wäre unterwegs erfroren.«

Meine List gelang. Pugatschows Gesicht heiterte sich auf. »Eine Hand wäscht die andere!«, sagte er und plinkerte mir zu. »Erzähl mir jetzt, was du mit dem Mädchen zu tun hast, das von Schwabrin gequält wird. Ist es etwa dein Schatz, wie?«

»Es ist meine Braut«, antwortete ich angesichts seines günstigen Stimmungswechsels und weil ich es für überflüssig hielt, die Wahrheit zu verheimlichen.

»Deine Braut!«, rief Pugatschow. »Warum hast du das nicht gleich gesagt! Wir werden dich verheiraten und deine Hochzeit feiern!« Er sah Beloborodow an. »Hör, Feldmarschall! Seine Wohlgeboren und ich sind alte Freunde. Setzen wir uns zu Tisch und essen wir gemeinsam. Der Morgen ist klüger als der Abend. Morgen werden wir sehen, was wir mit ihm machen.«

Ich hätte diese Ehre lieber abgelehnt, doch daran war nicht zu denken. Zwei junge Kosakinnen, die Töchter des Hausherrn, breiteten ein weißes Tuch über den Tisch, brachten Brot, Fischsuppe und ein paar Flaschen Branntwein und Bier, und dann saß ich zum zweiten Mal mit Pugatschow und seinen gräulichen Kumpanen an einem Tisch.

Die Orgie, deren unfreiwilliger Zeuge ich war, dauerte bis in die tiefe Nacht. Schließlich wurden die Zecher vom Rausch übermannt, Pugatschow schlief auf seinem Stuhl ein. Seine Kumpane standen auf und winkten mir zu, ich solle ihn verlassen. Ich ging mit ihnen hinaus.

Auf Großmauls Befehl führte der Posten mich in die Wachhütte, wo ich Saweljitsch vorfand und man uns beide hinter Schloss und Riegel setzte. Mein Erzieher war derart fassungslos über die Ereignisse, dass er mir keine Fragen stellte. Er legte sich in der Dunkelheit nieder, seufzte und ächzte noch eine Weile und begann dann zu schnarchen; mich hinderten meine Gedanken, in dieser Nacht ein Auge zu schließen.

Am nächsten Morgen ließ mich Pugatschow holen. Ich machte mich auf den Weg. Vor seinem Haus stand ein Reiseschlitten, mit drei Tatarenpferden bespannt. Auf der Straße drängte sich das Volk. Pugatschow kam mir in der Diele entgegen. Er war reisefertig angezogen, in Pelz und Kirgisenmütze. Die Gesprächspartner vom Vorabend umringten ihn mit einer Untertänigkeit, die zu ihrem sonstigen Verhalten, dessen Zeuge ich tags zuvor gewesen war, in krassem Widerspruch stand. Pugatschow begrüßte mich vergnügt und befahl mir, mit ihm in den Reiseschlitten zu steigen. Wir setzten uns.

»Zur Festung Belogorskaja!«, befahl Pugatschow dem breitschultrigen Tataren, der die Troika stehend lenkte.

Mir klopfte das Herz. Die Pferde zogen an, das Glöckchen bimmelte, der Reiseschlitten setzte sich in Bewegung ... »Halt! Halt!«, ertönte da eine mir nur zu gut bekannte Stimme.

Saweljitsch kam uns entgegengerannt. Pugatschow ließ anhalten.

»Väterchen Pjotr Andrejitsch!«, rief mein Erzieher. »Lass mich in meinem Alter nicht im Stich, mitten unter diesen Band ...«

»Ah, der alte Knasterbart!«, sagte Pugatschow. »Sehn wir uns durch Gottes Fügung doch noch einmal wieder. Na, klettre auf den Bock.«

»Danke, Majestät, danke, lieber Vater!«, sagte Saweljitsch, während er es sich bequem machte. »Gott schenke dir hundert Jahre Wohlergehen dafür, dass du mich alten Mann wahrgenommen und beruhigt hast. Mein Leben lang will ich für dich beten! Und den Hasenpelz erwähne ich bestimmt mit keinem Wort mehr.«

Dieser Hasenpelz hätte Pugatschow schließlich doch noch ernsthaft verärgern können. Glücklicherweise hörte der Usurpator die unpassende Bemerkung nicht oder ging darüber hinweg. Die Pferde galoppierten weiter; das Volk blieb auf der Straße stehen und verneigte sich tief. Pugatschow nickte nach allen Seiten. Kurz darauf hatten wir das Dorf hinter uns gelassen und sausten auf der glatten Straße dahin.

Man kann sich leicht vorstellen, was ich in diesem Augenblick empfand. In wenigen Stunden sollte ich jener wiederbegegnen, die ich schon für mich verloren geglaubt hatte. Ich malte mir unser Wiedersehen aus … Auch über den Mann dachte ich nach, in dessen Händen mein Schicksal lag und der durch das seltsame Zusammenwirken der Umstände geheimnisvoll mit mir verbunden war. Ich vergegenwärtigte mir die blindwütige Grausamkeit und die blutrünstigen Gewohnheiten des Mannes, der sich erboten hatte, meine Geliebte zu befreien. Pugatschow wusste nicht, dass es sich um Hauptmann Mironows Tochter handelte. Wenn Schwabrin zum Zorn gereizt wurde, war er durchaus imstande, ihm alles zu verraten. Auch auf andere Weise konnte Pugatschow die Wahrheit erfahren. Was würde dann aus Marja Iwanowna werden? Mir lief ein Schauer über den Rücken, und mein Haar sträubte sich.

Plötzlich unterbrach Pugatschow meine Gedanken mit der Frage: »Was grübelst du, Euer Wohlgeboren?«

»Wie sollte ich nicht grübeln«, gab ich zur Antwort. »Ich bin Offizier und Edelmann. Noch gestern kämpfte ich gegen dich, doch heute fahre ich mit dir in einem Schlitten, und das Glück meines Lebens hängt von dir ab.«

»Na und?«, forschte Pugatschow. »Ist dir bange?«

Er habe mich schon einmal begnadigt, deshalb hoffe ich nicht nur auf Barmherzigkeit, sondern auch auf Hilfe, erwiderte ich.

»Darin hast du recht, bei Gott!«, sagte der Usurpator. »Du hast erlebt, mit welchem Misstrauen meine Leute dich betrachteten. Der Alte erklärte auch heute wieder, du wärest ein Spion, den man foltern und aufhängen müsste. Aber dazu habe ich keine Einwilligung gegeben«, ergänzte er mit gedämpfter Stimme, damit Saweljitsch und der Tatar ihn nicht verstehen konnten, »weil mir dein Glas Branntwein und der Hasenpelz noch im Gedächtnis sind. Du siehst, ich bin nicht bloß ein Blutsäufer, wie deinesgleichen von mir behauptet.«

Ich dachte an die Einnahme der Festung Belogorskaja; doch hielt ich es für überflüssig, ihm zu widersprechen, und schwieg.

»Was sagt man in Orenburg von mir?«, fragte Pugatschow nach einer Weile.

»Man meint, es sei schwierig, mit dir fertig zu werden. In der Tat, du bist ein ernst zu nehmender Gegner.«

Das befriedigte den Ehrgeiz des Usurpators.

»Ja!«, sagte er fröhlich. »Ich kämpfe vorzüglich. Habt ihr in Orenburg von der Schlacht bei Jusejewa gehört? Da wurden vierzig Generale erschlagen und vier Armeen gefangen genommen. – Was meinst du: Könnte es der preußische König mit mir aufnehmen?«

Ich fand die Prahlsucht des Banditen komisch.

»Was meinst du selber?«, fragte ich zurück. »Würdest du Friedrich bezwingen können?«

»Fjodor Fjodorowitsch? Warum denn nicht? Mit euren Generalen werde ich doch fertig; und die haben ihn besiegt. Bisher war das Waffenglück auf meiner Seite. Lass mir nur Zeit. Du wirst noch erleben, dass ich gegen Moskau zu Felde ziehe.«

»Hast du etwa vor, Moskau anzugreifen?«

Der Usurpator überlegte.

»Das mag Gott wissen«, sagte er dann halblaut. »Mein Weg ist schmal; ich habe wenig Freiheit. Meine Leute wollen alles besser wissen. Es sind Verbrecher. Ich muss die Ohren offen halten; beim ersten Misserfolg würden sie ihren eigenen Hals mit meinem Kopf freikaufen.«

»Ganz recht!«, sagte ich zu Pugatschow. »Wär's nicht besser, du würdest dich rechtzeitig von ihnen trennen und die Zarin um Gnade bitten?«

Pugatschow lächelte bitter.

»Nein«, entgegnete er. »Zur Reue ist es zu spät. Für mich gibt es keine Begnadigung mehr. Ich werde fortfahren, wie ich begonnen habe. Wer weiß, vielleicht habe ich Erfolg. Grischka Otrepjew hat ja auch über Moskau geherrscht.«

»Und ist dir bekannt, wie er endete? Er wurde aus dem Fenster geworfen, erstochen, verbrannt; dann lud man seine Asche in eine Kanone und schoss sie ab.«

»Höre!«, sagte Pugatschow in wilder Inbrunst. »Ich will dir ein Märchen erzählen, das ich als Kind von einer alten Kalmückin vernahm. Einmal fragte der Adler den Raben: ›Sag, Rabenvogel, weshalb lebst du dreihundert Jahre auf Erden und ich nur dreiunddreißig?‹ – ›Das kommt daher, Väterchen‹, erwiderte der Rabe, ›dass du lebendiges Blut trinkst und ich Aas fresse.‹ Der Adler dachte: Ich will versuchen, mich ebenso zu ernähren. Gut. Adler und Rabe flogen zusammen übers Land. Sie erblickten ein verendetes Pferd, stießen hinab und setzten sich darauf. Der Rabe begann zu picken und lobte die Speise. Der Adler pickte einmal, pickte ein zweites Mal, breitete sodann die Flügel aus und sprach zum Raben: ›Nein, Bruder Rabe. Ehe ich dreihundert Jahre lang Aas fresse, trinke ich mich lieber einmal an lebendigem Blut satt; dann mag geschehen, was Gott will.‹ – Wie findest du das Kalmückenmärchen?«

»Unterhaltsam«, antwortete ich. »Aber von Mord und Raub zu leben ist nach meiner Ansicht das Gleiche wie Aas zu fressen.«

Pugatschow sah mich verwundert an und erwiderte nichts. Wir schwiegen beide, in unsere Gedanken versunken. Der Tatar stimmte ein wehmütiges Lied an. Saweljitsch schwankte im Halbschlaf auf dem Kutschbock hin und her. Der Reiseschlitten flog über die glatte Winterbahn … Dann sah ich plötzlich das Dörfchen am Steilufer des Jaik liegen, mit dem Palisadenzaun und dem Glockenturm, und nach einer Viertelstunde fuhren wir in die Festung Belogorskaja ein.

Zwölftes Kapitel

Die Waise

> Hat der Apfelbaum, der schöne,
> Keinen Wipfel und kein einz'ges Zweiglein,
> Die Prinzessin, unsre schöne,
> Hat nicht Vater und nicht Mutter mehr.
> Keiner lebt noch, der sie schmückt zur Hochzeit,
> Der ihr seinen Segen gibt.
>
> *Hochzeitslied*

Der Reiseschlitten fuhr zum Kommandantenhaus. Das Volk, das Pugatschows Schlittenglocken erkannt hatte, lief hinter uns her. Schwabrin empfing den Usurpator auf der Vortreppe. Er war wie ein Kosak gekleidet und hatte sich einen Bart wachsen lassen. Der Verräter half Pugatschow beim Aussteigen und beteuerte mit niederträchtigen Worten seine Freude und seinen Diensteifer. Als er mich sah, wurde er verlegen, fasste sich aber schnell wieder, streckte mir die Hand hin und sagte: »Bist du auch auf unserer Seite? Das hättest du längst tun sollen!«

Ich drehte ihm wortlos den Rücken.

Das Herz tat mir weh, als wir in der altvertrauten Stube standen, wo an der Wand noch das Diplom des verstorbenen Kommandanten hing – ein trauriges Epitaph für die vergangenen Zeiten. Pugatschow setzte sich auf den Diwan, auf dem Iwan Kusmitsch gelegentlich ein Nickerchen gemacht hatte, eingeschläfert von den Gardinenpredigten seiner Frau. Schwabrin brachte ihm eigenhändig Wodka. Pugatschow trank das Glas aus und zeigte auf mich mit den Worten: »Bewirte auch Seine Wohlgeboren.« Da kam Schwabrin mit seinem Tablett zu mir, doch ich kehrte ihm zum zweiten Mal den Rücken. Er war verstört. Bei der ihm eigenen raschen Auffassungsgabe hatte er natürlich gemerkt, dass Pugatschow unzufrieden mit ihm war. Er hatte Angst vor ihm und warf mir misstrauische Blicke zu. Pugatschow erkundigte sich nach dem Zustand der Festung, nach Gerüchten über gegnerische Truppen und Ähnlichem und fragte dann plötzlich: »Sag, Bruder, was für ein Mädchen hältst du bei dir gefangen? Zeig es mir!«

Schwabrin wurde leichenblass.

»Herr«, widersprach er mit zitternder Stimme, »Herr, sie ist nicht gefangen … sie ist krank … und liegt in der oberen Stube.«

»Bring mich zu ihr!«, befahl der Usurpator und stand auf. Da half keine Ausflucht. Schwabrin führte Pugatschow zu Marja Iwanownas Stube. Ich folgte.

Auf der Treppe blieb Schwabrin stehen.

»Herr!«, sagte er. »Sie haben die Macht, alles von mir zu verlangen, was Ihnen beliebt. Aber gestatten Sie keinem Fremden, das Schlafzimmer meiner Frau zu betreten.«

Ich schrak zusammen.

»Du bist also verheiratet!«, rief ich, bereit, ihn in Stücke zu reißen.

»Still!«, schnitt Pugatschow mir das Wort ab. »Das ist meine Sache. Und du«, fuhr er, zu Schwabrin gewandt, fort, »spiel dich nicht auf und zier dich nicht. Egal, ob sie deine Frau ist oder nicht, ich führe zu ihr, wen ich will. Euer Wohlgeboren, du kommst mit.«

Vor der Stubentür blieb Schwabrin wiederum stehen.

»Herr, ich muss Ihnen sagen, dass sie im Delirium tremens liegt und schon seit drei Tagen ununterbrochen fantasiert!«, stotterte er.

»Mach auf!«, sagte Pugatschow.

Schwabrin suchte in seinen Taschen und bemerkte dann, er habe keinen Schlüssel bei sich. Da trat Pugatschow mit dem Fuß gegen die Tür. Das Schloss gab nach, die Tür flog auf, wir traten ein.

Ich schaute um mich und erstarrte. Auf dem Fußboden saß Marja Iwanowna, in zerfetztem Bauernkleid, blass, abgehärmt, mit zerzaustem Haar. Vor ihr stand ein Krug Wasser, mit einer Scheibe Brot zugedeckt. Als sie mich erblickte, fuhr sie hoch und schrie auf. Was dann mit mir geschah, weiß ich nicht mehr.

Pugatschow sah Schwabrin an und sagte mit bitterem Spott: »Ein hübsches Lazarett hast du da.« Er trat zu Marja Iwanowna. »Sag mir, Kindchen, wofür bestraft dich dein Mann? Was hast du ihm angetan?«

»Mein Mann!«, wiederholte sie. »Er ist nicht mein Mann. Nie werde ich seine Frau. Ich bin entschlossen, lieber zu sterben, und ich werde auch sterben, wenn mich keiner befreit.« Pugatschow sah Schwabrin drohend an.

»Du hast es gewagt, mich zu belügen!«, sagte er. »Weißt du, was du verdienst, du Tagedieb?«

Da warf sich Schwabrin auf die Knie. In diesem Augenblick erstickte die Verachtung in mir jedes Hass- und Zorngefühl. Mit Abscheu betrachtete ich den Edelmann, der einem flüchtigen Kosaken zu Füßen lag.

Pugatschow ließ sich erweichen.

»Diesmal will ich dir vergeben«, sagte er zu Schwabrin. »Doch merke dir, dass du beim nächsten Vergehen auch für dieses büßen musst.« Dann wandte er sich an Marja Iwanowna und fuhr freundlich fort: »Geh hinaus, schönes Mädchen; ich schenke dir die Freiheit. Ich bin der Zar.«

Marja Iwanowna warf ihm einen schnellen Blick zu und erriet, dass sie den Mörder ihrer Eltern vor sich hatte. Sie schlug die Hände vors Gesicht und fiel in Ohnmacht. Ich stürzte zu ihr hin; doch in diesem Augenblick drang meine alte Bekannte Palascha beherzt ins Zimmer ein und bemühte sich um ihre Herrin. Pugatschow verließ den Raum, und wir gingen zu dritt in die Wohnstube.

»Na, Euer Wohlgeboren?«, fragte Pugatschow lachend. »Die schöne Jungfrau wäre befreit! Was meinst du, sollten wir jetzt nicht den Popen holen und ihn veranlassen, seine Nichte zu trauen? Ich will der Brautvater sein, und Schwabrin machen wir zum Brautführer. Dann feiern wir die Hochzeit fein und führen euch ins Kämmerlein.«

Was ich befürchtet hatte, trat ein. Bei Pugatschows Vorschlag verlor Schwabrin die Fassung.

»Herr!«, schrie er wütend. »Ich bin schuldig, denn ich habe Sie belogen; aber Grinjow hat Sie ebenfalls hintergangen. Dieses Mädchen ist nicht die Nichte des hiesigen Popen; es ist die Tochter Iwan Mironows, der bei der Einnahme der Festung hingerichtet wurde.«

Pugatschow richtete seine Feueraugen auf mich.

»Was heißt das?«, fragte er verdutzt.

»Schwabrin hat dir die Wahrheit gesagt«, antwortete ich fest.

»Das hast du mir verschwiegen!« Pugatschows Gesicht verfinsterte sich.

»Urteile selbst«, erwiderte ich. »Konnte ich in Gegenwart deiner Leute erklären, dass Mironows Tochter am Leben ist? Sie hätten sie umgebracht. Nichts hätte sie gerettet!«

»Das ist wahr!«, bestätigte Pugatschow lachend. »Meine Trunkenbolde hätten das arme Mädchen nicht verschont. Die nette Popenfrau hat recht daran getan, sie hinters Licht zu führen.«

»Höre«, fuhr ich fort, als ich seine gute Laune sah. »Wie ich dich anreden soll, weiß ich nicht, und ich will es auch nicht wissen. Doch Gott ist mein Zeuge, dass ich dir gern mit meinem Leben lohnte, was du für mich tatest. Verlange aber nichts, was meiner Ehre und meinem christlichen Gewissen zuwiderläuft. Du bist mein Wohltäter. Vollende, was du begonnen hast: Lass mich mit der armen Waise ziehen, wohin uns Gott führt. Dann werden wir, wo du auch bist und was immer dir geschieht, täglich für die Rettung deiner sündigen Seele beten.«

Pugatschows hartes Herz schien gerührt.

»Dein Wille geschehe«, sprach er. »Hinrichten und begnadigen – beides tu ich ganz, das ist so Sitte bei mir. Nimm deine Schöne, bring sie, wohin du magst, und Gott schenke euch Liebe und Eintracht!« Er drehte sich zu Schwabrin um und befahl ihm, mir einen Passierschein für alle Festungen und Feldwachen auszuschreiben, die unter seinem Kommando standen.

Schwabrin sah sich vernichtet; er war zu einer Bildsäule erstarrt.

Pugatschow ging, um die Festung zu inspizieren. Schwabrin begleitete ihn; ich blieb unter dem Vorwand zurück, Reisevorbereitungen treffen zu müssen.

Ich lief zur Oberstube hinauf. Die Tür war verschlossen, und ich klopfte.

»Wer ist da?«, fragte Palascha.

Als ich meinen Namen nannte, erklang Marja Iwanownas liebe Stimme hinter der Tür: »Einen Augenblick, Pjotr Andrejitsch. Ich kleide mich gerade um. Gehen Sie zu Akulina Pamfilowna, ich komme sofort nach.«

Gehorsam ging ich zum Haus von Vater Gerassim. Er und die Popenfrau eilten mir entgegen. Saweljitsch hatte sie schon informiert.

»Guten Tag, Pjotr Andrejitsch!«, sagte die Popenfrau. »Nun hat uns Gott doch wieder zusammengeführt. Wie geht es Ihnen? Wir haben täglich von Ihnen gesprochen. Was hat Marja Iwanowna nicht alles in Ihrer Abwesenheit erduldet – das liebe Kind! Sagen Sie, Väterchen, weshalb vertragen Sie sich so gut mit Pugatschow? Wieso hat er Sie nicht ins Jenseits befördert? Na gut, wir können dem Banditen ja nur dankbar dafür sein.«

»Schluss, Alte!«, fiel ihr Vater Gerassim ins Wort. »Führe nicht so unüberlegte Reden. Viel Geschwätz macht nicht selig. – Väterchen Pjotr Andrejitsch! Treten Sie bitte näher. Lange, lange haben wir uns nicht gesehen.«

Die Popenfrau bewirtete mich nach besten Kräften und plapperte dabei pausenlos. Sie erzählte, wie Schwabrin sie gezwungen hatte, ihm Marja Iwanowna auszuliefern; wie Marja Iwanowna geweint und sich gegen die Trennung von ihnen gesträubt hatte; wie sie durch Palascha – eine aufgeweckte Person, die selbst den Unteroffizier dazu gebracht hatte, nach ihrer Pfeife zu tanzen – ständig mit Marja Iwanowna in Verbindung geblieben waren; wie sie Marja Iwanowna geraten hatte, mir einen Brief zu schreiben, und so weiter. Was mich betraf, so erzählte ich ihr in kurzen Worten meine Geschichte. Pope und Popenfrau bekreuzigten sich, als sie hörten, dass Pugatschow von ihrem Betrug wusste.

»Gott steh uns bei!«, sagte Akulina Pamfilowna. »Möge er dieses Unwetter an uns vorüberziehen lassen! Nein, dieser Schwabrin! Das ist wirklich ein sauberer Patron!«

Da öffnete sich die Tür, und herein kam Marja Iwanowna, ein Lächeln auf dem blassen Gesicht. Sie hatte ihr Bauernkleid ausgezogen und war wieder schlicht und anmutig gekleidet wie früher.

Ich ergriff ihre Hand und konnte lange kein Wort hervorbringen. Wir schwiegen beide mit übervollem Herzen. Unsere Gastgeber merkten, dass sie überflüssig waren, und verließen uns. Wir blieben allein. Alles war vergessen. Wir konnten uns nicht satt reden. Marja Iwanowna erzählte mir ausführlich, was sie seit der Einnahme der Festung erlebt hatte, beschrieb mir das ganze Grauen ihrer Lage, alle Qualen, die der ruchlose Schwabrin ihr bereitet hatte. Wir gedachten auch der früheren glücklichen Zeit und weinten beide … Schließlich legte ich ihr meine Überlegungen dar. In der Festung, die von Pugatschow befehligt und von Schwabrin kommandiert wurde, war ihres Bleibens nicht länger. Auch Orenburg, das alles Ungemach einer Belagerung erdulden musste, kam nicht in Frage. Sie hatte keinen Angehörigen mehr auf der Welt. So schlug ich ihr vor, zu meinen Eltern zu fahren, in unser Dorf. Anfangs zögerte sie, abgeschreckt von der ihr bekannten Voreingenommenheit meines Vaters. Ich beruhigte sie, wusste ich doch, dass der Vater es für ein Glück und für seine Pflicht halten würde, die Tochter eines verdienten Soldaten, der für das Vaterland sein Leben gegeben hatte, bei sich aufzunehmen.

»Liebste Marja Iwanowna«, sagte ich zuletzt. »Ich betrachte dich als meine Frau. Absonderliche Umstände haben uns untrennbar vereint; nichts auf der Welt kann uns mehr auseinanderbringen.« Marja Iwanowna hörte mir ruhig zu, ohne geheuchelte Verlegenheit und gekünsteltes Sträuben. Sie spürte, dass ihr Geschick mit dem meinen verbunden war. Dennoch wiederholte sie, dass sie nur mit Zustimmung meiner Eltern meine Frau werden würde. Ich widersprach ihr nicht. Wir küssten uns leidenschaftlich, innig – dergestalt wurde alles zwischen uns entschieden.

Nach einer Stunde brachte der Unteroffizier mir den Passierschein mit Pugatschows krakliger Unterschrift und bestellte mich zu ihm. Ich fand ihn reisefertig. Es ist mir unmöglich, zu schildern, was ich empfand, als ich Abschied nahm von diesem fürchterlichen Menschen, der für alle ein Scheusal und Verbrecher war außer für mich. Weshalb soll ich die Wahrheit verhehlen? In diesem Augenblick fühlte ich mich durch tiefes Mitleid zu ihm hingezogen und verspürte den heißen Wunsch, ihn aus der Gemeinschaft der von ihm befehligten Verbrecher herauszureißen und seinen Kopf zu retten, solange es noch Zeit war. Schwabrin und die anderen Leute, die ihn umdrängten, hinderten mich, ihm mein übervolles Herz zu offenbaren.

Wir trennten uns freundschaftlich. Als Pugatschow Akulina Pamfilowna in der Menge erblickte, drohte er ihr mit dem Finger und zwinkerte ihr bedeutungsvoll zu; dann setzte er sich in den Reiseschlitten und befahl, den Weg nach Berda einzuschlagen. Als die Pferde anzogen, beugte er sich noch einmal heraus und rief mir zu: »Leb wohl. Euer Wohlgeboren! Vielleicht sehen wir uns irgendwann wieder!«

Wir sahen uns tatsächlich wieder, doch unter welchen Umständen!

Pugatschow fuhr davon. Noch lange schaute ich auf die weiße Steppe, über die seine Troika sauste. Die Menge zerstreute sich. Schwabrin war verschwunden. Ich kehrte ins Haus des Popen zurück. Alles war zu unserer Abreise bereit; ich wollte nicht länger zögern. Unsere Habseligkeiten wurden im alten Gefährt des Kommandanten verstaut; die Fuhrleute spannten flugs die Pferde ein. Marja Iwanowna ging, um Abschied zu nehmen von den Gräbern ihrer Eltern, die hinter der Kirche beerdigt lagen. Ich wollte sie begleiten, aber sie bat mich, sie allein zu lassen. Nach wenigen Minuten kehrte sie, stille Tränen in den Augen, zurück. Der Schlitten fuhr vor. Vater Gerassim und seine Frau traten auf die Vortreppe. Wir setzten uns zu dritt in den Schlitten – Marja Iwanowna, Palascha und ich –, während Saweljitsch den Bock erklomm.

»Leb wohl, Marja Iwanowna, mein Täubchen! – Leben Sie wohl, Pjotr Andrejitsch, Sie kühner Falke!«, sagte die gutmütige Popenfrau. »Glückliche Reise! Gott schenke Ihnen beiden Glück!«

Wir fuhren ab. Am Fenster des Kommandantenhauses sah ich Schwabrin stehen. In seinem Gesicht spiegelte sich finstere Wut. Ich wollte nicht über den besiegten Feind triumphieren und blickte weg. Dann passierten wir das Festungstor und verließen Belogorskaja für immer.

Dreizehntes Kapitel

Verhaftung

»Mein Herr, ich hoffe sehr, Sie nehmen's mir nicht übel,
Dass ich Sie pflichtgemäß bring hinter Schloss und Riegel!« –
»Nur zu, ich bin bereit. Doch leihn Sie mir Ihr Ohr,
Wenn ich den Fall erklären möcht zuvor.«

Knjashnin

Ich vermochte noch immer nicht zu glauben, dass ich so unverhofft wieder vereint war mit dem lieben Mädchen, um das ich noch am Morgen so schmerzlich gebangt hatte, und hielt alles, was mit mir geschehen war, für einen Traum. Marja Iwanowna schaute versonnen bald auf mich, bald auf die Straße; sie hatte ihre Fassung offenbar auch noch nicht zurückgewonnen. Wir schwiegen. Unsere Herzen waren zu sehr in Mitleidenschaft gezogen. Unversehens langten wir nach zwei Stunden in der nächsten Festung an, die ebenfalls unter Pugatschows Herrschaft stand. Dort wechselten wir die Pferde. An der Schnelligkeit, mit der sie eingespannt wurden, und an dem übertriebenen Diensteifer des bärtigen Kosaken, den Pugatschow zum Kommandanten ernannt hatte, erkannte ich, dass man mich, dank der Schwatzhaftigkeit unseres Kutschers, für einen hochgestellten Günstling hielt.

Wir fuhren weiter. In der Abenddämmerung näherten wir uns einem Städtchen, in dem nach Aussage des bärtigen Kommandanten eine starke Abteilung lag, die zum Usurpator stoßen wollte. Wir wurden von den Posten angehalten. Auf die Frage: »Wer da?« antwortete der Kutscher mit schallender Stimme: »Ein Gevatter unseres Zaren mit seinem Frauchen.« Da wurden wir plötzlich von zahlreichen Husaren umringt, die uns fürchterlich beschimpften.

»Steig aus, du Teufelsgevatter!«, befahl mir ein schnurrbärtiger Wachtmeister. »Wir werden dir und deinem Frauchen die Hölle heiß machen!«

Ich kletterte aus dem Schlitten und verlangte, zu ihrem Vorgesetzten gebracht zu werden. Als die Soldaten sahen, dass sie einen Offizier vor sich hatten, stellten sie das Geschimpfe ein. Der Wachtmeister führte mich zum Major. Saweljitsch blieb mir auf den Fersen und brummte vor sich hin: »Das haben wir von dem Zarengevatter! Aus dem Regen in die Traufe! Allmächtiger, wie soll das enden?« Der Reiseschlitten fuhr im Schritt hinter uns her.

Nach fünf Minuten gelangten wir zu einem hell erleuchteten Haus. Der Wachtmeister ließ mich beim Posten warten und ging hinein, um mich zu melden. Er kam sofort zurück und erklärte, Seine Wohlgeboren habe keine Zeit, mich zu empfangen, und befohlen, mich ins Gefängnis zu stecken, meine Frau aber zu ihm zu bringen.

»Was heißt das?«, schrie ich wütend. »Ist er verrückt geworden?«

»Das weiß ich nicht, Euer Wohlgeboren«, erwiderte der Wachtmeister. »Aber Seine Hochwohlgeboren hat befohlen, Euer Wohlgeboren ins Gefängnis zu stecken und Ihre Wohlgeboren zu Seiner Hochwohlgeboren zu bringen, Euer Wohlgeboren!«

Ich sprang die Treppe hinauf. Die Posten dachten nicht daran, mich zurückzuhalten, und ich stürmte geradewegs in das Zimmer, wo sechs Husarenoffiziere Pharao spielten. Der Major gab gerade die Karten. Wie groß war meine Verwunderung, als ich erkannte, dass es Iwan Iwanowitsch Surin war, an den ich seinerzeit in der Simbirsker Schenke hundert Rubel verloren hatte.

»Ist es möglich?«, rief ich. »Iwan Iwanowitsch! Du?«

»Na so was! Pjotr Andrejitsch! Was hat dich hierher verschlagen? Woher kommst du? Grüß dich, Bruder. Magst du eine Karte setzen?«

»Ergebensten Dank. Lass mir lieber ein Quartier zuweisen.«

»Wieso brauchst du ein Quartier? Du übernachtest bei mir.«

»Das geht nicht. Ich bin nicht allein.«

»Dann hol den Kameraden her.«

»Ich habe keinen Kameraden bei mir, sondern … eine Dame.«

»Eine Dame? Wo hast du die aufgegabelt? Ei, ei, Bruder!«

Surin gab einen so unzweideutigen Pfiff von sich, dass alle in schallendes Gelächter ausbrachen und ich sehr verlegen wurde. »Na gut«, fuhr er fort, »du kriegst ein Quartier. Aber es ist trotzdem schade … Wir hätten gezecht wie in alten Zeiten. – He, Bursche! Wo bleibt Pugatschows Gevatterin? Oder sträubt sie sich? Sagt ihr, sie brauche keine Angst zu haben. Es sei ein schöner Herr, er werde sie nicht beleidigen. Und gebt ihr was hinter die Löffel.«

»Was redest du da?«, fuhr ich dazwischen. »Was heißt hier Pugatschows Gevatterin? Das ist die Tochter des verstorbenen Hauptmanns Mironow. Ich habe sie aus der Gefangenschaft befreit und bringe sie jetzt ins Dorf meiner Eltern, wo ich sie auch lassen werde.«

»Ach so! Dann warst du es also, über den mir Meldung erstattet wurde? Erbarm dich! Was bedeutet das?«

»Das erzähle ich dir später. Zuvörderst aber beruhige um Gottes willen das arme Mädchen, dem deine Husaren eine Heidenangst eingejagt haben.«

Surin gab sogleich die entsprechenden Anweisungen, ging persönlich hinaus, entschuldigte sich bei Marja Iwanowna für das unbeabsichtigte Missverständnis und befahl dem Wachtmeister, sie in das beste Quartier der Stadt zu bringen. Ich blieb bei ihm.

Wir aßen zu Abend, und als ich anschließend mit Surin allein war, erzählte ich ihm meine Abenteuer. Er hörte mit großer Aufmerksamkeit zu und sagte hinterher kopfschüttelnd: »Alles schön und gut, mein Lieber, nur eins ist schlecht: Warum, zum Teufel, musst du heiraten? Als ehrenhafter Offizier mag ich dich nicht belügen: Glaube mir, die Ehe ist eine Torheit. Weshalb willst du dich mit einer Frau abplagen und kleine Kinder hüten? Schlag dir das aus dem Sinn! Hör auf mich und schaff dir die Hauptmannstochter vom Hals. Die Landstraße nach Simbirsk habe ich gesäubert; sie ist jetzt ungefährlich.

Schick das Mädchen morgen allein zu deinen Eltern, und du selbst bleibst in meiner Abteilung. Es hat keinen Sinn, dass du nach Orenburg zurückkehrst. Wenn du den Rebellen noch einmal in die Hände fällst, kommst du kaum wieder mit heiler Haut davon. Auf diese Weise vergeht dir die Liebestorheit von allein, und alles wird gut.«

Ich war zwar nicht ganz seiner Ansicht, erkannte aber, dass es für mich Ehrensache war, im Heer Ihrer Majestät zu bleiben. Deshalb beschloss ich, Surins Rat zu befolgen: Marja Iwanowna ins Dorf zu schicken und mich seiner Abteilung anzuschließen.

Als Saweljitsch kam, um mich auszukleiden, eröffnete ich ihm, dass er sich bereit machen solle, am folgenden Tag mit Marja Iwanowna abzureisen.

Er versuchte, sich zu weigern: »Was redest du da, Herr! Ich kann dich doch nicht verlassen! Wer soll für dich sorgen? Was würden deine Eltern sagen?«

Zwar kannte ich den Starrsinn meines Erziehers, aber ich war entschlossen, ihn durch Freundlichkeit und Offenheit zu überzeugen.

»Archip Saweljitsch, lieber Freund!«, sagte ich. »Lehne es nicht ab, sei mein Wohltäter. Ich brauche hier keine Bedienung, doch ich würde keine Ruhe finden, wenn Marja Iwanowna ohne dich die Reise machen müsste. Wenn du ihr dienst, dann dienst du auch mir, denn ich habe die feste Absicht, sie zu heiraten, sobald es die Verhältnisse erlauben.« Saweljitsch schlug mit dem Ausdruck unbeschreiblichen Erstaunens die Hände zusammen.

»Heiraten!«, wiederholte er. »Das Kind will heiraten! Was wird dein Vater sagen, was soll deine liebe Mutter denken?«

»Sie werden ganz gewiss ihre Einwilligung geben, wenn sie Marja Iwanowna kennenlernen«, erwiderte ich. »Dabei hoffe ich auch auf deinen Beistand. Meine Eltern vertrauen dir. Du wirst unser Fürsprecher sein, nicht wahr?«

Der Alte war gerührt.

»Ach, Väterchen Pjotr Andrejitsch!«, antwortete er. »Du denkst zwar reichlich früh an eine Heirat, doch Marja Iwanowna ist wirklich ein so gutes Fräulein, dass es eine Sünde wäre, sich diese Gelegenheit entgehen zu lassen. Du sollst deinen Willen haben. Ich werde sie heimbringen, den Gottesengel, und deinen Eltern unterwürfig auseinandersetzen, dass bei einer solchen Braut jede Mitgift überflüssig ist.«

Ich dankte ihm und schlug in Surins Zimmer mein Nachtlager auf. Da ich erhitzt und erregt war, schwatzte ich pausenlos. Anfangs antwortete Surin mir bereitwillig; doch allmählich wurden seine Entgegnungen seltener und zusammenhangloser; schließlich reagierte er auf meine Fragen nur noch mit Schnarch- und Pfeiftönen. Da verstummte ich und folgte bald seinem Beispiel.

Am nächsten Morgen ging ich zu Marja Iwanowna und teilte ihr meinen Entschluss mit. Sie erkannte, dass er vernünftig war, und stimmte mir sofort zu. Surins Abteilung sollte die Stadt noch am selben Tag verlassen. Wir durften nicht länger zögern. So vertraute ich Marja Iwanowna der Obhut Saweljitschs an, gab ihr einen Brief an meine Eltern mit und nahm von ihr Abschied. Marja Iwanowna weinte.

»Leben Sie wohl, Pjotr Andrejitsch!«, sagte sie leise. »Gott allein weiß, ob wir uns wiedersehen. Aber ich werde Sie nicht vergessen, solange ich lebe. Bis zu meinem Tod wirst du der Einzige sein, den ich im Herzen trage.«

Ich war außerstande, ihr zu antworten. Wir waren nicht allein, und in Gegenwart anderer Menschen mochte ich den Gefühlen, die mich bewegten, keinen Ausdruck geben. Schließlich fuhr sie ab. Traurig und schweigsam kehrte ich zu Surin zurück. Er wollte mich aufheitern; ich versuchte, mich abzulenken. In lärmendem Trubel verbrachten wir den Tag; abends rückten wir ab.

Wir hatten Ende Februar. Der Winter, der die militärischen Operationen erschwert hatte, ging zu Ende, und unsere Generale rüsteten zu gemeinschaftlichen Aktionen. Pugatschow lag immer noch vor Orenburg. Allmählich wurden unsere Truppen um ihn zusammengezogen; von allen Seiten näherten sie sich dem Banditennest. Die Rebellendörfer unterwarfen sich unseren einmarschierenden Soldaten; überall ergriffen die Räuberhorden vor uns die Flucht, und alles verhieß ein baldiges glückliches Ende.

Fürst Golizyn besiegte Pugatschow kurz darauf bei der Festung Tatistschewa, zerstreute seine Scharen, befreite Orenburg, und es sah so aus, als hätte er dem Aufstand den letzten, entscheidenden Schlag versetzt. Surin war zu diesem Zeitpunkt gegen eine Bande meuternder Baschkiren unterwegs, doch sie liefen auseinander, bevor wir sie zu Gesicht bekamen. Das Frühjahr setzte uns in einem Tatarendorf gefangen. Die Flüsse waren über die Ufer getreten, die Straßen unpassierbar geworden. Wir trösteten uns in unserer Untätigkeit mit dem Gedanken an ein baldiges Ende des langweiligen Kleinkrieges gegen Räuber und Wilde.

Doch Pugatschows hatte man noch nicht habhaft werden können. Er tauchte in den sibirischen Betrieben auf, sammelte dort neue Banden und setzte seine Untaten fort. Wieder verbreiteten sich Gerüchte, er wäre siegreich gewesen. Wir erfuhren von der Zerstörung sibirischer Festungen. Die Feldherren, die sich bisher in Sicherheit gewiegt hatten, weil sie den verachtungswürdigen Aufrührer für entmachtet hielten, wurden durch die Nachricht von der Einnahme Kasans und dem Marsch des Usurpators gen Moskau aufgeschreckt. Surin erhielt den Befehl, die Wolga zu überqueren.*

Unseren Feldzug und die Beendigung des Krieges will ich nicht beschreiben. Ich möchte nur sagen, dass die Not unermesslich war. Wir kamen durch Siedlungen, die von den Aufrührern verwüstet worden waren, und nahmen den armen Einwohnern notgedrungen das Letzte, was sie noch gerettet hatten. Überall lag die Verwaltung darnieder. Die Gutsbesitzer hielten sich in den Wäldern versteckt. Räuberbanden wüteten landauf, landab; die Kommandeure der einzelnen Truppenteile bestraften und begnadigten nach Gutdünken; das weiträumige Gebiet, das der Kriegsbrand verheert hatte, befand

* An diese Stelle gehört das »Ausgelassene Kapitel«, das von Puschkin gestrichen wurde und nur noch im Entwurf vorhanden ist.

sich in entsetzlichem Zustand … Gott bewahre uns vor den Auswirkungen einer russischen Rebellion, sie ist ebenso sinnlos wie erbarmungslos!

Pugatschow floh, von Iwan Iwanowitsch Michelson verfolgt. Kurz darauf erfuhren wir von seiner restlosen Zerschlagung. Schließlich erhielt Surin die Nachricht, der Usurpator sei gefangen genommen, und gleichzeitig den Befehl, den Weitermarsch einzustellen. Der Krieg war vorbei. Endlich konnte ich zu meinen Eltern reisen! Die Vorstellung, sie zu umarmen und Marja Iwanowna wiederzusehen, von der ich keinerlei Nachricht hatte, erfüllte mich mit Entzücken. Ich hüpfte wie ein Kind umher. Surin lachte und sagte achselzuckend: »Nein, mit dir nimmt es kein gutes Ende! Wenn du heiratest, bist du verloren!«

Indessen wurde meine Freude durch ein seltsames Gefühl getrübt. Unwillkürlich bedrückte mich der Gedanke an den Verbrecher, der das Blut so vieler unschuldiger Opfer vergossen hatte, und an die Hinrichtung, die ihn erwartete. Jemelja, Jemelja!, dachte ich zornig. Weshalb hat dich kein Bajonett durchbohrt, keine Kartätsche getroffen? Einen besseren Tod hättest du nicht finden können. – Was sollte ich machen? Für mich war der Gedanke an ihn untrennbar verbunden mit der Erinnerung an die Gnade, die er mir in einem entsetzlichen Augenblick meines Lebens erwiesen hatte, und an die Befreiung meiner Braut aus den Händen des ruchlosen Schwabrin.

Surin gab mir Urlaub. In wenigen Tagen würde ich bei meiner Familie sein und meine Marja Iwanowna wiedersehen … Doch da traf mich ein Blitz aus heiterem Himmel.

Als ich mich am Tag meiner Abreise zum Aufbruch rüstete, kam Surin mit tief besorgtem Gesicht zu mir, ein Schreiben in der Hand. Mich durchfuhr es, und ich erschrak, ohne zu wissen, warum. Er schickte meinen Burschen hinaus und sagte, er habe etwas mit mir zu besprechen.

»Was ist?«, fragte ich beklommen.

»Eine kleine Unannehmlichkeit«, erwiderte er und gab mir das Schreiben. »Lies, das habe ich just erhalten.«

Ich las. Es war ein Geheimbefehl an alle Truppenkommandeure, mich zu verhaften, wo immer ich auftauchte, und mich unverzüglich unter Bewachung nach Kasan zu schicken, zur Untersuchungskommission der Pugatschow-Affäre.

Das Schreiben fiel mir fast aus der Hand.

»Da ist nichts zu machen«, sagte Surin. »Ich bin verpflichtet, diesen Befehl auszuführen. Wahrscheinlich sind deine freundschaftlichen Reisen mit Pugatschow der Regierung irgendwie zu Ohren gekommen. Ich hoffe, dass die Sache keine Folgen hat und du dich vor der Untersuchungskommission rechtfertigen kannst. Lass den Mut nicht sinken und fahre hin.« Mein Gewissen war rein. Ich hatte keine Angst vor dem Gericht, aber mich erschreckte die Vorstellung, dass der Augenblick des süßen Wiedersehens dadurch vielleicht um mehrere Monate verschoben werden könnte. Der Wagen stand bereit. Surin verabschiedete sich freundschaftlich von mir. Ich stieg ein; neben mir nahmen zwei Husaren mit gezogenem Säbel Platz, dann fuhr ich auf der Landstraße davon.

Vierzehntes Kapitel

Das Gericht

> Gerüchte gleichen Meereswogen.
>
> *Sprichwort*

Ich war überzeugt, dass man mir meine eigenmächtige Entfernung aus Orenburg vorwerfen würde. Doch das konnte ich ohne Weiteres rechtfertigen: Einzelaktionen waren nie verboten gewesen, im Gegenteil, man hatte sie mit allen Mitteln gefördert. Man mochte mich der Voreiligkeit bezichtigen, nicht aber des Ungehorsams. Dagegen konnten viele Zeugen meine freundschaftliche Beziehung zu Pugatschow bestätigen; sie musste zumindest sehr verdächtig wirken. Während der ganzen Fahrt beschäftigte ich mich in Gedanken mit dem zu erwartenden Verhör und überlegte mir meine Antworten. Ich war entschlossen, vor Gericht die reine Wahrheit zu sagen, denn dieses Rechtfertigungsmittel war nach meiner Auffassung am einfachsten und gleichzeitig am sichersten.

Ich erreichte das verwüstete, ausgebrannte Kasan. Anstelle von Häusern wurden die Straßen gesäumt von verkohltem Hausrat und brandgeschwärzten Mauern ohne Dächer und Fenster. So sahen die Spuren aus, die Pugatschow hinterlassen hatte. Man führte mich in die Festung, die inmitten der abgebrannten Stadt unversehrt geblieben war. Die Husaren lieferten mich an den diensthabenden Offizier ab. Dieser ließ den Schmied holen, der mir eine Kette um die Füße schlang und sie festschmiedete. Dann wurde ich ins Gefängnis geführt und in eine enge, dunkle Einzelzelle mit kahlen Wänden und vergittertem Fenster gebracht.

Dieser Anfang verhieß nichts Gutes. Indessen verlor ich Zuversicht und Hoffnung nicht. Ich griff zum Trost aller Leidenden, kostete zum ersten Mal die Süße des Gebets, das aus einem reinen, aber gequälten Herzen kommt, und schlief dann ruhig ein, ohne mich um die Zukunft zu ängstigen.

Am nächsten Tag weckte mich der Gefängniswärter mit der Mitteilung, die Kommission erwarte mich. Zwei Soldaten führten mich über den Hof ins Kommandantenhaus, blieben im Vorzimmer zurück und ließen mich allein in die Innenräume eintreten.

Ich kam in einen ziemlich geräumigen Saal. An einem mit Papieren bedeckten Tisch saßen zwei Männer – ein alter General mit strengem, kaltem Gesicht und ein junger Gardehauptmann, etwa achtundzwanzig Jahre alt, von sympathischem Aussehen, mit gewandten, unbefangenen Umgangsformen. Am Fenster saß hinter einem gesonderten Tisch, über Schriftstücke gebeugt, der Sekretär mit der Feder hinter dem Ohr, bereit, meine Aussagen festzuhalten. Das Verhör begann.

Man fragte mich nach Namen und Stand. Der General erkundigte sich, ob ich ein Sohn von Andrej Petrowitsch Grinjow wäre. Und auf meine Antwort versetzte er finster: »Ein Jammer, dass ein so ehrenwerter Mann einen derart unwürdigen Sohn hat!«

Ich erwiderte ruhig, dass, gleichgültig, welche Anschuldigungen man mir zur Last legen würde, ich hoffte, sie durch meine wahrheitsgetreue Aussage entkräften zu können.

Meine Sicherheit missfiel ihm.

»Du bist schlagfertig, mein Junge«, sagte er stirnrunzelnd. »Aber wir sind schon mit anderen Leuten fertig geworden.« Danach fragte mich der junge Mann, bei welcher Gelegenheit und zu welchem Zeitpunkt ich in Pugatschows Dienste getreten wäre und welche Aufträge ich von ihm erhalten hätte. Empört entgegnete ich, dass ich als Offizier und Edelmann niemals hätte in Pugatschows Dienste treten und deshalb auch keinerlei Aufträge von ihm entgegennehmen können.

»Wieso hat der Usurpator dann den Edelmann und Offizier als Einzigen verschont, während all seine Kameraden bestialisch umgebracht wurden?«, fragte der Untersuchungsrichter. »Wieso hat selbiger Offizier und Edelmann freundschaftlich mit den Aufrührern gezecht und vom Oberbanditen Geschenke angenommen – einen Pelz, ein Pferd und einen halben Rubel? Wie ist diese merkwürdige Freundschaft zustande gekommen, und worauf basierte sie, wenn nicht auf Verrat oder zumindest auf ehrloser, verbrecherischer Feigheit?«

Die Worte des Gardeoffiziers beleidigten mich tief. Und leidenschaftlich setzte ich zu meiner Rechtfertigung an. Ich erzählte, wie ich in der Steppe, während des Schneesturms, mit Pugatschow bekannt geworden war, wie er mich bei der Einnahme der Festung Belogorskaja erkannt und verschont hatte. Ich bestätigte, dass ich mich nicht gescheut hätte, den Pelz und das Pferd von dem Usurpator anzunehmen; doch die Festung Belogorskaja hätte ich, soweit irgend möglich, gegen den Banditen verteidigt. Schließlich berief ich mich auch auf meinen General, der meinen Eifer während der unheilvollen Belagerung Orenburgs bezeugen könne.

Der gestrenge alte Mann nahm einen geöffneten Brief vom Tisch und las vor:

Auf die Anfrage Eurer Exzellenz, den Fähnrich Grinjow betreffend, ob dieser in die derzeitigen Wirren verwickelt sei und in dienstlich verbotenen und der Eidespflicht zuwiderlaufenden Beziehungen zu dem Banditen stehe, habe ich die Ehre zu vermelden: Besagter Fähnrich Grinjow tat in Orenburg Dienst von Anfang Oktober 1773 bis zum 24. Februar dieses Jahres. An diesem Tag hat er die Stadt verlassen und sich seitdem meinem Kommando nicht wieder unterstellt. Von Überläufern habe ich erfahren, dass er sich in Pugatschows Dorf aufgehalten hat und mit diesem in die Festung Belogorskaja gefahren ist, in die er früher dienstlich abkommandiert war. Was sein Betragen betrifft, so kann ich …

Er unterbrach die Lektüre und fragte böse: »Was sagst du jetzt zu deiner Rechtfertigung?«

Ich wollte fortfahren, wie ich begonnen hatte, und ebenso aufrichtig wie bisher von meinem Verhältnis zu Marja Iwanowna berichten. Doch davor empfand ich plötzlich einen unüberwindlichen Widerwillen. Mir war klargeworden, dass die Kommission sie zur Vernehmung holen würde, wenn ich sie angab. Und der Gedanke, dass ihr Name in die gemeinen Denunziationen der Banditen hineingezogen und sie selbst gar mit ihnen konfrontiert werden würde, war mir so entsetzlich, erschreckte mich so sehr, dass ich verlegen wurde und stockte.

Meine Richter hatten sichtlich begonnen, meine Antworten mit einem gewissen Wohlwollen anzuhören; doch angesichts meiner Verwirrung wurden sie erneut gegen mich eingenommen. Der Gardeoffizier verlangte, mich dem Hauptdenunzianten gegenüberzustellen. Der General befahl, den Banditen vom Vortag zu holen. Neugierig richtete ich meinen Blick auf die Tür und wartete auf das Erscheinen meines Anklägers. Nach einigen Minuten klirrten Ketten, die Tür öffnete sich, und herein trat – Schwabrin. Erstaunt sah ich, wie sehr er sich verändert hatte. Er war entsetzlich mager und blass. Sein vor Kurzem noch pechschwarzes Haar war völlig ergraut, der lange Bart zerzaust. Seine Anschuldigungen wiederholte er mit schwacher, aber entschlossener Stimme. Er sagte aus, ich wäre von Pugatschow als Spion nach Orenburg entsandt worden und hätte dort täglich Ausritte unternommen, um schriftliche Meldungen über sämtliche Vorgänge in der Stadt abzuliefern; schließlich wäre ich offen zum Usurpator übergegangen, mit ihm von Festung zu Festung gefahren und hätte versucht, meinen ehemaligen Kameraden – ebensolchen Verrätern wie ich – auf jede Art und Weise zu schaden, um deren Posten einzunehmen und die vom Usurpator ausgesetzten Belohnungen einzuheimsen.

Ich hörte schweigend zu und war nur erleichtert, dass der gemeine Verbrecher den Namen Marja Iwanownas nicht nannte – entweder, weil der Gedanke an jene, die ihn verächtlich abgewiesen hatte, seinem Selbstgefühl weh tat, oder auch, weil in seinem Herzen noch ein Funke jenes Gefühls glomm, das auch mich zu schweigen zwang. Wie dem auch sei, die Tochter des Kommandanten von Belogorskaja wurde vor der Kommission nicht erwähnt. Das bestärkte mich in meiner Absicht; und als mich die Richter fragten, ob ich Schwabrins Aussagen widerlegen könne, gab ich zur Antwort, dass ich an meiner ersten Darstellung festhalte und nichts anderes zu meiner Rechtfertigung zu sagen habe.

Der General ließ uns abführen. Wir gingen zusammen hinaus. Ich schaute Schwabrin ruhig an, ohne ein Wort. Er verzog das Gesicht zu einem boshaften Lächeln, hob seine Ketten auf, überholte mich und beschleunigte den Schritt. Ich wurde ins Gefängnis zurückgebracht und seitdem nicht mehr zum Verhör geholt.

Leider bin ich kein Augenzeuge der Ereignisse gewesen, die ich dem Leser nun noch schildern möchte. Aber ich habe die Berichte darüber so häufig gehört, dass sich mir auch die geringste Einzelheit tief ins Gedächtnis geprägt hat und es mich dünkt, ich wäre unsichtbar dabei gewesen.

Marja Iwanowna war von meinen Eltern mit der aufrichtigen Freude aufgenommen worden, die die Menschen der alten Zeit kennzeichnete. Sie hielten es für eine Gnade Gottes, Gelegenheit zu haben, einer armen Waise Zuflucht zu gewähren und freundlich zu ihr zu sein. Bald gewannen sie Marja Iwanowna aufrichtig lieb, denn es war unmöglich, sie zu kennen und nicht liebzuhaben. Meine Liebe zu ihr erschien meinem Vater nicht mehr als launenhafter Einfall; und Mutter hatte nur noch den Wunsch, ihr Petruscha möge die reizende Hauptmannstochter heiraten.

Die Nachricht von meiner Verhaftung erschütterte die ganze Familie. Marja Iwanowna hatte den Eltern meine seltsame Bekanntschaft mit Pugatschow so harmlos geschildert, dass sie vollkommen beruhigt waren, ja oft herzlich darüber lachten. Vater wollte nicht glauben, dass ich in den schmählichen Aufstand verwickelt war, der sich den Sturz des Thrones und die Ausrottung des Adels zum Ziel gesetzt hatte. Er nahm Saweljitsch in ein strenges Verhör. Mein Erzieher verhehlte nicht, dass sein Herr bei Jemelka Pugatschow zu Gast gewesen war und der Bandit ihn recht gnädig behandelt hatte; doch er schwor, von keinem Verrat zu wissen. Das beruhigte meine alten Eltern, und sie warteten ungeduldig auf günstige Nachrichten. Marja Iwanowna war tief besorgt, aber sie schwieg, waren ihr doch Bescheidenheit und Vorsicht in höchstem Maße eigen.

Mehrere Wochen vergingen. Plötzlich erhielt Vater aus Petersburg einen Brief unseres Verwandten, des Fürsten B., mich betreffend. Nach der üblichen Einleitung erklärte er, der Verdacht, ich hätte das Vorhaben der Umstürzler unterstützt, habe sich unglücklicherweise nur allzu sehr bestätigt, sodass mich eigentlich eine exemplarische Strafe ereilen müsste; doch aus Achtung vor den Verdiensten und dem vorgerückten Alter meines Vaters habe sich die Zarin entschlossen, den verbrecherischen Sohn zu begnadigen, ihm die entehrende Hinrichtung zu erlassen und ihn nur lebenslänglich in eine entlegene Region Sibiriens zu verbannen.

Dieser überraschende Schlag kostete meinem Vater fast das Leben. Er verlor die ihm eigene Sicherheit, und sein Kummer, den er sonst in sich zu verschließen pflegte, machte sich in bitteren Klagen Luft.

»Wie! Mein Sohn war in Pugatschows Pläne verwickelt!«, sagte er immer wieder außer sich. »Gerechter Gott, das muss ich nun erleben! Die Zarin erlässt ihm die Todesstrafe! Wird mir dadurch leichter ums Herz? Hinrichtungen schrecken mich nicht. Mein Urahn starb auf dem Richtplatz, weil er für das einstand, was er als das Heiligtum seines Gewissens betrachtete. Mein Vater fand den Tod an der Seite von Wolynskij und Chrustschow. Doch dass ein Edelmann seinen Eid bricht und mit Räubern, Mördern, entflohenen Leibeigenen gemeinsame Sache macht … Das ist eine Schande für unser Geschlecht!« Mutter war über seine Verzweiflung so verstört, dass sie in seiner Gegenwart nicht mehr zu weinen wagte; sie versuchte, ihm mit dem Hinweis Mut zu machen, Gerüchte seien unzuverlässig und Meinungen veränderlich. Doch Vater blieb untröstlich.

Marja Iwanowna litt am meisten. Sie war überzeugt, dass ich mich rechtfertigen könnte, wenn ich nur wollte; sie erriet die Wahrheit und hielt sich für die an meinem Unglück Schuldige. Indessen verbarg sie ihre Tränen und Leiden vor allen; grübelte jedoch unaufhörlich, wie sie mich retten könnte.

Eines Abends saß Vater auf dem Diwan und blätterte im Hofkalender. Aber seine Gedanken waren woanders, und die Lektüre hatte auf ihn nicht die gewohnte Wirkung. Er pfiff einen alten Marsch vor sich hin. Mutter strickte schweigend an einer Wolljacke, und manchmal fielen Tränen auf ihre Arbeit. Plötzlich erklärte Marja Iwanowna, die mit einer Handarbeit danebengesessen hatte, sie sehe sich gezwungen, nach Petersburg zu fahren, und bitte, ihr die Reise zu ermöglichen.

Mutter war sehr bekümmert.

»Wozu musst du nach Petersburg?«, fragte sie. »Willst du uns vielleicht auch verlassen, Marja Iwanowna?«

Marja Iwanowna antwortete, dass ihr künftiges Schicksal von dieser Reise abhänge und sie hinfahre, um bei einflussreichen Personen Schutz und Unterstützung zu suchen, als Tochter eines Mannes, der für seine Treue in den Tod gegangen sei. Mein Vater senkte den Kopf. Jedes Wort, das ihn an das vermeintliche Verbrechen seines Sohnes erinnerte, quälte ihn und erschien ihm als schneidender Vorwurf.

»Fahre, liebes Kind«, erwiderte er seufzend. »Wir wollen deinem Glück kein Hindernis in den Weg legen. Gott schenke dir einen guten Mann, der kein ehrloser Verräter ist.«

Er stand auf und verließ das Zimmer. Als Marja Iwanowna mit Mutter allein war, verriet sie ihr andeutungsweise ihr Vorhaben. Mutter umarmte sie unter Tränen und flehte Gott um einen glücklichen Ausgang des Unternehmens an. Marja Iwanowna wurde mit allem Nötigen versehen, und nach einigen Tagen machte sie sich auf die Reise, begleitet von der getreuen Palascha und dem ebenso getreuen Saweljitsch, der bei der unfreiwilligen Trennung von mir Trost fand in dem Bewusstsein, meiner anverlobten Braut zu dienen.

Marja Iwanowna langte wohlbehalten in Sofija an, und als sie in der Poststation erfuhr, dass sich der Hof gerade in Zarskoje Selo aufhielt, entschloss sie sich, da abzusteigen. Man wies ihr einen Winkel hinter der Trennwand zu. Die Frau des Postmeisters kam sofort mit ihr ins Gespräch, stellte sich als Nichte des Hofheizers vor und weihte sie in alle Geheimnisse des Hoflebens ein. Sie erzählte, wann die Zarin zu erwachen pflegte, Kaffee trank, spazieren ging, was für Würdenträger sich zu welchem Zeitpunkt bei ihr aufhielten, was sie gestrigen Tags bei Tisch zu sagen geruht und wen sie am Abend empfangen hatte – kurz, Anna Wlassjewnas Geplauder hatte die Bedeutung einer seitenlangen historischen Chronik und wäre für die Nachfahren von unschätzbarem Wert gewesen. Marja Iwanowna hörte aufmerksam zu. Sie gingen in den Park. Dort gab Anna Wlassjewna die Geschichte jeder Allee und jeder Brücke zum Besten, und nach einem ausgedehnten Spaziergang kehrten sie in die Poststation zurück, höchst zufrieden miteinander.

Am folgenden Tag kleidete sich Marja Iwanowna in aller Herrgottsfrühe an und ging still in den Park. Es war ein wunderschöner Morgen. Die Sonne schien auf die Wipfel der Linden, die sich unter dem kühlen Hauch des Herbstes schon gelb färbten. Der große See lag regungslos. Die Schwäne waren just erwacht und glitten würdevoll aus dem Gebüsch, das die Ufer beschattete. Marja Iwanowna gelangte zu einer wunderschönen Wiese; dort war vor Kurzem ein Denkmal errichtet worden zu Ehren der Siege, die Graf Pjotr Alexandrowitsch Rumjanzew unlängst errungen hatte. Plötzlich kam ein weißes Hündchen englischer Rasse kläffend auf sie zugelaufen. Erschrocken blieb sie stehen. In diesem Augenblick ertönte eine wohllautende Frauenstimme: »Keine Angst, er beißt nicht!« Und Marja Iwanowna erblickte eine Dame, die vor dem Denkmal auf einer Bank saß. Die Dame musterte sie aufmerksam. Marja Iwanowna warf ihr ebenfalls ein paar Seitenblicke zu und betrachtete sie vom Scheitel bis zur Sohle. Sie trug ein weißes Morgenkleid, ein Nachthäubchen und eine ärmellose Jacke und mochte ungefähr vierzig Jahre alt sein. Aus ihrem vollen, rosigen Gesicht sprach gelassene Würde, die blauen Augen und das leise Lächeln waren von unaussprechlichem Liebreiz. Die

Dame brach als Erste das Schweigen. »Sie sind offenbar nicht von hier?«, fragte sie.

»Nein, keineswegs. Ich bin gestern aus der Provinz gekommen.«

»Vermutlich mit Ihren Verwandten?«

»Nein, allein.«

»Allein? Aber Sie sind doch noch so jung.«

»Ich habe keine Eltern mehr.«

»Sie sind natürlich in Geschäften hier?«

»Ganz recht. Ich möchte der Zarin eine Petition übergeben.«

»Sie sind Waise – vermutlich wollen Sie sich über eine Ungerechtigkeit oder Kränkung beschweren?«

»Durchaus nicht. Ich möchte um Gnade bitten, nicht um Gerechtigkeit.«

»Darf ich fragen, wer Sie sind?«

»Ich bin die Tochter des Hauptmanns Mironow.«

»Des Hauptmanns Mironow? Des Mannes, der Kommandant einer Orenburger Festung war?«

»Jawohl.«

Die Dame war sichtlich gerührt.

»Verzeihen Sie«, sagte sie noch freundlicher, »wenn ich mich in Ihre Angelegenheiten mische; aber ich verkehre bei Hofe. Sagen Sie mir, um was es in Ihrer Petition geht, vielleicht kann ich Ihnen helfen.«

Marja Iwanowna erhob sich und dankte respektvoll. Sie fühlte sich zu der Unbekannten hingezogen, vertraute ihr instinktiv. So nahm sie ein zusammengefaltetes Schriftstück aus der Tasche und überreichte es ihrer unbekannten Gönnerin, die sich darin vertiefte.

Anfangs las sie mit aufmerksamem Wohlwollen. Doch plötzlich veränderte sich ihre Miene, und Marja Iwanowna, die jede Regung beobachtete, erschrak über den gestrengen Ausdruck des Gesichts, das eben noch so gelassen und aufgeschlossen gewesen war.

»Sie bitten für Grinjow?«, fragte die Dame eisig. »Die Kaiserin kann ihm nicht verzeihen. Er hat sich dem Usurpator nicht aus Unwissenheit und Leichtgläubigkeit angeschlossen, vielmehr ist er ein unmoralischer, verbrecherischer Schädling.«

»Ach, das ist nicht wahr!«, rief Marja Iwanowna.

»Nicht wahr? Wieso nicht?«, brauste die Dame auf.

»Bei Gott, es ist wirklich nicht wahr! Ich weiß alles, ich will es Ihnen darlegen! Er erträgt, was ihm widerfahren ist, ausschließlich um meinetwillen. Und wenn er sich vor Gericht nicht gerechtfertigt hat, dann nur, um mich nicht hineinzuziehen.« Und leidenschaftlich erzählte sie all das, was dem Leser bereits bekannt ist.

Die Dame hörte aufmerksam zu.

»Wo sind Sie abgestiegen?«, fragte sie dann; und als sie erfuhr, bei Anna Wlassjewna, antwortete sie lächelnd: »Ach, ich weiß! Leben Sie wohl, sagen Sie niemandem etwas von unserer Begegnung. Ich hoffe, Sie werden auf die Beantwortung Ihres Briefes nicht allzu lange warten müssen.«

Nach diesen Worten erhob sie sich und ging durch einen Laubengang davon. Marja Iwanowna kehrte voll froher Hoffnung zu Anna Wlassjewna zurück.

Die Postmeistersfrau schalt sie wegen des morgendlichen Herbstspazierganges, weil er, wie sie sich ausdrückte, der Gesundheit des jungen Mädchens schaden könnte. Dann holte sie den Samowar und wollte bei einer Tasse Tee wieder mit ihren endlosen Hofberichten beginnen, als plötzlich eine Hofkutsche vor der Treppe hielt, ein Kammerlakai eintrat und erklärte, dass Ihre Majestät geruhe, die Jungfrau Mironowa zu sich zu bitten.

Anna Wlassjewna war außer sich vor Verblüffung und Erregung.

»Ach, mein Gott! Die Zarin bestellt Sie an den Hof!«, rief sie. »Auf welche Weise mag sie von Ihnen erfahren haben? Und wie wollen Sie ihr unter die Augen treten, meine Teure? Sie wissen ja gar nicht, wie man sich bei Hofe aufführt! Soll ich Sie vielleicht begleiten? Ich könnte Ihnen wenigstens hin und wieder einen Wink geben. Überdies dürfen Sie keinesfalls Ihr Reisekleid anbehalten. Soll ich zur Hebamme schicken und ihre gelbe Krinoline für Sie ausborgen?«

Doch der Kammerlakai wandte ein, nach dem Willen der Zarin solle Marja Iwanowna allein kommen und in dem Kleid, das sie gerade trage. Da war nichts zu machen. Marja Iwanowna stieg in die Kutsche und fuhr ins Schloss, begleitet von Anna Wlassjewnas Ratschlägen und Segenswünschen.

Marja Iwanowna fühlte, dass sich unser Schicksal jetzt entscheiden würde. Ihr Herz klopfte heftig. Nach wenigen Minuten hielt die Kutsche vor dem Schloss. Marja Iwanowna stieg bebend die Treppe hinauf. Weit öffnete sich vor ihr das Portal. Sie durchschritt eine lange Reihe leerer, prächtiger Gemächer. Der Kammerlakai wies ihr den Weg. Als sie schließlich eine geschlossene Tür erreicht hatten, sagte er, er werde sie melden, und ließ sie allein.

Die Vorstellung, dass sie die Kaiserin von Angesicht zu Angesicht sehen werde, erschreckte sie dermaßen, dass sie sich nur mit Mühe aufrecht halten konnte. Kurz darauf wurde die Tür geöffnet, und sie betrat das kaiserliche Boudoir.

Die Zarin saß am Toilettentisch, von einigen Höflingen umringt, die Marja Iwanowna achtungsvoll Platz machten. Freundlich drehte sich die Zarin zu ihr um, und da erkannte Marja Iwanowna in ihr die Dame, mit der sie wenige Minuten zuvor so offen gesprochen hatte.

Die Zarin forderte sie auf, näher zu treten, und sagte lächelnd: »Ich freue mich, dass ich mein Versprechen halten und Ihre Bitte erfüllen konnte. Ihre Angelegenheit ist geklärt. Von der Unschuld Ihres Bräutigams habe ich mich überzeugt. Hier ist ein Brief, den Sie bitte Ihrem künftigen Schwiegervater überbringen wollen.«

Marja Iwanowna nahm den Brief mit zitternder Hand entgegen, brach in Tränen aus und fiel der Kaiserin zu Füßen; diese hob sie auf, küsste sie und plauderte ein Weilchen mit ihr.

»Ich weiß, dass Sie nicht reich sind«, sagte sie. »Aber ich stehe bei der Tochter des Hauptmanns Mironow in tiefer Schuld. Machen Sie sich um Ihre Zukunft keine Sorge. Ich übernehme die Regelung Ihrer Vermögensverhältnisse.«

Nach diesen herzlichen Worten entließ sie die arme Waise. In derselben Hofkutsche fuhr Marja Iwanowna zurück. Anna Wlassjewna hatte schon ungeduldig auf ihr Eintreffen gewartet und überschüttete sie mit Fragen, die Marja Iwanowna fahrig beantwortete. Zwar ärgerte sich Anna Wlassjewna über die Zerstreutheit ihrer Mieterin, schrieb diese aber ihrer provinziellen Schüchternheit zu und verzieh sie ihr gnädig. Auf Petersburg war Marja Iwanowna nicht neugierig. Sie machte sich noch am selben Tag auf die Heimreise in ihr Dorf …

Hier brechen die Aufzeichnungen von Pjotr Andrejewitsch Grinjow ab. Aus der Familienüberlieferung weiß man, dass er am Ende des Jahres 1774 auf allerhöchsten Befehl aus dem Gefängnis entlassen wurde und bei der Hinrichtung Pugatschows zugegen war; dieser erkannte ihn in der Menge und nickte ihm mit dem Kopf zu, der kurz darauf, tot und blutig, allem Volk gezeigt wurde. Wenig später verheiratete sich Pjotr Andrejewitsch mit Marja Iwanowna. Ihre Nachkommenschaft lebt in gesicherten Verhältnissen im Simbirsker Gouvernement. – Dreißig Werst von *** entfernt gibt es ein Kirchdorf, das zehn verschiedenen Gutsbesitzern gehört. Dort wird in einem Seitenflügel des Herrenhauses ein eigenhändiger Brief Jekaterinas II. hinter Glas und Rahmen gezeigt. Er ist gerichtet an Pjotr Andrejewitschs Vater und enthält die Rechtfertigung seines Sohnes sowie lobende Worte über Herz und Verstand der Tochter des Hauptmanns Mironow. Pjotr Andrejewitsch Grinjows Aufzeichnungen wurden uns zugänglich gemacht von einem seiner Enkel, der erfahren hatte, dass wir an einem Geschichtswerk über jene Zeit arbeiteten, die auch sein Großvater beschrieben hatte. Wir entschlossen uns, die Aufzeichnungen – mit Genehmigung der Verwandten – gesondert zu veröffentlichen, nachdem wir jedem Kapitel ein angemessenes Motto vorangestellt und uns die Freiheit genommen hatten, etliche Eigennamen zu ändern.

19. Oktober 1836 *Der Herausgeber*

Ausgelassenes Kapitel*

Wir näherten uns dem Wolgaufer; unser Regiment rückte in das Dorf *** ein und bezog dort Nachtquartier. Der Starost erzählte mir, dass auf der anderen Seite sämtliche Dörfer rebellierten und sich überall Pugatschowsche Banden herumtrieben. Diese Nachricht beunruhigte mich tief. Wir sollten erst am folgenden Morgen den Fluss überqueren. Ungeduld packte mich. Das Dorf meines Vaters lag auf der anderen Seite, dreißig Werst von der Wolga entfernt. Ich fragte, ob es einen Fährmann gebe. Da sich alle Bauern mit Fischfang befassten, standen viele Boote zur Verfügung. Ich ging zu Grinjow und teilte ihm mein Vorhaben mit.

»Sieh dich vor«, sagte er. »Ein Alleingang ist gefährlich. Warte den Morgen ab. Wir lassen uns als Erste übersetzen und besuchen deine Eltern vorsichtshalber mit fünfzig Husaren.«

Doch ich bestand auf meinem Willen. Das Boot lag bereit. Ich stieg mit zwei Bauern hinein; sie stießen ab und legten sich in die Ruder.

Der Himmel war klar; der Mond schien, es war windstill. Ruhig und gleichmäßig strömte die Wolga dahin. Das leicht schaukelnde Boot glitt schnell über die dunklen Wellen. Ich gab mich Träumereien hin. Nachdem etwa eine halbe Stunde vergangen war und wir schon die Mitte des Flusses erreicht hatten, tuschelten die Ruderer plötzlich miteinander.

»Was ist?«, fragte ich, aus meinen Gedanken gerissen.

»Das mag Gott wissen«, antworteten die Ruderer.

Sie schauten beide in die gleiche Richtung. Ich spähte ebenfalls dorthin und sah trotz der Dunkelheit, dass irgendetwas die Wolga

* Dieses Kapitel wurde nicht in die endgültige Fassung der »Hauptmannstochter« aufgenommen, es blieb nur als handschriftlicher Entwurf erhalten. Grinjow wird in diesem Kapitel Bulanin genannt, Surin heißt Grinjow.

hinabtrieb. Das unbekannte Ding näherte sich. Ich befahl den Ruderern, innezuhalten und es zu erwarten. Der Mond verbarg sich hinter einer Wolke; dadurch wurde der gespenstische schwimmende Schemen noch undeutlicher. Er hatte uns schon fast erreicht, dennoch vermochte ich nichts zu erkennen.

»Was mag das nur sein?«, meinten die Ruderer. »Es hat kein richtiges Segel und auch keinen richtigen Mast …«

Plötzlich trat der Mond hinter der Wolke hervor, und in seinem Licht bot sich uns ein entsetzlicher Anblick. Uns entgegen trieb ein Galgen, der auf einem Floß befestigt war. An seinem Querbalken hingen drei Leichen. Krankhafte Neugier drängte mich, die Gesichter der Erhängten zu betrachten.

Auf meinen Befehl hielten die Ruderer das Floß mit dem Bootshaken fest, und mein Kahn stieß gegen den schwimmenden Galgen. Ich sprang hinüber und fand zwischen den grässlichen Pfählen Halt. Hell beschien der Mond die verzerrten Gesichter der Unglücklichen. Der Erste war ein alter Tschuwasche, der Zweite ein russischer Bauer – ein kraftvoller, gesunder Bursche von etwa zwanzig Jahren. Doch als ich mir den dritten angeschaut hatte, war ich tief erschüttert und vermochte einen Schreckensruf nicht zu unterdrücken. Es war Wanka, mein armer Wanka, der sich aus Dummheit Pugatschow angeschlossen hatte. Über ihnen hatte man ein schwarzes Brett angenagelt, auf dem in großen weißen Buchstaben geschrieben stand:

Verbrecher und Aufrührer!

Die Ruderer erwarteten mich mit gleichmütigen Gesichtern, das Floß mit dem Bootshaken haltend. Ich kletterte in den Kahn zurück; das Floß trieb weiter stromab. Noch lange zeichnete sich der Galgen schwarz von der Dunkelheit ab. Schließlich verschwand er, und mein Boot legte am hohen Steilufer an …

Ich bezahlte die Ruderer großzügig. Der eine führte mich zum Starostgehilfen des Dorfes, das an der Überfahrtsstelle lag. Ich ging mit ihm ins Haus. Als der Gehilfe erfuhr, dass ich Pferde haben wollte, nahm er mich recht unfreundlich auf, doch mein Führer raunte ihm ein paar Worte zu, woraufhin sich seine Ablehnung sofort in Diensteifer verwandelte. Im Handumdrehen stand eine Troika bereit. Ich stieg ein und befahl, mich in unser Dorf zu fahren.

Im Galopp ging es die große Landstraße hinab, vorbei an schlafenden Dörfern. Ich fürchtete nur eins: unterwegs aufgehalten zu werden. Mein nächtliches Erlebnis auf der Wolga bezeugte, dass sich hier Aufrührer herumtrieben, aber es war gleichzeitig auch ein Beweis für die starke Gegenwehr der Regierung. Für alle Fälle hatte ich den von Pugatschow ausgestellten Passierschein sowie eine Order von Oberst Grinjow in der Tasche. Indessen begegnete mir niemand, und gegen Morgen erblickte ich den Fluss und den Tannenhain, hinter denen unser Dorf lag. Der Kutscher gab den Pferden die Peitsche, und nach einer Viertelstunde fuhr ich in *** ein. Das Herrenhaus lag am anderen Ende des Dorfes. Die Pferde stürmten mit Windeseile dahin. Plötzlich riss der Kutscher mitten auf der Straße an den Zügeln.

»Was ist?«, fragte ich ungeduldig.

»Ein Posten, Herr«, erwiderte der Kutscher und brachte die erhitzten Tiere mühsam zum Stehen.

Tatsächlich sah ich einen Schlagbaum, neben dem ein mit einem Knüppel bewaffneter Bauernposten stand. Er trat zu mir, zog die Mütze und verlangte den Ausweis.

»Was heißt das?«, fragte ich. »Warum ist hier ein Schlagbaum? Wen bewachst du?«

»Wir rebellieren doch, Väterchen«, entgegnete er und kratzte sich hinter dem Ohr.

»Und wo sind eure Herrschaften?«, forschte ich mit bangem Herzen.

»Wo unsre Herrschaften sind?«, wiederholte der Bauer. »Unsre Herrschaften sind im Kornspeicher.«

»Im Speicher? Weshalb?«

»Der Dorfschreiber Andrjucha hat sie in den Block geschlossen und will sie zu Väterchen Zar bringen.«

»Mein Gott! Mach den Schlagbaum auf, du Dummkopf. Halt keine Maulaffen feil!«

Als der Posten zögerte, sprang ich aus dem Wagen, gab ihm eine Ohrfeige (Verzeihung!) und schob den Schlagbaum selber beiseite. Der Bauer starrte mich in blöder Begriffsstutzigkeit an. Ich kletterte in den Wagen zurück und befahl dem Kutscher, zum Herrenhaus zu fahren. Der Kornspeicher befand sich auf dem Hof. Vor der verschlossenen Tür standen zwei Bauern, ebenfalls mit Knüppeln bewaffnet. Unmittelbar vor ihnen hielt der Wagen an. Ich sprang hinaus und stürzte auf sie zu.

»Macht die Tür auf!«, fuhr ich sie an.

Vermutlich bot ich einen furchteinflößenden Anblick. Jedenfalls ließen beide die Knüppel fallen und liefen weg.

Ich versuchte, das Schloss zu entfernen und die Tür einzuschlagen. Aber die Tür war aus Eichenholz, und das riesengroße Schloss saß unverrückbar fest.

In diesem Augenblick kam ein stattlicher junger Bauer aus dem Gesindehaus und fragte mich hochfahrend, wie ich es wagen könne, hier zu randalieren.

»Wo ist der Dorfschreiber Andrjucha?«, schrie ich ihm zu. »Ruf ihn sofort her.«

»Für dich bin ich Andrej Afanassjewitsch und nicht Andrjucha!«, versetzte er, die Hände stolz in die Hüften gestemmt. »Was beliebt?«

Statt einer Antwort packte ich ihn am Kragen, zerrte ihn zur Speichertür und befahl ihm aufzuschließen. Der Dorfschreiber sträubte sich zunächst, aber der »väterliche« Befehl wirkte auch auf ihn. Er zog den Schlüssel heraus und schloss den Speicher auf. Ich stürzte über die Schwelle. Im Lichtschein, der durch eine schmale Öffnung in der Decke fiel, nahm ich meine Eltern in einer dunklen Ecke wahr. Ihre Hände waren gefesselt, ihre Füße in den Block geschlossen. Ich eilte zu ihnen und umarmte sie, konnte aber kein Wort hervorbringen. Sie sahen mich erstaunt an – die drei Jahre Soldatenleben hatten mich so verändert, dass sie mich nicht gleich erkannten. Dann schrie Mutter auf, und Tränen rannen ihr über das Gesicht. Plötzlich vernahm ich eine liebe, wohlbekannte Stimme. »Pjotr Andrejitsch! Sind Sie es?«

Ich erstarrte, wandte mich um und sah in der anderen Ecke Marja Iwanowna liegen, ebenfalls gefesselt.

Vater betrachtete mich schweigend; er traute seinen Augen nicht. Sein Gesicht strahlte vor Freude. Ich beeilte mich, die Knoten ihrer Stricke mit dem Säbel durchzuschneiden.

»Grüß dich, grüß dich, Petruscha!«, sagte Vater und drückte mich ans Herz. »Gott sei gedankt, dass wir dich wiedersehen.«

»Petruscha, mein Liebling!«, sagte Mutter. »Wie hat dich der Herrgott hergeführt? Bist du gesund?«

Ich befreite sie schnell aus den Blöcken. Doch als ich mit ihnen zur Tür ging, fand ich sie wieder verschlossen.

»Andrjucha, mach auf!«, rief ich.

»Das hast du dir so gedacht!«, antwortete der Dorfschreiber von draußen. »Jetzt bleibst du auch drin. Wir werden dich lehren, zu randalieren und Staatsbeamte am Kragen zu packen!« Suchend hielt ich im Speicher Umschau, ob es nicht eine Möglichkeit gebe hinauszugelangen.

»Streng dich nicht an!«, sagte Vater. »Ich gehöre nicht zu den Gutsherren, in deren Speichern man auf ungesetzlichen Wegen herein und hinaus kann.«

Mutter, die sich erst über mein Kommen gefreut hatte, geriet in Verzweiflung, als sie merkte, dass es mir nun beschieden sein würde, mit der ganzen Familie zugrunde zu gehen. Dagegen war ich ruhiger, seitdem ich bei ihnen und Marja Iwanowna war. Ich hatte einen Säbel und zwei Pistolen bei mir und konnte noch einer Belagerung standhalten. Außerdem würde gegen Abend Grinjow eintreffen und uns befreien. Das alles teilte ich meinen Eltern mit; es gelang mir, Mutter zu beruhigen. Nun gaben sich alle uneingeschränkt der Wiedersehensfreude hin.

»Na, Pjotr«, sagte Vater, »du hast ja allerhand dumme Streiche gemacht, und ich war recht ärgerlich auf dich. Aber es hat keinen Sinn, alte Geschichten aufzuwärmen. Hoffentlich hast du dich jetzt gebessert und dir die Hörner abgelaufen. Ich weiß, dass du gedient hast, wie es sich für einen ehrenhaften Offizier geziemt. Danke. Das hat mich alten Mann getröstet. Und wenn ich dir meine Befreiung verdanke, wird mir das Leben doppelt lieb sein.«

Unter Tränen küsste ich ihm die Hand und sah zu Marja Iwanowna hinüber, die sich über meine Gegenwart so freute, dass sie einen vollkommen glücklichen und ruhigen Eindruck machte.

Gegen Mittag vernahmen wir ungewöhnliche Geräusche und Rufe.

»Was bedeutet das?«, fragte Vater. »Ob dein Oberst vielleicht schon da ist?«

»Unmöglich«, erwiderte ich. »Er kann frühestens am Abend hier sein.«

Der Lärm schwoll an. Die Glocken läuteten Sturm. Berittene sprengten über den Hof. In diesem Augenblick steckte Saweljitsch den grauhaarigen Kopf durch eine schmale Öffnung in der Wand und sagte kläglich: »Andrej Petrowitsch, Awdotja Wassiljewna, lieber Pjotr Andrejitsch, Mütterchen Marja Iwanowna, ein Unglück! Die Banditen sind ins Dorf eingerückt. Und weißt du, Pjotr Andrejitsch, wer sie anführt? Schwabrin! Dass ihn der Teufel hole!«

Als Marja Iwanowna den verhassten Namen hörte, rang sie die Hände und erstarrte.

»Pass auf«, sagte ich zu Saweljitsch. »Schick einen Reiter zu der Furt bei ***, dem Husarenregiment entgegen; er muss dem Oberst melden, dass wir in Gefahr sind.«

»Wen soll ich denn schicken, Herr! Alle Jungs rebellieren; außerdem haben sie sich sämtliche Pferde angeeignet! – Ach! Da sind sie schon auf dem Hof. Sie kommen zum Speicher!« Hinter der Tür ertönten mehrere Stimmen. Ich gab Mutter und Marja Iwanowna einen stummen Wink, in den Winkel zurückzuweichen, zog den Säbel und lehnte mich neben der Tür an die Wand. Vater nahm die Pistolen, spannte beide Hähne und stellte sich neben mich. Das Schloss klickte, die Tür sprang auf, und der Dorfschreiber schob den Kopf herein. Ich versetzte ihm einen Säbelhieb; er fiel zu Boden und versperrte den Eingang. Im selben Augenblick gab Vater durch die Tür einen Pistolenschuss ab. Die Menge, die auf uns hatte eindringen wollen, nahm fluchend Reißaus. Ich zerrte den Verwundeten über die Schwelle und versperrte die Tür von innen mit dem Haken. Der Hof war voll von Bewaffneten. Unter ihnen erkannte ich Schwabrin.

»Keine Angst!«, sagte ich zu den Frauen. »Wir haben noch Hoffnung. Und Sie, Vater, sollten lieber nicht mehr schießen. Wir müssen die letzten Kugeln sparen.«

Mutter betete schweigend. Marja Iwanowna stand neben ihr und wartete mit engelhafter Ruhe auf die Entscheidung unseres Schicksals. Hinter der Tür ertönten Drohungen, Schimpfworte, Flüche. Ich stand auf meinem Platz, bereit, den ersten Wagehals niederzuhauen. Plötzlich verstummten die Banditen. Schwabrins Stimme rief mich beim Namen.

»Ich bin hier. Was willst du?«

»Ergib dich, Bulanin, jeder Widerstand ist sinnlos. Schone deine alten Eltern. Durch Halsstarrigkeit rettest du dich nicht. Ich kriege euch doch.«

»Versuch es, Verräter!«

»Ich will mich nicht unnütz in Gefahr bringen und meine Leute verlieren. Deshalb lasse ich den Speicher in Brand stecken; dann werden wir sehen, was du tust, du Don Quijote von Belogorskaja. Jetzt aber esse ich erst einmal zu Mittag. Inzwischen kannst du dir die Sache überlegen. Auf Wiedersehen, Marja Iwanowna, ich bitte Sie nicht um Entschuldigung, denn Sie werden sich vermutlich mit Ihrem Ritter im Dunkeln nicht langweilen.«

Schwabrin ging, ließ jedoch einen Posten am Speicher zurück. Wir schwiegen. Jeder hing seinen Gedanken nach, die er aber den anderen nicht mitzuteilen wagte. Ich malte mir aus, was Schwabrin in seiner Wut anzustellen imstande war. Um mich selber machte ich mir fast keine Sorgen. Und ich muss gestehen, auch um das Los, das meine

Eltern erwartete, bangte ich weniger als um Marja Iwanownas Schicksal. Ich wusste, dass Mutter von den Bauern und dem Hofgesinde vergöttert wurde. Vater war trotz seiner Strenge ebenfalls beliebt, denn er war stets gerecht gewesen und kannte die wahren Bedürfnisse seiner Untergebenen. Ihre Meuterei war eine Verirrung, ein Augenblicksrausch, nicht aber ein Ausdruck von Empörung. Deshalb konnten meine Eltern auf Schonung rechnen. Doch Marja Iwanowna? Welches Los hielt der lasterhafte, gewissenlose Mensch für sie bereit? Ich wagte nicht, bei diesem fürchterlichen Gedanken zu verweilen, und entschloss mich – Gott möge mir verzeihen! –, sie eher zu töten als sie zum zweiten Mal in den Händen des erbarmungslosen Feindes zu sehen.

Eine weitere Stunde verging. Im Dorf grölten Betrunkene. Unsere Posten beneideten sie, ärgerten sich über uns, fluchten und verhießen uns Folter und Tod. Wir warteten auf die Folgen von Schwabrins Drohung. Schließlich wurde es auf dem Hof lebendig, und wir vernahmen abermals Schwabrins Stimme. »Na, habt ihr es euch überlegt? Ergebt ihr euch freiwillig?«, fragte er.

Er erhielt von uns keine Antwort, wartete eine kurze Weile und befahl dann, Stroh herbeizuschaffen. Nach wenigen Minuten loderten Flammen auf. Im dunklen Speicher wurde es hell. Rauchschwaden drangen durch den Spalt über der Schwelle herein.

Da kam Marja Iwanowna zu mir, nahm mich an die Hand und sagte still: »Genug, Pjotr Andrejitsch! Stürzen Sie sich und Ihre Eltern nicht meinetwegen ins Verderben. Lassen Sie mich hinaus. Schwabrin wird auf mich hören.«

»Niemals!«, rief ich zornig. »Wissen Sie, was Sie erwartet?«

»Trifft mich die Schande, überlebe ich sie nicht«, antwortete sie ruhig. »Aber vielleicht rette ich meinen Befreier und die Familie, die mir armen Waise so edelmütig Zuflucht gewährte. Leben Sie wohl, Andrej Petrowitsch! Leben Sie wohl, Awdotja Wassiljewna. Sie waren für mich mehr als Wohltäter. Segnen Sie mich. Leben auch Sie wohl, Pjotr Andrejitsch. Seien Sie überzeugt, dass … dass …«

Sie brach in Tränen aus und schlug die Hände vors Gesicht. Ich war wie von Sinnen. Mutter weinte.

»Schluss mit dem Geschwätz, Marja Iwanowna!«, sagte mein Vater. »Keiner lässt dich zu den Räubern hinaus. Du bleibst hier und hältst den Mund. Wenn wir schon sterben müssen, dann sterben wir alle gemeinsam. – Horcht, was sagen sie da?«

»Ergebt ihr euch?«, rief Schwabrin. »Ist euch klar, dass ihr in fünf Minuten gebraten werdet?«

»Wir ergeben uns nicht, Schurke!«, erwiderte Vater mit fester Stimme. Aus seinem zerfurchten Antlitz sprach erstaunliche Lebenskraft; drohend funkelten die Augen unter den grauen Brauen. Er sah mich an und sprach: »Jetzt ist es Zeit!«

Er öffnete die Tür. Das Feuer drang ein, kletterte an den mit trockenem Moos verpichten Balken empor. Vater gab einen Pistolenschuss ab, rief: »Alle mir nach!« und schritt über die brennende Schwelle. Ich nahm Mutter und Marja Iwanowna bei den Händen und führte sie schnell an die Luft. An der Schwelle lag Schwabrin, von der gebrechlichen Hand meines Vaters getroffen. Die Banditen, die bei unserem überraschenden Ausfall weggelaufen waren, fassten neuen Mut und kreisten uns ein. Ich teilte mehrere Säbelhiebe aus, aber dann traf mich ein zielsicher geschleuderter Ziegelstein an die Brust. Ich sank zu Boden und verlor für einen Augenblick die Besinnung. Als ich wieder zu mir kam, fiel mein Blick auf Schwabrin, der im blutigen Gras saß; meine Familie stand vor ihm. Ich wurde unter den Armen gestützt. Bauern, Kosaken und Baschkiren umringten uns. Schwabrin war leichenblass. Eine Hand presste er an die verwundete Hüfte. Aus seinem Gesicht sprachen Qual und Hass. Langsam hob er den Kopf, sah mich an und stieß mit schwacher, kaum verständlicher Stimme hervor: »Hängt ihn auf … die anderen auch … nur das Mädchen nicht.«

Die Banditen packten uns und zerrten uns brüllend zum Tor. Doch plötzlich ließen sie uns los und stürzten davon; durch das Tor kam Grinjow geritten, hinter ihm eine Schwadron mit gezogenem Säbel.

Die Rebellen flüchteten nach allen Seiten. Die Husaren verfolgten sie, erstachen sie, nahmen sie gefangen. Grinjow sprang vom Pferd, verbeugte sich vor meinen Eltern und schüttelte mir herzlich die Hand.

»Da bin ich ja grad noch zurecht gekommen«, sagte er. »Ach, und das ist wohl deine Braut?«

Marja Iwanowna errötete bis zu den Ohren. Vater ging zu ihm hin und dankte ihm ruhig, aber tief bewegt. Mutter umarmte ihn und nannte ihn unseren »rettenden Engel«. »Willkommen bei uns!«, sprach Vater und führte ihn auf unser Haus zu.

Als Grinjow an Schwabrin vorbeikam, blieb er stehen.

»Wer ist das?«, fragte er mit einem Blick auf den Verwundeten.

»Das ist der Anführer, der Häuptling der Banditen«, erwiderte mein Vater mit dem Stolz des alten Soldaten. »Gott half meiner hinfälligen Hand, den jungen Schurken zu bestrafen und das Blut meines Sohnes an ihm zu rächen.«

»Das ist Schwabrin«, sagte ich zu Grinjow.

»Schwabrin! Vortrefflich! – Husaren, nehmt ihn mit und sagt unserm Feldscher, er soll ihm die Wunde verbinden und ihn wie seinen Augapfel hüten. Schwabrin muss unbedingt der Kasaner Geheimkommission vorgeführt werden. Er gehört zu den Hauptverbrechern; seine Aussagen sind gewiss von Wert.« Schwabrin öffnete mühsam die Augen. Auf seinem Gesicht spiegelte sich nichts als physische Qual. Die Husaren trugen ihn auf einem Mantel fort.

Wir gingen ins Haus. Erbebend hielt ich Umschau, die Erinnerung an meine Knabenjahre stieg in mir auf. Nichts hatte sich verändert, alles stand am alten Platz. Schwabrin hatte nicht gestattet, dass das Haus geplündert wurde; bei all seiner Ehrlosigkeit hatte er sich dennoch einen unwillkürlichen Abscheu vor ehrenrühriger Habgier bewahrt. Die Dienstboten kamen ins Vorzimmer. Sie hatten an der Rebellion nicht teilgenommen und freuten sich aufrichtig über unsere Rettung. Saweljitsch triumphierte. Dazu muss man wissen, dass er in dem Durcheinander, das nach dem Überfall der Banditen herrschte, in den Stall gelaufen war, wo Schwabrins Pferd stand, dies heimlich gesattelt und hinausgeführt hatte und in dem allgemeinen Wirrwarr unbemerkt zur Überfahrtsstelle geritten war. Dort traf er auf das Regiment, das bereits diesseits der Wolga Rast machte. Als Grinjow von ihm erfuhr, in welcher Gefahr wir schwebten, ließ er auf sitzen, befahl: »Vorwärts marsch!« und: »Galopp!« und kam Gott sei Dank noch zur rechten Zeit.

Grinjow bestand darauf, den Kopf des Dorfschreibers auf eine Stange stecken und ein paar Stunden lang vor der Schenke aufpflanzen zu lassen.

Inzwischen kehrten die Husaren von der Verfolgungsjagd zurück und brachten mehrere Gefangene mit, die in demselben Speicher eingeschlossen wurden, in dem wir der denkwürdigen Belagerung standgehalten hatten.

Wir gingen in unsere Zimmer. Die alten Leute brauchten Ruhe. Ich hatte in der letzten Nacht kein Auge zugetan. Darum warf ich mich sofort aufs Bett und schlief fest ein. Grinjow verließ das Haus, um seine Anordnungen zu treffen.

Abends versammelten wir uns im Salon beim Samowar und plauderten fröhlich über die abgewendete Gefahr. Marja Iwanowna schenkte den Tee ein; ich saß neben ihr und war ausschließlich mit ihr beschäftigt. Meine Eltern betrachteten die Innigkeit unserer Beziehungen mit offenkundigem Wohlwollen.

Bis zum heutigen Tag lebt dieser Abend in meinem Gedächtnis fort. Ich war glücklich, vollkommen glücklich, und solche Augenblicke gibt es bekanntlich nicht allzu oft in dem armseligen menschlichen Leben.

Am nächsten Tag wurde meinem Vater gemeldet, dass die Bauern auf den Gutshof gekommen seien, um ihre Schuld einzugestehen. Vater trat auf die Freitreppe hinaus. Bei seinem Erscheinen knieten die Bauern nieder.

»Na, ihr Dummköpfe, weshalb musstet ihr unbedingt rebellieren?«, fragte er.

»Wir fühlen uns schuldig, Herr!«, antworteten sie wie aus einem Mund.

»Freilich seid ihr schuldig! Erst schlagt ihr über die Stränge, und nun tut's euch leid. Aber ich will euch verzeihen, um der Freude willen, dass ich durch Gottes Hilfe meinen Sohn Pjotr Andrejitsch wieder bei mir hab!«

»Wir sind schuldig! Natürlich schuldig!«

»Na gut. Das Schuldgeständnis ist schon die halbe Buße. – Gott hat uns schönes Wetter gesandt. Es ist Zeit, das Heu einzubringen. Doch was habt ihr Tölpel drei Tage lang gemacht? – Starost! Schicke alle zur Heumahd. Und pass auf, du blonde Bestie, dass mein gesamtes Heu bis zum Eliastag in Hocken steht. – Verschwindet!«

Die Bauern verneigten sich und gingen zur Fron, als wäre nichts geschehen.

Schwabrin hatte keine tödliche Wunde davongetragen. Er wurde mit einer Eskorte nach Kasan gebracht. Ich sah vom Fenster aus, wie man ihn auf einen Karren legte. Unsere Blicke begegneten sich; er senkte den Kopf, und ich trat schnell vom Fenster weg, um den Eindruck zu vermeiden, als triumphierte ich über das Unglück und die Erniedrigung meines Feindes.

Grinjow musste weiter. Ich entschloss mich, mit ihm zu ziehen, trotz meines Verlangens, noch ein paar Tage bei meiner Familie zu verweilen. Am Abend vor dem Abmarsch ging ich zu meinen Eltern, warf mich ihnen nach damaliger Sitte zu Füßen und bat sie, mir zur Ehe mit Marja Iwanowna den Segen zu geben. Die alten Leute hoben mich auf und erteilten unter Freudentränen ihre Zustimmung. Ich führte ihnen die blasse, bebende Marja Iwanowna zu. Sie segneten uns ... Was ich empfand, will ich nicht beschreiben. Wer je in meiner Lage war, der versteht mich ohnehin, und wer es nicht war, dem kann ich nur mein Mitgefühl aussprechen und den Rat geben, sich zu verlieben und von den Eltern segnen zu lassen, solange es noch Zeit ist.

Am nächsten Tag machte sich das Regiment abmarschbereit. Grinjow verabschiedete sich von meiner Familie. Wir alle waren überzeugt, dass die militärischen Aktionen bald ein Ende nehmen würden. Ich hoffte, in einem Monat verheiratet zu sein. Beim Abschied küsste Marja Iwanowna mich in aller Öffentlichkeit. Ich schwang mich aufs Pferd, und das Regiment – diesmal begleitete mich Saweljitsch wieder – setzte sich in Marsch. |

Lange schaute ich auf das Gutshaus zurück, das ich abermals verließ. Eine trübe Ahnung überkam mich und sagte mir, dass noch nicht alles Unglück vorüber sei. Ich sah mich neuen Stürmen entgegengehen …

Unseren Feldzug und die Beendigung des Pugatschowkrieges will ich nicht beschreiben. Wir kamen durch Siedlungen, die von Pugatschow verwüstet worden waren, und nahmen den armen Einwohnern notgedrungen das Letzte, das die Banditen ihnen noch gelassen hatten.

Sie wussten nicht, wem sie gehorchen sollten. Überall lag die Verwaltung darnieder. Die Gutsbesitzer hielten sich in den Wäldern versteckt. Räuberhorden wüteten landauf, landab. Die Kommandeure der einzelnen Truppenteile, die Pugatschow, der bereits auf dem Weg nach Astrachan war, verfolgen sollten, bestraften die Schuldigen ebenso wie die Unschuldigen nach Gutdünken. Das ganze vom Kriegsbrand verheerte Gebiet befand sich in entsetzlichem Zustand. Gott bewahre uns vor den Auswirkungen einer russischen Rebellion! Sie ist ebenso sinnlos wie erbarmungslos. Wer bei uns einen irrealen Umsturz plant, der ist entweder so jung, dass er unser Volk nicht kennt, oder ein Rohling, dem der eigene Kopf keinen Schuss Pulver und der fremde Hals keinen roten Heller wert sind.

Pugatschow floh, von I. I. Michelson verfolgt. Kurz darauf erfuhren wir von seiner restlosen Zerschlagung. Schließlich erhielt Grinjow von seinem General die Nachricht, der Usurpator sei gefangen genommen, und gleichzeitig den Befehl, den Weitermarsch einzustellen. Endlich konnte ich heimkehren. Aber ein seltsames Gefühl trübte meine Freude.

Eva Strittmatter

Puschkins Prosa

Seit ich Puschkins Prosa zum ersten Mal las – vor fast dreißig Jahren und wie oft nach der Zeit –, habe ich mir andere Erzähler entdeckt, die »ausschweifenden« Romanciers unseres Jahrhunderts zumal, Thomas Manns »Joseph« und Prousts »Suche nach der verlorenen Zeit« entzückten mich zu Bewunderung für Geist und Gedächtnis ihrer Schöpfer, auch für die Arbeitsbesessenheit, mit der sie sich Jahr um Jahr – Jahrzehnte – im Bannkreis ihrer Stoffe und Gestalten erhielten. Andere Namen könnte ich anfügen, den des Isländers Laxness mit seinen Neuzeit-Sagas, den »leisen« Erzähler Paustowski sollte ich nennen, der auf fast schon verwachsenen Wegen zurück und doch ins Zukünftige geht, Menschenfreund, der sich weigert, eine entpoetisierte Welt als wirkliche Welt anzusehen, der das Geheimnis liebt und es sich erschafft durch Verwandlung des scheinbar Trivialen, dem er nachsteigt in katakombische Tiefen ... Die russische Literatur liebe ich ja überhaupt, ohne Tschechow kann ich die Welt nicht denken, auch ohne Tolstoi, Turgenjew, Gogol, Kuprin, Leskow oder Garschin ist sie mir nicht vorstellbar. Aber an fängt alles mit Puschkin, und immer wieder gehe ich zu diesen Anfängen zurück, und obwohl ich seine »Erzählungen Belkins« und die »Hauptmannstochter« und »Pique Dame« und »Dubrowski« so oft gelesen habe – auch Dinge, die »drausbleiben« müssen aus diesem Band, die Fragmente –, lese ich sie immer wie »neu«, mitgerissen vom Sog der Erzählung, wenn ich auch, wie bei Musik die Melodie, Handlungsstationen vorausweiß, und wie ich bei Mozartscher Musik mit Lust auf vorausgewusste Tonwerte warte, warte ich in der »Hauptmannstochter« auf jene Szene, in der der herrschaftliche Schlingel Grinjow aus der von Moskau her »verschriebenen« Landkarte einen Drachen bastelt und ans Kap der Guten Hoffnung einen Papierschweif knüpft, just in dem Moment, als sein würdiger Herr Vater hereinstürzt, um den französischen Lehrer, den »Musjö«, zu »feuern«, weil der nicht nur die russischen Fruchtschnäpse übermäßig zu schätzen gelernt, sondern überdrauf die pockennarbige Wäscherin Palaschka und die einäugige Kuhmagd Akulka geschwängert hat ... (nicht, weil er Pjotr Grinjow nichts lehrt, das bemerkt niemand, weil niemand etwas gelernt hat). Tausende solcher Details, Präzision der Beschreibung ebenso wie der Dialoge – psychologisch und »ethnologisch« scheinen die Reden der Leute so genau zu stimmen, dass es immer aussieht wie übernommene Wirklichkeit. Gern gibt man sich der Suggestion hin, die der Erzähler erzeugt (er ist nicht »Erfinder« dieses »Verfahrens«, die englischen Romanciers, Walter Scott zumal, den Puschkin gut kennt, benutzen es), dass es sich um »echte Papiere« handelte, an die der anonyme Autor zufällig geraten sei. »Die Erzählungen des verstorbenen Iwan Petrowitsch Belkin« sind mit einem Vorwort des »Herausgebers« versehen, das ein Schreiben von Belkins Gutsnachbarn »vollständig« zitiert, in dem der unbekannte Nachbar die Biografie des unbekannten Belkin von Geburt bis Tod skizziert, Charakter und Gewohnheiten des »Zufalls-Schriftstellers aus Langeweile« beschreibt ... Da man Mystifikationen liebte zu Puschkins Zeit, da es nicht unüblich und vor allem nicht unmöglich war, ein Werk ohne Autorenangabe zu publizieren, ließ Puschkin die »Erzählungen Belkins«, sein erstes abgeschlossenes Prosawerk, 75 Seiten, 1831 zunächst anonym erscheinen. Geschrieben hatte er die fünf Novellen 1830 im September/Oktober in jenem berühmten »Herbst von Boldino«, als er auf das väterliche Gut im Gouvernement Nishni-Nowgorod gebannt war, (nicht *ver*bannt, wie ein paar Jahre zuvor in Michailowskoje, dem Gut, das seine Mutter, die »schöne Kreolin«, in ihre Ehe eingebracht hatte), gebannt von der Quarantäne, im Dunstkreis der Cholera. Kurz vor der Heirat mit Natalja Nikolajewna Gontscharowa – eigentlich wollte er nur für deren »Aussteuer« Geld beschaffen, wollte die ihm zum Teil vom

Vater überschriebenen »Seelen«, sprich Bauern, beleihen, verpfänden, aber dann kam ihm die Cholera zugute. Von Moskau aus nörgelten Schwiegermutter und Braut in französischen Briefen, warum er nicht zurückkäme? Gerüchte erreichten ihn, sein Verlöbnis mit der siebzehnjährigen Schönen, in die er so rasend verliebt war, sei gelöst – er war aufgeregt, depressiv, im Innern schon unlustig zur Einheirat in die Familie Gontscharow, von der er nur Misstrauen, Nichtachtung, Habgier, Hochstapelei auf seine Kosten kennengelernt hatte bisher – außer ein paar wohlerzogen gelispelten Worten der Braut –, und da »stürzte« er sich ins Schreiben als Rettung. Immer schon war ihm der Herbst die liebste Zeit zur Arbeit gewesen, und nun der Druck, die Furcht, was mit der Heirat über ihn kommen würde? In dieser »Hochgereiztheit« gelangen ihm, in einem Wurf, jene fünf Novellen, die »klassisch« werden sollten für die Weltliteratur, bei deren Titel-Nennung man keine Schwierigkeiten hat zu erinnern, worum es sich handelt; nichts Verschwommenes, Ungewisses haftet ihnen an, da ist nicht nur Zeit-Stimmung, genau, da werden gegenwärtige Geschichten erzählt als Begebenheiten wirklichen Lebens. Der fiktive Gutsnachbar gibt in dem fiktiven Brief an den fiktiven Herausgeber an, der fiktive Belkin habe ihm die Personen genannt, von denen er die »echten« Geschichten erfahren hätte: den »Postmeister« vom Titularrat A. G. N., den »Schuss« von Oberstleutnant I. L. P., den »Sargmacher« vom Verwalter B. W., den »Schneesturm« und das »Adelsfräulein als Bäuerin« hätte ihm das Fräulein K. I. T. überliefert. Und so wie Leute von Mund zu Mund nur Geschichten erzählen, in denen wirklich etwas geschieht, sich verwickelt, zuspitzt, am Ende aber klärt oder löst, erzählt Puschkin seine Novellen: der Leser wird in Neuigkeiten gespannt und genießt es, denn die »simplen« Geschichten sind zubereitet mit allerlei Nebenwerk: ironischem Lächeln über Zeit-Narreteien, satirischen Randglossen und Schnörkeln, Anspielungen feiner und gröberer Art, aber all das nur hingestreut wie eine Mischung Gewürze aus Morgenland – natürlich kommt diese aus Abendland – auf ein in der Substanz biderbes Gericht …

Sie nannten ihn verächtlich den »Franzosen«, und in der Tat war er mit »westlicher« Bildung aufgewachsen, sein »vergleichendes« Interesse galt Frankreich, Deutschland, England, er war »heimisch« in ihren Literaturen, empfand sich als Bruder von Byron, Verehrer von Goethe, kannte als einer der Ersten Stendhal, der zwar, wie Byron, älter als Puschkin war, aber spät erst begann und »öffentlich« wurde im Vergleich zu ihm, der schon als Knabe berühmt war: ein Dichter. Nicht nur in den »Erzählungen Belkins« und der übrigen Prosa, auch in Gedichten, Poemen, dem Vers-Roman »Eugen Onegin« gründet sich Zauber, jener unwiederholbar Puschkinsche Zauber, auf die Synthese von »westlichem«, an den Schriften der »Aufklärer« gebildetem Geist und »gemütlich-sinnlicher« Weltempfindung (Empfindung der Welt und Welt der Empfindung), mit der er »Russisches« einbringt: herzliche Liebe zu Tugend und Untugend seiner Gestalten und zum umgebenden Leben, dem er sie entzieht und dem er selbst (seinen Gestalten nicht nur in Erfahrungselementen, sondern in manchen Skurrilitäten gleichend) gehört. Was er schilt, ironisiert, verlacht, kennt er von sich, kennt er an sich. Der philosophisch geschulte, »sittliche« Zeit-Geist liegt im Streit mit dem Beharrungsvermögen menschlicher (da sie ihn umgibt, russisch modifizierter) Natur, selbstverständlich die Gesellschaft gespalten in Klassen, doch zusammengehalten durch ein System von Abhängigkeiten, in dem alle, oben und unten, Teil-Rollen spielen. Pjotr Grinjow ist ohne den Reitknecht Saweljitsch, seinen ersten Erzieher und späteren Diener, nicht Pjotr Grinjow. Der junge Egoist und verwöhnte Tölpel mausert sich in den Zeit-Wirren zum denkenden Menschen, aber wenn man will, ist er ein an dem alten »Baum« Saweljitsch schmarotzender Parasit. Doch Saweljitsch liebt Pjotr wie einen Sohn. In seinem – soziologisch-historisch gesehen, unwürdigen – Abhängigkeitsverhältnis beweist er unerschütterlich Würde, und Grinjow liebt, vor allen anderen Menschen, diesen Alten, der über ihn wacht, ihm Vorschriften macht und den er, im Innern, fürchtet wie sein Gewissen, wenn er ihm auch, nach außen hin, zu beweisen versucht, dass er der Herr ist und der Alte sein Knecht …

Man kennt und nennt den Namen Nikita Koslow, er war Puschkins Diener »von Haus aus«; man sagt, Puschkin habe ihn und ihr Verhältnis zueinander in der »Hauptmannstochter« porträtiert. So ließe sich vieles als »wahr« belegen. Die »fiktive« Erzählung, die vorgibt, tatsächliche Begebenheiten zu berichten, die anderen, unbekannten, Personen widerfahren seien, profitiert vor allem vom Leben des Autors. Aber auch, wie bei der »Hauptmannstochter« und »Dubrowski«, vom Studium in Archiven und »Recherchen« an Ort und Stelle. Der Stoff, den er in der »Hauptmannstochter« bearbeitet, ist schon historisch, liegt ein halbes Jahrhundert zurück. Die Bauernaufstände Jemeljan Pugatschows in den mühsam befriedeten Randgebieten des sich formierenden russischen Reiches hatten das 18. Jahrhundert erschüttert. Puschkin, der als subjektiver, als lyrischer Dichter begann, hatte sich früh aufs »Objektive« gerichtet, sich »eingenordet« aufs »Allgemeininteresse«, auf öffentliche Fragen, aufs Mögliche in der realen Welt seiner Zeit. Den romantisch-melancholischen »Byronismus« hatte er früh überwunden, im »Onegin« abzulesen an der Wandlung des Helden und seines »Erzählers«, und mit Ende des »Onegin«, dessen letztes Kapitel er ebenfalls in jenem Boldinoer Herbst 1830 schreibt (samt einem Nachwort, das nicht erscheint), macht er den Sprung in die Prosa, deren »Gesinnung« im »Onegin« schon vorbereitet ist und deren Gesetze er theoretisch längst vorgedacht hatte. Auch versucht hatte er sie schon, 1828, und einen historischen Roman begonnen, dessen Fragment in seinen Werken »Der Mohr Peters des Großen« genannt wird, weil er in ihm von seinem afrikanischen Urgroßvater Ibrahim Hanibal erzählt, jenem jungen Abessinier-Fürsten (so will es Puschkins aristokratisch gesinnte Legende), den Peter der Große einst zu seinem Ziehkind gemacht hatte.

Schon 1822 hatte er, dreiundzwanzigjährig also, reflektiert: »Was soll man von unseren Schriftstellern sagen, die es für unwürdig halten, die allergewöhnlichsten Dinge einfach beim Namen zu nennen, und meinen, sie könnten ihre naive Prosa durch Zusätze und welke Metaphern beleben? Diese Leute können nicht FREUNDSCHAFT sagen, ohne hinzuzufügen: dieses heilige Gefühl, dessen edle Flamme und so weiter. Es müsste heißen: früh am Morgen – aber sie schreiben: kaum erhellten die ersten Strahlen der aufgehenden Sonne die östlichen Ränder des azurblauen Himmels …

Genauigkeit und Kürze – das sind die vornehmsten Eigenschaften der Prosa. Sie braucht Gedanken und wieder Gedanken, ohne Gedanken sind die glänzendsten Formulierungen unnütz …«

Im selben Jahr schreibt er an den Freund Wjasemski: »Das Alter neigt zur Prosa, und wenn du dich ihr im Ernst verschreibst, so kann ich nicht umhin, dem europäischen Russland dazu zu gratulieren …« und, 1820 schon, an den Bruder: »… ich danke dir für die Gedichte. Für Prosa wäre ich dir noch dankbarer. Achte die Poesie um Gottes willen wie eine gute, kluge alte Frau, die man manchmal besucht, um Klatsch, Zeitungen und Alltagssorgen für einen Augenblick zu vergessen und sich an ihrem lieben Geplapper zu erfreuen; doch sich in sie zu verlieben ist unvernünftig …« Diese frühe Gesinnung des Erz-Dichters Puschkin musste ihn schließlich zur Prosa hinführen, und er handhabt sie mit der gleichen Musikalität und Leichtigkeit wie die Poesie – zunächst jedenfalls oder scheinbar. Er wusste, als er begann, was Prosa zu sein hatte: Mitteilung von Geschehen, nicht von Empfindung. Geschehen nicht möglich ohne Gestalten, und er stellt sie aus sich heraus, stellt sie hin wie selbstverständlich – vorbereitet durch den »Onegin«, der nicht umsonst ein »Roman in Versen« genannt wird. Er lebt schon ebenso sehr von den Gestalten wie von den die Handlung »umrankenden« lyrischen Reflexionen des Autors. Ablesbar, wie das wächst: sein Vermögen, Gestalten zu zeichnen, Charaktere innerhalb des sozialen Systems, determiniert von der Klassenlage, aber nicht nach einem Grundmuster klischiert, zu schaffen. Ablesbar von Werk zu Werk – von den »Erzählungen Belkins« über »Dubrowski«, den unvollendeten Roman, der 1832/33 entsteht, aber erst vier Jahre nach Puschkins Tod, 1841, erscheint, zur Erzählung »Pique Dame«, die er ebenfalls 1833, und wieder in Boldino, schreibt: dreißig Seiten Prosa von diamantener Härte, prismatisch geschliffen, sodass sich

Welt fängt und »bricht«, das spiegelt, spiegelt wider, geht in die Tiefe, bis da, wo kein Grund ist … 1834 erscheint die Geschichte und bringt ihm, nach Jahren der Misserfolge und kritischen Schmähungen, große Resonanz. Da ist er schon an der »Hauptmannstochter«, 1833 hat er begonnen, Studien zu machen im Orenburger Gebiet, hat alte Leute befragt, die sich noch an Erzählungen über »Jemelka« Pugatschow erinnern, hat die Landschaft erfahren, Städte, Weiler, Dörfer und Steppe. In Briefen an Natalie berichtet er von beschwerlichen Fahrten durchs weglose Land, auch vom Kampf mit Unlust zur Arbeit und Sehnsucht nach Haus, aber vor allem erklärt er ihr, die sich vergnügt irgendwo (was ihm Unruhe macht), dass er arbeiten muss, arbeiten, arbeiten, arbeiten. Der »blendende Flattergeist«, der er einst war oder als der er Leuten erschien, ist besessen von Arbeit. Viel mehr als der ökonomische Zwang, die Familie und vor allem die launische Schöne zu erhalten (und mehr als nur das), treibt ihn der Geist, das Gewissen geistiger Pflicht. Mag ihm auch immer das Geld kommen zwischen seine Gedanken an Arbeit (»… wenn wir … tausend Rubel hätten, wenn ich das Buch erst verkaufe, wenn wir reich wärn, mon ange, mein Engel …«), vor allem treibt ihn der Drang, aus sich herauszustellen, was einst Welt war, und, verwandelt von ihm, durch Worte wieder zu Welt wird … Geld hätte er bequemer beschaffen können durch Arrangement mit dem Zaren, dann hätte es keiner Schulden bedurft bei dem engstirnig-bösartigen Ersten Nikolai, es hätten sich auch für ihn, wie für andere, Ämter finden lassen mit Ehren und Pfründen – wenn er sich nur hätte überwinden können, dem »Hofe« zu dienen, bei dem er, »zähneknirschend«, nur gelegentlich Etikette-Pflichten erfüllte, die dem lächerlichen Rang des »Kammerjunkers« entsprachen, zu dem ihn, den reifen Dichter, der Selbstherrscher gemacht hatte …

Er war Schriftsteller, bestand auf dem Recht, es zu sein, auf der Würde, die ihm aus diesem Beruf, nicht aus dem Adel her, zukam. Die Spannungen verschärften sich von Jahr zu Jahr, der Zar hatte ihm ein Gehalt ausgesetzt, ein Darlehen gegeben und die Staatsarchive geöffnet, er hatte den Auftrag, Geschichte zu »verherrlichen«, aber er schrieb über den Aufrührer Pugatschow in der »Hauptmannstochter« so, dass der, trotz des Grauens, das Puschkin vor dem Gedanken an »Revolte« empfand, MENSCH war, wie die andern Gestalten der Handlung, denen er mit gleichem Maß Gerechtigkeit zumisst, bei aller »Verfremdung« durch Ironie.

Dreieinhalb Jahre schreibt er – schon Erfundenes verwerfend, ändernd, umkonstruierend Handlungsverlauf und Gestalten (nichts mehr von der Leichtigkeit, mit der die »Erzählungen Belkins« entstanden, aber das »Produkt« genauso »musikalisch« gelöst) – an der »Hauptmannstochter«. Sie erscheint 1836 und schließt das Prosawerk ab. 1837 im Februar stirbt er, nach einem Duell, bei dem er sich, wegen der flatterhaften Natalie, mit Baron d'Anthès, dem Adoptivsohn des holländischen Gesandten Heeckeren, schießt. Nach neuem (unserem) Kalender war das Duell am 8. Februar – wie ich erst jetzt, nach dreißig Jahren Vertrautheit mit Puschkin, entdecke, ein bezügliches Datum für mich –, nach der alten russischen Zeitrechnung war es der 26. Januar (und so hatte es sich mir eingeprägt) – er lebt zwei Tage, unter furchtbaren Leiden, bei vollem Bewusstsein, dem Tode entgegen.

Sein Werk ist nur zum Teil bekannt, als er stirbt. Nicht nur Fragmente blieben unveröffentlicht, auch abgeschlossene Arbeiten: Das Poem »Der eherne Reiter« hatte die Zensur des Zaren nicht passiert, weil sich der Held gegen Peter den Großen (in Gestalt seines Denkmals zu Pferde) auflehnte … Ungedruckte Gedichte die Menge, Briefe, Aufsätze, Skizzen, Prosafragmente – ein auf Hoffnung gegründetes, auf langes Leben zielendes Werk. Was *da* war, erreichte die Welt erst im Lauf von Jahrzehnten, fast einem Jahrhundert, vieles im Umweg über das Ausland, aber, wie immer: jedes Wort wurde schließlich Besitz seines Volkes und, vermittelt, der Menschheit.

Einst hat mir ein Wissenschaftler von der Gen-Reserve erzählt, mit der man die Stamm-Arten der Pflanzen erhält, um aus ihnen die »Kulturen« immer wieder erneuern, »beleben« zu können. Ins »Geistige« gedacht, gehört das Werk Puschkins zu dieser Menschheits-Reserve, auch oder gerade seine Prosa mit ihrer »Schlankheit«, Schlichtheit, Gedankenklarheit (»Gedanken, immer wieder Gedanken …«).

Paustowski überlieferte Babels Forderung, die Prosa müsse »natürlich sein wie der Geruch von Dill und mit der Genauigkeit des Rechenschiebers gemacht«. So ist die Prosa von Puschkin. Gegen das Schwelgen und Schwärmen in Nirgendwoland gründete er eine Literatur, die »zu Haus« war im irdischsten Russland, aber mit ätzendem Geist maß er dieses, sein Land, trotz »gemütlicher« Liebe zu ihm oder gerade deswegen, im Verhältnis zu einer sich wandelnden Welt.

Anmerkungen

7 *Der Landjunker* – Satirische Komödie (vollendet 1782) des russischen Dramatikers Denis Iwanowitsch Fonwisin.

10 *Sekundmajor* – In der russischen Armee des 18. Jahrhunderts der auf den Hauptmann folgende Offiziersdienstgrad.

14 *Baratynski* – Das Motto ist Jewgeni Abramowitsch Baratynskis Poem »Der Ball« (1828) entnommen.

Abend im Biwak – Erzählung des zu seiner Zeit sehr beliebten romantischen Schriftstellers Alexander Alexandrowitsch Bestushew-Marlinski (1797–1837).

16 *bog … eine Karte zu viel um* – Der Spieler bog, wenn er den Gewinn auf einer Karte nicht einziehen wollte, zum Zeichen, dass er eine Forderung an die Bank hatte, eine Ecke der Karte um.

19 *bonnet de police* – (franz.) Militärmütze in Schiffchenform.

20 *Burzow, den Denis Dawydow besungen hat* – A. P. Burzow, ein als Tollkopf und großer Zecher bekannter Husarenoffizier, dem 1804 sein damaliger Regimentskamerad, der Dichter Denis Dawydow (1784–1839), drei Gedichte widmete.

26 *the honeymoon* – (engl.) die Flitterwochen.

28 *während des Aufstandes Alexander Ypsilantis* – Alexander Ypsilanti (1792–1828), griechischer Freiheitskämpfer, leitete 1821 einen Aufstand in den Donau-Fürstentümern gegen die türkische Fremdherrschaft.

Hetäristen – Mitglieder der griechischen nationalen revolutionären Organisation, der sogenannten Hetärie, die 1821 den Aufstand gegen die Türken in der Moldau und Walachei leitete.

Schlacht bei Sculeni – Bei Sculeni, einer Ortschaft am Pruth, wurden die Hetäristen 1821 von türkischen Truppen geschlagen.

29 *Shukowski* – Wassili Andrejewitsch Shukowski (1783–1852), russischer Dichter. Das Motto ist seiner Ballade »Swetlana« (1812) entnommen.

Boston – Kartenspiel.

31 *Tulaer Siegel* – Die Stadt Tula war berühmt für ihre Metallerzeugnisse.

37 *Borodino* – Bei Borodino fand am 7. September 1812 eine Schlacht zwischen dem russischen Heer unter Kutusow und der ins Land eingefallenen Armee Napoleons I. statt. Die russischen Truppen zogen sich ungeschlagen zurück.

Artemisia – Königin von Karien (4. Jahrhundert v. u. Z.), untröstliche Witwe des Mausolos, dem sie ein prächtiges Grabmal (Mausoleum) errichtete, das als eines der sieben Weltwunder galt.

38 *Vive Henri-Quatre* – (franz.) »Es lebe Heinrich IV.«; Couplet aus der Komödie von Colle »Die Jagd Heinrichs IV.« (1774).

»*Joconde*« – Oper des französischen Komponisten Nicolo Isourd, die 1814 mit großem Erfolg in dem von russischen Truppen besetzten Paris aufgeführt wurde.

Und in die Luft die Hauben warfen – Vers aus Gribojedows Komödie »Verstand schafft Leiden«.

39 *Se amor non è che dunque? …* – (ital.) Wenn's keine Liebe ist, was dann? Vers aus dem 88. Sonett des italienischen Dichters Francesco Petrarca.

40 *Saint-Preux* – Held aus Rousseaus (1712–1778) Briefroman »Julie oder Die neue Heloise«.

44 *Dershawin* – Das Motto ist der 1794 vollendeten philosophischen Ode »Der Wasserfall« des Lyrikers Dershawin entnommen.

Amor mit einer gesenkten Fackel in der Hand – Die gesenkte Fackel in der Hand Amors galt als Symbol des Todes.

45 *Brigadegeneral* – Im zaristischen Russland niedrigster Generalsrang.

47 *Pogorelskis Postillion* – Gemeint ist der Postillion Onufritsch aus A. A. Pogorelskis (1787–1836) Erzählung »Die Mohnkuchenfrau von Lafcrtowo« (1825).

»mit Streitaxt und einer Rüstung aus grobem Tuch« – Zitat aus dem Versmärchen »Die dumme Pachomowna« von A. J. Ismailow (1779–1831).

48 *In rotes Saffianleder gebunden schien* – Ungenaues Zitat aus Knjashnins Komödie »Der Prahler« (1786).

53 *Kollegienregistrator* – Beamter der vierzehnten, der niedrigsten Rangklasse im zaristischen Russland.

Fürst Wjasemski – Die Verse sind dem Gedicht »Die Station« (1825) von Wjasemski entnommen.

Muromsker Räuber – In den Wäldern bei Murom, einer Stadt an der Oka, suchten in alter Zeit Räuber Zuflucht. Um diese von den herrschenden Kreisen Verfemten bildeten sich Lieder und Sagen des Volkes.

61 *Viertel des Ismailowski-Garderegiments* – Gemeint ist das Stadtviertel von Petersburg, in dem die Kasernen des Ismailowski-Garderegiments lagen.

64 *Terentitsch in Dmitrijews herrlicher Ballade* – Gestalt aus der parodierenden Ballade Dmitrijews »Der Wachtmeister im Ruhestand«.

67 *Bogdanowitsch* – Das Motto ist Bogdanowitschs Versdichtung »Duschenka« (Herzliebchen) entnommen.

zu Beginn des Jahres 1791 seinen Abschied genommen – Das heißt, zu Beginn der Regierungszeit Pauls I., dessen Despotismus viele Adlige veranlasste, den Abschied zu nehmen.

»Senatsnachrichten« – Wochenblatt, in dem Regierungsverordnungen veröffentlicht wurden.

Doch auf fremde Art gedeiht kein russisches Getreide – Vers aus einer Satire des russischen Schriftstellers Schachowskoi.

68 *Zoilos* – Hämischer Tadler; nach dem griechischen Rhetor Zoilos (4. Jahrhundert v. u. Z.).

ließ sich für alle Fälle einen Schnurrbart wachsen – Die Militärs trugen im Gegensatz zu den Zivilbeamten ausnahmslos einen Schnurrbart.

69 *Jean Paul* – Eigentlich Johann Paul Friedrich Richter (1763–1825), deutscher Erzähler, zu seiner Zeit einer der meistgelesenen Autoren. Er sah nach antikem Vorbild sein Ideal im freien, für die Gesellschaft tätigen Menschen.

nota nostra manet – (lat.) unsere Kennzeichnung bleibt bestehen.

70 *»Pamela«* – Sentimentaler Briefroman des bürgerlichen englischen Schriftstellers Samuel Richardson.

71 *Blancmanger* – (franz.) Eine mit Mandelmilch oder Sahne zubereitete Süßspeise.

74 *Tout beau, Sbogar, ici* – (franz.) Kusch, Sbogar, hierher.

82 *Ärmel à l'imbécile* – (franz.) Ärmel im »Narrenstil«; enge Ärmel, die sich an den Schultern wie Puffärmel bauschen.

84 *Lancastersystem* – Nach dem Londoner Pädagogen Joseph Lancaster (1778–1838) benanntes Schulsystem, bei dem die älteren und fortgeschritteneren Schüler unter Anleitung des Lehrers die übrigen Schüler unterrichteten.

»Natalja, die Bojarentochter« – Historische Erzählung von Nikolai Michailowitsch Karamsin, dem Hauptvertreter des Sentimentalismus in der russischen Literatur.

87 *Mais laissez-moi, donc, monsieur; mais êtes-vous fou?* – (franz.) Lassen Sie mich doch, mein Herr; sind Sie denn toll?

91 *General en chef* – Kommandierender General.

107 *Nikolaitag* – 9. Mai (alten Stils).

112 *Wo der Tisch …* – Verszeile aus Dershawins Ode »Auf den Tod des Fürsten Mestscherski« (1779).

»Laut erschalle Siegesdonner« – Patriotisches Lied, dessen Text von Dershawin 1791 anlässlich der Einnahme der türkischen Festung Ismail verfasst wurde.

116 *»Es ist alles ganz eitel«* – Vgl. Der Prediger Salomo, Kapitel 1, Vers 2.

117 *»Meide das Böse und tue Gutes«* – Das entsprechende Bibelzitat (Psalm 34, Vers 15) lautet: »Lass vom Bösen und tue Gutes …«

121 *während des türkischen Feldzuges* – Gemeint ist der Russisch-Türkische Krieg von 1787 bis 1791.

133 *Lavatersche Überlegungen* – Der schweizerische Theologe und Schriftsteller Johann Kaspar Lavater (1741–1801) erklärte die Linien des menschlichen Profils für zuverlässige Merkmale des Charakters; sein Hauptwerk, »Physiognomische Fragmente zur Beförderung der Menschenkenntnis und Menschenliebe« (1775–1778), in dem er sich in der Charakterdeutung versuchte, fand seinerzeit starke Beachtung.

136 *Kulnjow* – Der General Jakow Petrowitsch Kulnjow war im Vaterländischen Krieg 1812 gefallen. Ein nach seinem Tode ausgeführtes Porträt von ihm fand weite Verbreitung.

138 *Radcliffe* – Ann Radcliffe (1764–1823), englische Schriftstellerin, Verfasserin von Schauerromanen.

142 *Que désire monsieur?* – (franz.) Was wünscht der Herr?

he wö, mua, sehe wu kuschee – (gebrochenes Französisch) Ich will bei Ihnen schlafen.

Monsieur, très volontiers … veuillez donner des ordres en conséquence – (franz.) Sehr gern, mein Herr … wollen Sie dic entsprechenden Anordnungen treffen.

143 *Purkua wu tuschee, purkua wu tuschee?* – (gebrochenes Französisch) Weshalb löschen Sie das Licht, weshalb löschen Sie das Licht?

dormir – (franz.) schlafen.

Musjö, musjö … she wö awek wu parle – (gebrochenes Französisch) Mein Herr, mein Herr … ich will mit Ihnen sprechen.

Kess kö se, musjö, kess kö sei? – (gebrochenes Französisch) Was soll das, mein Herr, was soll das?

144 *Rasnotschinez* – (russ.) Rasnotschinzen nannte man im Russland des 19. Jahrhunderts Intellektuelle aus den demokratischen Mittelschichten.

145 *Ma foi, mon officier* – (franz.) Wahrhaftig, Herr Offizier.

avec les outchitels – (franz. und französiertes Russisch) mit den Lehrern.

146 *bonsoir* – (franz.) guten Abend; hier ironisch: ade!

157 *Rinaldo* – Titelheld des von dem deutschen Schriftsteller Christian August Vulpius (1762–1827) verfassten, zu seiner Zeit sehr populären Romans »Rinaldo Rinaldini, der Räuberhauptmann« (1797).

158 *Amphitryon* – Sagenhafter griechischer König; nach der Darstellung, die er in dem gleichnamigen Lustspiel Molières (1622– 1673) erfuhr, galt er als der Inbegriff eines freundlichen Gastgebers.

159 *tous les frais* – (franz.) alle Unkosten.

die Geliebte Konrads – Der mit Puschkin befreundete polnische Dichter Adam Mickiewicz (1798–1855) lässt die Geliebte des Titelhelden in dem Poem »Konrad Wallenrod« (1827) aus Zerstreutheit eine Rose mit grüner Blüte und roten Blättern sticken.

175 *Rausche nicht, Väterchen, du grüner Eichenwald …* – Ein Räuberlied. Puschkin zitiert dieses Lied nach der Liedersammlung Tschulkows, die von Nowikow im Jahre 1780 neu herausgegeben wurde.

176 *Trumeau* – (franz.) Pfeilerspiegel.

180 *Mirandole spielen* – Spielen, ohne den ursprünglichen Einsatz zu erhöhen.

auf Route setzen – Seinen Einsatz fortschreitend verdoppeln.
Genieoffizier – Ingenieuroffizier.

181 *Paroli biegen* – Den ursprünglichen Einsatz auf eine Karte verdoppeln.
pointieren – In einem Kartenglücksspiel gegen den Bankhalter spielen.
la Venus moscovite – (franz.) die Moskauer Venus.
Richelieu – Armand Duc de Richelieu (1696–1788), Großneffe des Kardinals Richelieu, glänzender Hofmann; bekannt wegen seines Esprits und seiner zahlreichen Liebesabenteuer.
Pharao – Auch: Pharo, Kartenglücksspiel.
Herzog von Orléans – Philippe Orléans (1674–1723); führte von 1715 bis 1723 die Regentschaft für den unmündigen Ludwig XV.
Moskauer noch Saratower Dörfer – Das heißt im Gouvernement Moskau und Saratow gelegene Güter.

182 *Graf Saint-Germain* – Abenteurer, der in den Fünfzigerjahren des 18. Jahrhunderts in der vornehmen Pariser Gesellschaft auftauchte; er starb 1784.
Casanova – Giovanni Jacopo Casanova de Seingalt (1725–1798), italienischer Abenteurer.

183 *au jeu de la Reine* – (franz.) zum Kartenspiel bei der Königin.
Sonika – Karte, die auf Anhieb gewinnt.
Soritsch – Semjon Gawrilowitsch Soritsch, einer der Favoriten Katharinas II., ein leidenschaftlicher Kartenspieler.

184 *ein Paroli-pé biegen* – Den ursprünglichen Einsatz auf eine Karte vervierfachen.
Il paraît que monsieur est décidément pour les suivantes. – Que voulez-vouz, madame? Elles sont plus fraîches. – (franz.) Der Herr haben anscheinend eine ausgesprochene Vorliebe für die Kammerzofen? – Was soll man machen, Madame? Die sind frischer.

184 *grand'maman* – (franz.) Großmutter.
Bonjour, mademoiselle Lise – (franz.) Guten Tag, Fräulein Lisa.

187 *Fremdes Brot schmeckt bitter, sagt Dante …* – Anspielung auf eine Stelle in Dantes »Göttlicher Komödie« (Das Paradies, 17. Gesang).

192 *Vous m'écrivez, mon ange, des lettres de quatre pages plus vite que je ne puis les lire* – (franz.) Sie schreiben mir, mein Engel, vier Seiten lange Briefe schneller, als ich sie lesen kann.

196 *Madame Lebrun* – Elisabeth Louise Vigée-Lebrun (1755–1842), französische Porträtmalerin.

Leroy – Julien Leroy (1686–1759), berühmter französischer Uhrmacher; nicht weniger bekannt als Meister des Uhrmacherhandwerks war sein Sohn Pierre Leroy (1717–1785).

Roulette – Hier: ein Spielzeug, und zwar eine Scheibe, die sich an einer Schnur auf und ab bewegt.

Ballon der Brüder Montgolfier – Ein von den Brüdern Montgolfier erfundener Heißluftballon, mit dem 1783 die ersten Aufstiege gelangen.

Mesmerscher Magnetismus – Der Arzt Franz Anton Mesmer (1734–1815) stellte eine »Theorie« (Mesmerismus) auf von der heilenden Wirkung des tierischen Magnetismus, eines angeblich dem Menschen innewohnenden Fluidums.

199 *Homme sans mœurs et sans religion!* – (franz.) Ein Mensch ohne Moral und ohne Glauben!

201 *oubli ou regret?* – (franz.) Vergessen oder Bedauern? – Mit dieser Frage wandten sich die Damen an einen Kavalier, wobei sie vorher bestimmt hatten, welches Wort welcher Dame gehört; hatte sich der Kavalier für ein Wort entschieden, so musste er mit derjenigen Dame tanzen, der das gewählte Wort gehörte.

203 *à l'oiseau royal* – (franz.) Wörtlich: in der Art des königlichen Vogels; eine Haartracht im 18. Jahrhundert.

Swedenborg – Emanuel Swedenborg (1688–1772), schwedischer Naturforscher und Philosoph; begründete eine fantastisch-rationale Geister- und Naturlehre; er war durch angebliche Visionen berühmt. Gegen ihn ist Kants Schrift »Träume eines Geistersehers« (1766) gerichtet.

204 *une affectation* – (franz.) Verstellung.

mitternächtiger Bräutigam – Allegorische Bezeichnung für Jesus Christus, vgl. Evangelium des Matthäus, Kapitel 25, Vers 1–13.

206 *Attendez!* – (franz.) Warten Sie! Hier: Aufforderung an die Spieler, keine weiteren Karten zu besetzen.

207 *Taille* – Abschnitt beim Pharaospiel, innerhalb dessen der Bankhalter der Reihe nach alle Karten seines Spiels abwechselnd nach beiden Seiten aufdeckt, wobei Gewinn oder Verlust davon abhängt, ob die vom Pointierenden gesetzte Karte links oder rechts zu liegen kommt.

208 *simple* – (franz.) einfach; hier: der einfache Einsatz auf eine Karte.

212 *Knjashnin* – Jakow Borissowitsch Knjashnin (1742–1791), russischer Dramatiker. Das Motto ist seiner Komödie »Der Prahler« (1786) entnommen.

Graf Münnich – Burkhard Christoph Münnich (1683–1767), Generalfeldmarschall in der russischen Armee, der Nationalität nach Deutscher; spielte in der Innen- und Außenpolitik Russlands um die Mitte des 18. Jahrhunderts eine aktive Rolle; war 1735 bis 1739 Oberkommandierender im Russisch-Türkischen Krieg; von 1742 bis 1762 lebte er in der Verbannung.

Premiermajor – Offiziersdienstgrad in der russischen Armee des 18. Jahrhunderts; entsprach dem Rang eines Oberstleutnants.

Semjonower Regiment – Ein von Peter I. gegründetes Garderegiment.

213 *pour être outchitel* – (franz. u. russ.) um Lehrer zu werden.

215 *Hofkalender* – Der jährlich (seit 1745) erscheinende »Hofkalender« enthielt unter anderem ein Verzeichnis der Hofchargen und der Personen, die Auszeichnungen erhalten hatten.

Ritter beider russischer Orden – Bezeichnung für einen Träger der beiden höchsten Orden des damaligen Russlands.

219 *Kwaß* – (russ.) Schwach alkoholisches Erfrischungsgetränk, in der Regel aus Roggenbrotbrei durch Gärung gewonnen.

sche wu pri – (gebrochenes Französisch) Ich bitte Sie.

220 *der mein Geld, meine Wäsche und sonstiges in Obhut hatte* – Zitat aus dem Gedicht D. I. Fonwisins »Sendschreiben an meine Diener« (1763–1766).

227 *Jaikkosak* – Am Ufer des Flusses Jaik ansässige Kosaken. Nach dem Pugatschow-Aufstand, an dem die Jaikkosaken bedeutenden Anteil hatten, erhielt der Jaik den Namen Ural und die Jaikkosaken wurden entsprechend in Uralkosaken umbenannt.

229 *Rebellion von 1772* – Nachdem die Autonomie der Jaikkosaken immer mehr eingeschränkt worden war, traten diese, insbesondere die ärmeren unter ihnen, 1772 in den offenen Aufstand. Die grausame Niederwerfung des Aufstands und die Repressalien, denen die Jaikkosaken danach von Seiten der Regierung ausgesetzt waren, bereiteten den Boden für den Pugatschow-Aufstand, der seinen Ausgang vom Gebiet der Jaikkosaken nahm.

231 *Anna Iwanowna* – Anna Iwanowna (1693–1740), russische Zarin seit 1730.

233 *Kirgisensteppe* – Gemeint ist das von Kasachen besiedelte Gebiet östlich vom Uralfluss. Die Kasachen wurden zu jener Zeit fälschlich Kirgisen genannt.

Der Landjunker – Vgl. Anmerkung zu S. 7; das Motto ist der fünften Szene im dritten Akt entnommen.

234 *Einnahme von Küstrin und Otschakow* – Küstrin wurde während des Siebenjährigen Krieges von russischen Truppen erfolglos belagert. Die türkische Festung Otschakow fiel 1737 in russische Hände.

Bestattung eines Katers – Ein sehr populärer, mit satirischem Text versehener Holzschnitt des 18. Jahrhunderts.

241 *Wenn's beliebt, …* – Diese Mottoverse sind ein leicht verändertes Zitat aus Knjashnins Komödie »Die Sonderlinge« (1793); 4. Akt, 12. Szene.

242 *Alexander Petrowitsch Sumarokow* – (1718–1777), Schriftsteller, einer der bedeutendsten Vertreter des russischen Klassizismus.

Mascha, ach, ich wollt dich meiden … – Leicht verändertes Zitat aus einer Romanze, die in einer beliebten russischen Liedersammlung des ausgehenden 18. Jahrhunderts enthalten ist.

243 *Trediakowskij* – Wassilij Kirillowitsch Tredjakowskij (1703–1769), russischer Gelehrter und klassizistischer Dichter; erwarb sich als Philologe Verdienste bei der Schaffung der ersten russischen Verstheorie; seine eigenen Dichtungen jedoch erregten wegen ihrer Schwerfälligkeit bei seinen Zeitgenossen Spott.

246 *Hauptmannstochter fein …* – Ein russisches Volkslied.

258 *Werschok* – Altes russisches Längenmaß 4,4 cm.

261 *der aus der Haft entflohene Donkosak und Raskolnik Jemeljan Pugatschow* – Pugatschow war 1770 aus dem Krieg gegen die Türkei krank an den Don heimgekehrt. Nach seiner Gesundung meldete er sich nicht wieder bei seiner Einheit; er wurde hierauf zweimal festgenommen, es gelang ihm aber beide Male zu fliehen. Nachdem er sich eine Zeit lang in einer Altgläubigensiedlung jenseits der polnischen Grenze aufgehalten hatte, kam er mit falschem Pass nach Russland zurück. 1772 wurde er wegen aufrührerischer Reden vor den Jaikkosaken abermals verhaftet; noch vor der Urteilssprechung brach er jedoch in Kasan erneut aus der Haft aus.

Namen des verstorbenen Zaren Pjotr III. – Der russische Zar Peter III. war nach halbjähriger Herrschaft 1762 durch eine Palastrevolution gestürzt und kurz darauf ermordet worden. Im Volk aber gingen Gerüchte um, dass er noch am Leben sei und die Lage der Bauern erleichtern wolle. Indem sich Pugatschow für Peter III. ausgab, trug er dem naiven Glauben der bäuerlichen Massen an einen »guten« Zaren Rechnung und sicherte sich ihre Gefolgschaft.

267 *die im Jahre 1741 bestraft worden waren* – Das Volk der Baschkiren hatte sich 1735–1740 gegen die absolutistische Zentralgewalt erhoben; bei der Niederwerfung des Aufstandes gingen die zaristischen Truppen mit großer Grausamkeit vor; den Hauptbeteiligten wurden Nase und Ohren abgeschnitten.

268 *die milde Herrschaft des Zaren Alexander* – Alexander I (1777–1825), russischer Zar seit 1801. Die erste Etappe der Herrschaft Alexanders I. war durch liberale Tendenzen gekennzeichnet.

269 *Sukkurs* – Hilfe, Verstärkung.

274 *Bataille* – Schlacht.

278 *Zar Pjotr Fjodorowitsch* – Gemeint ist Peter III. (vgl. die 2. Anmerkung zu S. 261).

286 *Tschumakow* – Fjodor Tschumakow, Jaikkosak, Befehlshaber der Artillerie Pugatschows. Er gehörte später zu denjenigen, die Pugatschow den Behörden auslieferten und dafür straffrei ausgingen.

Väterchen, hör auf zu rauschen … – Vgl. die 3. Anmerkung zu S. 53.

288 *Grischka Otrepjew* – Grigorij Otrepjew, der Falsche Demetrius I., ein Mönch, der sich zu Beginn des 17. Jahrhunderts für den bereits seit Langem toten Zarewitsch Dimitrij (Demetrius) ausgab und mit Unterstützung der polnischen Interventen vorübergehend die Zarenmacht an sich reißen konnte.

291 *Cheraskow* – Michail Matwejewitsch Cheraskow (1733–1807), russischer Schriftsteller. Das Motto ist seinem Gedicht »Trennung« entnommen.

292 *Unserer Augen Licht vermag nichts zu entziffern* – Pugatschow konnte weder lesen noch schreiben.

297 *Erobert waren Flur und Hain …* – Zitat aus Cheraskows klassizistischem Epos »Rossiade« (1779).

303 *Lisaweta Charlowa* – Tochter des Kommandanten der Festung Tatischtschewa und Frau des Kommandanten der Festung Nishneosernaja. Nachdem beide Festungen in die Hand Pugatschows gefallen waren, wurden der Vater, die Mutter und der Mann der Charlowa hingerichtet; sie selbst wurde die Konkubine Pugatschows. Die Vertrauten Pugatschows fürchteten ihren Einfluss und setzten durch, dass auch sie getötet wurde.

306 *Just war der Löwe satt …* – Diese Mottoverse, die Puschkin Sumarokow zuschreibt, sind in Wirklichkeit von ihm selbst im Stile Sumarokows verfasst.

310 *Beloborodow* – Iwan Naumowitsch Beloborodow, einer der engsten Mitkämpfer Pugatschows. Beloborodow hatte bei der Artillerie gedient, er leitete die Operationen der Aufständischen am mittleren Lauf des Ural; 1774 wurde er in Moskau hingerichtet.

Afanassij Sokolow – Afanassij Sokolow, der sich 1773 als Häftling im Orenburger Gefängnis befunden hatte, war vom Orenburger Kommandanten zu den Aufständischen geschickt worden, um unter ihnen Aufrufe zu verteilen; er ging unverzüglich zu Pugatschow über und wurde einer seiner wichtigsten Helfer.

316 *Schlacht bei Jusejewa* – Bei Jusejewa, einem Dorf, hundertzwanzig Werst von Orenburg entfernt, erlitten die Regierungstruppen, die Orenburg entsetzen sollten, am 9. November 1773 eine schwere Niederlage durch die Aufständischen.

Fjodor Fjodorowitsch – Gemeint ist Friedrich II., 1740–1786 König von Preußen.

318 *Epitaph* – Grabschrift, Erinnerungsmal.

326 *Mein Herr, ich hoffe …* – Das Motto ist von Puschkin selbst im Stil der Komödien Knjashnins verfasst.

331 *Fürst Golizyn besiegte …* – Diese Schlacht fand am 22. März 1774 statt.

332 *Iwan Iwanowitsch Michelson* – Oberst bei den gegen Pugatschow eingesetzten Regierungstruppen, hatte maßgeblichen Anteil an der Niederwerfung des Aufstandes.

Jemelja – Pugatschows Vorname war Jemeljan. Jemelja ist Kosename, Jemelka dagegen drückt Verachtung aus.

339 *Wolynskij* – Artemij Petrowitsch Wolynskij (1689–1740), Minister in der Regierung der Zarin Anna Iwanowna; vereinte um sich einen bedeutenden Teil des russischen Adels, der in Opposition zur antinationalen Politik des Favoriten der Zarin, Biron, stand; er wurde zusammen mit seinem Freund A. F. Chrustschow 1740 hingerichtet.

340 *Sofija* – Kleiner Ort und Poststation nicht weit von Zarskoje Selo (dem heutigen Puschkin).

341 *Graf Pjotr Alexandrowitsch Rumjanzew* – Pjotr Alexandrowitsch Rumjanzew-Sadunaiskij (1725–1796), Feldmarschall, einer der erfolgreichsten russischen Heerführer des 18. Jahrhunderts.

357 *Eliastag* – 20. Juli (alten Stils).